La Seduction

How the French Play
the Game of Life

Elaine Sciolino

法式诱惑

〔美〕伊莱恩·西奥利诺 著

徐丽松 译

La Seduction

How the French Play the Game of Life

Elaine Sciolino

南京大学出版社

献给　亚历山德拉与加布里埃拉

目　录

辑一 非常法兰西

第一章
自由、平等、诱惑

*

征服还不够，还要懂得如何诱惑。

——伏尔泰，《梅勒普》(*Mérope*)

比起我们提到"情趣"(pleasure)一词时所指涉的意涵，法文中的"情趣"——le plaisir——定义更加明晰，意象也更加鲜明……在法国人无畏地、欢乐地拥抱生命的人生哲学中，情趣无疑是一个重要元素。

——伊迪丝·沃顿(Edith Wharton)，

《法国方式及其意涵》(*French Ways and Their Meaning*)

我第一次接受法国式吻手礼是在法国总统府——爱丽舍宫的拿破仑三世厅,行吻手礼的人则是法国总统本人。

那是在 2002 年秋天,是雅克·希拉克(Jacques Chirac)担任法国总统前后一共十二年任期间的第七年。当时小布什(George W. Bush)总统正着手策划对伊拉克发动战争,法国与美国的关系跌到数十年来的最低点。我刚被《纽约时报》(New York Times)调任为驻巴黎办事处主任,希拉克接见我以及《纽约时报》国际新闻部的编辑罗杰·科恩(Roger Cohen),目的是宣布由法国主导的战争回避策略,并使其成为头条新闻。那个星期天上午,我们抵达爱丽舍宫时,希拉克跟罗杰握了手,接着以吻手礼(baisemain)欢迎我。

吻手礼这种礼仪在今天被几乎所有六十岁以下的人视为过时,但在传统中却是一个神圣而隆重的动作,历史可追溯到古希腊罗马时代。中世纪时,地方诸侯向领主行吻手礼以表敬意。到了十九世纪,吻手礼的意义有了新的诠释,成为男子向女性传达绅士风范及礼仪的方式。今天依然行吻手礼的男性应该都懂得并且遵守这项礼节的规则:不可以吻戴了手套的手,或是年轻女孩的手;只能吻已婚妇女的手,而且只能在室内进行。

希拉克握住我的右手,温柔地捧着,宛若那是他私人艺术收藏中的一件珍贵瓷器。他将我的手提到他胸前的高度,弯身趋近,然后吸了一口气,仿佛在品味它的芬芳。紧接着,他的双唇印上我的肌肤。

这个吻不是一种热情的表现。它完全不像普鲁斯特(Marcel Proust)在其长篇巨作《追忆似水年华》(À la recherche du temps perdu)第一部《斯万家那边》(Du côté de chez Swann)中所描述的那种激情澎湃的情景——叙事者"盲目地、热烈地、疯狂地"抓住并亲吻一名身穿粉红衣装的女子伸向他的手。然而希拉克的吻依然让我感到些许不安。某部分的我觉得它非常迷人，非常风光。但在这个女性为了让人认真看待，必须加倍努力的时代，希拉克在一个专业性的交流场合这么直接地让个人印记流泻而出，并且假定我会喜欢，还是让我内心隐约产生某种不自在。这件事在美国是不可能发生的。如同在法国其他种种情况，那个吻手礼其实是在幽微而又明确地释放"诱惑"。

身为政治家，希拉克自然早已将一整套的诱惑技巧，包括他行之有年的吻手礼，纳入他的外交风格中。当劳拉·布什（Laura Bush）到巴黎参加美国重返联合国教科文组织的仪式时，希拉克对她行了吻手礼；她将脸略为别开，仿佛要避免让自己的微笑直接满足了希拉克。希拉克也曾吻过美国国务卿赖斯（Condoleezza Rice）的手，而且在同一次访问期间就吻了两次。默克尔（Angela Merkel）当上德国总理隔天，他也以双手捧住默克尔的手，向她行吻手礼；默克尔没有吝于回报这份仪节，随后就宣布德国与法国保持"友善且密切"的关系是非常重要的。

后来我发现希拉克对行吻手礼过于热切。当时担任希拉克发言人的凯瑟琳·科罗纳（Catherine Colonna）告诉我，希拉克没有遵循适当的形式。"他吻得非常好，但我不满意他拘泥于传统法式礼仪行吻手礼的方式，"她说，"这种吻其实应该飘浮在空中，绝不可以接触到肌肤。"就算希拉克知道这一点，他也不会因此改变作风，因为他的吻手之道显然所向披靡。

我慢慢了解"诱惑"在法国的重要性，在这个学习过程中，那次的总统权力之吻不过是我最初的功课之一。随着时间过去，我意识到诱惑在法国的力道和无所不在的程度。在外交官谈论缜密的政策提案场合,四目交接时眼神中荡漾着令人悸动的亲密感,那是诱惑;与年长邻居在早晨偶然相遇时,他展现出风度翩翩的礼貌,那是诱惑;女性友人参加晚宴时如花蝴蝶般浑身散发蜜糖般的娇嗔媚力,那是诱惑;记者同侪趣味横生、似乎能永无止境进行下去的随意漫谈中,也满载着诱惑。最后我学会期待它的出现,自己也不太知道为什么。

"诱惑"一词——名词 séduction,动词 séduire——是法文中使用得最为泛滥的字眼之一。英文中类似的 seduce 一字,具有负面的、毫无疑问的性暗示,接近"勾引";它的语境在法文中却辽阔得多。在法国人使用"诱惑"一词的场合,英美人士可能会用 charm(迷住)、attract(吸引)、engage(引人投入)、entertain(使人愉悦)等词汇。在法国,"诱惑"不一定包含肢体接触。一位"一流诱惑家"(grand séducteur)不见得是个不断勾引他人与其享受鱼水之欢的好色之徒。某人如果被称为"一流诱惑者",可能是因为他总有办法说服别人接受他的观点。他之所以具有"诱惑天赋",可能是因为他能温柔细腻地把玩文字,能吸引别人走近端详,能通过无懈可击的逻辑推论合纵连横。被诱惑的目标——无论男性或女性——对这个过程的体验可能像是接受了一场魅力洗礼,或某种磁场拉力,甚或是一种昙花一现、随着晚宴结束也戛然而止的取悦行动。在法国,"诱惑"涵盖了万花筒般的意象。唯一恒定的是它的用意:诱惑是为了吸引、影响或说服,即使一切都只是为了好玩。

诱惑可能出现在任何时刻;可以是冰淇淋小贩、救护车司机或薰衣草花农施展的伎俩。到法国旅游参访的外国人士可能在不知不觉当中,就被法国人的"诱惑力"迷得晕头转向。法国人则不会如此;对他们而言，说服、赢取他人是个日常运动，是本能上就能理解且上手的例行游戏。诱惑者和被诱惑者可能觉得这个过程非常愉快，但也可能对它不甚满意。诱惑游戏可能只是浪费时间，没有达到所欲所求的结果。但当这个游戏玩得巧的时候，能让人身心亢奋，灵感宛如泉涌；而当胜利的一刻到来，喜悦的果实将更加甜美多汁。

这是因为法式诱惑与法国人所谓的"情趣"（plaisir）有着紧密的关系。Plaisir 是一种艺术，是要巧心创造并尽情享受各式各样的乐趣。法国人可以自豪自己是个中高手，他们既通过它达到自我满足，也将它作为一种诱惑他人的有效工具。法国人不但创造了充满情趣的消磨时间方式，更将它带到登峰造极的境界：诱人嗅闻的馥郁香氛，引人流连的浪漫花园，让人爱不释手的精巧物品，舍不得结束的美妙对话。他们允许自己满足对乐趣和闲适的需求，而这些在美国极其资本主义、讲究努力工作，甚至禁欲的文化中，经常是不被允许的。而在法国，人际关系的百宝箱底层总是摆放了性爱这玩意儿；它存在于日常生活、商务交流，甚至政治活动中。对法国人而言，那是生活之所以充满悸动的基本要素之一。

纵然法国是世界第五大经济体，法国人数十年来一直在记录并悼念自己的国家如何从一个曾经呼风唤雨的超级强权，逐渐丧失原有的崇高地位。法国的衰退趋势在 1940 年德国入侵，而法国被迫投降时，俨然成了永远的定局。从那一刻起，法国人时时刻刻都必须面对某种自卑情结，即便他们满口昭示法国的伟大时亦然。"衰退论"无疑已经成为一项全民运动。

近年来，衰退感侵袭的范围已经远超过帝国权威或军事力的领域。法国的生活方式本身也遭到质疑。全球化资本主义代表一切运转都更加快速、更追求效率，不再那么讲究透彻性与个人特质。在当前的法国经济地景中，家庭经营的美丽农场早已大幅减少，取而代之的是巨大的工业仓储。曾经在小型制坊中以手工打造的设计师包款，现在是在中国大量制造。一度在南法格拉斯（Grasse）由香水师傅精心调配的香氛，现在是在纽约的实验室中依据市场研究报告策定的规格特性进行科学化生产。从巴黎放射出来的条条公路边，大型看板上是各种品牌的速食米饭广告。一家知名连锁超市贩售的产品只有一种：冷冻食品。巴黎市中心的西堤岛（Île de la Cité）上一家餐厅餐牌上写的"传统洋葱汤"，其实是以冷冻干燥包制成。以巧夺天工的辞藻及精雕细琢的形式为基础建构出来、着重往返迂回的法式风格外交艺术，早已遭受电子邮件、脸书、推特及全天候新闻播报的严重侵蚀。在法国人被无情卷入的世界中，他们的专精之处不受珍视，而他们完全不擅长的事物，却受到赞颂。

法国有许多不太可爱的地方：它的教育制度僵化；对于承认并包容族群、宗教及人种的多元性，它的立场显得盲目与不情愿；它强调程序与形式，更胜于实际完成；它的杰出政治人物有时会表现出不甚优雅，甚至唐突粗鲁的行为。

然而，法国人依然把一种对感官愉悦、细腻性、神秘感与游戏特质的深切喜爱，浇灌在他们的一切作为中。纵使他们对世界的传统影响力大幅减缩，法国人依旧百折不挠。在每一个人生战场上，他们誓言抵挡衰退和绝望的进犯。他们坚持追求乐趣，致力于让自己显得灵巧、精致、慧黠而且充满感官魅力，而这些都是历史悠久的诱惑游戏中不可或缺的技巧。但这一切又不只是一个游戏；它是法国维持国家影响力的生存策略中不可或缺的一环。

这本书的灵感肇始于 2008 年春天。那时是法国特别不安的时刻，总统萨科齐（Nicolas Sarkozy）上任刚满一年，一项民意调查显示法国民众认为他是第五共和国最差劲的总统。他无法迅速兑现振兴经济的竞选承诺，这被视为对选民的全面背叛，一股"萨科齐厌恶症"甚至应运而生。萨科齐笨拙脱线的个人作风可说完全无法协助他抵抗这个现象。

我大约在此时读到法国外交部三十四岁的讲稿撰写人皮埃尔-路易·科林（Pierre-Louis Colin）发表的新书。他在书中阐述了他肩负的所谓"崇高任务"：对抗由英美自行定义的"正义感"所主导的世界。但这本书的宗旨不是讨论萨科齐领导下的法国如何以新的方式向世界投射国力，而是探讨一个对法国而言同等重要的主题——它其实是一本如何在巴黎找到最漂亮女人的指南。

"巴黎最伟大的奇观不在卢浮宫，"科林写道，"而在巴黎的街道、花园、咖啡馆和精品店中。巴黎最伟大的奇观是那里成千上万的女人——她们的微笑，她们玲珑有致的线条，她们的美腿，不断为所有漫步街头的人带来无上幸福。重点是要知道在哪里观赏她们。"

这本书依据每个街区女性各具风情的特质，将巴黎市区分门别类。就像法国每个地区都拥有自己的美食文化标志，科林认为，巴黎的每个街区也有一定的"女性特色"。

位于巴黎东区一隅的梅尼蒙坦（Ménilmontant）"充斥着毫不知羞的胸线——美轮美奂的胸部起伏经常不受任何胸罩的束缚"。玛德琳（Madeleine）一带则是非常容易邂逅"超级美腿"的地方。

科林将四十到六十岁之间的女人归类为"辛辣熟女"，并说明她们"见证"着"情欲激荡、野心勃勃的性生活，完全拒绝收起武器"。

科林的著作内容可谓彻彻底底的性别歧视。它提供给读者各种技巧，教他们如何在当事人不知情的情况下，观赏婀娜多姿的妙龄保姆及韵味十足的年轻妈妈；如何抓住暴雨袭击的时机，捕捉浑身湿透的女人们衣装掩不住的曲线。这本书在美国完全不可能出版。但在法国，几乎没有人会对它扬起眉毛，而科林显然也写得乐在其中。一名外交政策官员写出如此政治不正确的文字，却没有掀起一片挞伐之声，足见法国社会对于孰轻孰重的考量，确实有其特殊之处。法国人对感官情趣的恣意追求，是法式生活的基本要素。"性趣"与性活力被视为正面的价值，特别是对男性而言；漫不经心地展现这些特质是完全可被社会接受的。这一切都是享受诱惑游戏的一部分。

法国读者对科林著作展现出的宽容，与法国人民对其总统所表现的敌意，形成尖锐的反衬。疲软不振的经济当然是萨科齐当时声望低落的原因之一，但另一个重要原因，是他还没学会掌握政治诱惑及个人诱惑的艺术。

但他有在努力。萨科齐的第二任夫人塞西莉亚（Cécilia）早先几年离他而去，但在总统大选前夕回到他身边，而后在他就任后又永远抛弃了他。身为法国总统的萨科齐无法忍受自己被认为缺乏性吸引力，他也付不起这个代价。在美国，将性与政治混为一谈是非常危险的事；在法国，这却是无可避免。

塞西莉亚头也不回地离去之后几星期，萨科齐表现出一副寂寞不堪且身心憔悴的模样，整个人显得非常"不法国"。然后他认识了家财万贯、由超级名模改行知名歌手的卡拉·布吕尼（Carla Bruni），并在三个月后与她结婚。萨科齐庆祝就职一周年时，与布吕尼相偕登上《巴黎竞赛》（Paris Match）周刊头版，仿佛他们早已长相厮守。这时的萨科齐看起来性感，而且洋溢着爱情——这是他渴望拥有也需要表现出的模样。

我对法式诱惑游戏的规则和仪式的理解并非一蹴可几，而是经过漫长岁月的积累而得。最初的体验是在我大学时代来到法国的第一天。我抵达巴黎是在1969年的一个夏天深夜，当时身上的行头除了一个大背包，就是高中学了两年的基础法语。那天，美国登陆月球，火车站的书报亭老板亲吻了我的双颊，以庆祝这项成就——以及我的到来。

后来我在法国生活、工作了多年，先是担任《新闻周刊》（Newsweek）海外特派员，然后是《纽约时报》办公室主任。我在城市、小镇、农场、贫穷的移民住宅区及华丽的会客厅之间采访新闻。对于法国人在诱惑之道上所付出超乎想象的心力，我慢慢将之理解为深嵌在法国文化中的一种性格表现。诱惑是一种非官方意识形态，是一个在日常假设以及行为标准中，可说已经被法典化的指导原则；它的存在坚实、巩固，而且稀松平常，基本上就等于一种自动模式。它的发生是如此自然，法国人自身经常不会特别注意到它，甚至根本就是当局者迷。但当别人促使他们意识到诱惑在他们生活中扮演的角色，他们又常常对这个概念深深着迷，急切地想去探索。

当我确实明白诱惑是法国人生活中的一种驱动力，我感觉自己仿佛戴上了一副3D眼镜，原先混乱交错的轮廓顿时聚焦为层次分明的影像。我忽然清楚地看到，法国人对诱惑的冲动可以套用在法式生活的许多面向。诱惑者使用的工具——盼望、承诺、诱引——在法国的历史与政治、文化与风格、饮食与外交、文学与礼俗中，是非常强劲的动力引擎。如同法国许多其他事物，诱惑的力量及影响具有深刻的中央化现象。巴黎作为法国首善之区及法国企业、媒体、时尚设计师、知识分子的集中地，自然在此也最容易侦测到诱惑的脉动，感受它如何掌控着法式生活。无论我走到法国任何地方，总感觉条条道路似乎无不通回巴黎；同理，诱惑的文化必然性是在巴黎孕育而生，因此，即使是在阴沉的郊区或遥远的乡间，也很难不感觉到它的无远弗届。

法式诱惑——以及法式生活——的关键要素之一，在于"过程"。粗鲁轻蔑的服务生、不屑一顾的店员、要求出示一份又一份无聊文件的小公务员，他们都在玩着一种变态版的诱惑游戏，将焦急的等待过程无限上纲化。

当我决定比较有系统地（这可能也是法国人自己会采取的方式）探索"法式诱惑"的意义时，我是从字词开始研究的。我设定了Google 通报服务，以便即时掌握 séduire（诱惑/动词）、séduction（诱惑/名词）、séduit（诱惑/过去分词）等字眼在法国媒体中出现的状况。结果，有时我一天就要点击十多份网络内容。

接下来，我在为期三个月的时间里对这些 Google 通报进行分析研究。我的研究助理和我发现，这些字的发生次数超过六百次，并可分为九个类别。有些出处的主题很容易预测，例如爱情与性、时尚与风格，或旅游；有些则比较难以预期，例如总统、商业、美食、艺术的"诱惑能量"；有一个令人印象深刻的字眼叫作"反诱惑"（anti-séduction），意指人缺乏诱惑技巧或物品缺乏诱惑特性；还有一个令人想到军事代号的词汇——"诱惑行动"（opération séduction），它指的其实是设法征服民众的行动方案。相较之下，英语会用感觉比较柔和、操作层级较低的"charm offensive——魅力攻势"表达这个意思。

出现最多的两个类别是"诱惑行动"及商业中的"诱惑"，亦即销售"具诱惑力"的商品，两者分别都出现在 90 篇以上的文章中。其次是艺术类别中"诱惑"社会大众的 80 篇文章。爱情与性这个类别只出现在 34 篇文章里，旅游类别是 25 篇，时尚则是 15 篇。"反诱惑"与美食同样是 11 篇。总统的"诱惑力"居少数，其中奥巴马（Barack Obama）有 10 篇，萨科齐则只有区区 2 篇。

诱惑在法国人的意识中似乎无所不在。2009 年 5 月，教宗访问以色列时呼吁成立巴勒斯坦国，法国媒体纷纷表示教宗"成功诱惑了巴勒斯坦人"。美术馆无不希望"诱惑"更多的参观民众。萨科齐的政治策略重点是"诱惑年轻族群"。北法酪农的罢工行动不仅仅是罢工，更是在执行一场"诱惑任务"，一方面与乳制品加工业者进行交涉，一方面向消费者说明他们为什么封锁卡车通行及集乳点的运作。雪铁龙 DS 车款的内装充满"诱惑精神"。伊朗总统候选人米尔-侯赛因·穆萨维（Mir-Hossein Mousavi）"知道如何运用所有政治领域的现代技术进行诱惑"。有史以来最"具诱惑力"的商品是电脑及手机；戴尔（Dell）笔电销售率下滑，原因是该公司"不知如何诱惑"消费者。

这个字眼也被拿来以反讽的方式运用，有时还刻意借此产生一种一本正经的效果。左派报纸《解放报》（Libération）曾经刊登一篇占据两幅版面的文章，标题为《阿富汗：法军启动诱惑模式》，其中的插图则是一张全副武装的法国军人举起大型自动武器瞄准读者的照片。我以为再也不可能有任何标题比这个更为耸动，直到有一天我在同一份报纸上看到另一篇关于二十世纪九十年代塞尔维亚人如何在斯雷布雷尼察（Srebrenica）处决八千名波斯尼亚人的文章。该文标题是《斯雷布雷尼察：塞尔维亚提出道歉，借以诱惑欧盟》。

至于"诱惑行动"一词，它出现的文章主题林林总总，从高尔夫球运动到高中教育、从农业到医院、从环境到商业，可谓无所不包。有一篇报道文章的标题是《清除（draguer）淤积物的诱惑行动》，内容是关于一项清理受污染港口的作业。第一句写道："你认为淤积物不性感？"文章接着说明该地区正在设法说服中央政府，接受其淤积物清理及土地使用计划。但在法文俗语中，draguer 一字也是"勾引"之意，类似"泡妞"中的"泡"或"把妹"中的"把"。因此这个标题也可以解读为"勾引淤积物的诱惑行动"——如此一来，我们就不难理解文章开头为什么会有那句话了。

诱惑一词不再令我讶异，我已经被它淹没。

我跟一些法国作家及思想家讨论过这个概念，结果很快便发现这个新话题夹带着特殊风险。例如，有一次我采访帕斯卡·布鲁克纳（Pascal Bruckner），他是一位哲学家及散文家，写过许多文章探讨男女关系中的失序状态。采访地点在巴黎一家豪华酒店的咖啡厅，由于我们坐得近，话题又牵涉到"诱惑"，一种我没预期到的亲密氛围很快蔓延开来。我赶快戴上厚厚的阅读眼镜，摆出一副严肃的姿态，并夹紧双膝，双手置于其上，然后故作若无其事地将话题转到他女儿身上。我一心想避免自己显得在跟他打情骂俏。（显然我是多虑了。几个月后我在一次私人电影放映会中和他巧遇，结果他根本没认出我。唉，这些爱放电的法国男人！）

当我跟法国女人谈到我在研究法国文化中"诱惑"的概念,她们立刻明白我在做什么,并以一种心有戚戚焉的心情轻松地与我交流。相较之下,当我向法国男人描述我的研究计划,他们的反应有两种——有些男人会像在车头灯照射下受惊的小鹿般慌张失措,仿佛在说"让我逃开这个既可悲又疯狂的美国熟女吧!"另一些男人则以略显过头的热切之情,积极投入这个讨论。

　　有天早上,我拜访了一家美术馆,跟馆长走下螺旋阶梯时,我提到"诱惑"和"法国"两个词。他骤然停下脚步,扶住栏杆,兴奋难耐地向我靠了过来,把我吓得退后一步。"诱惑——或许它代表千载难逢的好机会!"他惊呼,"一个人可能在餐厅、在咖啡馆找到他此生的梦中情人。一开始只是单纯而愚蠢的一句话,'可以帮我把盐递过来吗?'或'帮我把水瓶递过来好吗?'然后,眼神交会了!"

　　在我的研究初期,我曾经遭受残酷的打击。有人告诉我,虽然我可以尝试玩这场游戏,但我赌定会输。传达这个灰暗讯息给我的人是一名法国前总统,这次不是希拉克,而是他的前辈——瓦勒里·季斯卡·德斯坦(Valérie Giscard d'Estaing)。

　　我们的会晤地点是他的住处,位于巴黎十六区一条僻静的街上。我们的交流多数时候都非常愉快,他试着在我们之间建立起共同点。他告诉我有一次他造访我的故乡——纽约州的水牛城,那时他二十三岁。在横越大西洋的玛丽皇后号上,他邂逅了一位"非常友善而甜美的女孩"。女孩当时就读瓦萨学院(Vassar College),住在水牛城。她成为他的女友,他还曾到她家拜访。他们一起游览了尼亚加拉大瀑布。季斯卡向她坦言他对美国的喜爱。他甚少提到美国人,但表示自己深受美国辽阔土地的吸引,甚至梦想有朝一日能在美国西南部买下一座农场。

这席话为我想谈的主题揭开了序幕。我知道，要请一名法国前总统通过诱惑的观点讨论他的国家，简直是胆大妄为。所以我采取比较间接的途径。假设他正在这么一座农场上与一群美国人用餐，其中一位客人请教他，"总统先生，可否请您向我们说明我们可以用什么方式理解您的国家？"

我访问季斯卡时，他已是八十多岁高龄，年高德昭的他更加相信自己掌握一切的真相。他抗拒跟我玩这场游戏的念头。"我的答案简单明白——你无法理解，"他说，"我从来不曾遇过任何美国人，能真正理解法国社会运转的动力。"

他说，法国的运作方式像是一个"极其诡异的系统，从外面无法透视，在它内部的生活倒是相当美好，只是跟任何其他地方都不同"。

"法国人不玩好客这一套，"他接着说，"完全不。他们可以很慷慨。他们可能说，'这里有一些美国人，我们得做点什么。邀请他们过来吃饭好了。'可是一次以后，这件事就结束了。责任已尽。美国人要能打进法国的制度里？门儿都没有。我们这个社会非常古老，被高度区隔化为成千上万的迷你层级，每一个人都低于某人一等，但又高于某人一等。相互接纳或许可能，但不可能想要同进同出。法国人都希望待在自己的文化和教育圈子内，绝对不可能想改变。"

他这番话让我震惊得差点失去平衡，跌落在地。

后来我跟英国《泰晤士报》（The Times）驻巴黎资深特派员查尔斯·布雷姆纳（Charles Bremner）谈到这段对话，他鼓励我不要灰心。"或许法国人对自己不像外人那么有洞悉能力，"他说，"诱惑已经根深蒂固在他们的文化里，或许他们根本不会想到要去思考它。就像金鱼不会知道什么是水一样。"

这样一来，我又鼓起勇气继续进行探究。

数世纪以来，对法式诱惑观察最敏锐的专家，无疑是法国的宫廷交际花。比起她们的青春、美貌及性爱功力，她们更可贵之处在于人生的历练与成熟睿智。因此，我向今日法国的两位社交名媛讨教：阿丽尔·朵巴丝勒（Arielle Dombasle）及伊娜·德拉弗拉桑热（Inès de la Fressange）。对我而言，她们都是将法式交际艺术发挥到极致的经典偶像。

这两人之间有非常多相似之处。她们都具有拉丁根源：德拉弗拉桑热的母亲是阿根廷人；朵巴丝勒则在墨西哥度过童年。这让她们有了某种异邦人的身份，必须努力学习法国的社会规则。她们都已经过了知天命之年，游艺于社交圈也都超过半个甲子。她们的行动举止快速流畅，宛如灵猫；朵巴丝勒是演员、歌手及舞蹈家，德拉弗拉桑热则在成为设计师前当过香奈儿的品牌模特儿。两人都不可思议地高挑纤细，窈窕的身躯随时等待旁人的窥探。两人都是精明能干的商场女将，也了解自己需要不断地行销自己的美貌及吸引力。她们都非常专业，完全清楚自己的权力所在，也知道该如何运用。她们也同为法国国宝级人物，两人都曾获颁"荣誉军团"（Légion d'honneur）勋章。

她们之间的主要差别是推销自己外貌的方式。朵巴丝勒似乎总是经过特意打扮，外形永远精雕细琢。德拉弗拉桑热则是两个小孩的妈，经常穿着牛仔裤与便鞋，而且还会抽烟。她流露着某种远低于她实际年龄的天真无邪。

某天下午茶时刻，朵巴丝勒将诱惑比拟成一座人际沟通战场。"诱惑的传达泰半是通过话语——那可以是你实际说出的话，或是你通过沉默间接表达的意涵，"她说，"关键即在于此。Voilà（就这么简单）。"

我实在不懂她的意思，只好请她解释。"你必须像在打仗一样，小心翼翼地选择你的用字遣词，"她说，"你的诱惑方式取决于你是想赢还是想输。"

比如说，打一场战役的目的可能是要出其不意，借机挫伤对手的战斗力。"你可能反其道而行，让敌人一下子失去平衡。"她说，"诱惑不是一个轻浮的游戏，绝不是。它是一场战争。"

我深受鼓舞。"我懂得战争，"我说，"我曾经担任战地特派员。我不了解诱惑，但我了解战争。"

朵巴丝勒和我找到了共同的立足点。她解释说，诱惑的战争不具暴力性。女战士必须避免自己在敌手面前表现得不堪一击，因为这样轻易露白必将遭受创伤。朵巴丝勒不介意在《巴黎竞赛》杂志封面，或是疯马夜总会（Crazy Horse）数以百计的观众眼前裸露姣好的胸部，但她强调裸露是一种极为脆弱的武器，必须非常谨慎地使用。床笫之间的战场游戏规则显然有所不同。"裸体具有极端暴力的视觉性，"她说，"我再怎么样，也不可能在我先生面前裸体走动。永远，永远不可能。"

"所以你只有在浴室才会裸体？"我问。

"我自己一个人时会裸体，在他怀里时会裸体，但绝不会在早晨某种愚蠢的自然状态或其他不经意的时候裸体。绝不会。"

"所以裸体不是一件无关紧要的事？"

"当然不是。但这我们本来就知道。"

你怎么会知道这码子事？我心想。

我告诉她美国的情形有多么不一样，很多美国女性感觉裸体在卧室里走动是非常奔放、非常性感的事。我心里揣测，她那么坚持隐藏不露的价值，恐怕只是年华逐渐逝去的性感偶像奋力想抓住青春时的一种装模作样的姿态罢了。当时有一名我们办公室的年轻法国女记者跟我一起，所以我就转身问她，"假设你现在跟人在亲热，某个时候你想下床去浴室，这时你不会全身赤裸吗？"

"不会，"她回答，"不单单因为害臊。只是，你知道的……"

我也绝对不该在我先生面前裸体，朵巴丝勒这么向我建议。"绝对不要，"她说，"否则他就不会请你吃午餐了。"

她现在对这个话题兴致勃勃。"人与裸体的关系，与爱情的关系，与男人的关系，与女人的关系——这一切都包含高度的复杂性和危险性。"她说，"我这一生一向觉得能够积极战斗，掌控自己的人生，这是极为正面的。"

她对我的工作也提出类似的建言：我应该做一个现代交际花，好好运用我的专业赋予我的武器。"你是一位认真的记者，一位真正能在女性解放后代表女性力量的记者，"她说，"你成功完成了许多扎实的事，许多政治及外交方面的沉重任务。所以现在如果你能发现自己体内还有另外一位女人，一位在你接触到法国以后才诞生的女人，这一定非常有意思。"

但我从来就不是那种憧憬着乘坐浪漫激情的旋转马车、结交充满神秘魅力的高卢男子好增进法文口语能力的女人。我喜欢读各种虚构或现实的美国女子到法国寻爱的故事，看那些女人如何毅然决然地抛下工作,结束不愉快的感情,漂洋过海来到法国,与阅历丰富、体态优美、情话绵绵、出口成章的法兰西男子共谱恋曲,并终于发现性爱是何等美妙,咖啡又是多么香醇。但这并不代表我也会这么做。

对我而言,朵巴丝勒实在是性感过了头。接下来我把箭头转向伊娜·德拉弗拉桑热。我第一次见到她时,是为了帮《新闻周刊》采访巴黎时装秀,当时她是个花漾青春、浑身带电的走秀模特儿。即使早在那个年代,德拉弗拉桑热就已经不是个普通的时装模特儿。她是一位法国侯爵的女儿,而且难以想象地富有。

三十年后,在 2009 年的一次网络投票中,她被选为"La Parisi-enne"——最经典的巴黎女郎。她拥有飞跃羚羊般的修长双腿,小酒馆歌手般嘶哑的嗓音,娇艳动人、活灵活现的眼神,即兴喜剧演员的幽默感,以及奥黛丽·赫本(Audrey Hepburn)那种迷煞人的微笑。旁人很难不受到这种女人的吸引。

德拉弗拉桑热告诉我,我的主题太大、太严肃,我应该设法自己拥有一些第一手经验才对。"你对这件事要有一种责任感,"她说,"你不可能想讨论诱惑、时尚、政治或美感,但自己却没有一个法国情人。对,对!加上这一笔才算完整!"

"可是我爱的是我先生,而且我有小孩。"我抗议道。

"那更好——一个美国女人住巴黎如果不想结婚又不想有小孩,最后一定会离开法国!"她如此回答。

我告诉她我不需要找法国情人;二十世纪七十年代时,我曾经短暂地和法国男人交往过,他家拥有一座城堡,有一大批马和一群仆人。

她说这是题外话。"一切都跟态度有关。"她说,"如果你想在巴黎过着尼姑般的生活，当一个美式作风的记者，写一堆充斥资讯与统计数字的文章，这倒也不是不有趣，但就是缺乏浪漫。"

她告诉我，如果要有一个正确的开始，我得先换个发型，买些新行头，并到土耳其浴室放松，"感受一些情趣"。然后她说，"你坐上露天咖啡座，告诉自己：Voilà，就这么简单，有事情会发生了。接着你会看到，真有事情会发生。"

我想到电影《月光女人》（*Clair de femme*）中的一个场景，伊夫·蒙当（Yves Montand）走出计程车，不巧撞到罗密·施耐德（Romy Schneider），然后他们一起坐进咖啡馆。不久后，他已经在她的香闺里。

"你应该在美好的夜晚与情人一起漫步巴黎的街道，到蒙马特（Montmartre）拾级而上，浪迹塞纳河畔，在小酒馆喝浓汤。"她说，"然后你们可以到多维尔（Deauville）①，沿着海岸夜游，吃鲜虾吃到清晨四点。这时你先生如果打电话给你，你就说，'没这回事！你听到背景中有海浪的声响是自己在幻想。'"

她强调，只要恋情不曝光，一切就会安然无事。"绝不要告诉他任何事。没有理由让他难堪。你们拥有夫妻共同打造的基础，有两个人的历史，有婚姻的约束。你们已经建立了你们可以自豪的东西，这么一点小小的罗曼史不会打乱这一切。找到某种方式写它，让读者可以感觉到些什么，但又无法进一步查证。"

最后我们达成妥协：我会交一个"虚拟法国情人"，他会是我的灵魂伴侣，但只跟我演戏。"不一定非得激情狂野不可。"她说道。

---

① 位于法国北部诺曼底海滨的度假胜地。

接下来,她的话让我不得不做出决定。她说,岁月不饶人,我已经没有时间可以浪费了。"这是你最后一次机会!"她告诉我,"不久以后,你唯一能想的就是你的猫咪,你的狗狗,你的刺绣,你的花园。你的关节炎则会让你没法在夜里长时间漫步。"

隔天早上,我和我先生安迪用早餐时,开始设想可能人选的名单:我的楼下邻居,一名头发灰白的退休企业主管,即使骑脚踏车上超市也要工整地围着羊绒围巾,穿上高雅的斜纹呢休闲外套;一位作家兼电台谈话秀主持人,聪明风趣,而且很安全地是个男同志;一位知名舞台剧及电影演员,但我担心他会过于投入这个角色的演出;一位表示他乐于协助的同僚,只可惜他是英国人;一名对十九世纪绘画非常热衷的前外交官,但我很快就将他排除在外,因为他妻子远在国外,因此这个对象恐怕带有风险。我请安迪给我意见。他放下手上那碗谷麦牛奶粥,戴上眼镜。"我怎么觉得,你好像不应该告诉我这件事。"他说。

一旦我开始集中注意力在诱惑这件事上,便开始在一些从没注意到它存在的地方发现它的踪迹。某天早上我泡咖啡时,发现我常买的"黑卡牌"(Carte Noire)咖啡包装上写着"芳名欲望的咖啡"。

安迪觉得这不值得惊奇。"纽约的 Chock Full o'Nuts 不也称自己是'来自天堂的咖啡'吗?"他干巴巴地说。

"天堂代表天上云间,纯净,不受玷污,"我回答道,"欲望却是一种肉体感受。"

诱惑仿佛是不会停止闪烁的霓虹灯。有一次从巴黎到贡比涅(Compiègne)的路上,我看到一栋一层楼的椭圆形预铸式建筑,上面有一块招牌写着"诱惑汽车"（Auto Séduction）。这名字乍看像是"自动诱惑"的意思，我以为那是一间满足个人性需求的色情俱乐部。结果不是，那真是一家汽车修理厂。它的网站上写着："您的满足，是我们的唯一目标。"我打电话问修车厂老板西尔文·希迪亚克（Sylvain Chidiac），他说他选这个名字并没有性暗示的用意。起初他想取"尊荣汽车"（Auto Prestige），但这名字已经被别家公司用了。"接着'诱惑汽车'就顺理成章地闯进我的脑袋。"

即使是法国将总统选举分成两轮举行的方式，也可以从诱惑的角度加以解读。据说法国选民在第一轮时投的票代表他们的心，第二轮投的则是他们的理念。候选人进行第二轮选举角逐时，必须设法在保有既有选票的同时，又争取到对手的一部分选票。《当代价值》（Valeurs actuelles）杂志对这个现象下了掷地有声的精辟定义：séduire pour réduire——为减少而诱惑，亦即诱惑对手支持者，让对手票源减少。

我通过一个古老的故事，发现法国的自我概念中也有诱惑的影子。让·德·拉封丹（Jean de la Fontaine）的《寓言》（Fables）是一本十七世纪的道德寓言故事集，在法国的学校中都有教授。这些故事中的人物所展现的，经常是巧智胜过蛮力的道理。法国人认为，他们这个跟德州面积大致相当的国家之所以能将国力投射于全世界，不是因为蛮横暴力、军事力量或强大的经济力，而是法国被人想象出来的神话力量，一种诱使他国向往自己能变得像法国的能力。

法国也是一个核武大国，它有殖民的历史，现在在阿富汗和象牙海岸还有军队部署。过去作为一个殖民国家，法国拥抱的不是既张且显的帝国运命，而是一种"文明开化任务"或"文明使命"（mission civilisatrice)。英国殖民者虽然也有"将文明散播到遥远国度"之类的言论，但他们习惯将殖民地的臣民视为永远的"他者"；相反，法国人自认自己的使命是将被殖民者同化为法国人。他们灌输殖民地的子民，只要接受法国的语言、文化和价值体系，他们也可以变成完美的文明人——也就是法国人。法国人天真地以为，这几个因素真的可以决定国族依归。

在外交政策领域，法国无疑是"软实力"的全球性案例研究对象。软实力就是通过"吸引力"而非"胁迫力"吸引他人的能力，这个词汇的首创者是美国哈佛大学的约瑟夫·奈（Joseph Nye），但这个概念本身非常法国。有一次，奈教授的受访内容被译成法文，他所谓"软实力公式"中所含的"吸引力"一项，在法文中即被表达成"诱惑力"。

希拉克总统的吻手礼成为一种符号，象征着我对法国人需要做的了解。无论我把吻手礼的事告诉哪一位法国人，他们都认为我不该感到被冒犯；所有人都觉得我的故事很好笑。作家莫娜·奥祖夫（Mona Ozouf）将之描述为"带着一丝反讽意味、略具戏剧性的姿态"。法国国务委员会（Conseil d'État）成员，也就是法国最高行政法院的法学专家兼作家苏菲-卡洛琳·德·马尔热里（Sophie-Caroline de Margerie）解释说，波兰贵族行吻手礼的方式带有更加强烈的感官性质。她抓起我的手，但只是蜻蜓点水似的略加示范了一下。她可能认为如果真的吻下去，感觉会太过亲密。

但法国广告业领导集团阳狮（Publicis）董事长莫里斯·莱维（Maurice Lévy）完全不这么想。他给我扎扎实实地上了吻手礼的一课。

　　莱维高大而健壮，浑身散发沉稳且无拘无束的潇洒气息。他在位于香榭丽舍大道上的公司总部迎接我，地点是一个以白色为设计基调的接待区。我诱使他说了几句英文。有人告诉过我，他会刻意保留强烈的法国口音，然后不好意思地道歉，这一切都是他随身助理口中所谓的"French touch—法国况味"。他不会做强迫性的推销。当他想要强调某一点时，他会慢慢地闭起眼睛，双唇略微张开，往后躺进座椅靠背。但他欢迎我的方式——大大的、有力的握手，命令般地要求开始谈公事——也证实了其他人与我分享过的他们对他的看法。莱维骨子里确实是个精明强悍的生意人，一个狡猾的掠食动物，他凭借这些特质建立起全球第四大广告及公关帝国。

　　显然他已经事先听过详细简报，相当了解我的出书计划和我对法式生活中诱惑及感官情趣等主题的兴趣。安排这次访问的中间人想必早已告诉他我对吻手礼的强烈好奇，因为莱维忽然将话题从广告市场的全球化转移到我的右手。"您提到吻手礼的事……"他说着，虽然主动提起这个话题的人是他而不是我。他告诉我，男人的嘴唇绝不应该"effleurer"对方的手。Effleurer 这个法文字很难翻译。它有"掠过"或"轻轻拂过"的意涵，它的发音和拼音方式则类似法文中的"花"（fleur）。这令我想到，莱维第一次用到这字的时候，可能带有那么点对花瓣的指涉，某种轻触脆弱事物时的细腻动作。

　　"不可以 effleurer 对方的手！绝对不可以！"他说，"如果 effleurer 了对方的手，就是在传达一个特别的讯息。"

　　这时他站了起来，同时也命令我起身。

　　"真正的吻手礼是像这样。"他说着，然后弯腰执起我的手，将他的唇在我手背肌肤上方一根发丝的距离轻轻掠过。在把我的手交还给我之前，他以一个几乎无法察觉的动作轻轻按压了一下。"我不能真的碰到，但您应该感觉我非常贴近。"

"如果我这么做，"他边说边往后略退一步，"那距离就太远了。我必须做得够近，您必须几乎能感受到我的呼吸。"

我开始紧张起来，生怕他众多助理中任何一人这时会走进来，撞见我们在行吻手礼。

这时，他第二次吻了我的手。他让嘴唇轻轻贴上我的手背。他把这个吻定义为"疼爱"——带着亲密情感。"这样的话，就表示我相当喜欢这个人，我跟她有很不错的关系，而她也知道这点，"他说，"就像这样。"

"接下来是最后一道示范，"他说，"也就是'effleurer'。我是这么做的。"

所以我们终究还是要 effleurer……

他双唇微启，上下移动着挑逗我的手。这个轻吻持续大概不超过两秒钟。我感受到他温暖的气息，以及一丝被搔痒的感觉，仿佛一只蝴蝶的翅膀碰触到我的手。我惊叹于对方能够如此熟练地同时做出开合双唇和上下移动的双重动作。关于那个动作的记忆，宛如扑鼻的异国香水般流连在我的心头，久久不会散去。

"我这个吻的意思是在说，我喜欢您，"他解释道，"如果我又轻轻刷过我的嘴唇，那就代表——"

我打断他："那就代表您可能有某些更为复杂且神秘的意图——"

"不不不不不，"他回答，"它的意思很清楚：'今晚您愿意与我共度春宵吗?'"

"喔,原来比我想的更直接!"我说。

"不,等等。这不叫更直接,"他说道,"只是很单纯地表示:这是最终的目的。"

我顿时哑口无言。一家全球名列前茅的大公司董事长刚教了我法国男人如何可以不发一言地要求女人跟他上床。对此我该做何回应?

我当下将话题扯回希拉克。"好吧,可是我还知道第四种吻手礼。"我说。我告诉莱维,那星期我参加了希拉克举办的一场酒会,看到他欢迎好友——前任部长西蒙娜·韦伊(Simone Veil)的方式。希拉克三度展开双臂,伸出双手,仿佛他正在一出百老汇音乐剧中从侧翼奔向舞台中央。然后他抓住韦伊的手,响亮地重重吻了一大口。

"或许那是'希拉克式吻手礼'?"我问。

"不是,"莱维回答,"西蒙娜也是我的朋友,当我看到她时,我会这么做。来吧——啊,对,这里。"

莱维大剌剌地在我手背印上响滋滋的一吻。"这是如假包换的疼爱。"他说。

第二章
诱惑的国度

*

历史这个伟大的诱惑家日复一日地向法兰西民族证明，法国有相当
充分的理由独霸理性和文明。

——弗里德里希·齐布格（Friedrich Sieburg），

《上帝可是法国人？》（*Dieu est-il français?*），1930 年

我对法国，对物质上的法国，有一种本能上的深刻认知；对于她的地
理和有机形体，则有一种热情。

——弗朗索瓦·密特朗（François Mitterand），1977 年

二十世纪九十年代的某一天早晨，凡尔赛宫首席园艺师阿兰·巴拉顿（Alain Baraton）正例行巡视辽阔的宫廷领地；这时，他遇见一位年轻日本女观光客。这名女子的花容月貌令他不禁屏息。她显得心神不宁：那天是星期一，凡尔赛宫不对外开放。家住这片宫廷领地中一栋小屋的巴拉顿向她表达遗憾之意后，继续前行。

他在当天下午又遇见这名女子，这次她在一座花园中漫步。他发现她会说法语。身上备有凡尔赛宫钥匙的巴拉顿提议特别为她开门，让她得以进入宫殿内部参观。"整座宫殿只有我们，"某天上午，他跟我游览凡尔赛宫廷花园时这么告诉我，"我带她参观了镜厅，参观了国王和玛丽·安托瓦内特（Marie-Antoinette）皇后的寝宫。"

他把她带到小特里亚侬（Petit-Trianon）宫，那是路易十五为他最钟爱的情妇——庞巴杜夫人（Madame de Pompadour）所盖的一座新古典主义风格迷你城堡，处处洋溢浪漫典雅的氛围。庞巴杜夫人在巴黎其实已经拥有一栋大宅邸，也就是目前的爱丽舍宫。几十年以后，路易十六又将小特里亚侬宫献给还是个少女的新娘——玛丽·安托瓦内特，作为结婚献礼。"情趣之屋现在就属于你。"据传年轻的国王是这么告诉新婚皇后的。巴拉顿引导不期而遇的娇客参观至此，奔放的香槟在满溢芬芳的花园中流泻也只是水到渠成。

"如果你打算在游泳池畔诱惑女人，最好懂得怎么游泳才成。"他在叙述那天的浪漫情缘时这么告诉我。"如果你打算在夜店诱惑女人，最好懂得如何跳舞。在滑雪胜地，就应该懂得滑雪。但我呢，我拥有的可是凡尔赛！在午后夕阳逐渐西下的美好时光，四处无人打扰，我在凡尔赛的浪漫花园里与她啜饮香槟。她被征服了！"

巴拉顿把她带到自己的住处，为她烹调美好晚餐。午夜过后，他

　　　　　　　　　　　　　　　　　　　　　　法式诱惑

邀请她留下来过夜，而不要急着赶回旅馆。他在第二卧室为她打点好一张床。

"那个时候，"他回忆道，"这位女子可能告诉自己，'我来到了凡尔赛，我在凡尔赛过夜。而且邀请我来的这位男士人还蛮好的。'或许她告诉自己，'如果我也能在凡尔赛做爱，这……这毕竟不是每天都会发生的事！'"

所以她就留下来了。

我没问他接下来发生了什么。他没多着墨。

他也不需要说。凡尔赛是法国的国宝级建筑——一个呈献给爱情与权力的国家地标。它见证着一个皇家生活以享乐为目的的时代，而在法国人与法国历史之间的国家级罗曼史中，凡尔赛也雄踞着舞台布景的中心位置。

巴拉顿写过一本书，呈现形形色色的现代凡尔赛爱恋物语，其中多数爱侣是法国人。但在他最津津乐道的个人情欲逸事中，被征服的女主角是个外国人，这倒也无可厚非。

不难想象这位日本女子当时的处境——惊叹于城堡之宏伟，震颤于一股浓得化不开的浪漫行乐的氛围，一切仿佛在向她高呼，"快乐俯拾即是，享受吧！"好几世纪以来，外国访客不断听到这样的讯息，那是法国诱惑旅人的美人鱼之歌。

现代旅行者来到法国，是为了被诱惑。被优雅的环境诱惑，被极致的美食名酒诱惑，被各处展示的美丽物品诱惑，被街头及咖啡馆随意可见的风尚人士诱惑。参观者的华丽绮想或许不见得能实际攀升至浪漫邂逅、云雨翻腾的那般天堂胜景，但几乎毫无例外地，他们企盼着能体验到一个性感的国度。法国人对此倒也不以为意，他们知道自己就住在这样的地方。身为全球观光客人数最多的国家,法国的雍容华贵、姿态万千,早已让她戴上绚丽的光环,成就国际间的既定印象。但访客可能不知道的是,法国人不但喜欢扮演诱惑者的角色,他们也同样热爱被诱惑。所以他们乐于放手一搏,纵情于自己国家展现的无穷魔力中。

法国人并未将性爱引介至西方,性爱诱惑的学问也早在法国存在之前就被发明出来了。但在中古时代,法国是欧洲第一个打造出爱情文化的国家。婚姻与爱情之间没有太多关联,性行为在当时则被人视为粗鲁而低俗。在贵族阶层间,典雅爱情(courtly love)的理想通过诗歌语言被创造、表达出来。男子宣示自己为淑女的臣属,淑女则被定义为美丽、富贵、权力大、地位高的女性,对男子施展的魅力显得无动于衷,而且通常也已嫁作他人妇。色欲因而被升华为浪漫情怀,为了追求窈窕淑女所给的丁点施舍,郎君必须通过繁复的仪式与礼数,就算最后只得一触淑女的纤纤玉手,也已无怨无悔。随着法国人淋漓尽致地发展各种休闲享乐及感官情趣的艺术,诱惑也逐渐演化为高尚的技艺。

诱惑——séduire 一词,源自拉丁文的 seducere,意指"引人歧途"。这个字首度用于法文是在中古时代,当时带有深刻的宗教及道德意涵。"诱惑"被贴上邪恶的标签,是"哄骗行为""陷入错误或罪恶"。一本早期法文字典将"诱惑"定义如下:"亵渎某人,引人犯下邪恶之事,或将邪恶思想灌输于他人的心灵中。例如:亚当之妻向天主告白时,借口托说是蛇'诱惑'了她。"但这个字的意义随着时代慢慢转变,诱惑遂与浪漫之爱的痛苦与狂喜有了密切关联。

十七世纪时,道德基准又有了变化。路易十四时期在凡尔赛孕育出来的宫廷文化开启了自由思想的新时代,为乐趣而追求乐趣的做法不但获得接受,甚至被积极提倡。洒脱不羁、追逐欢乐性爱的浪荡自由之士(libertine)隆重登上时代舞台。诱惑成为一项运动,乃至经常是一种游戏,目的在于战胜另一方的意志。

诱惑甚至被法典化,出现在地图中。女作家德·斯居代里小姐(Mademoiselle de Scudéry)为了替她在1654年出版的小说《克蕾莉》(Clélie)提供插图,绘制了一幅"温柔乡地图";地图表面上呈现的是一个名为"温柔乡"的想象国度,实则是一个关于爱情进展阶段的譬喻。位于巴黎的法国国家图书馆典藏了这本书用皮革装订的初版,其中包含手绘上色的"温柔乡地图"。十七世纪书籍典藏研究员让-马克·夏特兰(Jean-Marc Chatelain)亲切地向我展示这本收藏。他细心解开一大块褐色厚毛呢布,随之露出的是一本以皮革装帧、金叶镶饰的精美书册。翻阅至接近结尾时,出现一份插入文件,展开来是一张十二乘九英寸的地图,上面描绘了一条温柔蜿蜒的河流——"情投意合川",一座"漠视湖",一片代表激情的"危险海",以及一些安详宁静的村庄,如"美诗村""情书村"等。这幅地图至今依然被运用在现代法国的文化表现中,例如若干年前女性内衣品牌淘气公主(Princesse tam. tam)就以它为图案,设计出美丽的女用睡衣。在许多探讨性爱与浪漫爱情的法文书籍中,也可以看到这幅地图。

到了十八世纪末叶,诱惑已经发展为大师级技术,邀约人们进行情欲游戏,甚至政治谋划。换言之,法国人成功地将诱惑的概念从"邪恶的力量"转化为"良善的动力"。诱惑我吧,用一顿美味的大餐,一杯甘醇的美酒,一股醉人的芬芳,一场华丽的文字游戏。你这样是害了我，抑或是引我前去一个神奇的境地，让我在那里找到自由，尽情享受，恣纵地啜饮生命的极致精粹？若在此过程中你也达到了你的目的，这不正是——按我对这份契约的理解——所谓的"公平交易"吗？

历史上许多外国人士确实这么认为。古罗马人征服高卢后即决定在此定居，栽种葡萄、酿造美酒；到了二十世纪，无数外国作家及艺术家们悠居巴黎，被这里的性爱与思想自由深深诱引后就徘徊不去。

当然，美国总统奥巴马也将法国视为追寻乐趣的天堂。然而2009年他访问法国，与各国元首共同庆祝诺曼底登陆纪念日之际，他却完全没有安排旅游行程，也婉拒了萨科齐总统与其娇妻卡拉·布吕尼在爱丽舍宫的晚宴邀约。当他在记者招待会上被问道，为什么在欧洲停留的时间这么短，他说他忙得没时间享受。

"其实我多么渴望在巴黎轻轻松松地度过一整个星期，沿着塞纳河漫步，带内人上馆子享受精致美食，到卢森堡花园野餐，"他感叹地说，"那种日子已经不再，至少暂时是如此……有朝一日，我将不再是总统，届时我相信各位一定会看到我常常出现在法国，享受欢乐时光。"

法国人本身将享乐和嬉游视为基本人权。这并不表示他们"活在当下"。相反，他们会对当下进行操纵，事先巧妙布局乐趣计划及诱惑策略，将餐桌布置得美轮美奂，或安排一场天衣无缝的浪漫攻势。不仅如此，他们还随时准备好把握未经事先计划的机缘，以迷人的装扮、高雅的举止、无懈可击的交谈技巧为利器，在未知的世界中等待亮丽出击。

在法国文化中，休闲时间是一项受到保障的权利。在1958年得到第五共和国宪法核定的1946年宪法中，前言明文规定"所有人，特别是儿童、妇女及年长劳工，都应该获得健康、物质安全、休憩与休闲等方面的保障"。当前法国人更是积极反抗延后退休年限、拉长每周三十五小时的工时等计划。政府禁止大多数公司行号在星期天营业。一次又一次的民调显示,法国人宁可放弃较高的薪水,也不愿意牺牲假期。

"乐趣原则"在法国医疗体系中显而易见。这里的医疗保险所费不赀,聘雇者及受薪阶级通过直接社会税赋及高额所得税,为社会保险提供了大量经费。但付出不会没有回报,法国人因此得以享有各式各样的医疗乐趣。

多年前我在艾维昂温泉镇(Évian-les-Bains)找到一个绝佳的例子。① 这个日内瓦湖畔小镇的人口只有七千五百人,拥有举世闻名的天然涌泉。1926 年,法国政府宣布位于艾维昂山区的泉水源头属于"公共利益",水源区四周二十公里直径范围被划为保护区,保障泉质绝对纯净。小镇中心有一处小亭子,一部分被遮掩在一座阳台下方,亭子内是一座红色大理石喷泉,艾维昂矿泉水从黄铜龙头喷泻而出,温度是恒定的摄氏十一点七度。更重要的,是法律规定这水提供民众免费使用。

在艾维昂一座由国家补助的水疗中心,我碰到一位来自北法阿拉斯市(Arras)的汽车技工皮埃尔·雷旺多斯基(Pierre Lewandoski)。他穿着海蓝色紧身迷你泳裤,安静地躺在一间小型疗愈室的深型浴缸中。浴缸里的艾维昂矿泉水已经加热到摄氏三十五度,正冒着气泡,旋转翻腾,温柔地按摩他发福的中年身躯。他似乎非常乐于说明他为什么离家八百公里,到这里躺在浴缸中。

---

① 这里的天然泉水也被制成依云(Évian)矿泉水,行销全球。

"是医生开处方让我来的，好治疗我的颈部风湿。不知道会不会有效。"但法国社会保险支付了百分之六十五的费用，老板也同意给他支薪休假，所以他就来了。在这里，可让来者饱览日内瓦湖畔山光水色的水疗中心和健身俱乐部，大大方方地用纳税人的钱提供高档疗愈服务，印刷精美的简介折页说明了"十八天温泉水疗专案"的内容与疗效，包括可以治疗尿道发炎、结肠不适、高血压、痛风、骨折后创伤、肌腱炎等等。顾客可以在溢满略经氯化处理过的艾维昂矿泉水的运动池中游泳，或是在十二道水柱淋浴喷头下，尽情享受以冷热艾维昂矿泉水进行水疗的乐趣。

几年后，我在典雅华贵、精品名店栉比鳞次的巴黎蒙田大道（Avenue Montaigne）极其不优雅地滑了一跤，于是我又有了造访艾维昂温泉镇的机会。我带着按摩治疗的处方书，拄着拐杖，不可置信地看着湖滨小镇的人行道又已经被全面翻新，看来更加优美迷人。在几个月的时间里，物理治疗师让-弗朗索瓦每周三次亲自上门为我进行复健治疗。至于费用嘛，法国健保支付了其中一大部分。

居住在法国这个诱惑的国度，自然而然就会浸淫在它多彩多姿的浪漫史中。法国人既向往过往的荣华，也沉醉在法国的国家传说与民族物语中。他们对"旧制度"（Ancien Régime）时代的迷恋可谓历久弥坚，法国历代国王皇后的肖像也经常出现在杂志封面。这种对君主专制恒常不变的怀念，看似与民主共和的理想相互矛盾，但似乎极少有人斥之为不妥。

法国历史的浪漫版剧情发展如下：最初居住在这里的是高卢人，后来罗马人入侵，打败高卢人，并以精致的技艺与高尚文明征服了他们。高卢文化与罗马文化兼容并蓄，许多高卢人成为罗马公民，罗马则向高卢购买银器、玻璃、陶器、食物、葡萄酒。接着进入中古时代，吟游诗人四处游唱，十二世纪悲剧恋人阿伯拉尔（Abélard）和爱洛伊丝（Héloïse）的故事传诵千古。随后文学与艺术开始聚焦在皇室浪漫的爱恋故事与奔放的性爱激情。最后则是法国大革命开展新局，人民接连以英雄姿态反抗敌国入侵，慷慨激昂地迈向沙场，让法兰西共和国一次又一次地浴火重生。

　　故事无须忠于真实。历史确实可能将罪恶感的重担强压在法国人身上，但不足以逼迫他们费心探究法国历史的黑暗深渊。二次大战期间，法国与纳粹占领政权的勾结度之广之深，不是由任何法国史学家所揭露，而是在美国哥伦比亚大学学者罗伯特·帕克斯顿（Robert Paxton）撰文发表后，世人才得以一窥其中的残酷真相。有一个很好的例子可以说明法国这种"健忘症"：巴黎左岸装饰艺术（Art Deco）建筑的重要代表作——鲁特西亚（Lutécia）旅馆外墙上的一块标牌。标牌说明旅馆大厅是1945年战俘及被遣送集中营的同胞返回法国时的接待中心，但对于这座旅馆在纳粹占领期间被当作德军情报作业巴黎总指挥部的史实，标牌则是只字不提。

　　经过消毒粉饰的历史版本为法国人提供了一层防护衣，法国人因而得以安心地歌颂过去的历史，并持续将它发扬光大。任何微不足道的纪念日都值得庆祝。最近几年间，法国庆祝了高中会考制度成立两百周年，比基尼泳装发明六十周年，胸罩问世一百周年，巴黎市二十个区（arrondissement）创建一百五十周年……当裤袜品牌Dim高呼"女性不再受羁绊"，大肆庆祝品牌成立五十周年之际，《世界报》（Le Monde）甚至刊登专文报道，文章插图中展现了三位妙龄女郎,她们飘逸的长裙被大风掀起,就像玛丽莲·梦露(Marilyn Monroe)在《七年之痒》(*The Seven Year Itch*)中露出鲜嫩欲滴的玲珑美腿。

法国人偏好建构某种净化版历史,这可以解释为什么有那么多阿拉伯裔及非洲裔的法国公民感觉自己在法国历史中受到严重疏离。他们对前述"浪漫版"历史没有认同感,甚至不觉得自己是法国人。他们是身处当前法国社会中的"另一个"民族,普遍面临差别待遇,在许多方面被法国"本地人"视为异邦人。净化历史的倾向也可以解释法国政府为何在2009年底会认为有必要在法国各地城镇,展开关于法国"国家认同"的辩论。法国人习于被教导某种特定的历史观,这套观点并不提倡多元并存,而是讲求一种理想化、政教分离的世俗共和国,无视多重种族、肤色交织在社会脉络中的事实。这种观点被视为法国民族认同的基本要素。

由于过去代表了浪漫,可以通过乐趣而不是权力的透视镜来观看,因此,对过去的重新论述中,女人扮演了关键性的角色。对凡尔赛首席园艺师巴拉顿而言,法国历史的驱动力是浪漫、诱惑、性与爱。"法国的立国基础是爱情故事,"他说,"但许多史学家无法忍受这种性爱决定一切的观点。主流学派一直以来都拒绝承认女人与诱惑在历史中可能改变了法国的政治地景,但这却是毋庸置疑的事实。"

在这些改变历史风貌的女性当中,首屈一指者非玛丽·安托瓦内特皇后不可。玛丽·安托瓦内特是法国旧制度时代的最后一位皇后,她在此生一直都被描绘为骄纵、幼稚、挥霍无度、生活不检点的女人,但在历代所有王公贵族之中,她却是最能在今日法国点燃无尽想象火种的人物。

如果我是玛丽·安托瓦内特的粉丝，我可以加入玛丽·安托瓦内特协会；到巴黎甜点名店拉杜丽（Ladurée）品尝玛丽·安托瓦内特系列精致马卡龙；芳心荡漾地喷洒弗朗西斯·库尔吉安（Francis Kurkdjian）以她之名精心调配的香氛；戴上莱俪（Lalique）水晶以一幅她的画像为灵感所设计的水晶耳饰；到雷诺（Raynaud）瓷器精品店添购玛丽·安托瓦内特餐具的复制品，回家在满满的浪漫情怀中享用晚餐；购买玛丽·安托瓦内特芭比娃娃……我还可以买到一把限量系列瑞士刀，它的刀柄是用凡尔赛领地中因风灾被吹倒的树木所制作，上面刻着玛丽·安托瓦内特名字的缩写——MA。

当凡尔赛宫首开先例，允许美国导演索菲亚·科波拉（Sophia Coppola）租借凡尔赛宫场地拍摄耗资四千万美元的巨作《绝代艳后》（*Marie Antoinette*），这个消息立刻成为头条新闻。2006 年该片在法国院线上映时，《费加罗报》（*Le Figaro*）特别出版一本厚达 112 页的亮面印刷的豪华专刊，从不同角度剖析这位身兼"公主、偶像、叛逆者"身份的皇后短暂、精彩的一生。女性杂志《氛围》（*Atmosphères*）细细揭露她的诸多"秘辛"。《重点》周刊（*Le Point*）则以她的肖像为封面，并印上斗大的标题："误解、断头，玛丽·安托瓦内特，法国永远的懊悔"。

法国对于闪烁荣耀光辉的历史可谓举国迷恋，这一点在凡尔赛宫被彰显得最为深重慑人。外人倾向从实体观点看待这座城堡，将其视为汇集精美石材、华丽画作、晶莹镜饰、珍稀物品、浪漫花园的历史古迹；但对法国人而言，凡尔赛宫散发的力量同时源自现实与迷思。数世纪以来造就凡尔赛奇迹的历史人物及其事迹，共同组成了一股极大的权威，让这座史迹成为对过去的永恒礼赞。在这种观点中，凡尔赛是一个永不颓圮的权力中心（君主政权）、美学中心（建筑、设计）、情爱中心（后妃、情妇）。它是法国作为荣耀之国的具体象征，法国政府总是投注大笔经费为它进行整修。"凡尔赛是值得的，所以花钱维护它的伟大不需要斤斤计较。"戴高乐（Charles de Gaulle）在二十世纪六十年代试图为高昂的整修经费进行说明时这样表示。在他担任总统期间，大特里亚侬宫（Grand Trianon）的一个侧翼被保留供总统专用。当萨科齐总统在 2009 年决定突破传统，向国会议员发表演说时，他选择的地点不是爱丽舍宫，也不是国会大楼或参议院大楼，而是凡尔赛宫。这种气派非凡的景况在历史不够深远的美国是不可能发生的。

首席园艺师巴拉顿写过一系列关于凡尔赛宫的书籍，包括最近出版的凡尔赛情爱故事集。他是一位五十好几，小腹微秃，但仍有韵味的男子。他穿着神气的尖头鞋，不时要吞云吐雾，看到美丽女人总是目不转睛。我们谈到他的书，书里面充满在凡尔赛发生的性爱故事：一名知名女星喜欢到凡尔赛花园中裸裎，与大自然共舞；一位资深政治人物将一名年轻女子绑在树干上，两人在欲火中翻腾；一对年长爱侣抱怨巴拉顿手下一名园艺师从树上摔下，无巧不巧地惊动了两人的鱼水之欢……

"我想我真是缺乏想象力，"我告诉他，"真难相信有人会在凡尔赛宫的花园里做爱。"

"当然有！"他回答，"像我们现在这样，坐在凡尔赛花园里的咖啡座上天南地北，这是一回事。当夜色降临，两个人坐在花园中的大理石长凳上，四周工整地罗列着美丽的雕塑与浪漫的喷泉，那又是另外

　　　　　　　　　　　　　　　　　　　　　　　法式诱惑

一回事。当不再有游人喧哗，外头街道的噪音停歇，没有炫目的光线与刺激，你会感觉和你的伴在一起是多么地安心，对方完全了解你的心，也只期待着一件事的发生：与你共度良宵，给你最大的欢愉。

"或许你不会马上答应，但这里的气氛变得越来越美妙，令人陶醉不已，你禁不住有了想望！我不是说你真的会招架不住，我也没说你一定会接受。我只是说，在某个转瞬之间，你自己恐怕会被这股两人与周遭交织出来的动能卷入迷情漩涡，然后告诉自己，'如果我坚持设下障碍，可能就会失去这个神奇的时刻。'"

巴拉顿以各种方式解释凡尔赛宫可被用来诱惑访客的方式。凡尔赛在他口中成了一头面貌百变的奇兽，身形不断变异，灵活玩弄它的诸多特性，提供多姿多彩的可能。针对集权势于一身的男性，巴拉顿从帝王观点呈现凡尔赛宫，让城堡、规则式花园，以及往前一路开展的雕塑作品一气而下，洒迤气宇轩昂的阳刚气派。针对钟爱园艺或关心环保的人士，他衷心推荐小特里亚侬宫周边的玛丽·安托瓦内特农庄，那里的观景亭、小桥、流水、长椅、幽深小径，勾勒出恬静的田园景象，林木葱郁的非正式英国花园则开满了蒲公英和野玫瑰。作为与爱人幽会的场所，玛丽·安托瓦内特的农庄具有双重功用。在一个人工石窟中，岩石上雕出一具弧形长椅；这里是皇后安排秘密邂逅的地方，因此特意打造两道不同的出入口，随时供当事人神隐。"看你的右手边，"当车子沿着小径前行，巴拉顿命令道，"这里甚至还有一座爱情神庙呢！当我们看到一座庙被用来供奉爱情的荣耀，其中一定有它的玄机。这里有很多建物能让人躲开人群，谈心，静思。小河与湖泊串联出水乡景致，动物奔跑，小鸟鸣唱。这是个诱惑的地方。现在你还相信真的有人自己会需要这么大的花园吗？没这回事。如果你盖出这么多东西，就是为了诱惑，为了展示你的力量、你的权势。"

小特里亚依宫及周边的原野和花园是最有效的诱惑场所。巴拉顿向我说明个中原因。我们沿着一条蜿蜒的泥土路，开过一连串铸铁门，通过一座座喷泉和精心铺陈的花圃，然后驶过另一道门。他将车停在一座小小城堡前，这座楼宇名为"法兰西阁"。他把我介绍给这里的管理人，告诉我他都称呼此人为"国王的首席男侍"。管理人一听，嘴唇微微翘起，仿佛在向我暗示这句话是他早已听过千百遍的陈腔滥调。

巴拉顿继续口若悬河地说着故事。"假设现在只有我们两个人。我是路易十五，你是家世良好的年轻淑女。接着，忽然间开始下起雨来。"他把我带进一个小房间，里面装设了镀金边框的巨型镜面，然后他要我摆脱既有框架，让历史在尽情驰骋的想象力中全面重现。"你可以在镜子里看到自己和国王在一起！"他指着墙面的凹凸装饰，上面有各式各样的农场动物、乐器、爱情神箭。"那些绝对不是战争的象征！"他说。

"你现在想象自己跟路易十五在一起。你忽然出现在这个场景中，路易十五刚请人将巧克力和茶具摆上餐桌。火炉中冒着温暖的火焰。你不得不承认，你会情不自禁！或许我错了，但国王如此令人愉悦，这地方如此曼妙动人。Voilà! 你看吧，这的确是一个为诱惑而打造的场所。它不是为权力而建造，也不是为朋友而建造。"

我问巴拉顿，是否有什么策略可以让人保护自己免于诱惑。这显然不是件容易的事，办法只有一个。

"你只能逃跑，逃之夭夭！"

　　　　　　　　　　　　　　　　　　　　　　法式诱惑

他补充说，诱惑是一种游戏。"它是一种危险，一种魔力，一个信念。然后，别忘了：它是生命的精髓！是生命的动力。"

"所以，你真的认为诱惑是社会的驱动力？"

"当然是，"巴拉顿回答，"一切都受它驱动。人可以光靠诱惑而生存，这点我确信不疑。"

近年来，凡尔赛洋溢性爱色彩的本质受到一些自然及人为因素的严重损害。1999 年的一次猛烈风暴吹倒了许多大树，景观遭到破坏，即使事后进行了大规模的重新植树工作，也无法恢复许多原有的、充满诱惑氛围的秘密空间。手机和数字相机的普及，使得喜爱裸露的天体人士不敢在此出没。科技也让人类追求伴侣的方式发生大幅改变。

如同巴拉顿所言，"在我生命中，曾经有那么一段岁月，我会看到一位美如天仙的女子在午后和煦的阳光中走进花园，在长椅上停留小憩。半个小时后，一位风度翩翩的男士会在她身边坐下，然后他们开始对话：'这地方真好。你常来吗？'就这么简单！今天，恐怕这位男士只会在半夜坐在电脑屏幕前，开始输入搜寻条件：'我希望她高挑、金发，不过棕发也行。'求爱的艺术已经彻彻底底地改变了。"

法国一直是个女人。当法兰西王国第一位国王克洛维（Clovis）在公元五世纪末年接受基督教洗礼时，法国赢得"教廷大女儿"的美誉。[1] 尽

---

① 日耳曼民族入侵高卢地区后，克洛维一世统一各个法兰克部族，并在公元 486 年打败北高卢最后一位罗马统治者，奠定法国统一的基础，随后又在 499 年受洗为天主教徒。一般人将他视为法国的奠基者。

管现代法国早已实施政教分离，已故教宗若望·保禄二世（John Paul Ⅱ）在位期间曾不忘提醒法国人这个任重道远的身份，法国两位总统希拉克与萨科齐也分别在 1996 年及 2007 年出访教廷时引用这个词句。

在文艺复兴以来的雕塑、绘画、镌刻、徽章、钱币中，法国一直被描绘成身披古代长袍的女子。这名女子有时也会被画成孩童围绕的慈爱母亲、悉心呵护的保护者。

现在，一名想象出来的女性成为法国的象征。她就是"玛丽安"（Marianne），法兰西共和国的拟人化形象，自由精神的理想化身。选择以玛丽安代表法国，在当时是一个大胆的决定；不是因为她是一介女子，而且经常被描绘成充满性吸引力，而是因为她是一位平民百姓，有些人甚至认为她低俗。十八世纪时，"玛丽-安"（Marie-Anne）这名字在法国极为普遍，而且大都用于低下阶层。根据美国历史学者保罗·汉森（Paul R. Hanson）的研究，"将法兰西共和国称为玛丽安，相当于将它定义为与卑下的农家女大同小异，甚至有人揶揄，这简直就是把法国贬为人尽可夫的妓女。"但玛丽安被共和派人士骄傲地接纳了，自此玛丽安之于法国，就像山姆大叔（Uncle Sam）之于美国——只不过山姆大叔缺了曼妙的双峰。

世人最熟知的玛丽安形象，无疑是欧仁·德拉克洛瓦（Eugène Delacroix）1830 年的画作《自由引导人民》（La Liberté guidant le peuple）。在这幅画中，玛丽安光着脚，头上戴着圆边帽，双臂肌肉结实，一手高举上了刺刀的步枪，另一手挥舞红白蓝革命三色旗，奋力引领百姓突破障碍，冲向自由。她似乎没有留意连身裙的紧身胸衣已经落到腰部。在随后的年岁中，玛丽安则被依据法国最美丽的女星或名模形象，打造成各种风情万种的姿态。

法国历史上一个更具重要性的女性角色，是十五世纪的少女战士——圣女贞德（Jeanne d'Arc）。她不朽的形影矗立在法国各地，几乎每个城镇都有她的雕像或画像，几乎每座教堂都会在彩绘玻璃或壁画、饰板中描绘她。数以千计的小说、剧本、传记、影片、歌曲，甚至歌剧及电脑游戏，持续诉说着她的传奇。她的形象也被用于矿泉水、烈酒、乳酪等产品的标签上。一艘训练海军军官的舰艇以她命名。她是法国的民族英雄。

身强体健、心理独立的贞德誓言永远保持贞洁之身，因为她奉了上帝的意旨要执行救国任务。虽然她是个不识字的乡下姑娘，却有足够的智慧，能说服父母相信她能听见来自上苍的声音。告别家园后，她来到皇太子身边，为协助他恢复王权而奋战不懈。她运用某种无人能解的说服神功，甜言蜜语地让皇太子甘心提供她钱财、马匹、武器、军士，全权由她为法国驱逐入侵的英军。

她率兵在奥尔良（Orléans）围攻英军，为皇太子铺路前往兰斯（Reims）受封为法王查理七世。但这时她遭到俘虏，而且被卖给英国人。审判结果认定她施行巫术且奉行异端，因为她不愿通过教会，直接就与上帝沟通。最后她被判处火刑，于1431年以十九岁芳龄在法国鲁昂（Rouen）被活活烧死。当她在审判过程中被问到为什么要率领军队打仗，而不是乖乖遵守"其他妇德"，例如生儿育女，她的回答是："已经有很多其他妇女在做那些事了。"

由于世人对圣女贞德的生平所知极少，她成为法国历史中最具传奇性质的真实人物之一。她誓言保持处女之身，到死都要贞洁纯净。她身为巾帼英雄，无惧无畏，她的精神自由奔放，摆脱了传统束缚。她领军率众，是优秀的领导者。她爱国为国，成为法兰西民族的化身。贞德引起各式各样的评论，在法国人针对贞德生平事迹的无穷争辩中，充满了乐趣、幽默与激情。

十九世纪伟大的史学家儒勒·米什莱（Jules Michelet）认为，贞德让法国得以化身为一位值得有爱的女人。他写道，由于她的英勇及牺牲，"我们首度感觉法国像一个活生生的人一样被爱着……在此之前，法国只是各个地方省份的松散组合，一个封地采邑混乱聚合的巨大地理区块，一片片壮丽的风景，一个模糊的概念。但从她牺牲那一天起，通过心灵的力量，法国成为一个祖国（la patrie）……这个令人振奋的'祖国'意象……法国人，请永远记得，祖国是发源于一名女子炽热的心灵，在她的温柔与泪水，在她为我们留下的鲜血中。"

法国不是一直都那么推崇圣女贞德。历代国王经常忽略她。伏尔泰嘲笑她是个"不幸的白痴"。但第一次世界大战时，法国军人将她视为祈祷的对象，梵蒂冈在1920年将她奉为圣徒。二战期间，德国人和法国的维希政权尊奉她为对抗英国入侵，为国家统一而牺牲的烈士；反纳粹人士则将她视为对抗纳粹占领的精神象征。

许多当代的法国人以不屑眼光看待圣女贞德，因为她被和右翼极端思想画上等号。二十世纪八十年代起，她成为极右派的民族阵线（Front National）的精神偶像，极右派每年都会举行庆典歌颂她，将她化身为外国移民大举入侵的时代中一道捍卫高卢民族纯粹血统的中流砥柱。对其他人而言，圣女贞德是一个被过度滥用的刻板意象。然而，摆脱历史的重重迷障之后，贞德的故事依然具有恒久不衰的浪漫性质，即使她本人与浪漫女英雄的典型形象大有不同。

贞德既不女性化，也毫不性感，她身上似乎没有任何细腻或俏皮

　　　　　　　　　　　　　　　　　　　　　　　　　　法式诱惑

之处。在法国的艺术作品中,她陆续被描绘成留着长辫、穿着朴素的女牧羊人,胸部平坦的男人婆,或是骑在马上挥舞利剑及法兰西标志的女战神。十九世纪一幅佛图内·梅欧勒(Fortuné Méaulle)的镌刻作品描绘贞德被绑在木桩上,身上穿的白色裙装随风飘逸,领口剪裁露出胸部线条,但头发已被剪去,失去了女性美感。根据圣女贞德最新传记作者、中古史学家柯莱特·波恩(Colette Beaune)的研究,贞德饮食量极少,患有厌食症,从来没有过月经,痛恨身体接触,并且极度害怕被强暴。波恩也提到贞德是女同性恋的臆测,但她认为这种说法不值得采信。

我请教迪奥(Dior)的香氛创意总监弗朗索瓦·德马希(François Demachy),他会调配什么样的香气来呈现圣女贞德的精神。他给的回答有点精神分裂的味道。"会有一股金属基调,因为在我们看过的大多数图像中,她都是披甲戴胄,但也会需要有某种非常强烈的花香,用来表达她的贞洁之身。"

接下来,我跟法国广告巨擘之一——雅克·塞盖拉(Jacques Séguéla)讨论这个话题。2007 年,他在自家举办晚宴,撮合了萨科齐和布吕尼这对爱侣。1981 年时,他为密特朗构思了一句鲜明的竞选口号,并建议他改变发型、服装风格,并进行整牙,结果密特朗声势扶摇直上,成功登上总统宝座。

即使是塞盖拉也无法让贞德变得带有肉体诱惑力,但他确实尽力尝试了。我请他想象我是他的顾客,想运用贞德的意象刺激消费者购买我的新产品。在这个条件下,最理想的产品会是什么? 卖点又会是什么?

他列出答案的方式仿佛那是一个数学公式。他说,当你用明星为一项产品做广告,你选择的明星必须与产品的卖点有适配性。玛丽莲·梦露和碧姬·芭杜(Brigitte Bardot)是性感的代名词,约翰·韦恩(John Wayne)等同于典型美国英雄好汉,凯瑟琳·德纳芙(Catherine Deneuve)则具有巴黎女人的无敌魅力。"我们找到的产品必须和代言的明星拥有相同特质,圣女贞德的特质是什么?第一是贞洁,然后也有牺牲,以及某种刀枪不入的特性。如果想让她从人间消失,唯有靠火刑一途。所以,我要用她来卖新款电动车。"

"C'est pas vrai! ——不会吧!"我说。

"为什么是电动车?"塞盖拉继续说道,"因为民众害怕电动车。他们怕电动车不够坚固,过于轻巧。而身披盔甲的圣女贞德看起来是那么坚固无比。"

"然后呢,"他接着说,"电动车的特质是纯净!二氧化碳排放是零,废气排放是零,能源浪费是零,汽油使用是零。这样一来,贞德纯净贞洁、刀枪不入的特质就都对上了。接下来,电动车是对一般车种的一种反抗!这又符合了贞德的特性。最后一项,电动车很年轻,贞德也很年轻。"

他感觉得到我的怀疑。果然,他马上就招认这其中有不妥之处:"你一定会说'可是贞德被处了火刑!'的确,完美的神话不存在!就连上帝也算不上是个完美神话。所以,我们可以设法想出另一个产品!"

说到这里,他露出微笑。那个微笑好像在说,他最后这句台词已经用过一千遍,他有十足的自信台词会继续有效。

在我结束研究贞德这个主题以前,我在某个五月的日子到了奥尔良,亲眼观察为期一个星期的年度庆祝活动,活动目的是纪念圣女贞德击溃英军。

数十组代表法国各个不同地区,甚至包括印度洋及加勒比海的法国海外属地的人马,身穿传统服装,载歌载舞地游行穿越市区街道。铜管乐队、教堂钟声还有风笛的乐音此起彼落。夜幕降临后,声光秀会将贞德胜利的影像投射在大教堂正面。身形精壮的贞德身披甲胄、仰望天空的骑马铜像四周,摆满了争奇斗艳的花篮。庆祝人群中有一支 680 名法国士兵组成的队伍,包括穿着典礼制服的共和卫队骑兵。游行期间,一组飞机会从上空排列成队越过。显然贞德依旧是法国军队的宠儿,跟拿破仑一样被尊奉为浩气凛然的英雄。

庆祝活动中最吸睛的,当然就是"贞德"本人。这一年获选为贞德的是十七岁少女夏洛特·玛丽(Charlotte Marie),她的精神奉献与慈善义举让她在候选人中脱颖而出。我在设于一所学校内的临时化妆间见到她。她穿戴着十多公斤重的盔甲,腰上还系着铜质宝剑,已经准备好要骑上马背,游行市街。

我问她,贞德比较像男人还是女人。

"啊,当然是女人!"她惊呼,"不管别人怎么说,虽然她是一名战士,但我知道她其实很爱漂亮!查理七世加冕时,她还特地订制了一套衣服。所以她是个女人。"

除了那套订制装外,夏洛特没有任何证据能说明贞德爱漂亮。这真让我觉得不可思议。那天稍晚,我碰到圣女贞德协会的理事长玛丽-克里斯蒂娜·香特格雷(Marie-Christine Chantegrelet)。这个协会的宗旨在于维持贞德的传统与记忆。香特格雷本人在 1968 年 5 月也曾当选为圣女贞德,所以当巴黎的大学生举行学运,在街头投掷石块时，①她是在奥尔良穿着盔甲骑马游街。她向我证明贞德爱漂亮的理论。

"依据我读过的书本，以及我请教过的贞德专家，我心目中的贞德在战场上非常剽悍，卸下战袍却也有爱美的一面。"她说。她也告诉我在国王加冕前贞德特别订制衣服的事，还补充说贞德跑了好几个城镇，要了许许多多的布料来做衣服。

"我很喜欢这个关于她的故事，"香特格雷说，"我很欣赏她除了对上帝、国王与法国的信仰与奉献等，她身上也略略有一股女人气质，能让她浑身来劲。"

那么她会"诱惑"吗？我问。

"就诱惑一词的广义而言，是的，她是个诱惑者，一个拥有光环，具备领袖气质，会让人想追随的人，"香特格雷兴奋地说，"所有人都拜倒在她的石榴裙下。"

如果要我选择追随一位法国历史上的英雄，那这个人应该不会是圣女贞德这种军事将领，而是一名冒险家。事实上，我已经有一个人选：已故的海底探险家兼电视名人雅克·库斯托（Jacques Cousteau）。二十世纪六十年代到七十年代间，美国 ABC 电视网播映《雅克·库斯托的海底世界》（*The Undersea World of Jacques Cousteau*）多年。这部纪录片风格的剧情影集主要人物是库斯托本人，以及一

---

① 1968 年法国发生所谓"五月风暴"，由巴黎第十大学开始爆发反消费社会、反政府的学生运动，并且迅速延烧到巴黎拉丁区各大学及法国其他城市。这次大规模行动深刻地影响了法国社会，使其产生质变。

群英俊潇洒的潜水员，他们说着法国口音浓重的英文，身上背着先进的潜水装备，搭上一艘"卡利索号"（Calypso）研究船出海。人们对库斯托的记忆是他那沉稳的风格和缓慢、腔调明显的口白，美国观众陶醉地听他叙述神秘宝藏及海底生物的故事。还有那些寂静无声的片段！库斯托不是不断地叙事，他将我们引入剧情之后，经常就把我们丢在里面做梦。当年有哪个美国小孩不想逃学或离家出走，去跟雅克·库斯托一起探索海洋呢？

而后，有一天，我找到了库斯托的现代翻版——吕克·陇（Luc Long）。他是一名考古学者、浮潜家，从法国隆河（Rhône）河底挖掘古罗马的秘密宝物。他的工作地点位于阿尔勒市（Arles）边缘，这座城市在两千年前曾是罗马帝国的重要殖民城镇。吕克·陇身材精瘦，皮肤晒得黝黑，动作及谈话都非常快速，戴着包覆式的太阳眼镜，几撮头发自然地散落在前额，攀附在颈背。他为法国中央政府工作多年，执行文化部的专案计划，但他说话仍带着粗嘎的南方乡音。

二十五年来，他不断努力驯服这条深度和危险度在欧洲名列前茅的河流。隆河的河水颜色会因为污染及水流形态而变黑，使得他不得不知难而退；河中不时还会蹿出重达六十公斤的食底泥鱼类，戳破他的皮肤，啮咬他的手脚。这条河川还是一个巨型垃圾场，是报废摩托车、生锈购物推车、腐败树干、废弃水泥块、盘卷错杂的电线、旧车胎及各种家庭废弃物的水底墓园。装满货柜的轮船在河上来来往往，似乎无视水中还有潜水夫的存在。铀废料、农药残余、未经处理的污水充斥在河中，形成细菌的理想温床，让潜水人员经常出现尿道、肺部、耳腔发炎现象。这条河甚至是一些死人的埋葬场。

吕克·陇被横行隆河水域的河盗取了"水蛇"的绰号。河盗们监视他的行动，但与此同时，法国国内情报单位也监视着这些人。这些河盗掠夺的目标与潜水研究人员搜寻的对象相同，都是长年潜藏在河底的双耳瓶、陶盆、盘皿、漏斗、油灯，以及石柱破片、雕刻柱头、断裂的雕塑作品等等，但盗匪的目的是拿这些东西在黑市中卖钱，或充作私人收藏，而不是为了保存国家文化资产。

吕克·陇和他的潜水人员及考古学者团队是一群浪漫主义者，带着无与伦比的热情，沉浸在高卢罗马的历史中。他们每年夏季及初秋从早晨到傍晚轮班上阵，任务指挥中心是停泊在河畔的一艘木船。2007年，他们从水中拉起一个撼动考古学界的宝物。那是一个公元前49年左右的大理石胸像，据信是恺撒大帝在世时制成的雕像中年代最古老的一座。陇将它称为"活体肖像"，作品的人性特征强到连恺撒大帝的所有缺陷都被表现出来：头骨上的一个微小凹陷，过小的眼睛，鼻子底部与嘴唇之间的深纹，颈部的皱纹，极度突出的喉结，退缩的发际等。恺撒大帝雕像让陇魂牵梦系，坐立难安。"当时的阿尔勒居民真的知道他是谁吗？"他思忖，"他是怎么跑到河底的？是被丢进去的吗？"

我采访他们那天，潜水人员从河底拉起一块白色大理石——一只筋脉明显的动物的脚——以及一块原来可能属于一座阿尔忒弥斯（Artemis）①雕塑的头冠。陇将头冠捧在手中，但可能是因为当下太过兴奋，他不小心让它从指间滑落，又掉入河水深处。当时值班的退休海军军官萨维耶迅速脱下衣服，脱到只剩内裤，完全不会意识到自己圆胖松弛的身体与其他队员精实的胸肌形成多么强烈的对比，只

----

① 希腊神话中的月亮女神及狩猎女神。

是火速地穿戴起潜水装备。"看你的了，我的战士！"陇一声令下，萨维耶跳入水中。不久后他重新浮现水面，阿尔忒弥斯头冠已经握在他手中。

对陇而言，隆河像是个无法驯服的恋人。"她非常复杂，总是为所欲为。一发起脾气，她就丢锅子摔碗盘。她会忽然熄灯，让你在黑暗中不知所措。她费心藏住宝藏，只在偶尔心情好的时候让你看到。她的记忆力非常好，会设法保护自己的财物。她会派出替身来咬你，借此伤害你。她也是个有控制狂的情妇，因为她要占据你所有的时间。你可能因为她而失去一切，包括你的家庭、你的妻子、你的儿女。"

不过，隆河总能将陇诱引回来。这里不是凡尔赛，不是那种颂赞权力的人造殿堂，而是一个令人胆战心惊，完全无法预测的冒险乐园。宝物埋藏在泥污及混浊的黑水中。浪漫出现在最不可能浪漫的地方；美丽从丑陋中迸出，英雄气概在一块偏远的大自然中腼腆地蔓延。"人生只是一个漫长的故事，"陇表示，"我没有特别的宗教信仰，或是神秘主义思维，但有时我感觉自己和这些物品之间有某种联系，仿佛它们在召唤我。"——就像有些声音不断召唤圣女贞德或翱翔在凡尔赛上空的帝王后妃鬼魂。或许陇与法国故总统密特朗一样，对于"物质上的法国，有一种本能上的深刻认知；对于她的地理和有机形体，则有一种热情"。他欲求被诱惑，正如他乐于扮演诱惑者的角色，用他从河中拉起的古代宝物，让国家，让艺术界，让所有人都目眩神迷。

有一天，我来到阿尔勒博物馆，在恺撒被正式公开展示之前再看他一次。负责人引导我走上一段阶梯，进入一个上锁的私人工作间。

在一个蓝色金属高柜中，有一个保丽龙箱，里面装着恺撒的头像。这位古代男子看来已经年过半百，眼睛狭小，发线后缩，嘴部四周有深深的纹路。我凝视他的眼睛，他也盯着我看，脸上骄傲的表情却因为某种厌倦的心情而显得掩不住黯淡。

纵然这座恺撒大理石塑像象征的是罗马征服高卢，它却被法国政府用来礼赞法国伟大的史迹。各家周刊纷纷将恺撒置于头版，仿佛他是个现世英雄。这跟他们处理其他历史英雄的方式如出一辙。

2009 年，在法国国家建筑物免费开放参观日当天，文化部部长弗雷德里克·密特朗（Frédéric Mitterrand），这位前总统密特朗的侄子，向法国民众介绍恺撒塑像，赞美这个珍贵的法国历史资产。他抚摸着塑像的头部，直说它美丽，并向大家宣布他极其有幸地在一个星期里享有将它放在自己办公室的机会。在那段短暂时光中，恺撒属于他。这个举动无形中巩固了法国身为全球文化及美学中心的概念。在历史的进程中，一个又一个类似的举动，构成了法国自我诱惑的漫漫长河。

第三章
非关性爱

*

你会开趴！你会夜夜笙歌，入口唯有香槟，悠游在馥郁香氛中，每一点钟钟声响起，你都会展开一段新的恋情！

————弗雷德·阿斯泰尔（Fred Astaire）对奥黛丽·赫本描述巴黎的乐趣，出自电影《甜姐儿》（*Funny Face*），1957 年

诱惑法则在形式上是一种不间断的仪式交换，在这场不会结束的赌戏中，诱惑者与被诱惑者不断抬高筹码……相反地，性具有一个快速而平庸的目的：高潮。

————让·鲍德里亚（Jean Baudrillard），《诱惑》（*Séduction*）

有一年圣诞节，我先生和孩子送给我一套已故法国大导演埃里克·侯麦（Éric Rohmer）的二十二部电影作品集。我浏览了一下，决定从《午后之恋》（L'Amour l'après-midi）开始看起。

故事叙述者叫费德利克，是一位三十岁的已婚男人，工作稳定，生活上轨道，有一个小女儿，而且似乎爱着正在怀第二胎的妻子。但他有一个秘密嗜好：女人。他总是幻想着不知名的美丽女人，在他的想象中，这些女人会在街上向他搭讪，他则轻而易举地诱惑了她们，而后把她们带回家中的床上。

某天午餐结束后，费德利克回到办公室，发现克洛伊在那里等他。克洛伊是一个多年好友的前女朋友。从那天开始，他们就会利用下午时间相聚，一起购物，用餐，喝咖啡，但多数时候是聊天。后来克洛伊向费德利克招认她打算引诱他，费德利克则回答说他会试着抗拒诱惑。接下来是一连串性爱色彩越来越浓厚的画面：克洛伊把衣服脱到仅剩黑色裤袜及一件黑色紧身内衣；费德利克轻触她的身体曲线，赞美她的美丽身材。两人坐在公园长椅上，克洛伊吻着他脸部每一寸肌肤，独留嘴唇不碰……最后一次约会时，费德利克来到克洛伊的公寓，这时她刚淋浴过。他拿了一条毛巾给她，但她要求他帮她擦干身子。他带着迟疑照办。

"我是说真的擦！"她坚持。画面接着切到克洛伊的背部，费德利克则在她前方由上往下擦干她潮湿的身体。他的目光试着避开，但他的脸已经来到她的腹部以下了。他继续看着她，起身吻了她的颈项。她奔进卧室。费德利克开始脱毛衣，这时他的目光瞄到克洛伊裸体躺在床上，正等着他加入。他在镜子里凝视自己，整个人忽然绷紧，然后不告而别，回到妻子身边。电影结束，费德利克和克洛伊没有做爱。

我应该料想到这个结局的。电影片名暗示着剧情的发展将无可避免地让一名幸福的已婚男子和某种突如其来的神秘自然力量发生性关系。但侯麦匠心独具地拒绝让他镜头下的人物达到性爱的目的。如果故事简单些，费德利克和克洛伊早已在床上身体交缠，汗流浃背地做爱，奔向销魂的感官巅峰。但他们不是如此，而是进行一种似无止境的前戏：长时间的漫谈，若有似无的调情，如清风拂过的身体接触。这种表现手法才是困难所在，但其中却满溢令人怦然心动的情爱欢愉。电影大师果然高明，知道如何不直接描绘性爱场景，却让性爱氛围荡漾在整部电影中。

侯麦的电影语言强调的是事情发生之前的点滴，一种期待的感觉，一种过程，甚至是一些挫败。这种叙事手法与典型的美国式性爱神话截然不同。在美国的电影剧本中，角色的目标是尽可能有效率地征服对方，如果幸运的话，从此就可以过着幸福美满的生活。在法国，兴奋的感觉不是来自满足，而是源自欲望。如果把"诱惑"和"法国"两个字摆在一起，美国人看到，会立刻联想到"性"；法国人想到的则可能是"情趣"。游戏的重点不是在床上触垒得分，而是过程。它的基本概念是玩家有享受情趣的权利，而且就算性交这件事令人兴奋，为了追求这个目的而进行的丰富、醉人、无尽撩拨的活动，可能更要让人飘飘然。

法国人重视延展性爱游戏有其历史渊源。这种乐趣的开山祖师之一，是十七世纪的贵族女性妮侬·德·朗克罗（Ninon de Lenclos）。她凭借美貌、聪慧、独立性格和幽默感，成为当时最成功、最有权势的社交名媛之一。虽然多数女性的梦想是通过稳定的婚姻得到安全感,她却拒绝这种传统的女性处境,并做出如下的宣告:"从这一刻起,我要变成男人。"她自力更生,经营一种独特的生意:她创办一所社交沙龙,后来扩大为一所学校,在三十年里教授青年男女诱惑与爱情的艺术。男性学生必须缴学费听她授课,女性学生则是免费。为了庆祝自己的八十岁生日,她又跟一位新认识的帅哥交往。

朗克罗给的人生道理充满策略性质,毫不风花雪月:"明智的女人在选择丈夫时要听从自己的大脑,追寻情人时则要听从自己的心。"还有,"实现情爱比统御军队需要更多的天赋与匠心。"

朗克罗的金玉良言之一是:深藏不露。六十二岁时,她决定帮助二十二岁的塞维涅侯爵(Marquis de Sévigné)赢得一位美丽但冷淡的女伯爵芳心。她告诉他——如同阿丽尔·朵巴丝勒数百年后对我所说——诱惑是一场战争。

"你可曾听过任何一位战术高超的将军在打算突袭一座堡垒之前,会向敌人宣布攻略计划?"朗克罗这样问侯爵,"只有在你已经稳操胜算的时候,才可以公开你的意图。"

侯爵花了好几个星期策划行动,但后来他一时疏忽,背离朗克罗女士的告诫,向女伯爵诉说了他的爱意。诱惑的魔咒被骤然打破;女伯爵拒绝了他。

法国历史上有许多人物都出乎意料地偏爱煎牛排时滋滋作响的声音,而不是真的去吃那块牛排。法国前总理乔治·克列孟梭(Georges Clemenceau)最为美国人所知的事迹,是在第一次世界大战结束后的巴黎和会上与美国总统伍德罗·威尔逊(Woodrow Wilson)杠上。但除此之外,克列孟梭也是一名医师、记者和小说家。在他1898年出版的小说《最强者》(*Les plus forts*)中,他歌颂了前奏带来的至高无上的乐趣。小说中有一个人物是一位破产绅士亨利·德·普莫弗瑞（Henry de Puymaufray），他说："爱情中最美丽的一刻，是当我在爬楼梯（前往爱人的公寓）时。"

二十世纪著名的作家及哲学家让－保罗·萨特（Jean-Paul Sartre）认为，性行为的义务成分大于它带来乐趣的功能。萨特多年的情人及伴侣西蒙娜·德·波伏娃（Simone de Beauvoir）引述了他们无数对话中的一段："与其说过去的我是女人的情人，不如说我是她们的自渎工具……"萨特这么对她说过，"在一个精粹、情感性的关系里，我会亲吻、爱抚，会让我的唇拂过对方的身躯。至于性行为本身——它是会发生，我会去做，甚至经常做，但总带着点漫不经心。"

追逐过程可以带来无上乐趣，因此必须不断重新演绎这个过程的概念，深深刻划在一个法国戏剧中极其著名的角色身上，那就是十七世纪莫里哀（Molière）剧作《唐璜》（Don Juan）的主角。唐璜不是法国人，但莫里哀挪用典型法式诱惑者的形象——而且是最肆无忌惮那种，将他塑造成法国式的人物。这位法式唐璜是一名虚伪、残酷，而且愤世嫉俗的贵族，但同时又聪明有礼，能言善道；他通过伪装与谎言，欺骗了许多贵族女子与平民百姓。他是一个逾越者，忠于"诱惑者"的原初定义，也就是将他人诱引到歧途的人。他的兴趣在于"征服"，一旦他所追求的女人屈服了，他就会抛弃她们。如同他在第一幕中所言："用百种甜蜜举动制服某个如花似玉的年轻女子；看自己每天一步一步地更加接近她的芳心；用眼泪、叹息与痴狂的话语击溃……她拒绝臣服的意志；逐渐突破她一道道细微的防线……温柔地促使她愿意满足你的欲望。但一旦你成为主宰，就不再有什么值得诉说或想望：热情追求的喜悦已然结束。"

故事最后，唐璜直接坠入地狱的烈焰中。但他热爱挑战、排斥基督教大道理的行径深深吸引了莫里哀那个时代越来越渴望自由思想的人们。

关于性爱作为诱惑的目的，有一个现代说法，出自一位我认识的女孩口中。每次她跟朋友，不管是男是女，在餐厅用餐，只要有卖花小贩走过来兜售玫瑰花，她就会板起脸酷酷地说："不用，谢谢。我们已经上过床了。"

那么，这场游戏该怎么玩呢？有好几种武器必须先熟练。

第一个武器是"眼神"，le regard，两个人四目交接时释放出的电力，可以让对方立刻了解某种联系已经形成。

眼神的概念是法式诱惑的一个经典成分，能追溯到古代，在中古吟游诗人歌颂爱情的诗作中也有非常细致的描绘。"眼神就像一支箭，它会通过对方的眼睛穿透进他/她的躯体，充斥在整个身体和灵魂中，这就有点像爱神丘比特的箭。"美国宾州大学法国文艺复兴学者兰斯·唐纳森-埃文斯（Lance Donaldson-Evans）这么表示，"它能有心灵的面向，但通常与性爱比较有关联。"

眼神有一种贞洁纯真的特质，因为它不会玷污身体。但眼神也具有某种本质上的不忠实，因为通过眼神，人可以不断地坠入情网。司汤达（Stendhal）这位十九世纪心理及历史写实主义文学大师，将"眼神"定义为"乖巧地卖弄风情时所使用的重装大炮"。他进一步解释如下："一个眼神能道尽千言万语，然而你总是能否认你的眼神的用意，因为它无法像文字般被逐字逐句地引述。"

有一天，我到巴黎近郊的布洛涅-比扬古（Boulogne-Billancourt）

参观一座收藏二十世纪三十年代艺术作品的小博物馆时,得到了关于"眼神"的一些见解。陪同我的是馆长费德利克·夏裴(Férdéric Chappey),我们来到一间图画和石版画作的展览室,里面有一幅马里沃剧院(Salle Marivaux)的广告海报。我非常欣赏这幅海报的装饰艺术风格构图和它流露出的静谧感。夏裴告诉我,我完全搞错了。

"这个嘛……这个是一种诱惑。"他说。

"诱惑在哪里?"我问。

海报中可以看到戏院里两对穿着正式的男女,画面确实流露出一股优雅。女子已经坐下,男子站在她们身后。但诱惑何在?

夏裴解释道,男子站在女子后方,一方面是为了欣赏女子美丽的颈背,但同时又能搜寻其他可能的征服对象。"他们释放出一种讯息,告诉周遭他们有令人愉快的伴侣,但也不忘将目光扫射到其他地方。他们的意思是,'我已经得到这位佳人,我已经成功了。现在的重点是下一位佳人。'还有,'我很优雅。我们很优雅。我非常懂得诱惑之道,因为我非常懂得诱惑,我还可以继续施展诱惑。'我觉得这里面其实充满幽默感!"

"这对我来说太过微妙了。"我说。

我的无知让夏裴更有兴趣深入说明。"这两对男女没有互相说话,因为他们已经尝完禁果,犯下罪恶。诱惑已经完成考验,具体实现了。所以,最美的胜利不再是眼前这个人,而在于下一个挑战。不在今天,而在明天。他是在说,'你看到我多么懂得诱惑了吗? 你准备好了吗? 有空吗? 今晚我无法脱身,但明天呢? 你明天会有空吗?'他其实什么都没说,一切都是通过他的'regard'表达。接受到这个眼神的你别无选择,只能投降。"

"这太复杂了。"而且我心想,好像要灌注太多时间和精力。

不过,夏裴的分析还是相当迷人。我决定进一步了解什么是 le regard——"眼神"。我事先就知道自己永远不可能学会怎么好好释放眼神,因为我是超级深度近视,也就是说,我的眼睛隔着厚厚的镜片,变得犹如两颗小豆豆般毫无魅力。但身为记者,我是个训练有素的观察者。我发现如果想了解法国人如何释放眼神,最好的方式就是看法国电影。

在路易·马勒(Louis Malle)1958 年的电影《情人》(Les amants)中,让娜·莫罗(Jeanne Moreau)饰演珍妮这个角色。珍妮有一个"半正式"的丈夫,一个可爱的女儿,还有一个爱打马球的情人。她邂逅了年轻考古学家伯纳德,而且爱上了他。一个眼神就决定了一切。有一天深夜,两人在她乡村住宅的庭园中,月光迷蒙,他试图亲吻她。她抗拒。他在后面追她。他用力抓住她的肩膀,让她无法再移动。她的背脊被压住,紧靠在一棵树干上,无路可逃。现在他们激情地凝视对方。珍妮露出满足的微笑。

"一个眼神就足以承载一份爱情。"我们可以听到珍妮仿佛在谈论别人般地以第三人称谈起自己时这么说。"顷刻之间,珍妮感觉所有的羞耻与矜持都消失了。她不再犹豫。抗拒幸福是毫无道理的。"

珍妮和伯纳德携手漫步在月光下。她向他表达了爱意;他们的目光无法移开对方。

在一系列短片所构成的 2006 年的电影《巴黎我爱你》(Paris, je t'aime)中,有一段短片是科恩(Coen)兄弟的作品,他们在里面揶揄了所谓的"眼神"。在杜伊勒里宫(Tuileries)地铁站,一名由史蒂夫·布西密(Steve Buscemi)饰演的焦虑美国观光客,忽略了手上那本巴黎指南中一条看似超乎现实的警告："尤其重要的是，避免跟周边的人进行眼神接触。"这名观光客无法抗拒地盯着对面月台上正在吵架的一对男女。这名女子开始逗弄他，用眼光爱抚他，设法把男友激怒；男子蹙眉怒视。忽然间，女子坐在观光客身旁。她热情地吻他。男友痛扁了这个观光客一顿。

在现实生活中，带有性爱色彩的眼神也能用来解除对方的武装。有一次在史特拉斯堡访问时，卡拉·布吕尼被一大群摄影师包围。她决定给其中一位摄影师机会。这个人穿着很邋遢，不过无所谓。五分钟的时间内，她精心摆姿，眼光只对着他，对其他人完全视若无睹。他被电得魂魄差点出了窍。

伴随着眼神的不是那种咧嘴露齿、开朗阳光的美国式笑容，而是一种用眼睛发出的神秘、深沉的盈盈笑意。绝对不会是一个眨眼。"法国女人是不眨眼的，"一名法国女性告诉我，"那种表情会把整张脸给扭曲。"

还有一位女性告诉我，她在十二岁时从某个同学那儿学会眨眼睛。回家后，她站在镜子前努力练习眨眼。她当情报军官的父亲禁止她这么做。"只有妓女才会眨眼睛。"他这么告诉她。

第二个武器是言词。法式诱惑的一个关键要素是言语交锋，这是一种打情骂俏式的口舌战，但交谈不真是为了资讯的给予与获得，而更像是一种令人充满渴望的相互抚触。

十八世纪剧作家马里沃（Marivaux）是实践话语这个诱惑武器的顶尖高手，他有超过二十五部作品是描写男女在调情、求爱、诱惑时展现出来的那种轻松活泼的对话艺术。剧作家的名字甚至被用来造出 marivaudage 这个字,在现代法语中代表闲聊逗乐、耍嘴皮子的意思。当言词被作为性诱惑的武器,拐弯抹角和低调谨慎可能是最有效的方式,正面进攻反而会被视为野蛮且低俗。法国式的诱惑者不应该是毫无遮掩的。

"你真有诱惑力啊!"1967 年的电影《青楼怨妇》(*Belle du jour*)中,吊儿郎当的米歇尔·皮科利(Michel Picoli)对冰霜美人凯瑟琳·德纳芙这么说。

"你的赞美可真细腻呢。"她讥讽地回道。男方因为说话太直接,结果越了界。

如果说话是言词表达的一种方式,那么用心琢磨说话的声音是很有用的。我住在法国以后,慢慢发现法国人说话比美国人柔和(美国人的嗓门儿是他们在公共场所引人侧目的原因之一)。巴黎有一些私人训练师的工作,是教导职场妇女们如何让自己的声音摆脱叽叽喳喳的轻浮感,以及指导男性同胞如何培养出低沉稳重的嗓音。

几年前,法国作家爱丽丝·费赫内(Alice Ferney)写了一本关于婚外情的小说,叫《爱情会话》(*La conversation amoureuse*)。故事的男女主角分别是宝琳与吉尔。二十六岁的美女宝琳婚姻幸福,已经怀了第二个孩子。四十九岁的吉尔是个悠游人间、事业有成的影视编剧,他的婚姻正在步向终点。

小说里最具情欲色彩的段落是两人之间的电话交谈。"一个声音可以像身体那样紧抓住东西,"宝琳告诉自己,"声音能比男人的性器进到你的身体更深处。声音可以占据你,落脚在你的腰窝,你的胸前,你的耳畔,纠缠着你极度渴望爱情的那个部分,拨撩它,翻卷它,如同海面的狂风激起大浪。我是否爱上了一个声音?"

假设要我爱上一个声音，那大概会是法国国家广播电台（Radio France）执行长让-吕克·艾斯（Jean-Luc Hees）的声音。在关于艾斯的简介中，经常他会被冠上"一流诱惑家"的称呼。有一次我问他这个词语是什么意思，一开始他显露出腼腆的样子，假装不知道。接着他谈到声音。"我听收音机的时候，会知道谁带有诱惑的力量，这是我首先听到的东西。我可以感觉到这个人希望受到欲求，想要被人聆听。"

艾斯的声音深沉、柔软，好像深陷的大沙发中摆了好多丝绒抱枕。他年轻时到华府担任电台特派记者那时我就认识了他，当时他只懂最基本的英文。但他的声音弥补了一切。有一天晚餐时，他跟身旁一位美国美女聊天。他们道别时美女告诉他，"你的声音好像歌剧。我什么都没听懂，但那个音乐，那种音乐性实在太美妙了。"

诱惑还有一个重要武器，那当然就是"吻"。吻有自己一套约定俗成的交战守则。社交意味最强的吻叫作 bise，也就是印在双颊上的轻吻。我一直认为，这种吻颊是一种直截了当的社交仪式，法国人在见面和道别时自然会觉得有必要遵守这个礼仪。这是个极其惯常的动作，比如父母的朋友到家里做客时，小孩必须向他们行吻颊礼，即使他们完全不认识来访的客人。这个习俗把我的小女儿们搞得简直快疯了。

但后来帮我做研究的两位法国小姐弗洛伦斯·库普利（Florence Coupry）和莎娜依·勒莫瓦内（Sanaë Lemoine）联合起来跟我争辩这个问题。根据她们的说法，吻颊可以具有超凡的力量。"这么说吧，对你认识的人献上一个 bise 表示打招呼，这的确可以不带任何特别意义，"弗洛伦斯试着以尊重我的语气表示，"但那会是多么棒的一个潜在游戏场域！假设有一天聚会结束，我们跟十多个朋友吻颊道别，其中一个是我朝思暮想的人。我的内心有了一种奇怪的悸动，我在那一秒钟的时间里是如此靠近他，我感觉自己快要晕眩。这个经验会是绝对的美妙，但也可能有某种不安的骚动。或许只有我知道怎么了，或许我也设法让他知道。又或许，他猜到了我的心意，接下来会发生什么事？"

莎娜依插话进来说道："有时他的唇会碰触你的脸颊，或者他试着尽可能将他的唇靠近你的唇，并用手轻轻碰触你的后腰。吻颊能让你们变得亲密，可以让你非常接近一个你并不认识的人，近到你可以闻到他的气息。"

越过社交性的吻颊礼范畴，法国人对亲吻这件事是非常认真看待的。一个星期六早上，在巴黎市中心的中央市场购物中心（Forum des Halles），逛街的客人免费上了一场"跨文化接吻课"。现场由戏剧指导苏菲·克贝雷（Sophie Kerbellec）带领丽兹和盖尔坦两位演员进行示范，一群民众围聚在旁观观看。

"现在我们来尝试'法国式接吻'。两个人的嘴巴要完全贴合，嘴唇交织在一起，"克贝雷说明道，"整个人要完全投入这个吻。"她要两位演员想象 1938 年马塞尔·卡尔内（Marcel Carné）那部经典电影《迷雾码头》（*Le quai des brumes*）中，让·迦本（Jean Gabin）和米歇尔·摩根（Michèle Morgan）接吻的情景。

男女演员吻了起来。他们嘴唇交缠，然后温柔地相互探索。

"别忘了头部要移动！Voilà! Très bien! 就是这样，很好！"克贝雷继续指导，"捧住她的头。非常好！还有她的后颈部！"

他们的头部轻轻摇晃，嘴唇紧紧贴在一起。两人似乎非常享受这个过程。

接下来是美国式接吻。"现在我们要进行一种在技术层面上比较上镜的接吻。这次演员只移动下巴。这叫作'吃嘴巴'，感觉就像在把对方的嘴巴吃进去……"

男女演员张开嘴巴，开始"咀嚼"对方的双唇。这时我不禁想到，如果现在是在美国某个购物中心的星期六早上，比较可能看到的情景会是：某个厨艺老师正在示范一种可以用十种方式切马铃薯的新机器。

最后，诱惑这场交易还得达成签约才行。想要达到这个阶段并没有既定的规则。有一个二十五六岁，聪明英俊的法国男生，名叫克里斯多夫，他发明了一套策略，并分享给跟他征询意见的男性友人。"我总是按照 3C 的游戏规则来玩，"他向我的一位年轻朋友表示，"这三个 C，就是 climat（气候）、calembour（双关）、contact（触击）。"

气候就是情境、气氛。"你要建立一个具有某种魔力的特殊氛围，你不应该太友善，因为这样会把你最后得到她的机会糟蹋掉。重点在于营造一股特定的气氛。你可以把一个随机出现的情境转化为一种会让双方感觉想要接吻的氛围。这就是我所谓的气候——第一个 C。"

第二个 C——calembour 的法文原意是"用同音异义字玩的文字游戏"，引申为"双关语"或"玩笑"，也就是哈拉。"你一定要哈拉到让她笑，"他说，"但必须用一种细腻微妙的方式。"

"缔约"的关键是第三个 C——触击。"在最后这个紧要关头，你要想办法建立身体上的接触，"他说，"不是在她背上大大地拍一下的那种动作。当你在跟她哈拉说笑时，你可以碰触她的手，或在过马路时挽住她的手臂。这是一道很强烈的讯号。如果她没有拒绝，你几乎就能确定至少可以亲她了。"

他提到有一天傍晚到药局买处方药时发生的一段邂逅。"药剂师是个年轻貌美的小姐，那时她单独在那里，"他说，"这时正是夕阳西下的时分，'气候'条件当然非常好。我问她是否可以再看到她，'明天可以吗？'她说不行。我又问，'那后天呢？'还是不行，但我锲而不舍地继续追问。这时她笑了起来，这就是'哈拉'。她还是说不行。我只好离开了。回家后我打了查号台，问到那家药局的号码。我打了电话过去，是她接的电话。"这次他直截了当地问："那今晚呢？"

那天晚上，他们就共进晚餐了。接着，言语的"接触"很快演进到身体的"触击"。

法国的杂志——无论是女性杂志或新闻杂志——经常刊登文章告诉读者如何破解诱惑的奥秘，并将最后的"圆成"设定为终极目标。通常这是一个多重步骤的程序，多少有些类似上述的 3C 理论。《心理杂志》（*Psychologies*）月刊有一次出版了一本 130 页的特别号，揭露了诱惑这个"伟大游戏"中的"五大筹码"。第一是"假装无视"，也就是对另一方的注意表现出疏离的态度。第二是"本来面貌"，也就是一方面诚恳地呈现自我，同时表现出既大胆真挚，又敏感脆弱的质性。第三是"和谐一致"，也就是发自内心的连贯性与真实性，不要有欺瞒巧取的行为。第四是"高度自信"，而这个步骤的先决条件是先要能诱惑自己。最后是"敞开心胸"，也就是忘情地献出自己，让对方无法抗拒你的魔力。

为了获得更具权威的意见，我拜访了法国社会学者阿兰·吉阿密（Alain Giami）。他从 2001 年起与同侪共同主持了一项学术研究，名为"性爱的社会组织结构中两人伴侣的样貌：法国与美国比较研究"。吉阿密告诉我，通常只要靠一个吻，就可以直接"达成最后目标"。"亲吻是一个非常亲密的举动，"他说，"绝对不要低估它的力量。"

这番话对法国人的性爱习惯透露出什么讯息？

即使到今天，美国人心目中一直抱着"巴黎是恋爱的城市、法国人是最棒的情人"这种遐想。在无数的小说、回忆录和电影中，美国女子来到巴黎，在这里发掘到自己内心的"法国本色"。这样的素材不断加深美国人关于巴黎和法国的浪漫假设。走进女主角生命的法国男人可能终究只是个无赖，但他从来不会全然令她失望。有一本很典型的小说叫《巴黎宿醉》（*Paris Hangover*），女主角是一个成功的时尚顾问，但她决定放弃在纽约缤纷耀眼的工作，移居花都巴黎。"这个城市到底有什么力量？"她自问，"我发誓，它正在把我变成一个性爱掠食动物。这绝对不是我的错。只要你到过巴黎，就会清楚知道我在说什么。你在走下飞机那一刻，就会被卷进这个疯狂、恣纵的欲望漩涡：欲望香酥可口的可颂，欲望美丽诱人的鞋款，欲望性感帅气的男人。"

五花八门的奇闻轶事提供了充分的证据，说明法国是一个绝佳的性爱游猎场，特别是对欲求不满的美国人而言——不管是女人还是男人。一位法国朋友告诉我，她认识一个美国男人，此人近乎偏执地想要跟尽可能多的法国女人上床。"他很有魅力，相貌也颇为俊美，有某种令女人心动的迷惘气质，"她说，"他会在下午三点钟左右，到巴黎铁塔附近的特罗卡迪罗（Trocadéro）地铁站一带搜寻目标。当他看到似乎已婚的美丽女人走过，他就会上前问，'请问 Madame，您可以告诉我巴尔扎克之家（Maison de Balzac）在哪里吗?'这招非常管用，三分之二的对象最后会跟他上床。"

我跟这个朋友说我不相信。我问了她一些非常典型的美国式问题：那些女人有小孩吗？小孩在哪里？（答案：小孩还在学校。）他们在哪里幽会？（答案：在这个高级地段的一些小旅馆。）

"我相信这个故事，"她告诉我，"就算得分比例其实只有二分之一。"

科学性的调查显示出比较复杂的状况。在法国甚至全球销售量最大的保险套商杜蕾斯（Durex）定期会发表关于性爱习惯的统计数字，其中一次研究针对全球 26 国 26 000 位民众进行调查，结果发现法国人每年的性爱次数是 120 次。法国在 26 个国家中排名只有第11，落后希腊人的 164 次以及巴西人的 145 次，但远高于美国人的85 次。

虽然听起来有点奇怪，但法国人的性观念有可能比美国人保守。根据前述吉阿密与同侪共同执行的研究，三十九岁以下的单身法国男女比起同年龄的美国人更明显倾向于单一配对。没有婚姻束缚的年轻法国女性在性方面经常不如对照组的美国女性那么活跃。法国人，无论男女，一生中的性伴侣数通常也比较少。就比例上而言，长期且稳定的单一配对男女伴侣，包括已婚与未婚，在法国比在美国要来得多。法国人似乎甚至对婚外情的对象都比较忠实：他们的关系会维持得比美国人久。"我喜欢打一个比方：美国人是短跑选手，"吉阿密告诉我，"法国人则是跑马拉松。"

两国之间有两个戏剧化的差异：第一，比起美国人，法国人的性爱频率"显著较高"；第二，五十岁以上的法国女人比同年龄的美国女人在性爱生活中更为活跃。研究报告将造成这种对比的责任归咎于"受害者"本身："相对于同年龄的法国女性，美国熟龄女性似乎在性方面比较不具吸引力，或者本身对性爱活动较缺乏兴趣。"

关于"谁"以及"什么时候"等问题，法国人在道德规范层面上受约束的程度似乎远较美国人低。按照一套既定规则及仪式进行的美国式"约会"，在法国是不存在的。第一次约会就跟男人上床等于是放荡的妓女——这种我这一代人在成长时被灌输的基本规则，因为1968 年的"文化革命"及避孕药的普及而被完全打破。但这个规则近来似乎正以报复姿态大举回归，让许多今日的美国年轻女性非常困扰。我认识的法国女性不懂为什么会这样。她们说，如果她们想要做爱，她们就会去做，而且十分享受。只是她们对此可能条件比较挑剔，也比较不会公开谈论。

法国人似乎比美国人重视"浪漫"，或者说"性爱前奏曲"。法国的书籍和大众媒体批评美国人将重点摆在"性能力"，而且过度强调性爱上的"卫生问题"及"科学突破"。威而钢、性手术、《欲望城市》（*Sex and the City*）都是美国进口品；"低度活跃性欲失调症""持久性性器官冲动障碍"等心理问题也是。

帕斯卡·布鲁克纳在他 2009 年出版的《爱情悖论》（*Le paradoxe amoureux*）一书中，将性这个主题解释为法国在文化上比美国优越的象征。"美国人在电影及电视节目中常说，'Let's have sex——我们来个性吧'，但法国人说，'Faisons l'amour——我们来做爱吧'。这种差异性不仅存在于字义上，也反映出两种不同的世界观……一边透露的是兽性，另一边呈现的，则是一种典仪。"

布鲁克纳的理论多但证据少，我心里暗想他若不是夸大其词，便是陷在某个扭曲的时光象限中出不来。后来我的一位研究助理决定对她曾经在美国待过的朋友群展开调查。结果，这些年轻人无论男女，绝大多数都表示，美国女人比起法国女人更容易有罪恶感，更需要告白，美国男人则比较粗鲁且不浪漫。一位年轻女孩说，"美国人对性比较直接：他们会说'你想不想来一下？'或在凌晨两点发简讯来说'我们现在见个面吧'。法国男人则浪漫得多。首先他会邀你共进晚餐，含情脉脉地凝视你——这是他展开的'前戏'。有些我遇到的美国男人没办法凝视我的眼睛，但对我而言，凝视可以增加情欲刺激。接下来，法国男人会花很多时间亲吻女孩，柔和、慢慢地亲吻，然后吻遍她的全身。大多数法国男人都知道女人的性感带在哪里，颈项、耳际、背部两侧、膝盖后侧……而且知道怎么把玩这些部分，让女孩疯狂。美国男人并不喜欢'设法让女孩疯狂'这个过程，他们习惯直捣黄龙！结果女方就没有得到足够的情欲激发。"

另一位法国女孩表示，当和她见面的男人开口说"我们来个性吧！"她会觉得很错愕，因为"这跟说'我们来看超级碗比赛吧！'好像没什么两样。"

还有一位法国女孩写说，这一切都跟两国人民对"效率"的概念不同有关。法国人比较偏重神秘感，美国人则侧重机械性。"美国男人不知怎么地，总认为女生喜欢阴核被抚摸，所以他们会很注重这个部分，很热切、直接地去做这件事，"她表示，"美国人有时候实在非常讲求实际。"

情人节在法国不是大不了的事，完全不像美国人那么重视。但在 2010 年，北法滨海度假胜地多维尔盛大庆祝了这个节日，并且浪漫地复刻了 1966 年的爱情电影《男欢女爱》(*Un homme et une femme*)中让-路易·特兰蒂尼昂(Jean-Louis Trintignant)和阿努克·艾梅(Anouk Aimée)著名的拥抱镜头。这部电影是关于恋情的脆弱、温柔和不可预知，是一场对预期、等待和诱惑的礼赞。拥抱画面出现在一个寒冷晦涩的十二月早晨。艾梅出现在海滩上浪花拍岸的地方。特兰蒂尼昂开了一整夜的车来找她，两人互相见到对方时，展开双臂跑过海滩，冲向对方。他们互相拥抱。他将她整个人抬起来，将她拉近，抱着她旋转。我们没看到他们相吻的镜头，但不难想象他们一定会这么做。

这部电影当年获颁金像奖最佳外语片以及戛纳影展的最高荣誉大奖。导演克洛德·勒鲁什(Claude Lelouch)先前拍的电影从来不曾卖座，现在一夕之间成了国际名人。

为了再现这个神奇的时刻，主办单位邀请民众在情人节这天早上来到多维尔的海滩，勒鲁什本人会在现场亲自掌镜，拍摄拥抱画面。我问安迪要不要一块去，毕竟是情人节嘛。"你确定不是有人在唬你？"他问道。

我向他担保这个活动一定会举行，因为这是多维尔市庆祝建城一百五十周年的官方节目之一。

于是，在一个白雪纷飞的星期六早晨，我们从巴黎搭火车来到多维尔。两小时的路程中，我随意翻阅着报章杂志。有一篇文章谈到，法国的公立小学决定废除周六上午上课的制度，造成学生家长非常沮丧，因为这个改变显然会干扰他们的性生活。

第二天早上，天气刺骨地冰冷，但天空晴朗亮丽。我们来到海滩，扩音器正在播放电影原声带，现场还展示了一辆复古黑色福特野马，跟特兰蒂尼昂在电影中开的车几乎一模一样。我们以为大概会有三四十对男女前来，结果来了好几百对：有青少年、中年夫妻、七八十岁的爷爷奶奶等。有些人还开了好几小时的车专程赶过来。

所有人在那个经典拥抱画面的拍摄地点排起队伍。女生和男生隔着海滩面对面，女的站在靠近海水的海滩阳伞下，男的靠近海岸散步道。年过六十，但外形依然高雅俊美的多维尔市长菲利普·奥吉埃（Philippe Augier）和他雍容华贵的夫人比阿特丽斯（Béatrice）也来到现场，他们负责示范男女两人要怎么奔跑、拥抱、相吻、旋转。（包括勒鲁什自己在内，似乎没有人记得或介意电影中的经典桥段里并没有热吻镜头。）

接着勒鲁什拿起扩音器向现场的爱侣们广播，"像电影里面一样，朝你们的另一半跑过去！"于是男男女女们跑过沙滩，找到自己的伴侣，然后拥吻起来。男的把女的抱起来旋转，有些人身手敏捷，有些则笨拙些。安迪做得还不错。

"太可爱了！"勒鲁什通过扩音器惊呼。

我们再度演出这个镜头。"哇，她太重了！"有一位男士抬起另一半时这么说。

接着是第三次，也是最后一次。勒鲁什给了不同的指示，"现在请大家注意，这次要请你们交换伴侣！"他是在说笑吧？

"我看不到我先生。"我告诉左右两边的女生。

"他长什么样子？"其中一人问我。

"他看起来跟所有其他穿黑色衣服的人一样。"我说。

"不可以抢我的人哦!"另一边的女生说。

接着,我们进行最后一次的奔跑,拥抱,亲吻,旋转。

拥吻场景拍完后,男男女女们双双对对地在海滩上流连,仿佛在考虑要去找附近的旅馆房间——或至少在思考要怎么让方才温热的浪漫灯火持续闪耀。有些人继续拥抱,有些人眼中甚至泛起泪光。

稍后在跟市长和市长夫人的午宴场合上,勒鲁什提到活动结束时,有一对年轻男女跑过来谢谢他。那位男生显然在第三次拥抱时,按照勒鲁什的指示交换了伴侣。"我找到了一个最棒的女孩!我找到我生命中的女人了!"他告诉勒鲁什。

市长觉得这个故事很甜蜜,就像一种美丽的缘分。他还忙着要勒鲁什也说说自己的"诱惑物语"。几年前,当勒鲁什造访多维尔时,一位名叫瓦莱丽的女子给他写了一封长达三页的信,说明他的电影对她如何意义深重。她请一位朋友亲手递交这封信。勒鲁什当天晚上读那封信时,有一种被雷电震撼的感觉。

"她说了一些不可思议的事,"他回忆道,"她看到一些我以为只有我自己看到的东西。她没有留下照片或电话号码,只是签了一个名字,瓦莱丽。"

勒鲁什展开一场搜寻,结果真的找到了她。三个月后,他回到多维尔,与瓦莱丽约喝咖啡。那一刻有如一见钟情,天雷勾动地火。已经结过好几次婚、有七个小孩的勒鲁什决定离开妻子。瓦莱丽——两个小孩的妈——则离开了她的先生。"我们从那时开始就一直在一起,"他说,"你们一定会说,这简直就是一部勒鲁什的电影嘛!"

也许。但那不也是一种对婚外情的赞扬吗?当然我没把这句话说出口。要是我真的这么说,恐怕只会被在场的法国男人们睥睨为最糟糕的那种美国女人：假道学的清教徒。

1998 年，莫尼卡·莱温斯基（Monica Lewinsky）丑闻爆发时，美国 CBS 新闻网播出了一个轻松的报道节目，探讨法国人和他们对感情不忠的看法。报道一开始出现巴黎埃菲尔铁塔的画面，接着，记者访问作家让·多麦颂（Jean d'Ormesson）。他用英文兴致勃勃地谈论不忠贞的法国男人如何扮演这个角色。以下内容摘录自当时 CBS 的采访文字稿：

> 多麦颂：整个法国文化的核心就是爱情，或许还有偷情。
>
> CBS 记者：偷情有那么重要？
>
> 多麦颂：啊，偷情，偷情——就说"另寻芳草"吧①……在美国，一个男人每次偷情，最后都得娶这个新的女人。在法国，我们会跟同一个妻子在一起，然后在外面有好几个情妇。概略地说，你们的文化跟我们的文化之间有这种立场上的差异……你们那里教养好的男人如果出去偷情，他可能会试着不要造成太多伤害……我们因为已经偷情了这么这么多个世纪了，我们现在非常知道怎么处理这件事。你们不要尝试。这是很困难的，知道吧？"
>
> CBS 记者：法国人才办得到吗？
>
> 多麦颂：法国人才办得到。
>
> CBS 记者：此话当真？

———————————

① 法文为 voir ailleurs，也就是"往别处看"。

多麦颂：当然。

报道结束的画面还是埃菲尔铁塔。

多麦颂多少是在逗弄他心中充满刻板印象的美国观众。超过半个世纪以来，美国电影不断呈现关于法国人能淡定处理感情不忠问题的既定想法。在比利·怀尔德（Billy Wilder）1957 年的喜剧《黄昏之恋》（*Love in the Afternoon*）中，莫里斯·切瓦力亚（Maurice Chevalier）扮演一个法国侦探，他告诉一位客户，说他太太目前人在一名美国企业家在丽兹酒店的套房里。企业家由加里·库珀（Gary Cooper）饰演。这位戴绿帽的丈夫发誓要杀了老婆的情夫。奥黛丽·赫本饰演的侦探女儿偷听到这段电话对谈，于是打电话给警方，请他们警告正在偷情的男女。警官意兴阑珊地告诉她："巴黎有二十二万个旅馆房间，任何一个晚上，类似的场景会在其中四万个房间内发生。如果我们每个人都要警告，那我们得派出所有的警力，动员消防队员及卫生部门人员，还有那些穿短裤的童军才成。"

实际情况比这个要来得复杂。法国人跟美国人一样，并没有想出办法让自己在伴侣劈腿时不必感到痛苦，得以免疫。嫉妒和罪恶感都是活生生的事实。私通是法国人离婚的重要原因之一，和美国一样。当婚外情越来越严重，最后不忠实的一方决定离开，跟外面的情人一起生活，被抛弃的人如果是妻子，特别是已经年华不再的妻子，她必须比一名被抛弃的丈夫花更多时间疗伤，即便在法国也是如此。

不过，美国文化和法国文化确实倾向以不同方式评断不忠贞的行为。一位法国女性友人这么解释："在美国文化里，劈腿经常被视为一种罪孽。劈腿就是误入歧途，可能会被打入地狱。或者你可以向对方告解，然后你可能得到宽恕——对方会思考，'我是不是该原谅他？'在法国，诱惑是一个情爱技巧，劈腿则是一种具意志性的选择行为。你可以问自己，'他为什么这么做？'然后会得出一些答案。或许他过得很悲惨，或许他已不再爱你。或许他天生就是这样，但不管怎样，你还是爱他。"

我告诉她我的看法略有不同。对美国人而言，劈腿是一种背叛，是违反契约。美国人视为不忠的劈腿，对法国人而言，反倒可能是让一切保持良好运作的润滑剂：父母得以继续在一起；小孩不必经历情感创伤；财产不会外流；财务安全获得维持；家族历史得以延续；假期照样好好地度过。玩这种游戏的严重性或破坏力比对持有英美观念的人要来得低，特别是如果能秘密地进行，而且没有人会受到伤害的话。2008年的一项调查显示，46％的法国人认为偷情的人不应该跟另一半"坦白"。

法国人在私人关系中培养出的习惯也渗透到他们在其他生活领域中的行为表现，包括他们怎么吃饭，怎么做生意，怎么治理国家等。劝人克己自律的做法在美国或许行得通，在法国却得不到太多共鸣，无论涉及的范畴是美食佳酿、抽烟、衣着时尚、休闲生活，或天南地北地聊天那种奢侈。若果真如此，那么在逻辑推断上就很容易导向如下这个在法国似乎非常核心的课题：如果性爱与浪漫的感觉在婚姻中已经褪色，那么要求对方绝不能在外面追求浪漫与性，这样有可能是公平的吗？所有为了达到性爱的目的而进行的诱惑游戏，它所带来的种种乐趣，以及最终的性行为本身，这些真的都应该为了"忠贞"的缘故而被牺牲吗？

法国的文学及庶民文化中有各式各样的说法，告诉我们这个答案是否定的；偷情或许不是最理想的方案，但或许也应该被包容。甚至恋爱咨询专栏的作者也倾向采取一种全盘性的处理方式。法国一家甚受欢迎的周报有个女性副刊叫 Femina，这个副刊的恋爱咨询顾问立场极为务实。有一次，一位来自阿尔萨斯的读者安娜小姐问了一个很直接的问题："我该不该离开我先生？"

　　"我们已经结婚三十年了，最近五年内完全没有做爱。"她这样说明，"最近我遇到一个旧情人。我们在十个月里秘密交往着。我跟他在一起很快乐，但他也是个已婚男人，而且不能离开他的妻子。我不觉得自己有足够的勇气离开我先生。我不想伤害他，而且我在财务上也不可能自立。"

　　顾问的回答是：要浪漫，要懂得自我放纵，同时也要成熟——这一切都要通过不忠。"在童话故事里，男女主角热情无比且一心一意地爱着对方，夜夜销魂而且永不厌腻。在现实生活中，一个人有可能真诚地爱着自己的先生或妻子，同时在外面又发展出一段恋情，"顾问在回信里写道，"这就是发生在你身上的事……一天一天地活出你的感情关系，不要仓促做出无法挽回的决定，因为将来有一天你可能会后悔。"

　　如果是美国的"艾比夫人"（Dear Abby）专栏回答安娜的问题，答案可能很不一样——你不可以活在谎言里。离开你的情夫，如果你不离开，将会付出代价。艾比夫人以下这番话是写给某位女性读者的。这名读者在外面劈腿，丈夫发现后决定离开她，伤心的她写信请艾比夫人提供意见，并署名"太晚清醒的小岩城女子"。"很抱歉必须告诉你，没有什么神奇的魔术能让时光倒流……"艾比夫人这么回复,"我在你追求刺激的饥渴中唯一看到的魔术,是你让你的婚姻在一缕轻烟中消失无踪了。"

心理学者玛丽兹·瓦杨(Maryse Vaillant)在她 2009 年的著作《男人,爱情,忠实》(*Les hommes, l'amour, la fidélité*)中指出,不忠贞是一种天性——对男人而言正是如此。她把人分成几个类别,包括焦虑型多元伴侣主义者,复原型多元伴侣主义者,被俘型单一伴侣主义者,以及劈腿型单一伴侣主义者。书中最令我感兴趣的人物是一名劈腿型单一伴侣主义者——"班先生",他是一位四十多岁的社会学家,与"阿芒迪娜"结婚多年,两人育有三个小孩。

班先生制定了一套"忠实但不忠贞丈夫的荣誉准则"。我没有第一手经验可以用来判断他的准则是否有效,不过还是把它全部列出如下:

1. 做好所有必要的防范措施,确实隐藏婚外情。

2. 在小小恋情与一生大爱间保持良好的距离。

3. 尽可能让你的偷情行为远离你的家庭生活、你们共同拥有的朋友,以及你太太的亲友。

4. 学会三缄其口;不要信任邻居或任何关心你的朋友。

5. 随时检查你的口袋、邮件、电子信箱、手机内容。

6. 仔细检查你的衣领,外套上小心不要留下头发。

7. 绝对不要让自己陷于得在情人与妻子之间做选择的情境中。

8. 绝对不要爱上对方。就算你学不会如何控制你的荷尔蒙,也要学会如何控制你的心。婚外情不算数,只是让你放松享受的机会,不可以坠入情网。

9. 绝对不要跟同事、家族朋友、邻居、你太太的亲戚发生婚外情。

10. 绝对不要跟朋友、同事、邻居、亲戚的太太上床,连调情也不可以。

11. 务必讲求安全。保险套一定要戴。绝对不能冒让别人的太太染病或危害自己健康甚至生命的风险,也不可以让别人怀孕——不要在婚姻架构以外生小孩。

12. 绝对不要带任何人回家。家庭领域是神圣的。在你太太和小孩的家里偷情是绝不可接受的想法。

13. 让你太太的周遭充满你真实、诚恳、忠贞的爱。经常真心诚意地关心她。

14. 撒谎一定要高明,不要低估她的观察和推断能力。

15. 不要忘了结婚纪念日或任何与小孩有关的重要日子。

16. 圣诞节一定要跟家人一起过。所有的庆典节日和家庭社交仪式都具有神圣性质。父亲不在场、丈夫没出席,都会让全家人难过。

17. 努力当个好爸爸、好丈夫、好情人,让太太不会有任何怨言。

有一天早上吃早餐时,我问安迪他对班先生的准则有何意见。"对一个偷情者而言,这是一个相当不错的入门指南,"他说,"所有的规则在逻辑上都说得通。但令人印象深刻的是这里面传达的是一个非常法国的观点。"

我请他进一步说明。"这不只告诉你一串什么事该做什么事不该做,好让你不会被逮,这位班先生非常强调妻子和家庭的重要,这点特别有意思。他说家庭是'神圣的',这个词他用了两次;他还说妻子才是值得'真正爱'的人。"

"你说得仿佛这个男人的行为有什么高贵之处。"我说。

"完全不是这个意思,"他回道,"这只是跟我们习惯的很不一样。如果是由一个美国男人来列表,他的重点只会摆在如何高明地偷情,让太太不会发现任何蛛丝马迹。"

我们俩都同意,在美国版本中如果丈夫事迹败露,一定会有罪恶感,接着不是两个人分开,就是"罪人"恳求原谅。法国版本要比这个轻松得多,仿佛游戏筹码不是那么地高,因此可以继续玩下去,让乐趣持续发烧,只要好好保守秘密、家人受到尊重的对待就没事。这样的故事情节或许不完全符合实际,但却充满丰富的诱惑幻想,特别是对男方而言。也可能这一切都是虚构的假象,某种想象力过度发挥的产物,目的只是为了撩拨挑逗,让人想来兴味盎然。

在我准备结束对这个主题的探讨时,我深深地相信,法国人到底在性方面是否比美国人、中国人或德国人要高明,这点并无所谓。重要的是,他们在所有关于性行为的周边情境中,享受了这么多的乐趣。他们重视之前和之后的铺陈,仿佛编结与解结的过程和这中间结出的高潮具有同等的重要性与价值,一样令人销魂。这或许正是因为性行为本身是生物、生理上的东西,完全由大自然主观地决定,法国人无法控制这一点。至于"上楼梯"和"下楼梯"这两个部分,他们倒是非常懂得如何揉捏操弄、装饰美化、辩证思考、植入性爱内涵、增添魅惑条件,将它砌造成一趟有如艺术般华美绝伦的旅程。

辑二 让当下持续回甘

第四章

华丽法兰西

*

难道真的有人认为，因为我们是工程师，我们就不会关心美感，或认为我们不会在建造坚固持久的结构的同时，也试着树立美丽的地标？建筑强度的原有功能与讲求和谐美学的不成文条件向来不都是相辅相成？……此外，巨大建物拥有某种一般艺术理论并不适用的吸引力与特殊魅力。

——古斯塔夫・埃菲尔（Gustave Eiffel）

与雷诺汽车一样重要的法国出口品。

——戴高乐总统如此描述碧姬・芭杜

罗兰·巴特(Roland Barthes)让我知道埃菲尔铁塔是一个女人。我在一次巴黎文学祭中聆听关于铁塔的诗文朗读，接着，奇迹发生了：这座全世界辨识度最高的地标建筑在我心目中的形象从男性转成了女性。

一位演员朗读了二十世纪重要哲学家兼作家罗兰·巴特的一些字句："这座铁塔具有人体轮廓；除了一根细针，它没有头，也没有手臂……但它有一个修长的上身，置于张开的双腿之上。"巴特说，他在欣赏一张由下往上拍摄的铁塔照片时，发现一个关于铁塔的新事实："也就是这个物体具有性器官。在排山倒海而来的种种象征中，阴茎无疑是它最单纯的表意图像；但从那张照片的观点而言，映照在苍天中的整个铁塔内部反倒显得'性'感充盈，横横竖竖地画满性的纯粹造型线条。"他的结论是：就这个观点而言，铁塔是个女人，她像母鸡孵蛋般地担负着保护和视察的任务。这让她成了一位身高 1063 英尺的巴黎女人，她好像是呵护着巴黎的母亲，也可能是巴黎的女性恋人。

对多数世人而言，铁塔有一个更普遍的意涵，而任何将它与性能力画上等号的想象，只会让这个意涵更加强烈。身为法国——特别是巴黎，一座无人质疑其动人力量的城市——的象征，铁塔也是法国身为"诱惑国度"的具体写照。精巧复杂的钢铁结构、一览无遗的建筑细节，埃菲尔铁塔诉说着法国专擅的所有诱惑艺术。法国提供的感官愉悦不像旧金山湾或落基山脉那般出自大自然的鬼斧神工。法式美学完全是人为的。诱惑需要缜密的计划与操控。诱惑的目的可能是某种通过感官自然涌现的情趣享受，但为了刺激它的生成，人工布局不可或缺。

当埃菲尔开始建造铁塔时，巴黎的守护者们纷纷跳出来采取反抗行动，他们认为这个逐渐成形的结构对大家熟知的巴黎城市风范不仅没有任何助益，还会威胁到巴黎的整体美感。许多人确信铁塔将不堪入目，这座用生铁组构而成的粗鄙建物势必会与法式典雅精神产生超乎想象的冲突；在传统上以女性形象雕琢的美学标准中，铁塔怎么样也不可能跟美沾上一点边。1887年，一群人组成"反埃菲尔艺术家群落"，发动请愿阻止铁塔兴建。他们写道："我们这群作家、画家、雕塑家，深爱目前仍未受损害的巴黎之美的这群人，义愤填膺地在此以法国简朴品位之名，以及遭受威胁的法国艺术及历史之名挺身抗议，反对埃菲尔铁塔这座以螺栓固定的无用、畸形、形貌可憎的柱状金属物矗立在首都的市中心。"

在埃菲尔的回复中，第一句话就开门见山地写道，"我相信铁塔将拥有它自己的美。"

铁塔建成以后，作家莫泊桑（Guy de Maupassant）激愤难当，称它是"无所不在、酷刑般的梦魇"，一气之下断然离开巴黎。对他而言，埃菲尔铁塔不只是一个单纯的建筑作品，更象征着文明的衰颓，一种逆反诱惑的形式。"今天，艺术在千百年间激荡出来的诱惑魔力与强烈情感已经荡然无存。"莫泊桑如此写道。现在很少有人会同意他的看法，但他展现的那种美学激情听起来依旧让人如此熟悉，如此地法兰西。

铁塔最近一次进行整修工程时，我前往参观，建筑油漆专家、铁塔之美的现代掌门人巴普提斯塔（Aderito Dos Santos Baptista）敦促我将这个埃菲尔最知名的创造物视作一位世故优雅、风华绝代的女人。将近半个甲子以来，巴普提斯塔以大将之风挥洒色彩，让他及其他世人口中的"钢铁贵妇"(la grande dame de fer)能够青春永驻。烈日高照、大风吹拂,贵妇随之温柔伸展,摇曳生姿。她从来不愿卸尽霓裳,总爱披上华丽色泽,与来访的宾客悠然相会。

铁塔确实也一直备受呵护,获得名媛淑女所应得的疼爱。1889年,她为了巴黎世界博览会翩然来到塞纳河畔,很快瓦斯明灯就在她婀娜多姿的身影上点亮成千上万的晶莹光点。1900年,巴黎再度举办世博会,这次她通过电力发射璀璨光芒,惊艳全世界。1925年,汽车工业巨擘安德烈·雪铁龙(André Citroën)聘请她担任公司的巨型广告名模,于是她的背脊被装饰上大大的"雪铁龙"品牌名称;深邃的星辰、炽烈的彗星、闪闪发亮的星座图案,遍洒她的曼妙身躯。1985年,在她华美如蕾丝般的生铁结构体内,又装设了超过三百盏的钠灯,让她在夜里散发出迷人的古铜色泽。

为了装点千禧年的到来,她开始眨动晶莹剔透的眼神,一个特别创作的临时灯光装置让她全身上下在深夜里闪烁着令人炫目的钻光。这样的演出如此动人心弦,全球观众安可声不断;在千呼万唤之下,几年后钻光装饰终于重新登场,成为永久装置。四十名登山健将、建筑师和工程师顶着呼啸的狂风和骤降的大雪,忍受随处可见的飞鸽残留物和肆无忌惮的蝙蝠,为她装设了高度复杂的灯光系统。工作人员无不战战兢兢,生怕一不小心,任何一个设备或物品往下坠落,会对地面上的游客造成无法弥补的伤害,让塑造铁塔璀璨风华的美意蒙上阴影。

为铁塔打造世纪晚宴服的工程耗资五百万欧元,材料总重七十吨。金字塔造型的玻璃装置必须镶入四十二种不同的无铅镀锌钢罩,才能完美契合铁塔凹凸有致的身段。最后,她一共穿戴了两万盏璨焕慑人的钻光灯饰,串联在总长二十六英里的金属缆线上。自此夜夜整点时分,从黄昏到子夜,这位贵妇妩媚地闪动钻白色的耀眼光华,在十分钟的神奇时刻内让无数倾慕者春心荡漾。

但在光鲜亮丽的外表下,她正在忍受着旁人不知的痛苦。生锈、侵蚀作用、油漆剥落无情地摧残着她。巴黎市政府因此决定为她洗涤尘埃,画上新妆。铁塔重新油漆的工程无法使用喷漆技术,因为风力吹拂会让油漆散落市区。因此,贵妇娇嫩的肌肤必须以人工方式保养,让男人的大手拿起长刷,温柔地爱抚她。

2009 年的某个早上,我从铁塔下方那芳草连天、林木郁葱的战神广场(Champs de Mars)步下阶梯,走进一座地下碉堡。一战期间,法国军方在此地进行电报和无线电通讯,现在这里则成为铁塔的工程总部。负责带我参观的是油漆工程总监巴普提斯塔。他将一系列迷你金属铁塔在我眼前一字排开,展现埃菲尔铁塔的不同色泽。铁塔大约每七年会重新油漆一次。1889 年,她穿上威尼斯红防锈漆,1892 年她换上亮黄色春装,1899 年改以浅米褐色现身,1907 年又展现五种褐色色调的渐层剪影。1954 年她赶上度假风潮,晒成亮丽的红褐色,1968 年则焕发古铜光彩,更显黝黑健康。

最近这一次,她被涂上总重六十吨的半光漆,分为三个色调:褐色 1 号、褐色 2 号和褐色 3 号。油漆配方是最高机密,以免被厂家复制销售。铁塔下半身略呈乳褐,腰身部分褐色稍稍变深,并透现神秘的灰色调,酥胸以上则是较为浓稠的巧克力色。这些色调共同创造出一种错视效果,使得她精巧复杂的结构展现匀称诱人的外观,不同部位的不同金属密度效果乍然融合成协调的整体。这种色彩变换让我想到爱美的女人用粉底霜和光影妆来遮蔽脸部瑕疵及眼周暗沉,因而绽放出闪亮的神采。

"越是往上,她的颜色就要越深,"巴普提斯塔表示,"从亮彩逐渐转为深邃。在我心目中,她永远都会是个美丽的少女。我跟她已经谈了三十年的恋爱,但她一直维持一种神秘感,到现在还是有我未曾发现的角落。不断探索她的秘密带给我无尽的乐趣。"

埃菲尔铁塔的身影和神态总让人惊叹,但在注重美感的培养与雕琢的法国,她不过是一个小小的具体象征。当法国将诱惑转化为正向的力量,当感官愉悦成为举国追求的价值,美食、时尚、家饰、香氛等文化面向都会发展得异常精致,而城市景观自然而然也会被打造得美轮美奂。毕竟人类所有感官知觉早已熟成,只等着得到无上的满足。巴黎将法国的城市景观演绎至登峰造极的境界,她的美绝对不是有机生成的。维持这种极致美感需要多方长期的协调和努力,就像一个优雅的法国女人,她的美绝对不只是纯粹的天然投射。不断诱引无数世人的巴黎是缜密完善的都市规划打造出来的艺术品,几乎没有任何细节会被忽略。

取悦视觉的做法在法国比在美国重要得多,这不仅包括城市的兴建和建筑资产的打造,也涵盖各种日常活动,例如用餐时的摆盘装饰与餐桌布置,或园艺景观的设计规划。德国人及英国人倾向享受大自然的原貌,法国人则喜欢雕琢大自然。走进法式庭园,放眼望去一片工整细腻的花草树木,镶嵌在充满美感的几何线条中。即使一座庭园乍看之下野趣盎然,其实经常也是人工建设的成果。

一个绝佳的例子是"瑞士山谷花园"(Jardin de la Vallée Suisse)。这座隐身在香榭丽舍大道附近一道阶梯下方的花园巧妙地发挥错觉效果,园中所有元素在第一眼看到时可说都是假象。形成水塘及瀑布的岩石,乃至原木质感的步道桥,其实都是由水泥雕塑而成。访客可以坐在长椅上,周遭围绕着常青树、枫树、竹子、丁香和常春藤。园中也有柠檬树、柳橙树,一丛仿佛从新艺术(Art Nouveau)画作中直接移植出来的丝缨花,以及一种叶子在秋天时会发出焦糖香气的有趣植物。园艺师告诉我,虽然这座花园充满凌乱天然的感觉,其实一切都经过造景设计,所有植物都是精工栽培与修剪的结果,而且比采用几何对称线条的正统法式花园更不容易维护。

在法国的乡村,景观视野总要细心打造。公路两旁经常栽植成排的法国梧桐,特别是在南部地区。这些树木是拿破仑三世在十九世纪上半叶下令栽种的,除了美观之外,还有保护军队的作用。繁茂的枝丫在冬天可使路面不会积雪,浓密的绿叶则可在夏天带来沁凉舒畅。这些林荫隧道不仅充满功能性,视觉效果也极为怡人。

就连军事堡垒都能装点得美不胜收。马塞尔·奥菲尔斯(Marcel Ophüls)导演过一部长达四小时的经典纪录片《悲痛与怜悯》(*Le chagrin et la pitié*),探讨法国与德国纳粹在第二次世界大战期间勾结的情形。影片访问曾经在自由法国军担任空军中尉的法国前总理皮埃尔·孟戴斯-弗朗斯(Pierre Mendès-France),他谈到法国马其诺(Maginot)防线的美化工程时,忍不住语带嘲讽。"有一群来自巴黎布尔乔亚阶层的贵妇,非常自以为是地成立了一个小俱乐部……要让景观变得……更加赏心悦目。"他说,"她们的想法是,沿着马其诺防线种植成排的玫瑰花,让它看起来美观漂亮,充满魅力。接着一大堆人捐钱的捐钱,开支票的开支票,拿大笔钱去种玫瑰花,让我们的部队可以生活在花香四溢的优雅环境中,不必每天看着那

　　　　　　　　　　　　　　　　　　　　　　　　　法式诱惑

些丑陋、毫无人性的水泥墙。"

乡土美感的维持与某种理想化的法国历史观有关。有一个网站叫作"法国最美丽的村庄",里面介绍法国150座优美村庄的历史与文化资产,吸引访客前往这些"洋溢丰沛情感"的地方,享受"一种生活艺术,风雅别致的魅力,和原汁原味的氛围"。密特朗总统在法国中部小镇夕侬堡(Château-Chinon)当镇长时,颁布了行政命令,规定所有房舍屋顶都要不计代价地盖上安茹(Anjou)地区道地的蓝灰色石板瓦。他这么写道:"这个问题攸关整体气氛的营造,以及市容与周边天然环境在质地上的协调性。"

为了争取保有欧盟农业补助,法国经常强调的理由是:补助金可以协助维持法国乡村景观的优美,让到法国购置乡村别墅的许多欧盟其他会员国公民能享有美好的环境。希拉克竭力呼吁保持法国的农庄及乡村景色,因为这些都是法国的国家资产。"美丽的地景显然是形塑生活品质的重要成分……"他说,"我们绝对无法接受让各式各样密密麻麻的电杆及通讯塔扭曲我们的乡村景观,甚至丑化我国最美的一些风景名胜……我们必须尽早开始重新掌控我们的领土,重塑它的美丽。"

法国人对优雅摆设的热爱使得他们近乎狂热地注重细节,而这种一丝不苟的讲究是从小训练而来的。许多学校会要求学生在考试时用钢笔作答,这样才能展现优美的字迹。字迹的整洁美观在给分比重中可占到多达百分之十。口头报告(exposé)也非常讲究形式,学生如果能精准地掌握报告时间,并表现出十足的架势,那么即使报告内容有瑕疵,也可以获得令人羡慕的高分。

日常生活中的各种元素也必须遵守一种精确的美学标准。法国人声称发明了方糖，而且非常引以为豪。2009年，他们举行了方糖问世六十周年庆。这小小一颗白色或褐色的长方形糖块，其实包含了许多对法国精神的颂赞——民族的骄傲，井然有序的美学，对情趣的追求等。在一份介绍这个欢庆活动的新闻稿中，"糖类产品资料典藏暨研究中心"这个名字非常拗口的工业集团指出，在1949年，发明方糖的法国工程师是以压铸方式将糖塑造成类似骨牌的方块形状，必须"平滑工整，规格精确"，容易运送，并适合日常食用需求。该单位还表示，这个"举世闻名的小骨牌"为人类带来"传奇性的欢乐"，因此可以称它为"国家象征，文化珍宝，足以展现深具'法国况味'的美食精神"。

大家似乎普遍同意方糖优于砂糖。我的法国朋友们喝咖啡或茶时从来不用砂糖，他们说砂糖很容易撒得到处都是，而且分量弄不精准。"若要分量准确，非得靠方糖不可。"他们这么表示。个人的决断在此显然无权定义何谓"准确分量"，因为方糖已经预先设定了分量。即使法国服务生拿砂糖来，也绝对不会装在一个糖罐里，而是装在一个个精美的小纸包中，打开后就能让"分量精准"的砂糖均匀地流进咖啡杯。

就正面观点来看，这种对细节的讲究让法国人拥有一种能力，可以让最平凡的东西变得无限美好。烤出漂亮的蛋糕没什么不寻常，但没有人能像法国人那样让创意驰骋，制作出天马行空的圣诞节树干蛋糕（bûche de Noël）。传统的树干蛋糕是包了巧克力奶油酱的海绵蛋糕，外形做成树干状。但对法国的糕点店及巧克力店而言，树干蛋糕绝对不只如此而已。多年来，糕点名店雷诺特（Lenôtre）陆续聘请娜塔莉·里基尔（Nathalie Rykiel）、卡尔·拉格斐（Karl Lagerfeld）、纪梵希（Hubert de Givenchy）等时尚大师设计巧夺天工的树干蛋糕。

有一年，巧克力名店让-保罗·艾凡（Jean-Paul Hévin）推出一个特别的树干蛋糕，叫作"灰姑娘"。蛋糕的造型就像一只巧克力制的细高跟鞋，上面饰满红色和金色的圣诞树装饰，鞋跟处还特地做出磨损的样子。雅典娜广场酒店（Plaza Athénée）以自己的建筑元素为灵感，制作限量版"星光红毯"树干蛋糕。蛋糕造型是旅馆大厅富丽堂皇的弯曲阶梯，以牛奶巧克力慕斯及杏仁馅为基材，并掺入香气四溢的日本小柚子；外面包覆白巧克力，再铺上杏仁糖膏（marzipan）做成的红地毯，最后以巧克力雕琢出旅馆以铸铁及黄金打造的楼梯栏杆。这款蛋糕可供六到八人品尝，售价八十九欧元。

过度喜爱华丽炫饰有一个缺点，就是美感会凌驾于实用性之上。一个著名的历史实例是法国军人一直到第一次世界大战初期仍穿着的制服。当年的法国人认为，以高贵尊严面对敌军，远比伪装袭击更重要。英军、美军、意大利军、俄军早就开始采用自然色服装，以利融入周遭环境中，但法国人打仗时还是穿戴艳红色长裤、亮蓝的外套及军帽，郑重地向敌军昭告他们的存在。法军在第一次世界大战初期因为这个缘故，平白造成大量伤亡，终于使得将领们决定放弃这种不切实际的思考模式。

我以第一手经验目睹法国人化腐朽为神奇的天赋，是在拜访弗朗索瓦·竹斯（François Jousse）时。现年六十多岁的竹斯是巴黎市的首席灯光工程师，超过二十五年以来，他负责为巴黎三百多座建筑、地标、桥梁和林荫大道规划灯光造景。

他的工作是把巴黎装饰得无与伦比地美丽。在法式思维中,建筑物必须展现诱惑力,不仅是在白天,夜晚更是如此。即便是丑陋的建筑也有被装点的权利。

竹斯和手下三十位灯光装饰专家共同工作。他一生最大的热情就是巴黎,他魔杖一挥,夜里的巴黎就熠熠生辉,连不起眼的建筑物也变得光彩夺目,仿佛长相平凡的女子在烛光下绽放迷人的魅力。白天不容易察觉的建筑细节在夜里忽然历历在目。

有些城市的街灯只是为了照亮街道和人行道,周围的建筑物则被笼罩在黑暗中。但在巴黎大部分的市区,街灯装设在建筑物外墙上,灯光因而强调出建筑造型的曲线和棱角。

我第一次跟竹斯见面是在西堤岛上一家咖啡馆。我以为我看到的会是一位穿着旧西装的古板官员,结果他来的时候穿着蓬垮的灯芯绒裤和磨旧的皮夹克,上面还有油漆喷溅的痕迹。他蓄了浓密的灰黄色长胡须,皮肤有一种皮革般的质地,像是长期不戴帽子待在户外被阳光暴晒、风雨摧残的结果。他已经记不得自己上次打领带是什么时候了。竹斯点了一大杯黑啤酒,猛抽味道让人难受的“草原之花”(Fleur de Savane)小雪茄。我的建筑灯光营造课程就是这么开始的。

在竹斯开始投入灯光造景的 1981 年,那时,巴黎的建筑物不是没有夜间照明,就是用大型探照灯直接照射,把建筑立面打得白花花的。竹斯从城市规划师及剧场灯光专家那里汲取了智慧与灵感,在研究室中与工作团队一起设计灯光装置,实验各种不同的色泽及亮度。

有一天,竹斯开着他的白色雷诺汽车载我游览巴黎市区。他滔滔不绝地谈着巴黎的灯光照明史：十四世纪时，国王菲利普五世下令每天晚上用烛光点亮巴黎的三个地点；1900 年，巴黎世博会大肆展出灯光设备，为巴黎赢得"光明之城"（Ville Lumière）的美誉。

他记得几年前有一次跟工作团队一起在蒙马特山丘上的圣心堂（Sacré Coeur）实验灯光造景。他们把这座白色建筑打成淡紫色，"结果神父冲出来叫我们立刻把灯关掉。"竹斯边说边笑，吐出一环环的烟圈。"我们纯粹是为了好玩。圣心堂很像一块涂了一堆鲜奶油的巨大白色蛋糕，但巴黎整体上是一座相当严肃的城市。"

太阳开始朝西边沉下，竹斯把车直接开上圣母院的石砌步道，游客只好闪到一边。他要让我看圣母院南侧立面重新设计过的灯光。他用手向我指点出藏在角落和缝隙中的细小光纤电缆。我们走进圣母院，爬上一道不对外开放的石造楼梯，到南侧屋顶上等待夜色降临。

南侧立面在半个世纪以来，唯一的照明来自设在塞纳河对岸的聚光灯，灯光设备掩藏在假造的旧书摊收纳柜中。新的照明规划让观赏者可以通过细节展现出的戏剧张力，慢慢发掘圣母院立面建筑设计之美。很快地，南侧立面亮了起来，顶梁柱、怪兽水漏、飞扶壁等建筑元素全都披上了白色夜装。"你看，顶端的灯光比较强烈，这样会感觉比较接近天堂，"竹斯说，"这不只是一个建筑物，它是漂浮在城市之上的圣女。"不久后，远处的埃菲尔铁塔开始她每个整点的钻光秀。"一座视觉时钟，"竹斯这么称呼，顺便低头看了一下手表，确认她报时精确。

当对美感的执着应用到个人身上，可能会造成某种压迫。有一期《玛丽安》(*Marianne*)杂志的封面报道问了这个问题："出色的外貌是否是成功的要件？"结果各界专家异口同声地说"是！"一家奢侈品集团的人资总监表示，虽然公司有明订的聘雇标准，但美貌确实有加乘作用。"因为我们要在那么短的时间里看这么多履历……结果最后的决定标准就变得不是那么理性，"她说，"这跟诱惑有点关系。这种时候大脑好像睡着了。"这篇报道所引述的一名心理学教授调查发现，法国的学生因为外貌的因素，得到的成绩可能有20％到40％的落差。法国一所心理分析暨管理学研究机构的总秘书指出，俊男美女特别得宠的情形在儿童时代就开始了。"如果小朋友被认为有诱惑力，他们也会认为自己确实具有诱惑能力。"他表示。一个奠基于外表之美的诱惑循环就此展开。

在法国社会中，男人普遍认为他们有权利在公开场合评论女人的外貌。有一次，距离巴黎一小时车程的小镇帕隆(Paron)举行了一场政治集会，一名年轻男子站起来向当时的阿拉伯裔法务部长拉齐达·达蒂(Rachida Dati)提问。但在正式表达问题之前，他说，"我觉得您非常非常美。"

达蒂的反应既不是无视，也不是告诉他这样评论她的外貌不合时宜。刚好相反："谢谢你的赞美。"她回说。

法国人之所以可以包容人对容貌的判断和评论，多少是因为他们把个人吸引力视为一种精心培养出来的特质。不过，虽然法国人非常重视外貌上的诱惑力，没有得到老天在这方面的眷顾倒也不是致命的缺点。就像埃菲尔铁塔原本也只是一团纠结的生铁，无论一个人是否长相平凡、年华老去，或有先天缺陷，他还是有可能打造出风雅怡人的外貌——或至少淬炼出细腻过人的审美敏感度。

人的罪过不在无法符合某个完美标准,而在不愿意尝试达到标准。诱惑在法国几乎是一项公民义务;如果一个人无法展现诱惑力,恐怕还是不要站到舞台中央。当然并非人人都遵守这个原则,但令人惊讶的是,很多人确实是这么玩的。美国发生克林顿和莱温斯基的性丑闻事件时,法国人无论男女都质疑克林顿总统遭受审判的正当性。他被一个不是他妻子的女人燃起性欲这件事完全没有吓到法国人,让他们错愕的是莫尼卡·莱温斯基长得并不是那么美,而且似乎也缺乏优雅气质。

　　在公众生活中,男人的外表也可能受到评断。奥巴马在法国讨喜的原因之一是他的英挺外貌。我甚至惊讶地发现,男人——不管是直男还是同志——居然比女人更加赞赏奥巴马的帅气。

　　奥巴马当选总统让法国人有了一个新的英雄。他的智慧和风范使得法国精英为之倾倒;他的黑人血统深深诱惑住经常觉得自己是二等公民、隐形人的阿拉伯裔和非洲裔法国公民。法国人喜欢奥巴马不是因为他性感,而是因为他酷。身为一位领导者,他不太喜欢告白,倾向保持神秘面纱,致力维护个人隐私。换句话说,他有那么点若即若离。即使抽烟在美国是一件政治不正确、文化不正确的事,他还是抽烟,不过是私底下抽。

　　"一流诱惑家"的名声从年轻一直陪伴他到八十多岁的让·多麦颂,将奥巴马的诱惑力量与法国已故总统密特朗相提并论。他说,就先天条件而言,密特朗没有奥巴马那么有诱惑力,但他在这方面做出很多努力,借由玩弄细致优雅的游戏赢得众人的倾慕。相较之下,奥巴马的诱惑力是如此理所当然,他根本不必费吹灰之力。"奥巴马是美国式诱惑力的表征,"多麦颂告诉我,"他又高雅,又英俊,又聪明。"

他是黑人或是白人完全不成问题。"他的黑人血统只是旁枝末节。他完全就是诱惑的化身……非常英俊。他真的非常英俊。"

广告公司总裁雅克·塞盖拉说得也差不多:"奥巴马代表的是诱惑的胜利,因为他的美貌让人忘记他是个黑人。别把我看成有种族意识。但最棒的地方确实就在此:他的美貌超越了他的种族。"

"你指的美貌是什么意思?"我问塞盖拉。

"美貌,奥巴马的美貌,首先就在于他的动作。他的举止非常有诱惑力,他走路的方式,他看你的方式,还有他运用手指做出的那些极其细腻动人的手势。服装是塑造诱惑力的重要因素,而他的穿着就像五六十年代好莱坞电影中呈现的美丽时代(Belle époque)美国绅士。……相同的剪裁,打得有点过长的领带,黑色皮鞋。而最厉害的诱惑,是在他的言语之中。"

法国人对外表诱惑力的坚持,也可以用来解释围绕着穆斯林妇女的面纱所产生的文化冲突。法国近年对于是否应该通过法律禁止"全身式罩袍"的议题,正陷入一种充满激情的政治论争。这种把妇女从头包到脚的宽松罩袍经常被媒体称为"布嘎"(burqa),但这是以讹传讹,因为真正的布嘎只在眼部留了一块网纱,让穿着者还能看到外面,法国人争论的罩袍其实是可露出女性眼部的"呢卡"(niqab)。无论如何,全法国穿全身罩袍的女性不会超过数百或数千人,但似乎所有政治人物对这件事都有话要说。

在法国联合电台(France Inter)的一次访谈中,前任社会党主席弗朗索瓦·奥朗德(François Hollande)不厌其详地重复了一般人对于穆斯林女式罩袍的标准论调。① 首先，妇女刻意遮蔽自己，特别是全身，甚至整张脸，这是非常不法国的，因为这种习俗违反法国对政教分离及共和国价值的绝对坚持。其次，这样覆盖身体侵犯了女性的尊严。第三，任何人，无论男女，把自己隐藏在一个面具背后，都可能对社会安全造成风险。

奥朗德接着提出反对全身罩袍的第四个论点，这点涉及的是美感。他说，任何女性都应该有权利不要被迫"因为看到其他女性被禁锢在一件'布嘎'中而感觉受到侵犯"。而且不只是女性，他补充说，男性"也必须抱持这种起而反对的态度"。

换句话说，奥朗德的意思是罩袍在视觉上令人不愉悦。他完全没提到女性戴头巾或穿罩袍可能是出于个人选择；或许是为了宣示自己的身份认同，或许是为了表达宗教信仰，也或许是为了拒绝被视为性爱对象。

奥朗德的反对立场反映了法国人对戴头巾这件事的不认同心态，而且我相信，他的用意不只是为了关注女性的福利，而且也包含对外表的考量。就像一个人不愿意看到不美观的建筑照明，我们也不会希望公共场所中出现不美观的事物。女人的身体就是应该被注视，并以最优美的形态展现出来。

走在街头的男男女女都是城市景观的一部分，每个人都应该要美丽迷人，或至少让人看得舒服。这就是头巾和罩袍的问题让法国人为何那么激动的原因。研究十八世纪文学的专家克洛德·哈比卜（Claude Habib）指出，法国的传统绅士礼仪要求男女直接面对面，而

---

① 奥朗德已于 2012 年当选法国总统。

面纱否定了这一点。"绅士传统的预设条件是女性特质必须清晰可见，更确切地说，要能很快活地呈现出来，一种展现自己的愉悦——而这正是某些年轻穆斯林女孩不能或不愿意做的。"她写道，"罩袍打断了女性美的流动。"

在法国讨论美感和诱惑时，如果没有提到碧姬·芭杜，那么这个讨论就不算完整。半个多世纪以来，碧姬·芭杜占有法国最具诱惑力的女人的地位。这当然不是指现在的碧姬·芭杜，而是过去的碧姬·芭杜，那个在罗杰·瓦迪姆（Roger Vadim）1956 年执导的电影《上帝创造女人》（Et Dieu... créa la femme）中，以美貌和演技撼动全球，一夕之间成为国际巨星的性感女神。今天的碧姬·芭杜已经七十多岁，身材发福，头发灰白，脸部不但下垂，还因为残酷的岁月和长年曝晒在南法夏天炙烧的艳阳中而布满皱纹。她无可救药地执着于两件事：一是动物保护，二是对外来移民和回教徒的仇视。如果要打个美国的比方，我们可以试着想象詹姆斯·迪恩（James Dean）依然在世，但衰老干瘪，孤独怨愤，带着手枪积极参与茶党（Tea Party）活动。

碧姬·芭杜的魔力在于她那历久不衰、持续紧扣法国人集体想象的经典形象：一个无忧无虑的童真女子，一个性解放的极致象征。她向世界呈献出一个全新的美丽品牌，一种义无反顾、电光四射的性感之美；当然，她的美是在罗杰·瓦迪姆的精心塑造下迈向完美巅峰的，但这无疑也要靠她演绎自我的惊人本能。

我向来以一名热切、忠实的美式女性主义信徒自居，但碧姬·芭杜的性感形象不但没有让我反胃，反而令我深深着迷。即便她在电影中那样为了追逐欲求之所趋，不断噘起艳唇、扭动丰臀、展露酥胸、恣意投入性爱，我也不会为此举起抗议旗帜。我花了一段时间才发现个中玄机。碧姬·芭杜是巴黎十六区富裕阶层的典型产物，从小到大都过着舒适高雅的生活。但她没有选择遵守这个阶层的游戏规则，反而成为战后法国女性解放最强而有力的象征。在那个法国还在奋力从二战与纳粹占领的伤痛中疗愈复原的时代，她以自由精神之姿，带着与男人一样的性冲动登上历史舞台。她艳遇不断，结过四次婚，并公开表示她讨厌当妈妈。连法国早期的女性主义者西蒙娜·德·波伏娃也被她的魅力迷倒。“碧姬·芭杜完全不在乎别人的想法，”西蒙娜·德·波伏娃在1959年写道，“她饿了就吃东西，谈恋爱也是用这么简单的方式……她只做她想做的事，这是她让一般人不安的原因。”碧姬·芭杜的美丽当中那种可口诱人的矛盾性，让西蒙娜·德·波伏娃心荡神驰。她衣着优雅，喜欢马甲、香水、彩妆及其他各种人工装点，但她经常光着脚丫子行动。她举手投足间流露出的感官诱惑力如此地前所未见，连西蒙娜·德·波伏娃也不禁表示，“就算只是为了看她跳舞，圣人也会愿意出卖灵魂。”

无论在法国或其他地方，碧姬·芭杜风格一直为女性的感官之美提供源源不绝的灵感。女星德鲁·巴里摩尔(Drew Barrymore)及名模凯特·摩丝(Kate Moss)都模仿了她的摆姿神态。2009年，有商家推出一把售价814欧元的路易十五风格银色合成皮扶手座椅，椅背上以绢印方式呈现碧姬·芭杜的脸部特写。2010年五月，香奈儿在蔚蓝海岸度假胜地圣特罗佩(Saint-Tropez)展示全新系列服装，由法国时尚天王卡尔·拉格斐操刀设计；这一系列是设计师对碧姬·芭杜的致意，滚石乐团主唱米克·贾格尔(Mick Jagger)的名模女儿乔治亚·梅(Georgia May)被塑造成轻踩曼波舞步,摇曳生姿的现代版茱丽叶——《上帝创造女人》中那个大胆追求自由的女主角。约在此同时,高级皮件品牌兰姿(Lancel)则以碧姬·芭杜为灵感,设计出一款线条婀娜多姿的手拎包。

2008年在花漾迪奥香水的广告片中,碧姬·芭杜火热的性感形象被稍稍降温处理,以便迎合时下的主流品味,但片中令人无比愉悦的美丽画面依然撩起无尽的芭杜想象。这是美国导演索菲亚·科波拉执导的第一部电视广告,背景音乐是碧姬·芭杜的一首名曲,画面则呈现动人的巴黎街景。女主角身穿浅粉色洋装,在街头骑脚踏车,踩着轻快步伐越过塞纳河上的桥,试穿迪奥礼服,欣赏花店橱窗中的缤纷玫瑰,品尝精致甜点,为男友献上亲吻,然后握着一束气球,飘然升入巴黎的天空。

整部影片缭绕着碧姬·芭杜唱着《我爱玩》(*Moi je joue*)的性感嗓音。这首歌的内容是描述一个女孩引诱爱人臣服的爱情游戏。"我赢了,算你倒霉/这是你的宿命/你是我的玩具。"歌词这么说。导演柯波拉说这首歌是"一首非常容易上口的迷人曲调,有点像一块'口香糖'。"其实口香糖那种甜美纯情的感觉完全不是这首六十年代的歌曲所要呈现的气氛;广告末尾,碧姬·芭杜激情地哼唱着"哦!要,我要!",画面淡出后任谁都能想象随之而来的高潮嘶喊。

对碧姬·芭杜的一个终极致意行动——或许也可解读为一种轻薄的侮辱——出自精致食品名店馥颂(Fauchon)。馥颂推出一款自己非常引以为傲的限量版"芭杜闪电蛋糕(élair)",这个几乎可以说是惊世骇俗的巧克力甜点创作以带着玫瑰花露香气的杏仁霜为内馅,外层以性感的曲线卷上一层厚厚的白巧克力,上面以可食用墨水印上一张 1959 年拍的碧姬·芭杜照片。她双唇微开,拿着一条珊瑚色海滩毛巾随意覆盖住赤裸的胴体。

　　馥颂表示,这款芭杜闪电蛋糕的主要顾客是男性。旅游网站Gogoparis 呈现这个甜点的方式稍嫌露骨,反而有失诱惑的本意:"能够把她一口吃下去,实在太完美了。"网站写道。馥颂本身的用词倒是比较低调优雅些,将芭杜闪电蛋糕描述为充满"感官情趣"。

　　馥颂为闪电蛋糕这种经典法式甜点增添性感想象,让它呈现吸睛魔力的手法,正是以人工方式进行美学操弄的动人实例,这多少有点类似将埃菲尔铁塔漆上三种不同色泽的油漆,或将糖制成方块的做法。闪电蛋糕这种平民美食忽然乘载了碧姬·芭杜这个代表法式女性魅力的国家象征,延续人们对她充满怜爱与色欲的情感记忆。我猜想,购买这款蛋糕的顾客可能会因为蛋糕上诱人的芭杜图像,而带着更热情、更细腻的心境,慢慢地品尝。至于口味,我个人倒是比较偏爱馥颂用达·芬奇名画《蒙娜丽莎》中那古典美女的迷蒙双眼做装饰的杏仁馅巧克力闪电蛋糕。

第五章
知识分子的前戏

*

语言好比肌肤：我将我的语言在对方身上搓揉……我用我的话语裹住对方，用它轻拂、爱抚，将联系建立起来。

——罗兰·巴特，《恋人絮语》

（*Fragments d'un discours amoureux*）

女人最主要是靠耳朵达到高潮！

——演员法布莱斯·鲁奇尼（Fabrice Luchini），改述

作家玛格丽特·杜拉斯（Marguerite Duras）的词句

法国财政部长克里斯蒂娜·拉加德（Christine Lagarde）[①]有一次向国会发表演说时表示，她认为法国人有必要抛弃一种她所谓的"全国性旧习"。那个旧习就是思考。

"法国是一个习于思考的国家，"她告诉在场议员，"几乎所有类型的意识形态都已经被我们发展成理论。我们图书馆里的藏书有足够的材料让我们继续思考好几百年。因此我想在此大声疾呼：已经思考够了！犹豫不前也够了！现在该卷起袖子了。"

拉加德非常赞美托克维尔（Alexis de Tocqueville）将金钱解释成值得尊敬之物的革命性概念，并援引其著作《民主在美国》（*Democracy in America*）中的叙述作为佐证。该书是托克维尔在十九世纪遍游美国后所发表的见闻录。拉加德告诉法国人要多工作，多赚钱，并且期待在赚大钱后支付较低的税金。这样的讯息与她老板——法国总统萨科齐的政策非常吻合；2007年，萨科齐竞选时的核心政见就是让法国全面融入由生产力所驱动的全球化经济，塑造充满能量与变革的新气象。他的竞选口号就是："工作更多，赚钱更多。"

但萨科齐和拉加德都没有考量到一个因素：法国人整体上深深依恋着一种诱惑游戏的特殊形式。我管这个东西叫"知识分子的前戏"。

对法国人而言，生活的意涵鲜少只是为了达成目标。它也是为了一种闲情逸致的艺术，并在追求美好生活的过程中，同时诱引他人加入这种追求。性爱之前如果没有浪漫的调情，晚餐时分如果缺了

---

① 　2011年7月起担任国际货币基金组织总裁。

美酒的芬芳,那还会有多少情趣?如果话语中不带文字游戏,意见交流时没有观念上的交锋与字词上的搏斗,那还会有多少快乐?在枯燥平庸的职场舞台中,为什么要急着建立行动计划,而跳过那经常会是比较缓慢、辛苦,缺乏效率,但可能充满乐趣的非线性的理论化步骤?换句话说,当周遭有那么多挑动感官的事物可以让人心奔意驰,有必要一味将焦点摆在目标上吗?如果某个东西过于直截了当,过于明确,过于简单,反倒会令人感觉不完整。

这种训练开始得很早。学生回答数学问题时,如果没有说明答案是怎么得到的,那就毫无意义,因为过程与论证比答案的正确性重要。解决问题所用的办法可能可以占到总分的十分之九,正确答案则仅占十分之一。过程演绎需要动员高度而严谨的智识能量,一旦运作成功,无上的乐趣也将应运而生。

拉加德非常了解法国这种根深蒂固的知识文化。她的外表是作为法国熟龄女性海报女郎的完美代表,拉加德身材高挑修长,肤色健康亮丽,银白的头发展现出岁月的淬炼,高贵的举止中处处透现她优异的家世背景。

但她也是萨科齐内阁阁员中最具美式作风的人物。她的英文说得高雅华丽,在某些场合甚至愿意舍法文而用英文。年轻时代的她为了致富积极西进,职涯中有一大半的时间是在芝加哥贝克暨麦肯锡(Baker & McKenzie)法律事务所担任律师。她成为该机构执行委员会第一位女性主席,并被《福布斯》(Forbes)杂志评选为全球最具影响力的女性之一。返回法国以后,她在希拉克时代成为外贸部长,随后又加入萨科齐内阁。

她在法国国会口出惊人之语后,在场议员——包括某些与她来自相同政党者——立刻爆发激烈抗议。"他们大肆嘘她；他们高声吼叫了起来。"她的讲词撰写人加斯帕·库尼格（Gaspard Koenig）如此表示。

这个消息一传开，法国知识界——至少其中的男性成员——群情激愤，进而全力反击。多数女性知识分子懒得做出评论。或许她们在家庭和工作两相挤压下，根本没有余力思考自己是否思考过度；或许她们同意拉加德的务实做法。但对男性而言，拉加德是一个在美国待了太久，被美国文化充分洗脑的法国女人，现在居然跑回来企图阉割法国的知识分子！

"说我们应该少思考？这话多么荒谬！"哲学家、作家、教授、电台主持人阿兰·芬基尔克劳（Alain Finkielkraut）表示。"如果你有机会将人生奉献给思考，你时时刻刻都等于是在工作，甚至睡觉时也是。思考需要经历挫折、痛苦，流下许多汗水。在找到真理之前，必须经过多少次的起步失误！"

话题哲学家兼记者伯纳德-亨利·莱维（Bernard-Henri Lévy）曾经写书追溯托克维尔在美国的旅行，他宣称自己对拉加德的论点更是震惊再震惊！"这种话简直就像出自咖啡馆里那些喝醉酒的白痴。"他说。为了使他的意思达到最大效果，他搬出震撼力十足的历史最高级："就我所知，这是现代法国史上第一次有一位部长胆敢说出这种言论。"

莱维认为拉加德对托克维尔的引述太过片面，并建议她把托克维尔全部作品读完。而且是"利用她的休闲时间"，他说。

拉加德这样公开赞扬工作至高无上的乐趣，也让讽刺周刊《鸭鸣报》(Le canard enchaîné)不禁大肆嘲笑一番。该报引述孔子名言"知之者不如好之者，好之者不如乐之者"，并指出，"这么微妙的哲理可不是清洁妇或超市收银员能理解的"。

拉加德的演说遭到这么残酷的抨击，有一个原因是它的内容太过直接武断。她这篇演说的陈述方式充满直截了当的美国作风，有如一杯双份杰克·丹尼威士忌（Jack Daniel's）那般呛口。要是用一点幽默、轻描淡写或自我调侃的方式把它稍加调和一下，可能就会顺口得多。总之就是，那番话缺乏诱惑力。

拉加德大声疾呼的建言完全呼应了美国人对法国的刻板印象，认为法国是一个困守过去、停滞不前的国家，整个社会因为每周三十五个钟头的工时、接连不断的罢工，以及缺乏效率且臃肿肥胖的官僚体系而陷入瘫痪。我们在脑海中想象一大群似乎不需要特别做什么工作的法国知识分子，他们把所有时间都泡在左岸的咖啡馆，叼着香烟、喝着浓缩咖啡，煞有介事地思考深刻难解的哲学问题。

实际情况当然比这个要细致得多。思考及表达想法是法国人采行的一种仪式，目的是用来决定他们是否为社会找到了共同的运作基础。这不是一个商业交易。"所谓诱惑等于是说，'我要创造某个与其他人共通的东西'。"法国顶尖政治学者斯特凡·侯赛斯（Stéphane Rozès）这么表示，"如果你想诱惑某人，就必须知道你们共享的是什么。诱惑不是说'你到底是跟我站同一边还是反对我？'它应该是一种对话，而不是一种强制。"

法国的历史和文学反映了许多世纪以来法国人创造观念、形塑知识概念的情形。长久以来，法国人一直竭力说服全世界思考甚至采纳这些概念。现代哲学起源于法国，开山祖师是笛卡尔

（Descartes）。十八世纪法国哲学家——伏尔泰、孟德斯鸠（Montes-quieu）、卢梭（Rousseau）、狄德罗（Diderot）等——锻造出一套以理性、民主与自由为主要考量的社会价值体系。到了二十世纪，萨特、加缪（Albert Camus）、西蒙娜·德·波伏娃等人则是让存在主义开花结果。

观念的激荡冲突是法国国家认同的一部分，从巴黎的权力中枢到偏远村落的小广场都是如此。每个人都是一位哲学家。著名小说家及沙龙主人斯塔尔夫人（Madame de Staël）在 1810 年提到，"在法国所有阶层中，人人都感觉到发言的需要；说话不像在其他地方那样只是用来沟通观念、情感及商业事务的手段，而是一个大家都喜欢操弄的工具。"1973 年发生全球石油危机时，阿拉伯产油国家威胁切断法国的石油供应，这时法国政府就鼓励消费者节约用电，大力推动核能发展，并不断吹捧法国的创造力。国营电视台打出的一个广告台词是"法国没有石油，但法国拥有想法"。

美国人在日常生活中倾向实事求是。"惊爆价，要买要快！""健康养生最新策略"，类似的语句随处皆可听见。法国人说话经常只是为了说话，不见得带有达成决议的目的。"我们的教育让我们相信论证逻辑的严整性是最美丽的，"法国外交部资深官员菲利普·艾雷拉（Philippe Errera）表示，"我们学到的，是以美丽制胜，而非用说服力达到目的。"

言语是一种深化情感的方式，有效地协助法国在世界各地实现她的"文明开化使命"（civilizing mission）。一切都必须用精美的言词包装。萨科齐经常遭受批评"缺乏文明"的原因之一，在于他习于夸称自己是个非知识分子。"我不属于理论派，"有一次他接受电视访问时表示，"我不是一个意识形态理论家。喔，我根本不是个知识分子！我是一个讲求具体的人！"在巴黎知识分子看来，他干脆就说他根本不是法国人算了。

知识分子的前戏如果是以高超的策略及机灵的手段进行，即可达到登峰造极之美。它带有一种古老欧洲的自信特质：知道一切，但不全部披露；陶醉在保留秘密、间接表达的能力中。有时候言语游戏充满无穷乐趣；有时候只是在用反讽或轻描淡写等技巧转圈圈，顺利时可以让对话者扑哧一笑，不顺利时倒可能使对方感到技不如人。

对精于此道的人而言，生活可以变得更有意思，更加值得，更富情趣，虽然经常也比直接达成目的来得缺乏效率。但在你学会游戏规则——或至少学会如何成功地进行伪装——以前，你绝对不可能具备足够的诱惑力，让你成功融入群体中。

当言语诱惑成为"完成式"，顽皮的游戏就结束了。这时有一方成了征服者，另一方则被征服。如果这时继续玩游戏，就会显得无趣。所以游戏的目的是要在成功开启对话后，想尽办法使其兴味盎然，这样游戏才能一直保持在进行式。

1996年，有一部电影叫《荒谬奇缘》(Ridicule)，故事描述凡尔赛宫廷中的生存技巧。这部电影提供了许多重要线索，教我们如何在言语地雷区中安全地巡游。当一名年轻男子设法获得宫廷青睐时，一位老手提供他一些关于言语交锋的真知灼见："要机智、犀利、狡猾……这样你就会成功。不要卖弄俏皮话！在凡尔赛，我们把俏皮话称作'机智的死亡'。……最后一件事：绝对不要在说完笑话后自己笑个不停。"会话操演中最困难的一件事之一，就是把俏皮话说得非常微妙,非常细致,让游戏节奏不会被打断,能够顺利进行下去。否则俏皮话反而会变成一种言语上的性高潮,高潮结束后对话也就跟着结束了。如果说俏皮话的人自己说完还一直笑,那就更不像话了。

法国的会话百宝箱中最细腻的工具之一,就是所谓的"二级话语"(le second degré)。作家兼法学家苏菲-卡洛琳·德·马尔热里在这方面为我做了说明。

"'二级话语'就是当你说某件事的时候,你可以从字面上去诠释,但除此之外还有第二层意义,而那才是真正的意思。"她说,"也就是字面上说一件事,但真正指涉的是另一件事。有点半开玩笑耍嘴皮子的味道,说话带着弦外之音。美国人说话很少如此,德国人则完全不来这一套。跟德国人说话的时候,你要不百分之百认真,要不就干脆不说。说'二级话语'必须要够聪明。这不是说任何时候都要非常有笑点,而是要能掌握到奥妙的会话公式,这样才能进行有深度的精彩对话。"

"二级话语"形塑出一个危险境界,身在其中的人不见得能精确体会何时会跨越界线,跑进另外一层意义里。

在最原始的层面上,二级话语可以涵盖种族主义、性别歧视、尖酸刻薄、话不留情等美国在几十年前就已经不再流行的言语表达方式。我的复健师亚历山大·德尚(Alexandre Deschamps)告诉我他是经过遍体鳞伤后,才学到永远不要跟美国人来二级话语这一套。他发现美国人脸皮非常薄,没办法欣赏这种幽默感。

亚历山大是一名业余爵士音乐家。有一次他在一个法国乐团中担任低音吉他手,团里有一位美国鼓手。"某个时候,法国团员们聊

天时开始批评美国,结果美国鼓手觉得非常沮丧。"亚历山大回忆道,
"鼓手说,美国在二战时解放了法国,法国人应该感激才对。一名团
员接口说,'可是我们在纳粹占领下过得更好呀,怎说解放呢!'这当
然只是在耍嘴皮子,是一种开玩笑的嘲讽,典型的法式'二级话语'。
但这位美国老兄听不懂,他气得当场就走了出去。"

　　亚历山大提到的趣闻可以说明为什么二级话语比一般的反讽又
更进了一步。美国人不太可能开上面那种玩笑,因为他怕别人会过
度当真;法国人则会期待别人应该听得懂他的双关语。

　　二级话语可以用来玩更加尔虞我诈的言语格斗。哲学家拉斐
尔·昂托芬(Raphaël Enthoven)告诉我他如何诠释一个非常有名的
小故事:作家兼幽默大师萨卡·圭特瑞(Sacha Guitry)和他的第二任
妻子伊冯娜·普林坦(Yvonne Printemps)坐在法庭里等着离婚。
"在法官大人面前,圭特瑞转身向他'骚热'的老婆说,'你知道吗,我
刚想到你的墓碑上可以写什么墓志铭:终于冷了。'老婆看了他一眼,
不为所动地说,'有意思。我也想到你的墓碑上可以写什么墓志铭:
终于硬了。'这故事不错吧? 你有听懂? 太美妙了!"他说。

　　"可是好残忍喔。"我说。

　　"哪会啊,是好玩,"他反驳,"你不喜欢吗? 我很喜欢。"昂托芬最
喜欢的一点是,终于有人能胜过圭特瑞的讽刺能力。

　　谈话要有一种不费吹灰之力的特质,才会运转得非常顺利。"真
正的诱惑家是你看不到他在诱惑的那种。"作家皮埃尔·阿苏林
(Pierre Assouline)告诉我。"对我来说,有会话天分的人懂得如何保
持沉默,而不是懂得如何说话。真正的会话家知道如何在三种语言
中保持沉默。"

"我听不懂。"我说。

"知道怎么在三种语言中保持缄默，这是一个悖论。"他解释道。

"我完全没听懂这里面的'二级话语'。"我说。

"这可是'三级话语'呢。"他说。

很好，我自忖。就是这种东西让外人永远是外人。

"所谓懂得如何在三种语言里保持沉默，就是把持住自己在社交上的位置，不管是跟美国人、意大利人或英国人相处都一样，"他继续解释，"有一些准则需要遵守，也就是懂得如何参与一场谈话，但不抢风头，不要打断别人的话。有时候。你在交谈过程中可能会批评某个不在场的人，但如果某人说，'那个人是我朋友'，你就要改变话题。"

对阿苏林而言，谈话为生活和工作赋予了意义。"你给了别人某种东西，"他说，"我非常喜欢交谈，因为这样我离开的时候就比来的时候更加富有了。同时我也贡献了某些东西。"

法式交谈艺术的一个基本要素是"论证"，这是一种以优雅细腻的方式玩弄的巧妙言语游戏，目的在于胜人一筹。不论是参加晚宴或撰写媒体文章，任何平凡无奇的主题都值得长篇大论地进行深入论辩。这种论辩在法文中称作 polémique，是一种具有对立原则的讨论。它的主题可以非常高深，也可以稀松平常。圣女贞德的真实事迹，法国小说容许刻画恋童癖是否是一种智慧，对儿童实施体罚是否合理……这些无一不是值得论辩的话题。

星期六晚间黄金时段的电视节目会包括一些圆桌讨论，一群人坐在一起谈论某个主题。有时候报章杂志会挑选两位知名人物进行辩论,并在两个对页上摆上他们的照片;辩论主题五花八门,包括:"性解放运动真的解放了我们了吗?""低调的魅力是否可能存在?""自由主义是否宰制了我们的性爱行为?"等等。某些特别严肃的主题对非法国人而言,可能也会显得特别自恋,例如有一次《费加罗》杂志就刊登了一篇辩论专题:"知识分子的用处何在?"

有一次长周末,安迪和我以及另外十六个人一起受邀到我们的法国朋友位于法国西南部的城堡中度假四天。第一天早上大家的交谈内容包括以下主题:撤出伊拉克的策略、美国的健保危机、法国平面媒体的悲惨现况、西藏人用山羊须制作围巾的做法、法国教育体系中的差别待遇现象、立法禁止女性戴面纱是否明智等。这些还只是我们在吃完早餐以前讨论的部分。

长期以来,谈话一直是法国电影的一大标志。法国人向来如此喜爱伍迪·艾伦(Woody Allen)的电影——包括他失败的作品在内——有一个原因,那就是电影里动作极少,说话极多。据说伍迪·艾伦深受侯麦启发,而侯麦的电影语言最为人所知的特色,就是深入探讨对话的无穷情趣,而不处理激情的性爱场景。侯麦名作《穆德家的一夜》(Ma nuit chez Maud)在美国文化圈有一大群狂热粉丝。在这部电影中,穆德和让-路易一起度过一夜。在某个充满性爱张力与激情前景的场景中,两人最后来到一张床上,但却一直没有做爱——他们只是不断地谈话。我在侯麦电影中一直最爱的一句台词出自《圆月映花都》(Les nuits de la pleine lune)。片中的法国演员法布莱斯·鲁奇尼告诉一位他心仪的女子,"我喜欢为了诱惑而诱惑。成不成功无关紧要。我是指在肉体上的成功。"

这句台词在某种程度上反映了真实人生。"这其中有一种非常法国的知识性的调情。"作家兼编辑罗尔·德·葛哈蒙（Laure de Gramont）向我解释道，"你可以跟一个男人花两个小时共进午餐，他不是你先生，你也从没想过要跟他上床。你们两人之间当然会有一些调情的意味，但你们是用言语在做爱。这比餐桌下有意无意的肢体碰触有意思得多。"

葛哈蒙警告说，玩这种游戏时如果投入太多兴致，会有一个潜在的负面效应。"有时候，大约在十分钟过后，男的就会开始感到自责，因为他觉得老婆无形中在监视他。"她说。

在比较广泛的层面上，葛哈蒙说明了她定义中的法式机智："你必须聪明过人，在任何话题上都能振振有词，但不是重复叙述你吃早餐时阅读的报纸内容。"

作为一名巡游在言语诱惑文化中的美国人，我发展出自己的一套规则。首先，如果交谈对象试着说英语，别忘了称赞他的口音非常优美迷人。第二，用亲切的态度和过人的礼貌让对方拜倒在你的石榴裙下。第三，如果对方是一位女性，可以适度赞美她的肤色非常美丽。第四，如果对方是一位男性，设法让他觉得很有身份。第五，这些都要说得非常有技巧，不要让人觉得是在逢迎谄媚，最好是无意间就流露出来的那种方式。

在学习诱惑的过程中，要慢慢懂得打趣逗乐，即使是最普通的电话交谈也一样。如果打电话到一家公司或事务所时，接电话的人口气显得不太客气，我们可以试着开启轻松中不失礼貌的对话。这样可以将对方拉进诱惑的程序，建立她的地位（我写"她"是因为通常接这种电话人的都是女性），然后一通原本无聊的电话就可能变成一场天真无邪的游戏，短暂但充满情趣。

举例如下:

> 文化部某秘书:是的,西奥利诺女士,我们接到您的讯息了。但这段时间我们真的满档。
>
> 我:啊,听到您把我的意大利名字念得那么精准,实在太好了!
>
> 秘书:喔,是啊,保有自己的根源是很重要的!
>
> 我:您说英文的时候口音也是这么迷人吗?
>
> 秘书:(咯咯笑)可能吧,不知道耶…
>
> 我:希望不会像演员法布莱斯·鲁奇尼那样。他说英文的时候总想装出美国歌手詹姆斯·布朗(James Brown)的声音。
>
> 秘书:没错! 他说英文的时候简直就像黏黏的口香糖!

有一回我倒是甘拜下风,而且输得惨兮兮。那次是与马克·富玛罗利(Marc Fumaroli)见面,他在崇高的法兰西学术院(Académie Française)担任院士。年近八十的富玛罗利可能是研究法国十七及十八世纪谈话艺术最具权威的专家。当我到位于巴黎拉丁区的法兰西公学院(Collège de France)访问他时,他对我问的问题的反应好像是在拿苍蝇拍挥打怎么赶都赶不走的苍蝇。起初我以为那是一场戏弄和测试的游戏。

"您还要我多说些什么?"某个时候富玛罗利这样问我,边说还边用手指在桌上敲。"我一直搞不懂为什么记者会跑来跟我说,'您写了一本书。请跟我说明书里写了什么。'这位女士,我的书已经说明了一切,不是吗? 您问我的问题只是证明了您没去了解我的东西,懂吗？这就是困扰我之处。如果您无法理解，我说了也没用！"

"我现在希望用英文表达。"我说。我知道他会读英文，我现在管不着他是不是也会说。我就是要设下一道障碍。

"很抱歉浪费您的时间，"我用英文说，"我是带着亲切和礼貌的态度来跟您展开对话……我并不想浪费您的时间。"

"不！我们说法文！"富玛罗利用法文下达这个命令，"说法文，因为如果您说英文，就把一切搞砸了。"

这就对了。果然他是在玩一场游戏，只是游戏结束得不三不四。

我跟他握手道别时，仔细凝视了他的脸。他的皮肤有一种苍白的哑光质感，仿佛上过妆。或许他觉得有需要把自己掩藏在什么东西后面。

有时候，法国式的论辩会像是一场无缝接续、似乎永无休止的交谈。书店里三不五时就会看到整本新书的内容都是两位重要人士的对谈。有一本长达 232 页、非常经典的对谈录，是哲学家伯纳德-亨利·莱维与已故知名作家弗朗索瓦丝·吉鲁（Françoise Giroud）的对话内容。吉鲁是《快讯》（L'Express）周刊共同创办人之一，也是法国首任妇女事务部部长。

这本书出版于 1993 年，书名是《男人与女人》（Les hommes et les femmes），内容记录两人有一年夏天坐在巴黎一棵无花果树下的谈话。如同标题所示，这本书的核心主题是男女之间的互动，但对谈内容充满哲学思辨。为了支持自己的论点，两人分别援引了司汤达、普鲁斯特、波德莱尔（Baudelaire）、弗洛伊德（Freud）、瓦雷里（Valéry）、纪德（Gide）、左拉（Zola）、拉克洛（Laclos）、萨特，以及其他许许多多的重要文人与哲学家。

在《诱惑与诱惑游戏》的章节中，吉鲁引述十九及二十世纪交迭之际的作家儒勒·列那尔（Jules Renard）的一句名言："一个男人如果跟一个完全不可能成为情妇的女人交谈，他不会感到任何乐趣。"吉鲁问莱维这句话套用在他身上对不对。

莱维回答，"我确实不相信男女之间的单纯友谊，如果缺了那么一抹暧昧，对我来说这个关系就会显得——怎么说呢？——枉然，了无生气，毫无用处。"

在《论丑陋之为一种根本的不平等》中，莱维提出一个令人惊讶的论调：他说，诱惑一位丑女人要比诱惑一位俏佳人来得困难。

"俏佳人已经习惯了，"他说，"她经验丰富，聪明灵活……她非常清楚诱惑的把戏和诱惑的仪式。所以你很快就能知道事情会不会发生……丑女人就不一样了，她会慌张失措，对发生的事无比惊讶，结果反而猜疑、不相信，她会告诉自己事情一定有蹊跷，一定是有人想捉弄她。"

吉鲁为这个想法下了一个结论。"今天一个真正的放浪举动、一场第一流的放浪冒险，会是去诱惑一个没有吸引力的女人。"她说。

莱维和吉鲁这两个人会互相诱惑是无法避免的事，至少是在心灵层面上进行诱惑。莱维向吉鲁提起他是在将近二十年以前的一场晚宴上第一次见到她，当时他就觉得她是个"诱惑家的原型"。"一颦一笑，眼眸顾盼，对自己和对他人举手投足的密切关注，某种优雅的调情，某种风情万种的魅力，一些忽然让对方感到安心的小动作——这一切都充满诱惑力。"

吉鲁回答道，调情给予她很大的乐趣。"我真的有对你努力施展媚术吗？……我很确定那是自发性的，因为你是个长得好看又活力充沛的年轻人，我觉得吸引你的注意是一件很好玩的事。可是，目的是什么？……为了片刻的愉悦……我必须承认我一生都在享受那份愉悦。"

她说"卖弄风情"跟"施展魅力"是有差别的。当一个人在施展魅力的时候，他必须"捧出自己，然后再把自己抽回，让步之后又保持疏离，吊诡地混合顽皮与缄默"。

我总觉得这听起来跟"卖弄风情"没啥两样。

2009年秋天，我来到圣日耳曼大道（Boulevard Saint-Germain）上莱维和阿丽尔·朵巴丝勒一起生活的宽敞公寓中。一位体型瘦小，看起来精明能干的女助理将我引进一间偌大的正式会客厅，我坐在灰褐色沙发上，身子陷进红色丝绒镶边的抱枕中。墙壁上装饰了丝绸锦缎，房间里充满薰香的气息。周遭的摆设让人看得目不暇接：各式各样的收藏盒，老式玻璃瓶，青铜佛像，成堆的皮革装订书籍，古剑，匕首，石制蛋形饰品，镀金镶边明镜，鸟类标本……

十五分钟后，莱维走进会客厅。他邀请我进他的办公室，这个空间比较不那么正式，墙壁、地毯、窗帘、沙发都属于舒适雅致的砂色调，与墙面的洗白橡木镶板非常协调。他的书桌上堆满了书籍、杂志和报纸。

一名印度男管家身穿缝有金扣的白色尼赫鲁（Nehru）①式紧身高领上装，送来一小瓶"皇后珍露"（Rosée de la Reine）矿泉水。他从

----

① 印度独立运动领袖、前总理。

置于银质托盘上的纹银茶壶倒出一杯热茶给莱维。我向莱维提出我的问题:诱惑在法式生活中是否是一种驱动力。

"它甚至超过一种驱动力。"莱维说。他往沙发背后靠,将手伸进他的金字招牌装束——扣子一半没扣上的白衬衫中,揉搓着自己的胸膛。"人生……就是一场诱惑。文明是一种诱惑。人与动物的区别,就在于诱惑。"

法国人比美国人了解诱惑有两个原因。"第一,他们对诱惑的思考比较多,也在文学作品中不断探索这个主题;第二,他们不像美国人那样压抑诱惑。"

我不能说我觉得莱维是个具有诱惑力的男人,但他确实知道如何思考。为了写书刻画托克维尔的美国之旅,他自己花了好几个月的时间走访美国各个角落,因此我相信他对于美法两国之间的差异性是一个经验丰富的观察者。我问他为什么在书里把美国称作一个"伟大的情妇"。

"美国就像一个你跟她共度美好周末的情妇,你想知道你们是不是能更进一步,是不是可以跟她共同生活,然后你做了尝试,"他告诉我,"因为周末情妇是很容易的,一切都很美好。但当两个人起床也在一起,睡觉也在一起,问题发生时也在一起,每天生活在一起,那又是什么样子? 问题就在此。"

莱维表示,美国人害怕受诱惑。"美国让我吃惊之处在于,所有人好像无时无刻不在竭尽所能地不让自己被掳获,"他说,"即使技巧非常高明的诱惑术在美国也行不通,因为大家都会被吓到。法国则恰恰相反,所有人真的都有一种欲望,要最大化地将人际关系赋予情欲色彩。所有的关系,人际关系,政治关系,职场关系——管它什么关系——都被情欲化，很细致地情欲化。没有人会对此觉得困扰。"

"所以，如果你在美国觉得一位女性很美，你不会告诉她？"我问。

"一百倍不会！"他叫道，"如果我觉得一个女人很美，而且我们互相认识，我会这么告诉她。如果我不认识她，她免不了会从我的眼睛里看出我的感觉。但我发现在美国，我必须强迫自己避免让一个女人知道我觉得她深具诱惑力，因为我知道这样不但无法在我们之间制造亲昵的默契，反而会形成一道阻碍。"

莱维告诉我有一次他试着赞美一位报社主管友人的助理。"我看到那女孩走过来，便告诉她：'今天早上您看起来真像个超级花瓶！'"

我爆笑了出来。

"我那时看她的样子真的以为她会打我一巴掌，"他说，"我知道我犯了一个超级大错，于是我道了歉。我说：'等等，我以为这是一句赞美的话！'不过即使我说的真是一种赞美，我觉得她的反应还是会一模一样。"

"没错，"我说，"就算你是说，'您真是美若天仙'，也会得到相同的反应。"

"可是如果当初我说，'您是个漂亮宝贝'，这么一来……"

"不行，伯纳德-亨利，'漂亮宝贝'也是带贬义的！"我回答，"在美国，即使你只是说'您看起来就像一位美丽的希腊女神'，还是有可能惹上麻烦。"

"好可怕，"他说，"对法国男人而言，这还真麻烦哩！"

语言诱惑的剧码天天都在上演，在每个社会阶层上演，在法国任何角落上演。而它的台词有两个关键字：tu（你）和 vous（您）。任何人只要学过一百字基础法文，必然知道 vous 是第二人称单数的正式礼貌形式，tu 则是亲切温馨的用法。

从正式转移到亲切，是一种将自己呈献出去，让自己有余暇给予他人的方式。"我们何不以 tu 称呼彼此？"这句话忽然间让双方关系位移到一种比较深的亲密层次。由于这种转移满载意涵，双方能知道在什么时间点用什么方式同时进行转换，是一种令人愉悦且显示尊重的表现。这道程序绝对不能愚钝低俗。

在某些情况下，当事人有一些规则可以依循。一个人可以安全地与家人、朋友、儿童使用 tu，在职场上与同一阶层的同僚通常也可以，但与较高或较低阶层的人则不可以。超过上述范围以外，事情就变得棘手了。在西班牙或意大利，从正式到亲切形式的转换在认识之初很快就可以进行，但在法国最好稍安勿躁。两人进行浪漫交往时，双方都知道交往目的是达到亲密，因此怎么做比较正确似乎应该很清楚。当两人间的关系变得有亲密感时，双方就可以改用 tu。二十世纪上半叶社会党领袖莱昂·布鲁姆（Léon Blum）在一篇散文《论婚姻》（"Du mariage"）中写道，转换到 tutoiement（用 tu 称呼）①的时间点"几乎毫无例外地落在性交之后那个瞬间。无论对新婚妻子或浪荡女人而言都是如此"。

---

① 法文由 tu 和 vous 两种第二人称形式派生出两个动词，tutoyer 及 vouvoyer。前者系指"用 tu 指称对方"，如果加上反身代名词 se 成为 se tutoyer，则是指"用 tu 互称"。后者代表"用 vous 指称对方"，反身动词形式 se vouvoyer 则是"用 vous 互称"。从这两个动词又派生出 tutoiement 和 vouvoiement 两个名词，前者为"以 tu 称呼的行为"，后者为"以 vous 称呼的行为"。

法式诱惑

Tu 这个字夹带某种无法逆转的特质。转换回 vous 有点像是告诉对方，虽然你们已经上过床，但现在你只想跟对方当普通朋友。但对某些已经稳定的伴侣而言，vous 也可能代表亲密感达到更高境界的讯号，那是一种只有你们两人能够了解的亲昵默契。"当双方到最后能够完全摆脱随便的态度，两人间的情谊才最美丽。"昂托芬这么告诉我。

Tu 和 vous 的用法对我造成问题之处在于，偶尔我会忘记自己跟谁已经开始 tutoyer。某些时候，我跟别人说话说到一半，会因此忽然不知何去何从，尴尬不已。

Tu 和 vous 的使用礼节不但细腻微妙，而且充满流动性，因此连法国人也必须不断保持警觉。有些公司会鼓励员工全面使用 tu，借此促进团队精神和工作动力。在高科技、广告、文化、媒体、设计、建筑等圈子，用 tu 互称经常是例行规则，但银行业则坚持使用 vous。当一位员工在开会场合以 tu 称呼老板时，通常这像是一种编码信号，间接显示两人之间具有比较私人的关系。

安迪在他的法律事务所中，会与两名关系最密切的男性同僚使用 tu。其中一人年龄较大，在公司阶层中也比较资深；另一人则比较年轻。年轻这位跟我先生是用 tu，但他会用 vous 称呼比较资深那位同僚。

在大众电视节目里，几乎所有人都使用 tu，或许是为了使避免 vous/tu 的选择问题干扰观众的注意力。

即使是在家庭中，tu 和 vous 也可能具有复杂的意义。法国国家图书馆馆长布鲁诺·拉辛（Bruno Racine）告诉我，他父母在别人面前会以 vous 互称，但单独相处时用的是 tu。他们会用 tu 称呼自己已经中年的小孩,小孩则采用 vous 的敬称。布鲁诺小时候被允许用 tu 称呼母亲。"那是我这个老幺(le petit dernier——最后来报到这个小朋友)的特权。"他说。当她母亲对他生气时,却又会改口用 vous。布鲁诺满十八岁时,就必须按照家规转以 vous 称呼母亲。"你看,"他说,"一切都很复杂。"

阿丽尔·朵巴丝勒用正式的 vous 称呼夫婿伯纳德-亨利·莱维(但在我面前她会叫他"mon ange—我的天使",并亲吻他的唇)。显然过去法国显贵阶层即使在夫妻间也以 vous 互称的习惯一直流传至今;据说希拉克和他的夫人贝伯纳黛特(Bernadette)之间就是用 vous。但阿丽尔用 vous 的理由不同。那是为了使兴奋刺激的火种继续延烧,她这样向我形容。"说 vous 就像是一种爱抚。"

罗尔·德·葛哈蒙告诉我,多年前她和伍迪·艾伦见面时用 vous 跟他说法文,但他请她采用 tu 的形式。"我回答他说,您是一位天才,而我永远不可能用 tu 称呼一位天才。"她回忆道。

萨科齐总统与外国元首、同僚、记者谈话时也偏好使用不正式的 tu,而不是正式的 vous。他与奥巴马举行第一次联合记者会时用 tu 称呼奥巴马,有一次与前任总统希拉克出席一场公众活动,他也用 tu 称呼希拉克。这些事件引发轩然大波,各界都批评他不敬。确实不是所有人都欣赏他将亲昵性强加在他人身上的做法。《新观察家》(Le Nouvel Observateur)周刊负责人让·丹尼耶尔(Jean Daniel)在他的回忆录中批评萨科齐在日常生活中的表现太过随便。"他用 tu 称呼我,我觉得很恼人!"丹尼耶尔写到。我也深有同感。我个人并不喜欢一个我几乎不认识的人跟我说,"我们用 tu 吧。"我又不见得想要!

原籍伊朗、在美国接受教育,后来嫁给法国人,并自己创办公司的雪赫拉札德·珊萨尔·德·博瓦赛松(Shéhérazade Semsar de Boisséssón)自己发明了一套策略。基本上她保持强悍风格,在商务场合绝不使用 tu。如果对方开始使用 tu,她会用 vous 反击,即使这场言语战争持续一个小时她也屹立不摇。最后,对方会不得不让步。

我很早就学到记者同侪之间很快就会改口互相 tu,特别是当他们一起行动时。但我还是倾向用 vous,因为我知道法国人经常抱怨美国人在人际关系展开时显得过度友善。

话说回来,我一向知道《新观察家》的作风特别 décontracté(没有拘束),因此有一天该周刊一位编辑弗朗索瓦·艾玛内(François Almanet)打电话给我时,我一下就开始用 tu。我们就这样谈了几分钟,但他似乎有些招架不住。"我还在用 vous 您就改用 tu,我们都还没讨论是不是要这样改口呢,"他说,"这可真迷人。"

噢,我的天,我心想,他一定以为我在 draguering(勾搭)他。(如果用法文说一个女人"Quelle dragueuse—真会勾搭啊",意思就是"真爱卖弄风骚!")

我决定让我们的对话保持轻松,于是我笑着告诉弗朗索瓦一个与他们公司有关的故事:有一次我显然让一位他的女性同僚感觉受到侮辱,因为她改口用 tu 以后我还是一直用 vous。因此这次我想避免他觉得受到侮辱。这么一聊,我们就谈到亲密性这个主题。

"从 vous 转移到 tu 是一个脆弱的时刻,"他说,"这是一个激烈的改变。它隐含某种亲昵的默契,也可以代表一种很大的特权。"

我建议我们直接改回 vous。他拒绝了。我又建议我们重新开始,一切维持开放选项。我们可以回头用 vous,然后有一天,或许我们约吃饭或喝咖啡,然后某个时候我们可能看着对方,并决定我们要彻底地改口用 tu。

他认为这个点子酷毙了。接着他把话题转回他打这通电话的初衷:谈一些新闻上的公事。我们以极高的效率优雅地谈完公务,而且是使用 vous。

法国人在自己的语言中看到无比的美丽。连他们的身份认同都是用法文精美地包装起来的。

"法国就是法语。"二十世纪伟大社会史学家费尔南·布罗代尔(Fernand Braudel)如此声称。二十世纪九十年代时,法国总理爱德华·巴拉迪尔(Édouard Balladur)向"法语最高委员会"(Conseil supérieur de la langue française)二十九位委员郑重地表示,捍卫法语是一种"对我国未来表达信念的具体作为"。

2007 年,第二次世界大战时的法国反抗军英雄,后来成为作家,并以法语首席捍卫者自居的莫里斯·德吕翁(Maurice Druon)发起一场运动,试图说服欧盟以法语为主要语言,但并没有成功。"意大利语是歌唱的语言,德语适合哲学思考,英语适合用来写诗;法语则最为精确。"他说。

是也不是。

数世纪以前,法语被选用为最主要的外交语言,有一部分原因确实在于法语提供谈判人员相当的精准度和最大化的弹性。间接表达方式在今天的法语中依然相当普遍,可以塑造出某种神秘感。凯瑟琳·克尔布哈-欧瑞奇欧尼(Catherine Kerbrat-Orecchioni)在 1986 年的著作《言外之意》(*L'implicite*)中指出,"'房子里很暖和'的意思绝不只是'房子里很暖和',而比较接近'请把窗户打开''请把暖气关掉''我可以脱掉外套吗?''其他地方比较凉快',甚至'我已经没有好玩的事可说了'。"

法语的另外一个特色是"双重否定",例如"没有理由持相反看法"(意指"应该赞同"。)这种表达方式在我学法文时简直让我抓狂。有一天午餐时,我告诉我的研究助理弗洛伦斯,附近新开了一家很有创意的甜点店,他们把甜点创作一个个摆在精致的钟罩里,看起来美不胜收。我想买来请她吃吃看,她听了以后不是回答"好的,谢谢",而是说:"这种问题是不可能用'不'来回答的!"

还有一个好玩的东西叫"pas mal"。这个词语直译是"不会不好",听起来有点"普通"的意思。但在法文中,它的意思可能是"哇,你看起来太美了!"或"简直棒得不得了"。更离谱的是,如果你是用平板而严肃的语调来说,听起来效果甚至超过带着高昂的兴致去说它。后来发生一件事:安迪和我搬进新公寓那天,我发现我们的超大型美国通用电气冰箱必须换掉。搬家公司的人念了一串冰箱品牌名称,说这些牌子 pas terrible(字面意义是"不会很恐怖")。由于 pas mal(不会不好)的意思常常是"很棒",所以我认为 pas terrible 应该是一种强调的说法,表示"无法想象地棒"。结果我错了……这句话的意思是"相当糟糕",因此千万不要购买。

无论在日常情况或正式场合,一些美国人听起来会觉得装腔作势或过于女性化的用语,在法语中倒是被认为优雅合宜。这种语言使用传统源自十七世纪一个讲求 préciosité(矫揉造作的风雅)的文学运动,作品歌颂男性对女性风流倜傥地献殷勤的行为,并传达理想仪态和举止的概念。

在书信用语中，写"非常感激您的悉心关照"完全没有逢迎谄媚的意思，而是正确的礼貌。在讲究礼仪的社交场合，迂回累赘、夸张表现、最高级词语等手法都受到广泛应用。遵循这套标准代表的是一种高贵风范。甚至连残酷的消息都可能用一种令人震颤的诗意表现来传达。有一回我拉断了腿后腱，必须上医院做核磁共振。放射科医师可能认为说"您的腿后腱已经永远毁掉了"太直接，所以他告诉我，"Madame，您这个部分真的做得太完美了。"他停顿了一下，似乎在思索最富效果的表达方式。"我是说，您的肌腱。它飘浮着呢，在一片血海之中。"

法国人赋予自己当高级知识分子的权利，即使他们的职业显示他们的工作与此毫无关系。如果他们扮演知识分子的角色时表现不佳或做得太过火，可能会有被控是"touche-à-tout"（啥都碰）、半吊子的风险。但如果他们表现出色，则会受到众人崇拜。在法国，"通才"是一个赞美的称呼，这个概念源自法国十七世纪的"正规绅士"（honnête homme）理想，所谓"正规绅士"是指文艺复兴时代上流社会那些兼擅人文与数理的有学之士。在我丈夫工作的法国法律事务所中，至少有两位同僚是小有名气的小说家，而且作品还获得了极佳的评论。

对我而言，"正规绅士"的现代典范是布鲁诺·拉辛。我第一次见到他是在二十世纪九十年代，那时他是一名外交部官员，负责对巴尔干半岛政策。我后来再遇到他时，他正在研拟法国考虑重新加入北约组织军事部门的可能方案。后来他又被派到意大利担任法兰西学院驻罗马分院主任，结束任务后调回巴黎，先后担任蓬皮杜中心（Centre Pompidou）主任及国家图书馆馆长。他代表法国参加解除核武的国际论坛，收藏十九世纪法国绘画，开设佩特罗尼乌斯（Petronius）①讲座，出版小说，并热爱剑术，最擅长的是军刀。他强调自己不是美国式的工作狂。"我不过清心寡欲、专注于工作的生活，"他说，"我不会早上六点就起来写作。"

阿兰·曼克（Alain Minc）是一位比较务实的知识分子。他是《世界报》财务顾问及前任社长，出版过三十本书，内容从经济思想史到有关荷兰哲学家斯宾诺莎（Spinoza）的小说，可谓包罗万象。他现在是一家顾问公司负责人，办公室位于高雅华丽的乔治五世大道（avenue George Ⅴ）。萨科齐总统是他的好朋友，他自告奋勇担任萨科齐的私人顾问，并深受信赖。

他在一部长达 483 页、从高卢时代写到萨科齐总统的法国历史著作中写道："对于一位已经出过书的作者而言，最有乐趣的事莫过于高高兴兴地泡在不是他原来专精的领域：那种在知识世界闯荡的自由感……是无与伦比的。"

"法国人口中所谓'知识分子'是什么意思？"有一次我跟曼克谈话时，他对自己提出这个问题。"就是一个人赋予自己一种权利去谈论他其实并不清楚的事，但他可以通过个人的聪明才智及文化素养而有效掌握主题。我们的文化不像美国钻研得那么深，但幅员要辽阔得多。"

他给这个现象取了一个名字："深邃的肤浅"，也就是"什么都知道一些，拥有很多局部性的知识"。

他继续说明，相较之下美国人倾向于专精某个领域。"美国的企

---

① 古罗马皇帝尼禄（Nero）统治时期的朝臣，著名抒情诗人及小说家。

业家缺乏教育素养。他们可能是业界的天才，但他们缺乏教育素养，对哲学、历史、社会学、文学的涉猎非常欠缺。他们似乎什么都不读。"

美国人虽然没有曼克定义中的那种好学精神，但至少学会了一件事：悠游于法国社会。当年把美国小说家伊迪丝·沃顿吸引到法国的，是法国人优异的谈话艺术。经过琢磨之后，她觉得自己仿佛可以在社交沙龙中及晚宴餐桌上与最富机智、最高雅迷人的友伴和对手比美较量，因而通过个人智识超越了性别上的先天障碍。

那些最能成功获得法国人喜爱的美国人都非常懂得如何以自在优雅的身段玩弄"深邃的肤浅"的游戏。一个人如果能够如鱼得水地悠游在那种无比法式的"从公鸡跳到驴子"（du coq à l'âne，亦即"不断变换话题"）的交谈中，当然就拥有了珍贵的社交资产。

美国前总统本杰明·富兰克林（Benjamin Franklin）非常擅长此道，甚至曾经大举动用这项才能，为刚成立的美国打了一场攸关生死存亡的"诱惑战"。美国独立战争期间，富兰克林担任美国驻法公使。驻法期间他持续追求他所热爱的科学、哲学与印刷技术，而且不仅努力学习法文，还会巧妙地玩弄这个语言，写情书给女性，写散文献给他在巴黎的友人。这些人都觉得他的举动非常可爱，并热心协助他修正文法。《富兰克林文书集》（*The Papers of Benjamin Franklin*）编辑艾伦·柯恩（Ellen Cohn）将这个交流过程称为"一场大型社交沙龙游戏"。在那个非常重视轻松欢笑的时代，富兰克林努力散播快乐的种子，让法国人喜欢他，而这不只是纯粹为了智识上的满足或社交上的情趣，也是因为美国需要法国提供军队、船舰和金援。

如同富兰克林文书所示，他潜心研究法国文化里的一些奇特面向，例如造纸艺术及热气球。他也致力探讨如何改善疯人院，以及如何为监狱面包坊设计更好的面包烤炉。

与富兰克林的做法完全背道而驰的代表性人物，是富兰克林的外交同僚约翰·亚当斯（John Adams）。亚当斯认为富兰克林的"joie de vivre"（生活乐趣）是一种散漫的表现，他的社交礼仪及古怪的兴趣则是浪费时间。亚当斯早上五点起床，富兰克林则要睡到十点。亚当斯说话直截了当，富兰克林则全面拥抱法国人拐弯抹角的表达习惯，以避免正面冲突为上策。亚当斯从权力与利益的视角看待法美关系：如果美国打赢独立战争，英国的声誉将受到耗损，法国则将扩大在欧洲的影响力，并通过与美国的良好贸易关系赚取巨大财富。但法国人非常讨厌亚当斯。

富兰克林的"法国性"在他的外交任务中持续发挥加持效果，他也在 1781 年美国赢得约克镇（Yorktown）战役后成功地与英国斡旋签订和约。他在记录谈判过程的日志中写道："丰功伟业的造就有时起源于一些微小的情境。"有一个很好的例子是他写给认识多年的英国友人谢尔本伯爵（Earl of Shelburne）的一封信。富兰克林在信中除了表达对全面和平的高度期盼之外，也不忘详细描述伯爵送给富兰克林一位邻居的醋栗灌木生长得如何。结果这封信成为和平谈判的催化剂。

我不知道克里斯蒂娜·拉加德是否会认为富兰克林"思考过度"，特别是在一些看似不重要的主题方面。但当富兰克林逝世时，法国举国哀悼三天以示追思。他热爱法国，法国也回报了他的爱。

第六章

你永远不会知道

*

几乎在各个方面，法国女人与一般美国女人之间存在着最大化的差异……这是否是因为她的穿着比较高雅、比较知道如何烹饪、比较懂得"卖弄风情"、比较具有"女性魅力"，或者容易兴奋、情感比较澎湃，还是比较不顾道德？……真正的原因……简单说就是，如同与她同文同种的男人，法国女人"长大成人"了。

——伊迪丝·沃顿，《法国方式及其意涵》

你知道何谓魅力：就是一种不必清楚提出任何问题，就能得到首肯的方式。

——阿尔贝·加缪，《堕落》(*La Chute*)

苏菲-卡洛琳·德·马尔热里说起英文有一种铃铛般的声调和稍显完美过度的上流阶级口音,有点像《窈窕淑女》(*My Fair Lady*)中的女主角经过亨利·希金斯(Henry Higgins)教授矫正后说出的英文。某位语言学家从卖花女伊莉莎·杜利特尔(Eliza Doolittle)经过调教后的腔调,认为她是一位匈牙利出身的公主;苏菲-卡洛琳则是一名波兰伯爵的女儿。引介我们认识的英国记者朋友曾经告诉我,只有耳朵极度敏锐的英国人才能分辨出她的声音里有一股神秘的外国特质。

她的住处位于巴黎第六区靠近塞纳河的波拿巴街(rue Bonaparte),那是巴黎最抢手的地段之一。她的公寓内部以灰色及灰褐色为设计主调,处处展现低调奢华的氛围。墙上陈列的画作是数十年收藏所得,看得出主人对高级艺术慧眼独具。作品悬挂方式细腻巧妙,观者若想欣赏,非得凝神注目不可,主人因而得以洞察访客的艺术眼光。

我第一次见到苏菲-卡洛琳的场合是她邀我共进午餐。她是法国国务院——法国最高行政法和公共法机构——的国务委员之一。我们见面那天,她以完美无瑕的打扮出现在她的公寓门口。她上身套了一件羊绒毛衣,慷慨地露出一部分胸部曲线;下身穿着玲珑的铅笔裙、完美搭配的灰色丝袜,以及一双高跟黑色休闲鞋。她的头发梳理成蓬松的大卷,美妙地衬托出她的脸庞;脸颊薄施脂粉,大大的眼睛用眼影及眼线勾勒得更加妩媚动人。她真是美得过火。

我们来到铺上锦缎的餐桌就席,一位女家管为我们陆续送来三道菜组成的午餐。苏菲-卡洛琳跟我一样,向任职单位请了长假专心在家写书。我很好奇她为什么穿着那么高雅但拘束的衣服,而在家工作的她其实并不需要如此。

"我工作的时候确实就只有我自己，但我还是要用心打扮，"她解释道，"这是我的工作制服，它让我可以自律，它定义出我什么时候开始工作。如果我是穿着睡衣，就没法百分之百投入工作。"

我问她是否跟我认识的许多法国女性一样，就连出门买包烟也要精心打扮。

"当然，"她说，然后改用法文，"On ne sait jamais."——我们永远不会知道。

"不会知道什么?"我问。

"'On ne sait jamais'是一种冲动，要永远把自己打扮得最美，"她回道，"或许不必最美，但总要……"她绞尽脑汁思索该怎么表达，"……有模有样。"

有模有样? 我心想，要不是她天性谦虚，就是她完全没有自觉自己让别人感觉有多强烈，再不然就是她非常清楚，只是佯装不知。

"为什么我下楼买份报纸也要稍微打扮一下?"她继续表示，"因为有那么一点机率，会有一位橱窗清洁工人对我吹口哨。如果这真的发生了，我一整天的心情都会比阳光亮丽!"

"不会吧!"

"我只是把'on ne sait jamais'的意思讲得夸张些。不过你想想，我们总有那么点可能，会巧遇老朋友或老同学，这时我不希望对方心想，'哇，她看起来好老'，当然他们可能还是会认为我老啦，但少一点也好。Voilà，就这么简单。"

"所以这跟另一方有关?"

"没错，跟另一方有关。"

"在美国，如果有橱窗清洁工在街上对你吹门哨，他就是在侵犯你的空间，身为一个女性主义者，我们会觉得受到侮辱。"我说。

她的看法有所不同。"相反，我会踏着更轻快的步伐前进，"她说，"我甚至可能会发简讯给某个朋友，说'猜猜看今天发生了什么事？'这种事不会天天发生，但一旦让我碰上了，我整天都会雀跃不已。一定会。就像吃了马卡龙一样。"

后来我问弗洛伦斯她对"on ne sait jamais"有何想法，当陌生男子在街上评断她的外表时，她是会受宠若惊还是倍觉侮辱。她说她会喜欢这种游戏，但她向我说明了游戏规则。

"男人在街头称赞我？我当然爱，"她说，"只要是轻松自然的，只要对方没对我有任何要求就好。在理想状况下，我会假装什么都没听到也没看到。"

必须保持某种距离，她说。"如果男人因为你没有对他的赞美做出回应而开始喊你，或他开始出现粗鲁的行为，我就会觉得不舒服，"她解释道，"一定不舒服。"

同样的赞美在稍纵即逝的街头交会中可以接受，但在公车或地铁这类密闭空间中则超出容许范围。"这时你不会想跟那个人产生互动，而且还得直接面对后果。"她表示。

弗洛伦斯告诉我，有一天早上她骑巴黎的自助脚踏车"自由铁马"(Vélib)去上班。那天天气晴朗，她穿着一条迷你裙。"既不低俗也不挑逗。"她强调。

"我非常清楚我是在玩'女孩穿裙子骑脚踏车'的游戏，有个男人对我投以赞赏的眼神，我也对他报以微笑，我微笑的时候还是骑在车上，这一点风险也没有。另一个人跟我说我很迷人，我回说，'谢谢！'

接着继续往前骑。"

"途中我经过亚历山大三世（Alexandre Ⅲ）桥，一辆车从旁边开过，里面坐了两三个男人。他们朝我这边看。这时我们都在桥头等红灯，我没有"回应"他们的凝视，并尽可能保持漠然。但当绿灯亮的时候，我转头看他们，给他们一个灿烂的笑容，然后就骑走了。我听到他们大叫，'哇啊！'我自己也觉得很棒。"

有时，界线可能会被跨越。一位在丽都夜总会（Lido）工作的澳洲舞伶告诉我，有一天下午三点钟左右，她走出一家肉店。那天她穿得相当普通，也没化什么妆。一名骑摩托车的年轻男子在她旁边停下来，以煞有介事的语气问她，"对不起，请问你愿意跟我们玩3P吗？"

至于我自己出门上街的穿着，基本上除非要出席有必要盛装打扮的场合，否则我习惯尽可能穿得轻松，即使在我过去住的高级街区也是如此。我记得某个星期六下午，我跟女儿们一块制作手工饼干，结果发现奶油没了。当时我身上穿的是早晨慢跑的运动服，上面又沾了面粉，可是我就这样冲到街上的便利商店。

但那条街可不是随便一条街，而是巴克街（rue du Bac）。周末一到，巴克街上名人聚集，大家忙着看人与被看。我忽然听到有人喊我名字，转身一看，差点跟外交部资深官员热拉尔·阿罗德（Gérard Araud）撞个正着。他穿着熨烫整齐的牛仔裤，质料柔软如奶油的皮夹克，焦糖色系带鞋，脸上挂着戏谑的表情。他手上提着购物袋，里面装满他那天早上的采购战利品。

热拉尔邀请我喝咖啡，于是我们在巴克街和瓦伦纳街（rue de Varenne）交叉口转角的露天咖啡座上坐了下来。现在回想起来，我实在应该机灵一点,直接请他到我们家吃手工饼干才对。那个街角是全巴黎最重要的看人地点之一,我那身邋遢的穿着真的不适合坐在那里跟人聊天。

瑞典大使和他的夫人骑脚踏车经过,看到我们就停下来打招呼。他们两人都穿着特别订制的花呢外衣、合身长裤,以及昂贵的休闲鞋。后来当时的美国财政部副部长罗伯特·基米特(Robert M. Kimmitt)也走路经过,他那时刚好出访巴黎。他接受热拉尔的邀请加入我们。

"看来巴黎没怎么改变你的穿着风格嘛!"基米特开玩笑地说。

"至少我穿的是黑色啊!"我说。

基米特离开后,热拉尔用非常慎重的口吻向我指点一件他认为非常重要的事。

"巴克街不是上西城(Upper West Side)①,两边习惯有所不同。"他的语气仿佛是在对不愿采取合作态度的盟国发表外交演说。

"好啦好啦。"我让步地说。我知道这种地方的规则:慢跑服(包括鞋子)在跑步结束后就要换掉,否则别人会以为你不是土包子就是美国人,再不就是美国土包子。

然后我开始稍微自我维护。"这里是我住的地方,我属于这里。所以我想怎么穿就怎么穿!"

"你可以,"他用他那优秀外交官的冷静口吻说,"但是你不应该。"

---

① 上西城是美国纽约中央公园西侧与哈德逊河之间的地带,是文化气息浓厚的高级地段。

我非常确定美国式的女性主义让我无法轻易吸收街头诱惑游戏场的实况。

我花了很多年的时间——二度定居巴黎担任特派记者——才终于能体会法国人在公共空间中的"你永远不会知道"哲学。对于陌生男性自认有权评论我的衣着或外貌这件事，我觉得既性感迷人又唐突无礼。可能我一直无法释怀二十世纪七十年代末期我第一次派驻巴黎时发生的一个小插曲。那个年代有慢跑习惯的人还跟会戴安全帽的脚踏车骑士一样，属于稀有动物，而我每个星期有好几天早晨都会到埃菲尔铁塔下的战神广场慢跑。有一天早上，一群男生经过时看到我，其中一人大喊一声，"加油，老运动女将！"那时我都还没满三十呢。

在巴黎，无论女性或男性，似乎都有义务在街头相互取悦。一个人走在街上永远不会真的是形影单只，而是无止境地与周遭的人进行视觉对话，即使那些人是绝对的素昧平生。历史学者兼作家莫娜·奥祖夫将男性在街头对女性的赞美描述为"一种恩宠，完全不是一种攻击"。她非常热心地进一步说明。"如果我经过一座鹰架，上面有个建筑工人对我吹口哨——可惜这件事已经好几年没发生了——那有多美妙！太美妙了！"她说，"而这种事情，这种向女性致意的举动，在法国几乎从来不会被视为骚扰。这通常会被诠释成一种公认的绅士风度，因为男女关系中的基本礼节就是表达致意之情。"

有一年夏天，我读大学的女儿加布里埃拉到巴黎打工，她告诉我她走在街上时，单单在一天之内，就陆续被一些较年长男性说

superbe（绝代佳人）、magnifique（美如天仙）和 belle blonde（金发可人儿）。"男人没有权利说这些东西，"她向我抱怨，"尤其是老男人。可是这里的男人用词比美国华丽太多了，所以我就大方地原谅他们的低级。"

我认识的一位法国女性曾经住在芝加哥郊区，她在那里觉得格格不入，因为她每天精心打扮，但似乎都没有人注意她。"在法国，男人会看你，这可以带来情趣。连女人也会看你。他们看你的意思不见得永远是赞赏，但至少是对你的存在表示认可。当你知道有人在看你的时候，你走路的方式也会跟着不一样。这种感觉是我住美国时特别怀念的。美国缺了'注视'这件事，我认为这就是美国女人变胖的原因。"

法国权威民调机构 CSA 帮《费加罗夫人》杂志（*Madame Figaro*）做了一项调查，结果显示，21％的法国男性在一天之中有一或两次会转头看吸引他的女性，32％的男性会转头看三到五次，5％的男性至少转头看二十次。不管男性是已婚、已经与人正式交往，或是完全自由之身，这种转头运动都会发生。

"承认自己会有这种行为其实不是很政治正确。"CSA 民调机构政策总监让-丹尼耶尔·莱维（Jean-Daniel Lévy）表示。他认为"受访对象对这个问题表现出的坦率"增加了调查结果的可信度。在同一篇文章中，一名人类学者指出转头行为之所以存在，可能是因为社会"对懂得如何欣赏美女的男人赋予了一种父权性质的认可"。一位心理医师敦促女性读者将男性的注目礼视为一种"开启沟通"的正面方式，而不只是一个"荷尔蒙反应"。

我问了几个法国男人他们一天之中会转头看女人几次。现年七十多岁的作家、记者、电视节目主持人菲利普·拉布罗（Philippe Labro）写了电子邮件给我说，"一千次，不过其中九百次是看我太太！这是不是一个很好的法国式回答？"

"另外那一百次是看谁？"我问。

"另外一百次是看那些优雅至极的巴黎或法国女人，她们的身影随时会出现在街头、餐厅、广场；阳光一露脸，露天咖啡座上就处处是她们的芳踪。"他回邮件写道，"她们平和的外表下充满神秘，内心可能潜藏种种动人的私密故事，缺了这些女人，城市风景将变得平淡无味，晦涩哀伤。"

而后我问一位复健师，他是否有过男性病人是因为在开车或骑脚踏车时转头瞄漂亮小姐而发生车祸受伤。"我倒没有这个印象，但每天练习转头运动好几次，对上半身的活动机能是有好处的。"

两性游戏也深深地展延到了职场。在美国，上班时间及公务场合中，即使是最轻微的开玩笑也不被允许；在法国，调戏则是受到鼓励。在美国的公司行号里，男性如果赞美女性同事的服装颜色或发型，经常会被告知他们超过界线了。在法国，调情却属于工作的一部分。

我的丈夫安迪在一家法国法律事务所任职，他是公司里唯一的美国人。他几年前通过法国律师资格考试，最近有一位美国女律师也报名参试，于是安迪就热心提供咨询。现在她刚完成考前培训的实务口试部分，她尽了所有努力让自己显得思虑严谨而且态度认真。结果教授的评语令她感到大为不解。

"他说我太僵硬了，"她告诉安迪，"他居然说我要比较 séduisante

才好。"

安迪试着忍住不笑出来。"他的意思应该不是你以为的那样。法国人用séduisant(有诱惑力)这个字,跟我们在英文里说 seductive 是不一样的。① 我很确定他的意思是要你显得比较……迷人些。"

有一天晚上,我把这个故事告诉一些法国朋友,结果曾经在华府担任特派员数年的法国国家广播公司资深主管贝特朗·范尼耶(Bertrand Vannier)说他有更精彩的例子。"我有一阵子跟一位女记者共事,她年纪很轻,不到二十六岁吧,顶多二十七,但她的样子好庄严肃穆,让她看起来有实际年龄的两倍,"他回忆道,"她走路的时候,你会感觉好像整个世界都压在她的肩膀上。她的头总是压低往地下看,平常习惯穿黑色长裙。她的报道内容很好,很认真——但就是无聊。"

"所以,有一天,我把她拉到一边,帮她上了小小的'迷你裙与彩妆'课程。我向她建议,'你出任务和写报道的时候,何不让自己感觉像穿了迷你裙或上了美丽彩妆那样的心情?'

"结果她还是没有穿上迷你裙或化妆,但她做了一件更棒的事。她遇到真命天子,恋爱结婚,生了小孩。她变得幸福快乐,终于成为我一直希望她有的模样:优秀认真,但不会无聊的报道记者。"

我看年轻巴黎插画家佩内洛普·巴吉厄(Pénélope Bagieu)的绘本《我的人生精彩万分》(*Ma vie est tout à fait fascinante*)时,想起了贝特朗说的故事。

一个年轻男子和一个摆臭脸的女孩在街头擦肩而过。女孩身穿

---

① 英文的 seductive 会有"引诱"甚至"勾引"的负面意涵。

深褐色服装，手提大圆筒袋。她耸肩弓身，一副愁苦模样，凌乱的长发垂落到眼睛前面。男孩戴着眼镜，身穿高雅风衣，看起来很斯文。两人交错后他回头对女孩说了一句，"你好迷人"，她的眼睛忽然亮了起来，嘴唇上露出浅浅微笑，整个人有了转变。她的头发在风中飞舞，笑容益加灿烂，外套展开后现出里面丰盈的酥胸线条及性感的紧身粉红迷你裙。

后来我看到法国知名漫画家桑贝（Sempé）画了一幅有异曲同工之妙的作品。桑贝因为在《纽约客》（*The New Yorker*）中刊登漫画，在美国也非常出名。在他的变化版本中，一位年龄不详的优雅女士走在巴黎街头。她穿着百褶裙、贴身夹克、高跟鞋、戴上耳坠、项链及华丽的淑女帽，走路姿态充满自信，脸上挂着微笑。当她经过一幢整修中的楼房时，七人工作团队齐声对她吹口哨。

这简直就是苏菲-卡洛琳的化身！

在一个似乎如此充斥性意涵的社会中，职场女性是否会觉得自己处境不利，没有受到严肃看待？

我是一个女性俱乐部的会员，俱乐部里有大约两百位权高望重的女性，包括公司高阶主管、法官、律师、民意代表、医师、记者、博物馆馆长、学者、作家、时尚设计师、文化界人士等。这个俱乐部成立于1985 年，可能是法国凝聚最多权力的女性私人俱乐部。它的活动也非常低调，一般人几乎都不知道它的存在，它也没有被列入任何关于法国最具影响力私人俱乐部的文章或书籍中。这是我们俱乐部的刻意决定。

俱乐部不允许进行商业或政治性质的自我推销。在我们的章程里也没有任何关于"姊妹情谊"或"妇女权益"的特别条款。如果要成为会员,必须获得一位"教母"推荐,并通过一道"测试"。在为时三分钟的"测试"中,入会候选人必须用法文进行自我介绍,并说明自己在专业上的成就,整个过程必须展现适度的自信、谦虚与幽默。只有一小部分会员是外国籍人士。

俱乐部有时会在香榭丽舍大道上星光闪闪的富凯餐厅(Fouquet's)二楼私人宴会厅举行聚会。这家巴黎豪华餐厅接待过的宾客包括卓别林(Charlie Chaplin)、莫里斯·切瓦力亚、玛琳·黛德丽(Marlene Dietrich)、丘吉尔(Winston Churchill)、杰奎琳·奥纳西斯(Jacqueline Onassis)等等。萨科齐当选总统当天的庆功晚宴也是在这里举行。餐厅服务生多数是男性,以夹杂着幽默和高傲的态度,招呼我们这群俱乐部会员。

有些第一次参加我们活动的女性会表现出不自在或惊艳的感觉。"能够用阴性形式说'大家晚安'(Bonsoir à toutes)实在很愉快。"一位以来宾身份受邀与会的女性这么表示。一般在男女共同参加的场合,这句话都是用阳性形式的大家(tous)来说:Bonsoir à tous。"我必须坦承我喜欢男人,"她继续说,"所以起初我有点排斥参加全女性俱乐部的活动。"

我们每次聚会都有严肃的讨论主题。这点非常重要,因为法国目前职场女性的薪水比男性低20％,法国前650家企业中,女性平均只占董事会人数的10％,而女性国会议员的比例也只有18％。(法国女性在1999年才获得选举权,所以还有很多改善空间。)晚宴中的每张桌子都配有一位事先指定的"主席",她的任务是引导讨论。座位安排极具策略性用意,目的在让参与者尽可能多认识其他会员。

但这些聚会的规划也是为了欢乐。多数与会者都会精心打扮，穿着剪裁高雅的套装或迷人的连衣裙，足蹬高跟鞋，身上佩戴华丽的珠宝。曾经有人建议为了节约经费，应该省略餐前鸡尾酒时间的香槟，但在众人一片哗然下，这个提案遭到了否决。有些会员表示如果真要省钱的话，她们宁可牺牲甜点。

Elle 杂志的米歇尔·菲图西（Michèle Fitoussi）建议我针对俱乐部会员进行调查，了解她们对"诱惑"这个主题的观感。由于俱乐部严格要求会员不能索求协助，我只得到允许将问卷调查表寄给一部分会员，而且还是以个人名义进行。我总共接到三四十份回复，其中多数人填写得兴致十足，表示她们的生活中不能缺少诱惑。有些人表示诱惑这个概念让她们想到"微笑""眼神""优雅装扮""精致""魅力""文化"，甚至还有"男人献殷勤"。另有一些人首先想到的是一种"游戏"，其中包括"轻松""情趣""嘻笑"等成分。

"在任何场合中，如果没有试着发挥一点诱惑力，几乎会被视为不文明，"专精美国政治的政治学家妮科尔·巴沙朗（Nicole Bacharan）表示，"但不能以太严肃的心情看待这种行为。法式诱惑的对象经常是所有人，而不是特定的某人。它可以是不具目的性的。"社团里一位作家表示，诱惑"是一种本能的东西，就像呼吸一样"。

她们还指出，法文的细腻特质为诱惑力提供了燃料。"在诱惑成为一种征服策略以前，首先是一场语言游戏，"政治学者、法国最权威欧盟研究专家之一的妮科尔·涅索托（Nicole Gnesotto）认为，"它的立足点是幽默、嘲讽、默契，以及没有说出来的弦外之音。意大利人玩弄文字游戏的程度比法国人还高，但他们带着真正目的，而法国人则是纯粹玩弄诱惑游戏,不会一定要导致某种结论。"

虽然涅索托的地位崇高,研究题材也非常严肃,但她照样在各种场合发挥诱惑力:"诱惑花店主人,这样他就会多送我一朵玫瑰;用我惯常采用的诱惑仪式挑逗我经常光顾的店家,纯粹是为了增添生活情趣;诱惑公家机关办事人员,借此得到更多方便;或对公车司机施展诱惑术,让司机让我在我要下车的地方停车,不必开到下一个站牌。"

回复调查的会员当中,只有一位表示她拒绝干这种事,她就是俱乐部里女性主义观念最强烈的弗洛伦斯·蒙赫诺(Florence Montreynaud)。"这个字让我困扰,'诱惑'这个概念对我而言性色彩太过浓厚了,"她写电子邮件告诉我,"那就像是离开正途,以不忠实的方式设法使自己具有吸引力。"

我问她们对于职场中无处不在的诱惑游戏是否感到愤慨。我发现美国女性总是处在某种性别战争的状态中,而法国女性则比较倾向于与异性合作。一家营养品及化妆品公司创办人兼董事长玛丽-弗朗斯·德·夏巴奈(Marie-France de Chabaneix)表示,法国女性把诱惑当成"一种对抗大男人主义的武器"来运用。一位修辞学教授表示,老师在教学中"必须玩弄诱惑游戏,否则学生不会用心听课"。

多数会员相信,发挥自己的女性魅力在日常生活及无性别意涵的场合中是一个方便的工具。俱乐部会员中一位政府法学专家认为,诱惑能有效促使"修车厂老板同意停下其他工作,先修你的车"。

我从调查中得到最令人不知如何是好的讯息是:诱惑游戏没有固定规则。一切都要靠直觉,有点像摸索着攀爬陡峭岩壁的感觉。施展诱惑力时,必须不断进行微调;如同一名投资顾问所言,当事人任何时候都必须仔细拿捏"共鸣、亲切、亲昵、暧昧,以及可能失控的过度亲密"之间的界线。

搞错状况是相当容易发生的事。一名资深女性政府官员告诉我,有一天她邀请一位较年长的同僚共进午餐的故事。"我提议一起吃午饭讨论公务,你无法想象他的回答让我多吃惊:'我以为你已经有固定伴侣了!'"这位深具诱惑力的职场女将进一步表示,还有一个因素必须提防:嫉妒。"诱惑对某些女人而言是一个很好的工具,但这也很危险,因为这会让其他女人感到强烈的不快。"

每一位接受调查的女性都表示,在职场男女关系这个问题上,法国与美国之间存有一道文化鸿沟。有些人认为美国人的方式比较直截了当,而且严肃认真,另外有些人赞赏美国人比较有效率,不需要空泛的言谈和无聊的游戏。但有些女性认为这种严肃的工作态度让职场上缺少创意、感性和本能。这些法国职场上的优异女性都表示,自己绝对不愿意被人认为是"美国式的女性主义者"。为了避免造成这样的印象,她们建议女性应该用幽默的态度,而不是用愤怒的行为让别人接受自己的想法。"美国的女性主管或企业家必须与他人保持一种距离,仿佛穿戴一身盔甲,"一位投资顾问这么表示,"为了取得说服力,她必须更加严酷,必须比男人更男人。她的女性特质——感性、温柔、魅力——都必须隐藏起来,因为这些特质会让她显得'脆弱',不符合效率、绩效、卓越等职场要求的特质。一个没有诱惑因子的职场……这种工作多么严肃啊!"

调查结果中最让我惊讶的一点是,为数不少的俱乐部成员不赞成在职场上采行统一的性别标准。我回复这些女性时向她们表示,如果她们必须玩这种女性魅力的游戏,她们永远都会在某种程度上被视为低一等。她们回答说：并非如此。以下是其中一人的论点：
"如果你想在职业生涯中享有平等的机会与待遇，就更需要注重诱惑这件事。只有通过这种方式你才不会吓到男性。"

　　俱乐部中待过美国的会员大都认为，美国式女性主义的政治理念粗暴而且没有必要，反而会造成分裂。她们全都经历过"性骚扰意识提升"这种美式社会训练。

　　身为公司法务人员、育有两名子女的法比恩娜·雅斯（Fabienne Haas）说，她是在年轻时到美国纽约一家律师事务所实习时体验到这回事的。法比恩娜现在年近五十，但在严肃的套装上衣底下，她穿了一件性感的 V 领低胸蕾丝边缀背心。二十多年前在纽约时，她每天都得把扣子扣到脖子的高度。事务所内一位年纪比她大四岁的已婚男性同僚经常请她一起吃午餐，让她觉得非常贴心，因为当时她的生活费并不多。但有一天，另一位同事看到他碰触了她的手，并把这件事向上级报告。结果她接到命令，隔天早上八点必须出席紧急会议。会议室里坐了六位男性律师，她简直吓坏了。"他有没有试图滥用职权？有没有试图对你施压？"她被问了这类问题。"我试着保持镇定，用严肃的态度告诉他们一切都非常正常。"

　　现年三十多岁的斯蒂芬妮·卡多（Stéphanie Cardot）自己开公司，育有三名子女。她说她非常欣赏美国那种特别奖励效率和努力的工作制度，并批评法国企业界没有能力将公司策略现代化，也无法消灭用人唯亲的积习。斯蒂芬妮有着不可思议的蓝色大眼睛以及近乎完美的英文能力，说话时灵活地运用她在纽约生活时学到的口语表达。她非常善于运用女性魅力包装自己，虽然她在做决策时是那么斩钉截铁。

"在美国,一个人必须靠努力工作和比其他人更专业这类方式来'诱惑',这倒也没什么不好,可以增进效率。"有一天我们一起吃早餐时她这样说,"这样可以获得很好的绩效,但人际关系却非常干枯无味。我实在难以接受日常生活中没有诱惑的情形。法国刚好相反,诱惑有点过度泛滥。诱惑被用来当作偷懒的小伎俩。我的意思是说,法国人,特别是法国的精英分子,一向认为工作是丑陋的,而聪明才智——真正的聪明才智——配上诱惑能力其实可以让你行遍天下。"

尽管她对两国之间的差异有这么中肯的分析,斯蒂芬妮还是无法了解美国人对政治正确的偏执。"'性骚扰'这件事完全把男性与女性在职场上真正相处的可能性抹杀了。"她表示,"如果一个人随时都得害怕被控告性骚扰或什么其他罪名,他怎么还可能展现真正的魅力?情况严重的时候,有些男性甚至不愿意与女性共同搭乘电梯,也不敢帮女性开门或点烟。"

斯蒂芬妮告诉我,有一次她应征一份华尔街上一家美国公司的工作,结果没有通过性骚扰测验。

"我坐下来以后,他们问的第一个问题是:'您是一名女性。您走进一个里面都是男性的房间,他们正在说黄色笑话。他们看到你就忽然把话打住。这样是不是性骚扰?'我听了以后心想,'不是。而且我想知道笑话的后半段!'但我告诉自己,毕竟这是一个考题,既然他们问了,正确答案一定是'是',所以我就按了'是'。

"接下来的问题是,'您是一名女性。您走进一个里面都是男性的房间,他们正在说黄色笑话。他们看到你进来,还是继续讲笑话。这样是不是性骚扰?'我心想,既然前一个问题的答案是'是',那这个问题的答案就是'不是',于是我按了'不是'。"

结果这两个答案都错了,她正式进入败局。"所以也就是说,要不就我听不到笑话的结尾,要不就我听到了,可是从此被视为公司里的婊子。"她说。

测验失败以后,人资处帮她做性骚扰训练。"训练员跟我说,'好,有一天早上你剪了新发型来上班,我说"哇,斯蒂芬妮,你这样美呆了!"你怎么回应?'我说,'谢谢!'他说,'不对!你应该跟人资处报告,因为我刚性骚扰了你。'我听了以后说,'很抱歉,我实在不懂。'他就此放弃了。他的表情好像在说,'我告诉你,请你现在就滚出去。'"

法国男性与女性之间的互动之中既有一种轻松好玩的基调,同时又带着策略性与刻意性。但法国式的诱惑并不是为了某个特定目的而铺陈的。"仿佛我们法国人随时都在玩这个游戏,"一位二十出头的法国女孩向我解释,"看看法国女生出国时的表现!她们会强化自己的法国腔调,设法让自己更有法国味。法式诱惑本身就包含了对诱惑的自我意识,也就是能掌握什么是世人观念中认定的法国特质。"

法国人之所以在职场上能够大玩诱惑游戏,其中一个原因是法国女性不习惯性别区隔的社会运作模式。她们就是喜欢与男性共同相处。史学家莫娜·奥祖夫跟我提到她1972年在普林斯顿大学度过的那六个月,那段时间,她先生在那里教授历史课程。当她被邀请加入一个名叫"历史教授夫人"的团体时,她大吃一惊。

"对法国人而言,这种东西是不正常的,"她说,"让一群'历史教授夫人'聚在一起,这毕竟是一种性别隔离,这在法国是无法想象的事。在法国，大家会觉得女人应该无所不在，而不是关在某个小圈子里。"

得过托尼奖（Tony Award）的作家兼剧作家雅丝米娜·雷札（Yasmina Reza）在萨科齐竞选总统期间跟着他跑了一年，萨科齐给了她超乎寻常的方便，让她能参与最机密的会议。她将这个经验撰写成书，出版后成了畅销之作。新书问世不久，《新观察家》杂志一名采访记者问她萨科齐是否曾经试图诱惑她。"没有，"她回答，"他要诱惑的是法国。"后来她补充了一句话："跟一个男人一起度过一整年，他却从来没有试着诱惑你，这几乎是一种侮辱。"雷札如果把这句话写进剧本，一定非常精彩。

当女性充分理解并接受诱惑游戏的规则以后，男性也会受到鼓舞，共同让这场游戏发挥得更加淋漓尽致。法国男性，包括那些工作性质是与外国人接洽的男性，似乎从没想过他们的言语或举动可能会被视为不合宜。一位法国男性外交官告诉我一个故事，有一次他在纽约一栋摩天大楼中跟一名美丽的美国女子一起搭电梯。身为经验丰富的观察者，他立刻用目光"抚触"了她曼妙的身体。电梯到达女士的目的地楼层时，她猛然转身问他，"你要我给你我律师的联络资料吗？"

"我以为我是在对她表示赞美，"他告诉我，"她这么漂亮，我怎么可能不看她。结果她居然差点要告我。"

针对法国男性和女性很容易就可以互相调情的这个问题，我请教英国记者查尔斯·布雷姆纳他的看法。"那其中有一种顽皮的游戏性质，在欧洲北部国家很早以前就消失了。"他说。他举出米歇尔·阿利奥-马里（Michèle Alliot-Marie）的例子做说明。这位杰出的法国女性担任过数个重要部会首长，包括法务部和国防部在内，但尽管位高权重，她依然将诱惑植入她的行事风格中。"她是一位六十多岁的资深政治人物，坐拥极大的权力，可是有一次我们一起上电视时，她穿着紧身裙和高跟鞋，言行举止充满调情的意味，"布雷姆纳回忆道，"她大方展现小女孩的一面，而那并非有意识地刻意装出来的。"

作家皮埃尔·阿苏林用更赤裸的词句说明为什么这么多法国男女偏好跟异性交谈。他说，带着调情意味的对话必然比直截了当、公事公办的谈话来得有趣而且引人入胜。

"言谈中隐约会有一种 pourquoi pas（为什么不）的含意，总是有一个 pourquoi pas。"如果我的理解正确，阿苏林口中的"为什么不"应该是苏菲-卡洛琳所谓"永远不会知道"的加强变化版，但更具挑逗意味。

最后我想了解年轻男性的观点，于是我请教我的复健师亚历山大·德尚。亚历山大在伦敦待过很长一段时间。他的女朋友是希腊人。由于他会说流利的英文，他有很多病人是外国人。他跟青少年也相处得很好，我两个女儿都在他那里做过治疗，其中一个是因为泛舟出意外之后的疗程所需，另一个是膝盖动手术后需要复健。

"如果我被派到美国工作，一定一下子就会被送去坐牢。当我在巴黎地铁里看到漂亮小姐时，我会忍不住想告诉她，'你知道吗，你真的非常美。'"

"但这样你不就侵犯到她的个人空间？"我问亚历山大。

"这要看你如何表达，如果你是用很亲切又很尊重的态度说，女人听了真的会很高兴。"

"不过，跟女性同事就不可能说这种话吧？"我说。他回答我：完全相反。他说他跟女性同事在一起可能会比遇到陌生人更自在。"你见过我们这里的女复健师吧？"他问我，"她又年轻又漂亮，我们很喜欢打情骂俏。有一天她要我帮她按摩，我说，'好啊，可是条件是你得脱光衣服！'这在我们这里算是正常的开玩笑。"

"那你的女性病人呢？"我又问，"你会跟她们说她们很美，你超爱她们喷的香水吗？"

"当然会！而且她们会报以微笑。"

我试着加入亚历山大的这场游戏。

"这么说来，在我后面进来那位女士，她的表情那么尖酸，仿佛她刚吞了一整颗柠檬，"我说，"如果你等一下跟她说她今天看起来特别美，她一定整天心情灿烂。"

"我是可以，可是我不会这么做。"亚历山大表示。他的解释是：这是一个道德操守的问题。"一个人说话多少还是得合乎事实才行。"

第七章

与肉店老板成为朋友

*

此处,鼻对着鼻,脸对着脸,在地铁里。

此处,胶黏,紧贴,肌肤几乎相亲。

噪声四起,但微笑缺席⋯⋯

——路易·谢迪得(Louis Chedid),《此处》(*Ici*)

以法国方式诱惑跟美国方式完全不同。关键在于维持消费者的注意力,与她发展一段生气盎然的关系。这里所关心的不在于引诱她上床。重点在于必须使她对你开放。如果她起疑,封闭自己,不愿意开启对话,那就⋯⋯很困难。

——莫里斯·莱维,阳狮广告集团董事长

这场戏我已经看过上演数百次。场景是巴黎地下铁，或某处窄小的人行道，两个迎面而来的人必须经过一番操作才能顺利错身而过。

　　巴黎人正在进行他们的日常活动，搭乘交通工具，逛街购物，出门办事。一切都很安静。如果有人说话，声调也会放低。接着地铁车厢门打开，或行人来到一处街角，这时出现一群美国观光客，他们大声说笑，震碎周遭寂静。忽然间，这群人跟一个巴黎人走得非常靠近，身体几乎接触。美国人微笑，以他们认为最自然不过的善意表现向对方开放。但巴黎人没有回应他们的微笑；美国人得到的是一道冷冷的目光，更糟的情况下还可能挨对方皱眉怒视。

　　美国人吃了一惊，继续前行，心里非常确定又遭遇到法国最吊诡的矛盾之一：为什么，到底为什么，在这么一个连空气都似乎在邀你跳舞的迷人国度，它的人民却如此冷酷？对于一群态度友善、口袋有钱的外来访客，他们到底有什么意见？

　　这其中发生的事，其实是一种风俗习惯上的落差。这种情形在任何异国都会发生，但对造访法国的美国人而言，风险却特别严重。法国人规范人际互动的规则犹如一座复杂的迷宫，其中一部分规则的目的在于调节日常生活中的相互诱惑行为。人要诱惑，但不是不分青红皂白地诱惑；品位的因素必须考虑进去。过度轻薄只会引人反感不屑。除此之外，害怕陌生人是一种普世的人性现象，而这种恐惧在法国可说是根深蒂固。但当双方交会时保持一定的安全距离，很多障碍是可能消除的。例如广告就可以非常大胆而且带有侵略性，因为广告不会要求跟观看者进行直接的个人互动。当双方太接近时，屏障反而会被筑高。

如果想理解日常公共行为中的压力因素，有一个很好的方式，就是思考微笑的重要性。微笑在法国是一个复杂的东西。美国人习惯对陌生人微笑，但法国人——特别是巴黎人——没有这个习惯。这就足以解释为什么有些美国人觉得法国人粗鲁无礼。不愿意微笑不代表法国人的性格中缺乏友善，而是一种含蓄保留的表现。法国人的微笑承载了太多的意涵，因此不可能没有特别理由就随意释放。当两个人交换微笑时——比如在地铁中——他们之间立刻产生一种默契，两人忽然间就变成那个机缘下的一对伴侣。即使不发一语，他们也不再是两个独立的个体。

法国人不微笑这件事可能有其历史上的根源：外国入侵、革命、内战……这些都可能让人内心产生疑惧，并通过打造充满礼貌的表象加以化解。无论历史因素为何，微笑在法国的确比在世界上大部分地方显得意义重大，在巴黎更是如此。根据 2010 年四月一项针对法国民众所做的调查，71％的非巴黎人认为巴黎人比其他法国人更不容易微笑。

某一天，我跟两位女性友人在一家小酒馆用午餐，这时两位穿着高雅，年龄应该不超过三十岁的男人在我们隔壁桌坐了下来。由于桌子摆得非常靠近，我们花了点力气挪动桌子，才让他们得以顺利坐定。其中一位年轻人对我咧嘴微笑，显示他的开放态度。他的穿着像法国人，但他一定不是法国人，我心想。法国人不可能这样微笑。

我猜对了。他是德国人。

微笑可以带有某种目的性。对曾经获得法国全国游泳冠军的财政部部长克里斯蒂娜·拉加德而言，微笑是一种权势与力量的象征。"政治生涯硬是磨炼了我。"她有回接受法国版 *Elle* 杂志采访时这么表示。

"我参加法国花式游泳队时,教练对我们耳提面命:'咬紧牙根,保持微笑。'所以今天你们看到的我会咬紧牙根,保持微笑。同时我也会卷起袖子干活!"

当微笑是以一对一的形式给出时,那像是一份礼物。或者不只如此;这种微笑的意涵可以强烈到带着性暗示。

在电影《爱情合作社》(*Le divorce*)里,凯特·哈德森(Kate Hudson)饰演一名天真无邪的美国女孩。她到巴黎陪伴丈夫有外遇的姐姐,很快就交了一位年轻法国男友。男友建议她想办法让自己看起来严肃一点。有一次,她跟姐夫外遇情人的美国老公碰面发生不愉快,男友告诉她,"你微笑得太多了。不要这样,女孩子微笑会招惹麻烦。"

话题哲学家兼作家伯纳德-亨利·莱维在美国四处游历时,觉得陌生人的微笑非常难以忍受。在他的著作《美国之谜》(*American Vertigo*)中,莱维大肆抨击这种美式微笑:"那些不带感情、没有情绪的微笑,它的存在似乎就只是为了显示纯粹要微笑的意旨。"

当我问莱维为什么他会这么写时,他告诉我,微笑在法国是一个经过深思熟虑的记号。"我们会决定在哪个时间点发送微笑。我们在诱惑程序已经展开时才会发送这个讯号。在美国——它什么都不是。它就好比——"他在说出接下来这两个字时,声音中充满嫌恶感——"握手!"

我认识一位行遍全世界的法国生意人,他说他到美国的时候,最让他不自在的地方就是电梯,因为旁人会对他微笑,而且试图聊天,但他却无处可逃。

每次我对法国的风俗习惯出现疑惑时，都会向作家及电视节目主持人菲利普·拉布罗请教。我问他关于微笑的事，他用一个他自己的故事回答我。他在二十世纪五十年代末期到美国弗吉尼亚州的华盛顿与李大学（Washington and Lee University）当交换学生，那时他才十八岁，个性笨拙害羞，衣着邋遢。当时这所大学洋溢着美国南方文化，校规严谨，学生穿西装打领带是不成文的规定。有一道校规叫作"开口规则"。

"每个人碰面时都必须说'你好''早安''晚安'。"拉布罗回忆道。有一天，他被学生咨询会召见，他们跟他说他没有好好跟大家打招呼。"那称不上是什么审判之类的，但我记得他们那句话，深深烙印在我的脑海中：'菲利普，你不太了解开口规则的精神。'"

当时拉布罗回答，"我当然了解，我跟所有人都会说'你好''再见''早安''晚安'啊！"

"是没错，"学生代表告诉他，"但你没有微笑。"

"对我来说，"拉布罗继续告诉我，"那是一个很有趣的时刻，因为我心想：'好吧，就照你们的意思。我会微笑的，别担心。我会玩你们的游戏。'然后我就照他们的办法玩。"

"会不会不容易？"我问。

"不会，因为扮演闹剧角色没什么困难，"他说，"那确实是一场闹剧。我的意思是，那都是勉强的嘛！我为什么要跟我不认识甚至可能非常讨厌的人微笑？任何时候都要微笑，这太虚伪了！"

拉布罗表示，法国人之所以不愿意随时随地微笑，"跟小时候的教育有关，我们从小就受到大量的灌输，说要怀疑，要思考。我们是一个批判性的民族。我们也是一个文学性的民族。我们对任何事都要质疑,目的是为了不要被欺骗。"对拉布罗而言,le regard——注视、目光、眼神——远比微笑重要。"比起嘴巴,你可以从眼睛看到更多东西,"他说,"眼睛足以代表一个人全部的生命,他的绝对人格。眼睛可以带有磁力,眼睛里可以充满光明,可以透露出一个人的无趣,或愚蠢。对,愚蠢——眼神中的一种空洞。"

又是这个东西:le regard。我跟他说我有一个很蠢的问题。"在美国,我们被教导要强调自己的优点,所以如果你的笑容很灿烂,就要好好运用你的笑容,诸如此类。那万一你眼睛很难看怎么办? 你要怎么呈现 le regard? 比方说我有深度近视。如果你连看都看不到,要怎么让眼睛会说话? 还有老的时候怎么办? 你老了,脸部下垂了,只能靠微笑来显得年轻些。这时有什么 regard 可言?"

"这时就得做点弥补,"拉布罗表示,"人的身体拥有很多很多的武器。你可以运用其他的身体部位。玩弄你的手,你的声音。声音是一个非常棒的诱惑武器。你也可以通过幽默让别人欢笑。任何一个男人如果能让女人开怀地笑起来,他就很可能得到那个女人。Bien sûr(当然如此)。"

在这一点上他是对了——bien sûr。但这毕竟是一种普世的天赋,跟法国并没有直接关系。

我过去居住的巴黎第七区是一个优雅典丽、富而好礼的地方。如果你看起来像是这一带的居民,而不是只是跑来逛街购物的"外地人",不认识你的人在街上跟你交错时也会给你一个仪式性的bonjour(日安)。

就商业性的外表而言,这个地区无疑非常高档。人行道旁枅比鳞次的商店都是一些精品店,贩售这一区富裕居民喜欢购买的少数东西——从精致但无比昂贵的文具,到精致但标价过高的袜子等等。我在这里的锁店看过一把精致但无比昂贵的钥匙,开价八十七欧元,后来逛 BHV 百货①时,发现同样的钥匙只要十八欧元。

这一带卖的食品当然也是精致且昂贵无比。如果想为自己准备一道美味的晚餐,消费者可以在一家又一家气氛与价格都华丽无比的商店内购买生鲜鱼肉蔬果、乳酪、面包、美酒。尽管在巴黎,超级市场与量贩店也逐渐侵蚀这种传统商店,但许多店家还是有办法维持生意。

这个街区的两家店主人分别让我领教了两种截然不同的诱惑策略。他们两个开的都是小巧玲珑的高价位商店,而且经营数十年仍屹立不摇。他们都非常了解顾客的喜好,服务都不错,贩售的食品也是好得没话说。但两家店的相同点到此为止。

瓦伦纳肉店以谈话艺术为最高经营理念。老板罗杰·伊冯(Roger Yvon)不只是一名肉匠;他有非常灵活的性情与机智,可说是瓦伦纳街的灵魂。伊迪丝·沃顿当年就是在这条街上的一座宽敞公寓中写作,地址差个几号又有作家里尔克(Rainer Maria Rilke)和雕刻家罗丹(Auguste Rodin),分别在各自的家中生活、创作。罗杰对待他的顾客,表现得就像是一个忠实且亟欲取悦对方的追求者,整天忙着跟他们说故事、分享食谱、介绍大家认识,仿佛他的肉店是现代

---

① 市府广场百货(Bazar de l'Hôtel de Ville,简称 BHV)位于塞纳河右岸里沃利大街(rue de Rivoli)巴黎市政府对面,1856 年创立,曾是世界第一大百货公司,以供应所有精致家居生活所需为经营特色,故曰"市集"。

版社交沙龙似的。客人光顾他的店时，立刻就会得到一种满足的愉悦感。

法国，特别是巴黎，常常让我感觉商店是以"顾客永远是错的"为经营原则，但罗杰无疑是一个可爱的异类。有一次，我目睹他花了整整五分钟，悉心为一位太太挑选了两块羔羊里脊肉排。这块肉您是要今天还是明天烹调？是要炭烤还是嫩煎？您打算用什么配菜？酱汁呢？

从罗杰的肉店转个弯往下走一点，有一间海鲜店：巴克街鱼铺。这家店最自豪的是诚正无欺、工作效率，以及……粗鲁的服务态度。当然，这里有最鲜嫩欲滴的生蚝，诱人地摆放在突出于人行道上、镶满冰块的陈列架上。但如同法国的许多鱼铺子，这家店也没有门面橱窗，甚至连防风帘幕都没装，所以可想而知冬天有多么阴冷潮湿。低温或许适合店里卖的鱼，但对改善服务人员的个性显然没有太大用处。

来到这家店的顾客必须努力取悦店家才行，而且这个过程几乎慢得像在冬天要让冰块融化。店长兼收银员是一位穿着打扮永远没有变化，体胖而心不宽的熟龄女士，她的态度可以冷淡到我起初曾严重怀疑她是否会在乎客人掉头就走。但由于一种相当变态的原因，她的冷淡反而让这场拉锯战显得更加刺激。安迪和我因而一再光顾，盼望有朝一日奇迹能出现，在那声礼貌性的 bonjour 以外，接下来还会开始出现关于天气、身体或是小孩之类的闲谈，以及一个微笑。

法国诱惑着无数世人，其磁力之强早已形塑了这个国家在一般人心中的刻板印象，然而法国也以摆臭脸的店主人及找麻烦的公务员闻名于世。我经常思考，到底有什么因素能解释这种吊诡？在消费购物和上公家机关办事的场合，即使法国人自己也经常得奋力搏斗，才能勉强得到文明有礼的待遇。对前来法国定居的外国人而言，特别是那些法文说得结结巴巴的外国人，这种挑战会非常令人气馁。

安迪和我第一次搬到巴黎时，我们一而再再而三地被贴上外来入侵者的标签，我们的美国口音及四处游走的生活方式让当地人觉得生活环境遭到外来者的破坏。我自己有一位来自意大利西西里岛的祖父，我从他身上确实能轻易理解这种对外来者疑神疑鬼的心态。那种心态是那么老欧洲，部族色彩是那么强烈，对我而言又如此熟悉。我祖父总是诅咒那些 stranieri——外国人，外来者。在他眼中，家族成员是唯一真正能信任的人，即使其中有些还是被他看不起。他的世界观是由一系列同心圆建构而成的，他自己位于中央，第二圈是家人，接着是从家乡移民出来的人，然后是西西里人，再来是其他意大利人，最后是其他所有人类。有很长一段时间，安迪和我在巴黎就属于这群"其他所有人类"。

我无法理解的地方在于，做生意的人如果连最基本的顾客服务技巧都没有，又如何能期望吸引客人，而且让客人再度光顾？无论如何，我倒是跟肉店老板罗杰打出了交情，他天生的温暖个性让他比绝大多数的其他人更容易来往。而我跟他熟识的关键是感恩节——那年我被另一家肉店老板搞得灰头土脸。

法国人对美国人的感恩节所知甚少。法国的官方节日几乎都与军事胜利或宗教（其实就是基督教）节庆有关；五一劳动节是一个例外，但不像美国人在这天喜欢办庭园烤肉会，法国人的五月一日经常不是示威游行就是罢工。

我向法国朋友说明，感恩节这个典型的美国节日，灵感其实源自古老欧洲的丰年祭。感恩节第一次举行是在1621年，当时普利茅斯殖民地（Plymouth Colony），也就是位于现在的马萨诸塞州内的殖民者与万帕诺亚格（Wampanoag）部落的美洲原住民联合举行秋收祭典，感谢上帝的恩赐。餐宴内容包括鹿肉、水鸟肉、龙虾、扇贝及其他各种海鲜，各种浆果、南瓜、笋瓜和其他蔬果，当然还有野火鸡。我向法国朋友特别提到这个节日并没有礼物交换的习惯时，很多人都觉得非常惊讶，因为他们认为美国人那么重视有形物质，不可能不在这个时候买礼物。除此之外，感恩节的重要宗旨也在于仪式性餐食的准备与食用，这个概念法国人倒是百分之百理解。

　　由于法国人并不庆祝感恩节，要在法国找到火鸡非常不容易。法国的火鸡养殖业者会把货留到圣诞节；传统法式圣诞大餐的要角之一就是火鸡，其他还包括生蚝、烟熏鲑鱼、鹅肝酱、香槟等。

　　我们住在巴黎的第一年时，家里两个小女孩一直闷闷不乐，因为她们被强迫离开在美国那种一切都能预测的安稳生活。为了安慰她们，我决定好好办一顿感恩节大餐，并向附近一家精致食品中心的肉铺订购一只火鸡。这家食品店真的很高级，所有商品都以迷你规格贩售，层层包装得高雅华丽，但十足地环保不正确。讨价还价在这里是不存在的。

　　我告诉肉铺师傅我要一只五点五公斤的火鸡。一个星期后火鸡送来，结果是两倍重。我倒不介意烤一只超过十公斤的火鸡，只是我的烤箱不够大。一位英国朋友说，把火鸡切成几大块就好了，但我还是觉得当火鸡从烤箱端出时如果不是完整的一只，我女儿心里一定会隐约感觉她们美好的美式生活被残忍地糟蹋了。

我打电话给肉铺师傅,告诉他他弄错了,并要求换货。他说是我自己弄错了,随即挂断电话。我打了好几通电话给该高级食品中心的客服部,他们说会查清楚再回电,结果也都没回。隔天,我又花了一天的时间,经过不断的抱怨、协商和甜言蜜语后,终于获准换得一只比较小号的火鸡。

这个火鸡经验促使我决定跟罗杰交朋友。后来他成为我生命中最重要的男人之一。

罗杰并不真正属于瓦伦纳街。由于法国总理府跟他的店只隔了几栋楼,因此这条街特别安静、无聊,二十四小时都有警察人员守卫,附近只要有任何游行示威之类的风吹草动,整条街就会被封闭。罗杰的个性太外向、太亲切了,他推销野兔肉糜或柠檬欧芹腌鸡肉腊肠时,那种热情洋溢的作风完全没有冷酷的巴黎味。他那模样如果出现在东巴黎的美丽城(Belleville),或蒙马特山丘下、电影《天使爱美丽》(Le Fabuleux Destin d'Amélie Poulain)拍摄地——阿贝斯(Abesses),那还真是很搭。他来到巴黎第七区纯粹是人生的意外。他很早就辍学,十四岁开始到这家肉铺当学徒。后来他娶了肉铺老板女儿西尔维,于是便接掌了这个家庭事业。

罗杰很喜欢打破这个街区的行事规则。他不时为摄影师摆姿,脖子上挂满肥大的手工自制猪肉腊肠,当作最吸睛的项链。当秋天博若莱新酒报到时,他会在人行道上摆设一桌好料,让路人免费品尝青春奔放的新酒和滋味动人的熏肉薄片。圣诞节时分,他和手下团队会戴上灯光闪烁的圣诞帽,为冬季更显寂寥肃穆的瓦伦纳街增添季节色彩。情人节一到,他会把肉切成心形,让情人们带回家享受浪漫大餐。他的大胆作风有时令人瞠目结舌,但绝大多数客人就是因为这样而对他情有独钟。大家对他非常信任，当禽流感侵袭法国时，他店里的禽肉销售业绩不但没有减少，反而大幅增加。

肉店庆祝成立三十周年时，罗杰请来一组十人铜管乐队开派对。结果邻居报警，警察前来喝令乐团停止演奏，但罗杰要乐师继续演出。罗杰因此被开了几千欧元的罚单，两年后还在跟法院周旋。

其实我很早就光顾过罗杰的店，只是没有很忠心，比如那次感恩节，我就背叛了他，偷偷溜到附近的高级食品中心买火鸡。后来我跟他告白我"出轨"的事实，他气得火冒三丈，很久才原谅我。

"我这里卖的是全法国最好的火鸡，你怎么做得出这种事？"他质问我。他告诉我，高级食品店里卖的是普通火鸡，罗杰牌火鸡则是一个特殊品种，从第二次世界大战以来，都在同一座农场上饲养。他丢给我一份八页的彩色说明，里面可以看到许多肥美俏丽的火鸡在原野中自由驰骋，它们的食物则是当地最优质的谷物。从那天开始，我的感恩节火鸡就一直由罗杰供应。如果火鸡太大，他还会用他的烤箱帮我烤。有一年我订了一只十六磅的火鸡，结果送来的只有十一磅。罗杰给了我一个解释，可是我觉得听起来像是天方夜谭。

"罗杰，这只火鸡太小了！"我跟他说。

"都是因为狐狸的关系。"他解释道。根据他的说法，特优农场的火鸡围栏周边的电力栅网发生短路，森林里的狐狸纷纷出动趁机打劫。"那些狐狸聪明得很，"罗杰用夸张的语气说，"专挑大只的吃。"

在法国式的店家与顾客关系中，我跟罗杰的往来经验不算典型，但无疑是一个相当精彩的写照。在私人经营的小型店家中，诱惑是一个买卖双方都有义务进行的游戏。店主人会精心挑选他所卖的商品，而且经常会以极为高雅的方式陈设。店家可能认为他的用心应该值得顾客赞美，而顾客应该找到适当方式表达激赏之情。仿佛店家是在告诉你，"你到我店里，是因为我提供优质的商品和美丽的陈设，我没有义务进一步取悦你。"

美国人购物时习惯看到诱人的特价和服务人员活泼的促销行动，那种直接且强效的贩售方式可以让美国人整天开开心心。因此美国人到了法国，感受到的可能是一道冷漠的高墙。如果想要打破这道墙，必须通过程度适中的友善态度，和相当长时间的耐心等待。但当高墙突破时，双方之间的关系可能会往下扎根。这种行为模式其实相当司空见惯，比如与法国的知识分子交往，一旦穿透他们那层聪明机智的理性外表，你会发现那底下的法式性格中，其实洋溢着诚挚与魅力。

安迪和我花了更长的时间才打破鱼铺子的冰霜。最后会出现奇迹是因为鱼盘的关系。安迪那天正为我们每年都会举办的办公室圣诞派对，挑选一条漂亮的鱼做文火煨鲑鱼。

"你们的鱼盘呢？"女店长兼收银员问。我私底下给她取了个绰号，叫"鱼铺老娘"。

之前几年中，我们每次被问到有没有带鱼盘来的时候，都得招认我们家没有鱼盘。鱼铺老娘这时就会大声叹气表示无奈，然后叫员工把鱼装进保丽龙盘。这次安迪和我倒是有备而来。安迪乖乖地把我们事先买好的锡制鱼盘拿了出来，不过有点可惜，盘子稍嫌小了点。这时，忽然间，毫无任何预警，那道无形的高墙就垮下来了。鱼铺老娘请一位员工去拿一个合适的鱼盘过来，接着对安迪露出灿烂的笑容，说这盘子餐宴结束后有时间再送回来就可以。

那次以后，我们光顾鱼铺子时虽然没有得到像家人一样的亲切招呼，但至少我们好像是被瞧得起了。每当我走路经过店门口，鱼铺老娘就会和我互相道声 bonjour。有一天，我在另一头的花店买了一大束蕨类植物，拿着它走路显得很狼狈，鱼铺老娘看到我跌跌撞撞的模样，还坚持帮我把它绑好。那时她站在店门外，嘴角叼着烟，看起来比她坐在收银台前时年轻许多，而且还面带微笑。我跟她说她看起来让我想起已故的法国女星西蒙·西涅莱（Simone Signoret），顿时瓦伦纳街上回荡着她那嗓音深沉的笑声，外加一阵轻烟缭绕。

慢慢地，我开始学会让巴克街及周边街道巷弄变得像我自己的家。一开始我必须告诉在此开店已久的店家，说我就住在附近，接着我必须跟他们兴味盎然地聊他们贩售的商品。我想象早年茱莉亚·查尔德（Julia Child）住在巴黎的时候，可能就是这么做的。有一次，意大利移民过来的 traiteur（熟食店老板）谈起意大利南部栽种葡萄的气候温度种种，我听得津津有味，后来他每次见到我都非常健谈。药店小姐平常一副晚娘面孔，某天下午我请她为我说明各种花草茶、喷雾和精油的疗效，她忽然笑容满面，解说得神采飞扬。

更重要的是，罗杰帮我开启了这个街区的社交大门。他见到我时，最喜欢把身上的工作围裙解下来丢到一边，拉着我走出店门，把我介绍给他的朋友们。我因此认识了街上那家手套和袜品店的第三代经营主；他的店面后方有一间小书房，那里简直就是巴克街的历史资料库兼中控室。而后这位店主又把我介绍给高级文具和名片印刷店的老板。几年后，安迪和我打算搬到另外一个街区，罗杰知道以后带我去见斜对面一家房屋中介公司的负责人伊莎贝尔。伊莎贝尔喜欢把头发往上梳理成非常高贵的发型，身上习惯穿着飕飕作响的长裙,散发着令人难以抗拒的法式优雅。很快地,伊莎贝尔开始邀我到办公室楼上的小阁楼喝茶,她在那里养了一只可爱的乌龟,各式精致花瓶中总是插满美丽的鲜花。

每当有一家老商店关门大吉,街区里就会有一股莫名的惆怅。老药局变成女装店,奶品乳酪店转手给连锁发型沙龙,熟食外卖店换成 Nespresso 咖啡馆……最令人难过的一次是雷诺先生决定把家族经营了六十年的五金行关掉,后来那里变成贝纳通(Benetton)品牌专卖店。

近年来,有些商家决定放弃原有的摆酷、矜持作风,改采比较积极的方式招揽顾客上门,巴黎街头因此开始有点美国城市中的大街氛围。古玩和艺品店女主人克莉丝汀会把一箱箱旧书放上古趣横生的椅子,摆在店外的人行道上。酒类专卖店老板除了橱窗里展示那些一瓶一百欧元的雅玛邑(Armagnac)以外,现在也会在店门旁边陈列一些特价粉红酒,甚至还请顾客及路人免费品尝波多酒。商品促销的魔力似乎开始笼罩法国。

虽然我学会让自己自在地出入法国的商家,但我不奢望自己能彻底了解或掌握法国消费文化中的各种行为密码。已经有太多人经历过无数挫折,而且不只是外国人。

比如说,法国人有一个令人抓狂的习惯,就是出现问题时不但不愿意改善,甚至连说声对不起都不肯。无论他们经营的是住宅区的小店或规模比较大、比较不那么个人化的商店,商家似乎都觉得承认错误是难如登天的事,更甭提道歉。相反地,他们会想办法推卸责任,让受害的一方觉得错好像出在自己身上。我非常确定这种习惯是从法国严格的教育制度里学来的——法国的老师有权在全班同学面前指责某个学生是 nul(零蛋)。外国人不了解的是,法国人对自己人其实也可以非常粗暴。

我在法国遇到的人几乎全都曾经因为巴黎人欠缺服务精神而吃过苦头。我认识的一位医师告诉我,有一次他在一家小男装店买了一件大衣,回家才发现上面有个地方破了。他想把大衣退掉,结果店家给他一个裁缝师的地址,说可以拿去那里补。但因为修补费用非常高,两人吵了起来。医师提醒店东法国有一句谚语:"顾客就是国王。"

"得了吧,先生,"店东回答他,"法国早就没有国王了!"

或许粗鲁无礼是诱惑的一种近乎变态的形式。我的理论是这样的:诱惑的核心意涵是一种憧憬和期待,而不是最终的结果。这个概念代表的是,在设法让某件事达成目标的过程中——不管那件事是让一盘牛排出现在你桌上,或上通讯行买一支手机,必须要有乐趣的存在。程序必须遵守;如果你是此中行家,你将会觉得过程乐趣无穷。

在商店服务态度这个面向上,法国人还缺乏一个动机因素:新教徒伦理。这个因素让美国商家习惯努力微笑,即便只是假装,也要显得友善无比。我问商务顾问阿兰·曼克为什么法国的小生意人各个都这么冷酷。他把这个现象归咎于南特诏书的废除。我高中毕业后就把"南特诏书"这个法国历史上的重要文件乖乖还给老师了,不过因为我不想暴露自己无知的弱点,因此在曼克面前严肃地点头表示同意,继续聆听他的看法。

南特诏书是 1598 年法国国王亨利四世颁行的一项诏令,是一份深具远见的和解文书,宗旨在于赋予法国的一百万新教徒信仰自由和其他相关权利。1685年,亨利四世的孙子路易十四因为认为新教徒威胁到既有的秩序,决定废止南特诏书,进而扫除法国所有新教徒。数百座新教徒教堂因而被毁,新教徒的土地和财产则被充公。新教徒中的商业和财经领袖纷纷离开法国;另外一些人不是死在监牢,就是被送到船上当苦力。多数新教徒被迫改信天主教。"这个事件对法国经济造成戏剧化的影响,因为当时法国最优秀的企业家都出自新教徒社群,"曼克指出,"加尔文派的布尔乔亚阶层因此在法国消失无踪,英法两国后来在工业发展上的差距如此之大,这是一个重要原因。贵族不被允许经商,所以法国就变得没有人从事贸易。"

今日的法国人还是很少谈论赚钱的事。即使法国最顶尖企业的主管也非常不愿意透露财富,大肆炫富的行为更是罕见。金钱确实具有诱惑力,但使用方式必须含蓄低调。这就是法国举国上下对萨科齐当选总统前后那种"bling-bling"的炫富风格深为反感的重要原因:当时的萨科齐特别喜欢佩戴雷朋眼镜、劳力士表和醒目的金项链这些亮晶晶的东西,并热爱和法国的亿万富翁一族交朋友,而且还不忘积极地让这类画面和事迹出现在媒体上。

"如果你在洛杉矶开一辆红色法拉利,大家会羡慕无比地看着你的车;这种车在巴黎只会挨刮。"凡尔赛首席园艺师阿兰·巴拉顿表示。"金钱在法国依然是一个禁忌话题。人们不敢说他们赚的钱有多少——除了那些暴发户以外。他们可能钱赚太少,所以不好意思说,但也可能因为钱赚太多而不好意思说。你们美国人会憧憬得到某个人做的那种好工作,法国人则是怨恨做那种工作的人,一心认为他们不应该得到这种好处。"

这种差异性的存在，是因为美国是一个不断往前看的年轻国家，而法国是一个不断凭吊过去的古老国家。长期待过美国的法国人回到法国以后，经常会抱怨法国缺乏效率，工作伦理也充满矛盾。"美国人会问的问题是，'怎样才能用最快的方式从 A 去到 B？我知道那里最容易抢钱，生活也最欢乐。'"疯马夜总会的负责人安德蕾·德森伯格（Andrée Deissenberg）指出，"法国人会说，'首先要定义出 A，接着要定义出 B，然后必须质疑，如果我们可以从 A 先到 C 再到 B，为什么一定要从 A 直接到 B？'这种思维如果是在左岸的咖啡馆里讨论一定精彩万分，但在商业世界中则不见得行得通。"

她把这个问题怪罪到笛卡尔头上——以及法国人爱搞诱惑的习惯。"诱惑不是快车道，不是从 A 直接到 B，"她说，"那种不断设法摆出类知识分子姿态、将所有事物进行解构的做法，跟所谓诱惑之间存有某种连接点。当你进行诱惑时，它后面的东西是思考，而不是满足。"

引人注目的自我推销也被法国人视为可疑；当法国人看到美国人在商场上竭尽所能地把自己"行销出去"，他们会觉得很困惑。布鲁诺·拉辛担任蓬皮杜中心馆长时，他的一位美国籍助理敦促他要努力推销蓬皮杜中心——以及推销他自己。"她告诉我，'你必须行销自己。'"拉辛回忆道，"我对她的回答是：'那样太高傲了。我们应该要细腻一点。'"

在一个行为及品位密码如此高度复杂化的国家，试想一家公司如果希望通过广告诱惑消费者，会是多么艰辛的事。法国的广告公司比美国同业自由得多，可以大胆玩弄裸体及性诱惑的游戏；法国公共空间中的大型看板上随处可见这类广告。由于通过这种方式与潜在消费者进行对话并不包含人与人的面对面接触，法国的广告公司因而自认可以任凭想象驰骋，甚至不惜挑战品位极限。既然广告不一定需要显示商品价格，它更可以贩售梦幻。但即使是在法国，红色警戒线还是存在。什么是可以呈现、可以言说的？什么东西可以取悦人心，什么东西又会招来嫌恶？广告运用裸体元素时，必须以趣味性为前提；过度露骨反而变成视觉暴力。

如果你问一个已经有相当年纪的法国人，不分男女："你印象最深刻的广告是什么？"他的回答很可能是 Avenir——这个字原意是"未来"，但也是一家法国看板广告公司的名字。1981 年 8 月 31 日星期一，一位不知名的十九岁妙龄棕发女孩忽然出现在法国各地数以千计高达十英尺的广告看板上。这位女孩剪了俏丽的短发，脸上挂着阳光的笑容，湿润的胴体上穿了一件绿色比基尼。她传达的讯息既挑逗又神秘。

"9 月 2 日，"她宣称，"我将脱去上装。"两天后，新的广告海报出现，她果然信守承诺。不仅如此，她还做了一个更大胆的承诺："9 月 4 日，我将脱去下装。"时间来到，她果然又出现，而且确实是全身赤裸，只是背对着镜头。这次广告台词写出来了："Avenir，信守承诺的看板广告公司。"

这个广告挑逗了一些人，同时也让另一些人震惊。报章媒体明显分边站。法国广告监管单位表示谴责。北法的里尔市（Lille）一个女性团体向法院提告，结果胜诉，广告公司被迫帮模特儿穿上衣服。一名国会议员誓言立法禁止广告"滥用女性身体"。

就某个方式而言，那是一个完美的法国广告：同时提供了期盼、趣味和女体,而且通通免费。由于实际目标观众——广告看板空间的潜在买主——人数有限,绝大多数民众等于是在没有任何商品推销的情境下欣赏了这个广告。这个广告成为备受崇敬的经典作品,2010年,也就是广告出现将近三十年后,法国财经日报《回声报》(Les Échos)还刊文赞美它是广告创作的典范。

为了进一步了解广告现象,我访问了两位法国广告业巨擘:阳狮广告集团总裁莫里斯·莱维,也就是亲自向我示范不同形式吻手礼那位绅士,和他的竞争对手——哈瓦斯(Havas)广告集团负责人雅克·塞盖拉。

莱维对我说话时,身体会从座椅往前倾,目光深深望进我的眼睛。我们是用法文交谈,但当他偶尔改用英文时,我可以听到他的腔调是正统法国香颂歌手伊夫·蒙当那种老式法国腔,而不是现在商业学院出身的公司主管那种平板的全球化美式腔调。他长得并不像伊夫·蒙当,但他所扮演的角色多少有点类似蒙当在1960年音乐剧《我爱金龟婿》(Let's Make Love)中饰演的那个与玛丽莲·梦露坠入情网的亿万富翁。莱维唯一的缺点,是他过于意识到自己掌握权力的事实,因而他的诱惑力显得不够有神秘感。

莱维说,法国人处理广告的方式与美国人大不相同。"别忘了广告在法国几乎可以说是被认为是可疑的,"他这样观察,"过去大部分法国人习惯地认为,如果产品真的好,就不需要广告。这就是为什么我们做广告会讲究细腻微妙的格调,并且大量使用诱惑的元素。法国的广告风格以'诱惑'为基础,不是带有性意涵那种诱惑,而是真正的 à la française——'法式'诱惑,也就是说,塑造一种情感联系,而不是通过理性说明去说服观众。"

当然,商品销售是广告的目的所在。但如同任何成功的诱惑,销售过程必须是隐形的。最好的广告会让消费者成为诱惑程序的构成分子,消费者的各种感官知觉在这个过程中有如被一一唤醒。只有在进入这个境界后,交易的概念才会被提出。薄利多销的做法在法国不受青睐。在大多数情况下,法国法律禁止批评竞争对手的行为,直接比较不同品牌商品也不被允许。

　　莱维谈话的方式仿佛时间限制并不存在,相较之下,塞盖拉说话和行动都非常快速,乍看之下可能会以为他是美国人。他将广告美学化约成一个他行之有年的简单公式:英国人是知识分子,想法从大脑流向内心;美国人是注重事实的务实主义者,想法从大脑直接走到钱包;法国人是情感和感官的动物,先有内心感觉,然后才化成大脑的想法。

　　"我是现代卡萨诺瓦(Casanova),"塞盖拉说,"我的任务是诱惑地球上的三十五亿个女人!"

　　"三十五亿? 不错嘛!"我说,"可是你只诱惑女人吗?"

　　"当然,"他说,"80％的消费者是女性。所以广告商必须是个女人的诱惑者。"

　　塞盖拉帮法国"黑卡牌"咖啡制作出家户喻晓的广告,台词是"芳名欲望的咖啡"。他为我做了这样的说明:"我们没有说这个咖啡的香气最醇美,或它是最棒的咖啡,或它是物美价廉、奢华逸品等等。我们只是在说,它拥有想象性的价值。"

　　法国人在广告中提到促销或省钱时,经常让广告画面中充满美国风味的意象。2008 到 2009 年间发生全球金融危机时,高级珠宝公司梦宝星(Mauboussin)董事长阿兰・内马克(Alain Némarque)决定大幅调低商品售价,并敦促其他奢侈品业者跟进。这个举动在奢侈品业界引起轩然大波。该公司刊出一幅占据两个版面的平面广告,告诉消费者如果他们愿意购买价格够高昂的珠宝,就可以获得减价优惠。画面背景是一面飘扬的美国国旗,并用英文打出一句口号:"Yes we can!"

法国人推广商品时比较常用的手法是呈现美感、乐趣,或是性爱将会发生的诱人前景。安·圣德赫(Anne Saint Dreux)是一名作家,也是研究机构"广告之家"(La Maison de la Pub)负责人。该机构经常举办关于广告史的研讨活动。有一天晚上,圣德赫在巴黎一场座谈中向听众说明美国文化与法国文化之间的巨大差异,她举的例子是之前她到纽约演讲法式广告风格时引起的反应。

"当然,我必须向观众展示一些女性躯体有点裸露的影片,"她说,"我放了一些酸奶和汽车的广告,忽然间,我感觉现场一片寂静。美国人可以接受卖香皂时让女模特儿脱掉衣服,但看到我们连卖酸奶也这么做,他们觉得非常震惊,仿佛这种做法是一个不可饶恕的罪恶。还好今天晚上——既然我们是法国人——我们不会有那种不舒服的感觉。"

接着,她播放出一些历年的法国广告影片,画面内容比任何在美国会看到的广告要大胆奔放得多,例如:冰淇淋广告中扭腰摆臀的舞姿与音乐;植物性食用油广告中出现女人的呻吟声;一名妻子与丈夫的外遇情妇一起喝某品牌法国啤酒;跑车广告的背景声响中可以听到女人的性高潮叫喊。

这类广告是通过一些表现技巧来呈现人对诱惑的期待,但有一种广告更加露骨,那就是直接处理性爱素材。法国人有时会忘记何谓"细腻微妙"，例如 2009 年"巴黎水"（Perrier）几近不顾廉耻的岁末电视广告。观众在影片中可以看到一只女人的右手，指甲涂上艳红的指甲油，中指戴了一只黄金戒指。这只性感玉手在岁末的派对餐桌上温柔地抚摸一瓶 240 毫升的绿色瓶身巴黎水。不久后，左右两手上下抚触瓶身，接着又换回单手。随着女子的爱抚，瓶颈变得越来越长，瓶盖逐渐松动，瓶内的水翻腾冒泡，朝上喷泻而出。这段广告甚至有自己的官网"lamainperrier.com"。La main Perrier 的意思是"巴黎水之手"。

就商业成效而言，这是个失败的广告。"那已经超过情欲表现，逼近色情，因为它具体呈现出勃起的意象，"塞盖达表示，"即便那只是模拟的勃起，但还是太过煽情。女性消费者并不想看到这种对勃起现象的亵渎。这部广告片是一个行销策略上的错误。广告应该令人惊艳，不是让人错愕。"

这个道理足以解释为什么 1998 年布鲁诺·阿维兰（Bruno Aveillan）为帕科（Paco Rabanne）XS 香水拍摄的广告被视为经典。影片开头的意象相当直截了当：一对男女沐浴在金色光线中，他们的身体包裹在闪亮飘荡的绸缎床单里，两人悬浮在半空中做爱。女子的珍珠项链被扯断，一只瓶子摔落地面。他们交缠的身体飘浮在空中，仿佛没有任何重力作用。这个广告在制作工程上是一项壮举，拍摄现场其实是一个深度将近三十英尺的水池，而且画面上看不到任何气泡；工作人员使用了氧气筒，但男女演员必须屏住呼吸。这支让所有人惊艳的广告已经成为公认的艺术作品。

"性爱可供行销一切"的现象也适用于平面广告。一名裸体女子背朝观者，转头看着镜头，她坐在一张隐形的椅子上；这是一个座椅展览的宣传广告。一张照片上呈现男人性感的上身，以及一位丰胸女子，两人正激情拥抱，男的穿戴皮革内装，女体裹着一件紧身黑色洋装：这是一个深色衣物专用洗衣精的广告。

我刚被派到巴黎时，法国广告界特别流行丁字裤，杂志和看板广告充斥着这个元素。有一个内衣品牌叫 Sloggi，他们的看板广告中可见到两名长发女子背对镜头，女子穿着丁字裤，戴上红色拳击手套，臀部丰润油亮，她们以戏谑的姿态挑战一名穿着紧身拳击裤，正准备迎击的微笑男人。广告标题写着："要性感。要 Sloggi。"

女用内衣品牌波丽莱儿（Bolero）也不甘示弱地推出另一个广告，广告上可看到一名女子正脱下紧身裤，露出里面的丁字裤。她转身面对镜头，向观者宣告："我是处女（vierge），你呢？"制作公司特别强调这个广告没有猥亵的意味，只是在玩文字游戏，因为 vierge 这个字在法文中同时代表"处女"及"处女座"。这个广告所要行销的商品是一系列印有立体影像星座图案的丁字裤，而画面中的女子穿的当然就是"处女座"。

有时候，一些被视为最具艺术价值、表现手法最聪明的广告作品，反而令我有点不寒而栗。香奈儿极为自豪的一部广告片名叫《夜间列车》（*Train de nuit*），这部两分半钟的影片是为香奈儿经典的"香奈儿五号"香水所拍摄，女主角是奥黛丽·塔图（Audrey Tautou），导演则是法国当红导演让-皮埃尔·热内（Jean-Pierre Jeunet）。

在一辆从巴黎东站开往伊斯坦布尔的"东方快车"上，塔图与一名帅毙了的神秘年轻男子交换了充满张力的眼神。显然男子嗅到女孩身上的芬芳，闻香而来。夜晚降临，神秘男站在女孩的车厢隔间外，塔图在里面穿着睡袍躺在卧铺上，脸上飘过一抹奇异的神情。是恐惧、渴望，还是第六感？或许多年来我搭过太多夜车前往一些奇特的地方，因此会有一些诡异的联想。虽然最后影片在比莉·哈乐黛（Billie Holiday）演唱的 *I'm a Fool to Want You* 歌声中浪漫收场，但我真的感觉片中的神秘男是在纠缠女主角。我问香奈儿首席调香师贾克·波巨（Jacques Polge）他会不会觉得这部广告让人有点发毛，他说不会。"当然，你说得也有道理，"他说，"片子有它的优点，必然也有它的缺点。"

我问研究助理弗洛伦斯她看这部影片有什么反应。弗洛伦斯读传播学硕士时的主修领域正是广告。她说她能体会我的不安，但同时也觉得这个广告非常梦幻动人。"男主角看到她，闻到她，观众能感觉到车厢中有一股危险弥漫着，"她说，"即使她已经消失在他的视线外，她的气味依然飘荡在空气中。她知道他就在门外，感觉到他的存在，他的欲望。香水构成他们之间的联系，诱发男人的黑暗本能。他是个掠食者，但也臣服在她的魔力之下。我们几乎可以相信最浪漫、最诱惑的事即将发生——我们也几乎想亲身尝试，看那种诱惑是否真会发生在我们身上。"

法国广告的目的不太在于最后的高潮或解脱。"少有女人喜欢受到压力，"莱维表示，"女人比较喜欢事情按部就班慢慢来。广告也有点像这样。如果你采用施压的做法，多数女性不会喜欢。你必须用大脑、用心灵、用情感去引导她们，让你自己成为女性消费者生命的一部分。"

与潜在消费者建立联系，同时又和他们保持某种有利的距离，这正是 2007 到 2008 年法国国家图书馆宣传一项极其特殊的展览时所采用的策略。这项展览的展出内容是国家图书馆内为数众多的性爱艺术秘密馆藏。为了吸引民众前往观展,图书馆与展览赞助商之一的巴黎大众运输管理局(RATP)联手在巴黎地铁十号线上打造了一个前导广告。左岸的圣日耳曼德普黑(Saint-Germain des Prés)附近原本有一个地铁站叫作"红十字架站"(Croix-Rouge),但该站在二战以后就关闭了。这次为了展览宣传,废弃车站被装点得有如一座地下妓院的接待厅。

列车通过这个位于线路弯曲处的车站时会放慢车速,但不会停车。这时两旁的黑色帘幕会忽然拉开,乘客在六到九秒钟的时间内,会瞥见以炫目的粉红色灯光照亮的性爱镌刻。这是一个若隐若现、若即若离的体验;或者如设计这个前导广告的艺术家所言,是一种"诡谲狡诈的幻觉闪动"。它更是限制级细腻艺术表现的极致之作。法国最恢宏而且保守的一个国立机构在这里通过"情趣"的概念,与一般民众展开联系。民众则以具体行动表示回应。那年国立图书馆的性爱特展造成空前轰动,民众平均必须排队一个小时才得以入场观赏。

希拉克总统以吻手礼欢迎美国第一夫人劳拉·布什访问巴黎。希拉克行吻手礼时经常非常地热情,他打破传统礼仪规范,用双唇直接碰触对方手部肌肤,而不是让他的吻宛如在空中飘浮般从肌肤上方掠过。他的"权力之吻"对我理解诱惑在法国的重要性具有非常大的启发意义。(*Philippe Wojazer / Reuters*)

歌手、舞者及女星阿丽尔·朵巴丝勒已经年过五十,但依然性感艳丽。她说,"诱惑不是一个轻浮的游戏,绝不是。它是一场战争。"她还表示,女人绝对不可以在丈夫面前裸体,"否则他就不会请你吃午餐了"。(*Erin Baiano / The New York Times*)

法国新浪潮导演侯麦 1972 年电影《午后之恋》剧照。故事叙述者费德利克是一位三十岁的已婚男人,他工作稳定,生活上轨道,有一个小女儿,并且爱着正怀着第二胎的妻子。有一天,他开始和多年好友的前女友克洛伊约会。他们调情、亲吻,但直到电影结束都没有上床。在法国,兴奋的感觉不是来自满足,而是源自欲望。(ⓒ *Les Films du Losange*—L'amour l'après-midi *by Eric Rohmer - 1972*)

凡尔赛首席园艺师阿兰·巴拉顿站在大特里亚侬宫的花园中。他写过好几本书,包括最近出版的一本凡尔赛宫爱欲物语。他认为诱惑是"生命的精髓""法国社会的驱动力"。对他而言,"法国的立国基础是爱情故事。"(*Ed Alcok*, *www.edalcock.com*)

奥尔良市每年都会举办庆祝活动,纪念圣女贞德击败英军。2010 年,十七岁的夏洛特·玛丽凭借杰出的精神奉献及慈善义举获选为"年度圣女贞德"。她身穿总重逾十公斤的盔甲,配戴铜质宝剑,威风凛凛地骑马游行市区。玛丽认为贞德不只是一位贞洁的战士,她也非常爱美。(*Jean Puyo*)

巴黎歌剧院广场上的兰姿皮件精品店橱窗以性感巨星碧姬·芭杜半个世纪前的肖像为背景,展示线条婀娜多姿的"碧姬·芭杜手拎包"。碧姬·芭杜的诱惑魔力在于她那持续紧扣人类集体想象的经典形象:一名无忧无虑的童真女子,一个性解放的极致象征。(*Gabriela Sciolino Plump*)

这张法国新闻周刊 *Le Point* 的封面图中为伏尔泰及卢梭这两位十八世纪哲学家的头像,以及标题"无止境的战争"。知识分子的前戏——观念的激荡冲突是法国国家认同的一部分,从巴黎的权力中枢到偏远村落的小广场都是如此。(Cover "*Voltaire-Rousseau,la guerre san fin*," Le Point *no.1870*)

埃菲尔铁塔不仅是全世界辨识度最高的地标建筑，它也是法国身为一个诱惑国度的具体象征。哲学家罗兰·巴特将塔铁视为女人："这座铁塔具有人体轮廓；除了一根细针，它没有头；它也没有手臂……但它有一副修长的上身，置于张开的双腿之上。（*Ed Alcock*/The New York Times）

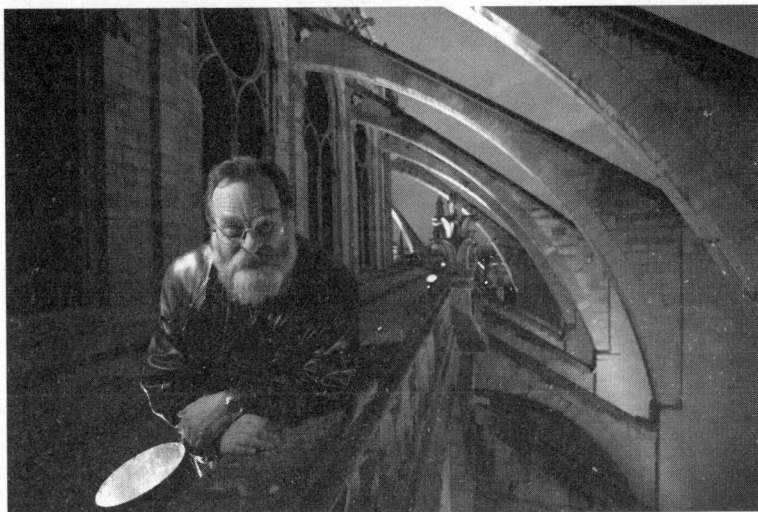

弗朗索瓦·竹斯是巴黎市的首席灯光工程师，负责为巴黎三百多座建筑、地标、桥梁和林荫大道规划灯光造景已逾二十五年。巴黎臣服于他的魔术之下；不起眼的建筑物变得光彩夺目，仿佛长相平凡的女子在烛光下绽放迷人魅力。（*Ed Alcock*/The New York Times）

肉店老板罗杰·伊冯在脖子上挂满自制腊肠当成项链。在巴黎七区总理府附近气氛肃穆的瓦伦纳街上，他以灵活的性情与机智，成为社区灵魂人物。他像一个忠实而亟欲取悦的追求者般，忙着跟顾客说故事、分享食谱，介绍大家互相认识，把肉店变成现代版的社交沙龙。客人光顾时立刻会获得满足的愉悦。(*Nigel Dickinson*/The New York Times)

Ça tient à peu de choses

vous êtes ravissante

在绘本《我的人生精彩万分》中，一个男孩在与女孩擦肩而过时告诉她，"你好迷人。"原先愁眉苦脸的女孩露出微笑，骤然变得自信而性感。（*Pénélope Bagieu / Ma vie est tout à fait fascinante*, *Éditons Jean-Claude Gawsewitch*）

巴黎疯马夜总会的一出舞码中，舞伶打扮成诱人女兵，穿上性感"军装"：黑色毛毡帽、高跟马靴、黑色衣领，红色肩饰、白手套，黄铜纽扣、吊袜带以及一些缎带。闪亮的白色流苏在她们腰部前后两侧垂坠，策略性地遮掩住私密部位。一个秋寒雨夜，她们来到华丽优雅的巴黎春天百货，在大型橱窗中为路人表演五分钟的迷你军装秀，作为对"魅力与诱惑"的一场礼赞。（*Ed Alcock*，*www. edalcock. com*）

在约瑟夫·缪勒的农场上，工人们忙着处理鲜摘的茉莉，供香奈儿五号香水制作之用。目前用来制造香水的花材大多在世界其他地方栽培，例如印度、保加利亚、摩洛哥、埃及、意大利、突尼斯等。但法国在全球香水版图中依然占有领先地位，为消费者塑造他们心目中认定或梦想中期盼的自我形象：浪漫、神秘或魅惑。（*Elaine Sciolino*）

法国女性内衣之后尚塔尔·托马斯深信若隐若现能平添性感风情。她的名言"掩藏是为了更美好地展露"显然呼应了法国女性的美学观念；根据统计，法国女性在内着上的花费排名全欧洲第一。（Christian Moser）

前法国财政部部长及国际货币基金组织总裁多米尼克·斯特劳斯-卡恩是传说中的情爱大帝，多年来一直为巴黎的社交宴会提供了香艳话题。有些人对于如此高阶的政治人物还能找出时间过着这么辛辣刺激的交际生活，私底下颇有钦慕之意。（*AP Images*）

LE FIGARO
hors-série

L'AVENTURIER
LE SÉDUCTEUR
LE ROI

**VIVE
HENRI IV !**

法国虽然是一个共和国，但看待历代王室历史的态度却非常认真。亨利四世逝世四百周年之际，《费加罗报》出版特辑回顾他的事迹，并封他为"冒险者、诱惑家、伟大国王"。（© Le Figaro 特辑 *Vive Henri IV !* /2010）

米其林三星大厨居伊·萨瓦与父亲路易及母亲玛丽站在他父母位于里昂附近小镇雷札布赫的自宅庭园中。萨瓦手中抱着一个马口铁罐,小时候妈妈教他做饼干时就是用这罐子来储存做好的饼干。现在萨瓦妈妈依然常做同样的饼干,做好后也是放在这只铁罐里。(*Elaine Sciolino*)

在法国北部里尔市的小酒馆 Le Bistrot de Pierrot,老板总爱与客人东聊西扯。在法国,用餐时的交谈几乎比餐食本身更重要。(*Ed Alcock*,*www.edalcock.com*)

法国 2007 年总统大选的社会党总统候选人罗雅尔身穿比基尼,她同时也是一位育有四个孩子的母亲。法国名流杂志 *Closer* 上的标题写道,"话说她已经五十三岁了!"(*Closer*, *no. 60*, *August 7 - 13*, *2006*)

2009 年,美国总统奥巴马与夫人米歇尔,以及卡拉·布吕尼及萨科齐总统在法国斯特拉斯堡合影。萨科齐按照长年习惯踮脚站立,好让自己显得稍微高些。(*AP Images*)

1994 年，法国前总统季斯卡与英国王妃黛安娜出席一场凡尔赛宫晚宴，并一同观赏戏剧。季斯卡目前虽已八十多岁，但仍执意塑造自己性功能强盛的阳刚男人形象。他在 2009 年出版小说《王妃与总统》，描述一名法国元首与一位王妃之间"猛烈的激情"，书中撩人的情节与字句似乎暗示他与黛安娜王妃有过一段情缘。（*John Schults / Reuters*）

1996 年，密特朗总统的葬礼。前排由左到右分别为：夫人达尼埃尔；两人的儿子让-克里斯多夫；私生女玛札琳；她母亲、密特朗多年情妇安妮·潘若；密特朗儿子吉尔贝。法国民众不太介意密特朗另有一个家庭的事实，真正令他们难过的是，他在去世后被爆出动用公帑扶持安妮·潘若和玛札琳，甚至为她们提供全天候警力戒护。（*AP Images*）

2008 年，法国政府以共和国女神玛丽安的形象为一项旅游推广计划打造品牌标志。"FRANCE"一字中的字母 R 与 A 勾勒出玛丽安的波峰曲线。为了避免对某些心态较保守的游客造成困扰，"FRANCE"一字后来被略加改造，原先的性感风情因而消失无踪。（上图：*Carré Noir* 品牌形象公司为 *ATOUT FRANCE* 旅游发展局设计的形象标志原版；下图：*ATOUT FRANCE* 后来采用的形象标志）

巴黎北郊圣德尼的食品市场是一个多种族的世界，仿佛是不同时代法国历史具体而微的缩影。商贩和顾客不分肤色、宗教、年龄、族群、原籍地，大家都在互相玩诱惑游戏。他们都有共同的目的：除了贩售和购买各种食品以外，还要互相分享对回家烹调菜肴及与家人用餐的美丽期待。（*Gabriela Sciolino Plump*）

2007 年萨科齐总统在美国国会发表一场非常亲美的演说，演说结束时赢得在场全体议员起立鼓掌。萨科齐第三度将手置于左胸口，并让它停驻在胸前整整五秒钟。（*Susan P. Etheridge*/The New York Times）

已故美国外交官理查德·霍尔布鲁克与笔者及屈膝跪地的法国外长贝尔纳·库什内。库什内正在描述他在 1999 年"诱惑"美国国务卿奥尔布赖特的故事。当时他刚获联合国指派为科索沃总行政官，但奥尔布赖特反对这项任命。于是他亲自出马拜访当时正在奥地利因斯布鲁克度假的奥尔布赖特，并从原野中摘了一束阿尔卑斯山小白花给她。（*Ian Spencer Langsdon*）

巴黎之夜。
(*Ed Alcock*/The New York Times)

辑三　身体的书写

第八章
肉体的魅惑

*

裸体之美超过一切。女人最美丽的霓裳,是她所爱男人的双臂。我的存在,只是为了装点所有那些还未能有幸找到这份幸福的女人。

——伊夫·圣罗兰(Yves Saint Laurent)

她的穿着很糟。

——作家弗朗索瓦丝·吉鲁得知西蒙娜·德·波伏娃过世时的感言

我拜访法国女性内衣之后那天,并没有预期她会将她的胸罩展示给我看,但事情就这么发生了。我来到巴黎优雅高贵的名店街——圣-奥诺雷郊区街(rue du Faubourg Saint-Honoré),置身尚塔尔·托马斯(Chantal Thomass)的内衣精品店内,这时,美丽的女主人向客人细说店内款款缤纷,似乎再自然也不过。

　　我们走上她设在二楼的私人"布朵瓦"(boudoir)①,坐在柔软舒适的浅粉色双人沙发和扶手椅上。这间布朵瓦以粉红和黑色为主调,洋溢浪漫且神秘的氛围。尚塔尔身穿黑色高领毛衣、黑色荷叶边长外套及黑色波莱罗舞伶裤,浓黑的刘海半掩深邃眼眸,全身上下唯一的色彩就是她唇上的一抹嫣红。

　　我们的谈话主题是法国人举世闻名的强项——穿搭风格,而尚塔尔的品牌所演绎的,是最贴近肌肤的私密风尚。时尚业是法国经济的重要支柱之一,每年为法国创造数百亿的商机,同时它也塑造了法国的神奇魔力。外国人谈到法国时尚时,第一个想到的主题通常不会是内衣,可是一旦他们漫步法国街头,就会发现女性内衣在法国的重要性:无数商店橱窗争奇斗艳地展示着线条优雅动人、装饰华美别致的胸罩、内衣和衬裤。在法式诱惑的心理拓扑中,内衣无疑占有核心的战略地位,强力集结个人呈现身体之美的两大武器:强调与展露。换言之,就是人工装点与自然裸露。

　　二十世纪七十年代中期,身为年轻服装设计师的尚塔尔开始以设计内衣为副业,用真丝、绸缎、蕾丝、金属丝创造出造型性感、色彩大胆的内衣作品,并巧妙地将其融入自己的时装秀中。当时女性主

---

① "布朵瓦"是名媛贵妇的私人小客厅,装饰浪漫雅致,供其休憩或会客之用。

义大肆席卷法国，时代女性追求自由解放，并于 1975 年争取到堕胎合法化的权利；尚塔尔却在这样的时代氛围中悄悄掀起一股"布朵瓦"革命，与女性主义冲击碰撞。她的早期内衣创作被主流女性媒体刻意忽略，男性杂志如《他》(*Lui*)或《花花公子》(*Playboy*)倒是对这个性感题材津津乐道。尚塔尔多年不断的坚持终于获得肯定，她的内衣精品店目前已经成为讲究时尚的法国名媛贵妇们添购高级内着时的朝圣殿堂。在法国式的诱惑情趣中，若隐若现可增添性感风情，而尚塔尔的名言"掩藏是为了更美好地展露"更完美诠释了这样的美学概念。

在与尚塔尔的访谈过程中，我忽然想到应该问问她的个人品位。她喜欢穿什么？

"你是指内着？"她问。

"对，比如说今天穿的。"

她露出微笑，"是一件我很喜欢的作品。"她将弹性面料的黑色高领毛衣往下拉，展现出一件做工精巧无比的惊人杰作：那是一件黑色蕾丝高领紧身装束，胸口大胆的圆形裁切大方地展示出穿者动人的双峰曲线。

"就这样喽！"她说，接着她问我穿什么。

我翻开外衣稍微让她瞧了一下。在此简单透露，那天我穿的是色彩中性、没有蕾丝装饰的运动感内衣。

"喔，"她声音平板地哼了一声，"怎么说呢，很美国呢。"

民调机构易普索(Ipsos)进行的一项调查发现，91％的法国女性及 83％的法国男性认为，女性内衣在生活中非常重要。另一项调查则显示，在法国十五岁以上女性的治装费中，女性内衣占了 20％，超

　　　　　　　　　　　　　　　　　　　　　　　　　法式诱惑

过任何其他欧洲国家。

不久前，尚塔尔出版了一本女性内衣的历史专书，书册以黑色薄绵纸精美包覆，并装入浪漫高贵的粉红盒子中。通过这本书的内容分享，尚塔尔引领我回顾法国的内衣发展史。数百年前，法国人因为害怕染病，不敢清洗身体，因此穿着宽松的棉麻衬衣，让身体可以自由呼吸。十八世纪的法国女人大胆裸露性感的身体线条，但十九世纪时保守作风又重新成为主流。一直到二十世纪前数十年为止，黑色内衣一直是妓女和寡妇的专利。第一次世界大战时，女性必须投入劳动生产，为了方便身体活动，衬裙及马甲开始从内衣设计中缺席。二战结束后，胸衣重新装点女性胴体，包括香奈儿及皮尔·卡丹（Pierre Cardin）在内的高级时尚设计师都聘请、训练了品牌专属的马甲制作师。他们创作女用内着所使用的蕾丝来自法国北部的加莱（Calais），真丝则是在东南部的里昂（Lyon）生产。

尚塔尔对法国名媛仕女的身体可说如数家珍：品牌娇客阿丽尔·朵巴丝勒的曼妙胸部绝对是未经改造的上帝天然创作；年轻时曾为品牌担任模特儿的前第一夫人卡拉·布吕尼内衣尺寸是32B。

陪同我拜访尚塔尔的是一位芳龄二十三、气质清纯秀丽的美国女孩。这位女孩来自威斯康星州，那天她的穿着非常简单，身上也没有佩戴多少首饰。采访全程她大都在一旁保持沉默，但她当时正与一名法国男友热恋，因此趁机也问了一个"热情"的问题。

"对某个完全不懂女性内衣的人而言，比如说一个美国女孩，你会用什么方式引她一窥堂奥？"她问道，"有那么多不同的颜色，不同的风格……"

尚塔尔开始向她展示各种款式的胸衣。其中一款是白色设计，蕾丝用得非常多,另一款是黑色,蕾丝用得则是更多。

我在旁边试着给点意见。"嗯,对她来说恐怕有点太华丽了,"我的意思是指黑色那款,"有点太抢眼。"

结果她们两个人都没搭理我。

"白色还是黑色?"尚塔尔问美国女孩。

"不知道呢,"女孩回答,"白色这款比较低调一点,黑色这款就……"

"对,比较……"尚塔尔搭腔。

"如果要我冒险做决定,我干脆放胆一搏,"女孩说。

"那就黑色吧。"尚塔尔带着命令口吻说道。

接着,尚塔尔与我们分享她用内衣达到诱惑目的的秘密策略。

"这里要玩的诱惑游戏,在于让男人认为底下有漂亮的东西,"她说,"最重要的是不要一次露太多。穿了迷你裙就不要穿低胸衣服,穿低胸衣服就别穿迷你裙。如果又是低胸又是迷你裙的,对方会有点被吓到。"

美国女孩显得有些讶异,"我们没有这种'掩藏'的概念,我们的性感就是强调'露',跟你们算是相反。"

结果她买了大胆的黑色胸衣。果然是后生可畏!

人体是基本的诱惑武器。由于诱惑魅力是一门精心淬炼的艺术,个人外表当然不能完全仰仗天然本色。法国人对于身体的修整和装饰的关注一直都很密切,而且有持续的兴趣。一个人用什么东西遮蔽身体,以及决定遮蔽多大部分,对个人在社交上的成功具有关键性的影响。

辽阔无边、引人入胜的法国女性内衣世界让我回想起我在二十世纪七十年代晚期初次报道巴黎时装秀时就注意到的一个现象。在巴黎，无论男女，经常体现出非常高雅的外表，并从中投射出一种飒爽洒脱的诱惑力。华美的面料、精致的细节、用心搭配的造型，这一切无不在传递一个讯息：我位于一个崇高的境界，可以主控我的命运与我的美丽。想要攀升到我这个境界并不容易。你认为自己够得上我的标准吗？如果不行，那就离我远些。如果可以，那就过来设法得到我吧。在理想情况中，身体必须加以精心装扮，洒布香氛，细致呵护，但要遵照特定的方式。

在另一方面，裸裎的肌肤可以放送热力四射、无人能挡的诱惑力。在这个面向上，法国人又展现出另一种强烈的兴趣与优异能力。他们喜欢以坦荡又撩人的方式玩弄肌肤这个肉体符号。法国人发明了比基尼，创造出美不胜收的女性内衣，以毫不知羞的热切展示身体的不同部位，在广告中尽情演绎欲显犹遮的裸露游戏——这一切都揭示了法国的一项全国性运动：玩性感躲躲猫。

当然并不是所有法国人都擅长展现外表吸引力，也不是人人都有这个本钱。如同世界所有地区的人，法国人在身材与品位方面也有极大的差异。法国女性不见得像刻板印象中那般身形优美细致、穿搭时尚风雅，许多人的服装尺寸大过美国尺寸的 2 号或 4 号，穿着欠缺品位的女人也比比皆是。在尖峰时段的火车站电扶梯、劳工阶级社区的公立学校，在法国各地的酒吧、餐厅、商店，我经常看到女人穿着搭配有误的衣装，或身材从任何标准来看都属于肥胖类型，而她们身边的男伴距离美学理想经常也是一样遥远。

尽管如此，我与所有那些写书、描绘法式优雅的作家持相同看法:法国有某一类型的女人能够完美投射出一种让世人惊艳的法式穿着风格,她们在巴黎街头随处可见,在法国其他地方也绝非少数。她们的穿搭看似毫不费力,其实却充满策略与刻意,是按照一套不成文规则达成的结果。这些女人赢得周遭无数男女的注目与赞赏,而她们对此当然也有清楚的知觉。

丽质天生,性格更是落落大方的时尚品牌阿莎罗(Azzaro)艺术总监凡妮莎·索尔德(Vanessa Seward)将法式穿搭的其中一个基本规则称为"旧款香奈儿因素"。

"很多人喜欢问我,到底是什么东西让巴黎女人那么与众不同?我的回答是,巴黎女人特别懂得调和不同元素,"她说,"或许我这么做有点故作姿态之嫌,但我从来不会提个最新款的香奈儿包出门。我喜欢拿的是旧得已经变形的那种包,因为这样看起来不会太过炫目,而且可能反而更让人觉得是真的高贵。我会穿新款的服装,不过这时我就不会化妆。"她说这样调和的结果产生了"一种平衡感,整体造型看起来就恰如其分,没有任何勉强的感觉"。

曾经当过名模的设计师伊娜·德拉弗拉桑热思考这个问题的角度略有不同:"巴黎女人不会从包包、长裤到毛衣全都是同一设计师的作品,"她表示,"绝对不会。她也不会穿一身新衣服出门。法国人认为风格是自己创造的。或许这是他们跟美国人不一样的地方,美国人会告诉自己,'我一定要买到一件当季外套。'而一个德国人走在街上时,我们也是一眼就可以分辨出来。"

我认识的年轻法国女人把这种思维发挥得更加细致。她们说,她们有时候会穿全新的衣服,不过会设法让衣服看起来不是完全的新。即使是新衣服也不要给人一种太耀眼的感觉。她们还有其他的穿搭规则，比如：少就是多；不可以同时佩戴垂吊型大耳环和大型项链，即使两者本身非常搭。Zara、Mango、Maje 这些品牌的服装都很有设计感也很有趣味性，而且价格实惠，但要避免穿去参加婚礼或重要派对，因为很可能会跟在场其他女人撞衫。

一位法国朋友告诉我，有一次她邀了一名美国女子参加她在巴黎郊外的乡村别墅举行的聚会。"两秒钟之内，我们就知道她跟我们不搭，"她说，"她打扮得太过度了，但鞋子又穿得不对。她妆化得太浓，在我们这里显得好怪。而且她人很无趣。后来我们就没再邀请她了。"

这种"时尚审判"当然带有一种负面效应，就是会让人随时恐惧会被评为不上道。在这一点上，巴黎女人特别令人害怕。"她们会打量你，检视你穿的鞋子、你佩戴的珠宝。"美籍记者赛乐丝汀·波伦（Celestine Bohlen）表示。她是一名资深外交官的女儿，在巴黎出生，并在巴黎住了许多年，"你整个人就这样被检查了一次，她们似乎在说，'我该把你摆进哪个类别好呢？'"

无论对男性或女性而言，穿搭风格的一个黄金准则是：不管花了多少力气打扮出世故优雅的精致外表，都要设法显得不费吹灰之力，仿佛一切都是自然发生的。

"我认识一位美国律师，他在法国已经住了三十年，"一位朋友告诉我，"他法文说得很完美，穿着也很完美，袖扣、经典字母图案衬衫、剪裁完美的成套西装一应俱全，皮肤也晒成完美的肤色，无论谈起歌剧或足球都可以眉飞色舞。我试着从他身上找缺点，但就是找不到。但我却一直没办法信任他。我忍不住想，'他的缺点到底在哪里？'他看起来完美到不知怎么地不太自然，让人不禁起疑心。"

法国男人——特别是那些优雅、富裕、有社会地位、有企图心的男人——似乎毫不费力就能拥有令人钦羡的外形,因此外国人经常以为他们天生就具有某种穿搭本能。但法国男人充满风格的外表其实本质上跟时髦的法国女人那种悉心建构的雅致外观并没有不同,都是经过构思、人工打造出来的。最近《巴黎人报》(*Le Parisien*)刊出一篇全版报道,告诉男性读者夏季穿搭应该竭力避免的错误。文章提供七项指导原则:polo衫扣子不可全扣;短裤不可太短;太阳眼镜别架在头顶;勿把毛衣披在肩上;不要把T恤塞进牛仔裤;别穿背心;不要穿尺寸过大的短袖全排扣衬衫。可以穿戴的东西则包括:系得很工整的棉质小领巾、巴拿马帽、夹脚拖。

为了进一步了解为什么有些法国男人可以将外表可以打扮得如此优雅迷人,我向一些男性同僚讨教。在一个杯觥交错、香槟如泉水流泻的"年度情感小说奖"颁奖典礼晚会上,《费加罗报》时尚专栏作家贝特朗·德·圣文桑(Bertrand de Saint-Vincent)拉着我穿越衣香鬓影的人群,欣赏各路男士的穿着打扮。我们碰到贝特朗口中的"诱惑先生"——前新闻主播帕特里克·波弗赫·达沃(Patrick Poivre d'Arvor)。波弗赫·达沃有名到曾在一部法国电影中饰演自己在现实生活中的角色;家喻户晓的幽默讽刺政治节目《人偶新闻》(*Les Guignols de l'info*)中的人偶主播,也是采用他的脸孔和声音。

波弗赫·达沃穿着一件剪裁合身的黑色丝绒西装外套,搭配熨烫服帖的牛仔裤、白色的正式衬衫及黑色漆皮鞋,整个人看起来利落潇洒。但仔细观察后,我们还发现他的更多穿搭细节。他的衬衫熨烫得完美无瑕,这在巴黎所费不赀,可见穿着者的用心。贝特朗把波弗赫·达沃的衬衫左下摆拉出来,让我看到上面用他的姓名缩写字母低调印出的图案。贝特朗这么一拉,我也不小心看到波弗赫·达沃穿在牛仔裤底下的方格平口内裤。我心想他那么考究,恐怕连平口裤也是熨烫得平整服帖。

《世界报》专栏作家阿兰·弗拉崇(Alain Frachon)给我上了一堂更具个人色彩的男性穿搭风格课程。我认识阿兰已经许多年了,他的外形高挑精瘦,虽然不属于正统男性美那型,但颇有个人特色,肤色也健康黝黑,如果在美国电影中饰演一名"诱惑型法国记者"应该相当适合,或至少戴顶贝雷帽也会有模有样。他一口英文说得流畅又道地,搭配他的法国腔及浓郁巧克力般的温润嗓音,想必会迷倒很多外国人。

阿兰说他在二十世纪七十年代初期习惯穿一套他所谓的"制服":丝绒外套、紧身牛仔裤、Clark's 的沙漠靴。他一根根地猛抽高卢蓝牌(Gauloises Bleues)香烟,精心培养知识分子的气质以及一种严肃、深思熟虑的神态。后来他到华府 ABC 新闻台实习,发现成功的美国记者都使用高雅的袖珍型记者笔记本记笔记,而且经常身穿 Brooks Brothers 的蓝色全排扣牛津布衬衫。所以他就跑去买了高雅的袖珍型记者笔记本,接着又到 Brooks Brothers 买了蓝色全排扣牛津布衬衫。他告诉我,"我跟自己说:'回巴黎以后,我一定可以所向披靡。'后来我回到巴黎,穿着一整套美国行头,希望用一种美国记者的模样打动法国女人。"

阿兰表示,历年来他这套诱惑策略还算成功,他也长期习惯摆高姿态,直到五十多岁才决定结婚生子。现在的他依然保有一些当年"诱惑型记者"的光环。不过他之所以有女人缘,关键还是在于他的法式魅力本质,而不是他营造的美式外形。"我现在可以跟你说老实话,"他告诉我,"在我这一生小小的诱惑事业里,如果要我挑出最有效的诱惑武器，其实还是我这个人。女生慢慢会发现，其他男人也许比我聪明有型，但我毕竟真的是个很好的法国男人。"

这种本质的魅力倒不是靠穿衣服就能得到的。

法国男人不仅对自己的外表深具意识，也非常乐于了解女人对仪表与穿着风格的用心与巧思。法国电影导演特吕弗（François Truffaut）在 1977 年的作品《爱女人的男人》（*L'homme qui aimait les femmes*）中有一小段对话，精准地捕捉了女人的穿着在某一类法国男人生命中扮演的核心角色。

男主角贝特朗申请使用电话唤醒服务，每天早上都会有同一个女人打电话请他起床。他对女子调情，女子抗拒。某天早上，她终于向他吐露了一个小秘密。

> 贝特朗：告诉我你现在穿的是什么。别笑，这很重要。
>
> 唤醒服务员：今天我穿的是长裤。你失望吗？你想知道我的套头毛衣底下是不是什么都没有？答案是：不是。我穿了一件乐嘉比胸罩，对，就是这个牌子。
>
> 贝特朗：喔，我知道这牌子。乐嘉比胸罩是从背后系紧，有可供调整的系带，还有一个双 S 形塑胶勾扣。
>
> 唤醒服务员：真厉害！你赢了一千法郎。

我认识的美国男人中，没有任何人会对某个牌子的胸罩有这么精确的了解。事实上，我认识的美国男人对胸罩根本一无所知。法国不一样的地方在于，这里许多男人对于女人所穿衣物的微小细节确实有极为浓厚的兴趣。

爱丽丝·费赫内在她描绘婚外情的小说《爱情会话》中对此有所着墨。吉尔初次遇见宝琳时，也就是在他们展开偷情关系之前很久的那时候，他就注意到宝琳的黄色洋装布料是"细致的府绸"。吉尔这个男人似乎非常热切地想知道各种关于女人的事物。"他知道许多衣物布料的名称，因为他是个爱女人的男人，"费赫内写道，"任何让女人感兴趣的东西都令他感兴趣。"

2007 年萨科齐正式访问白宫时，与他同行的不是他的夫人（当时他的婚姻正在崩解），而是他手下三名女将：财政部部长克里斯蒂娜·拉加德、司法部部长拉齐达·达蒂，以及外交部次长拉玛·亚德（Rama Yade）。萨科齐除了关心她们将如何以官员身份与美方人员进行交流外，对她们的穿着也非常重视。根据萨科齐友人、媒体大亨雅克·塞盖拉在回忆录中的记载，萨科齐跟亚德说她"长得太玲珑有致了，不可以穿那种蓬松的非洲公主装"，跟达蒂说她"应该保持平常那种迪奥式的高贵典雅"，并向拉加德建议"把珠宝放在旅馆保险柜就好"。

就连戴高乐将军见到他觉得娇媚有诱惑力的女人时，也会表达对她们身上服装的兴趣。据说，他经常问她们，"夫人，您这款衣服是什么料子？"

在法国，男人对女人服装的了解不仅代表对女性仪容的赞赏，这本身也是一种诱惑工具，因为这种了解显示男人确实细心注意她们，对女人而言，这点非常重要。在二十世纪八十年代法国邪典喜剧《初吻》（La Boum）的续集中，一对中年夫妻正在餐厅用餐。妻子用戏谑的方式考验夫妻之间的爱——她请他描述她的穿着。"老公，我今天穿的是什么?"丈夫一时僵住了。"我是说在桌子底下的部分,"她继续问,"我穿的是长裤吗? 长靴? 开叉裙? 高跟鞋? 黑色裤袜?"丈夫一概不知,并对她解释说,他们到餐厅的路上他满脑子都是工作上的烦恼事,没有心思注意她的打扮。两人的关系后来逐渐恶化,不过是为了一些其他原因。后来他们在一个火车站道别,丈夫说,"啊,我差点忘了。你的华达呢大衣底下穿的是一件海军蓝开叉直筒裙,还有我在圣诞节时送你的衬衫,脚上是一双新的海军蓝凉鞋,还有,就在头发底下,你戴了小小的圆圈耳环,别人是看不到的,只有我看到,因为……"说着说着,他亲吻了她的颈项。观众可以合理地假设他已经赢回佳人芳心。

法国人会用心注意的不是只有遮身蔽体之物,还有各个特定的身体部位。美国人通常会把焦点摆在饱满的酥胸和平坦的小腹:在法国,最受瞩目的女体部位似乎不是胸部,而是 fesses——臀部,而且是从后方领受那优美的曲线。法文的 fesses 这个字不容易翻译成好的英文,因为它没有英文的 buttocks(臀部)那么正式,但又比"ass"或"butt"这种略带粗俗意味的字眼优雅得多。"Derriere"这个字倒是不错,不过它虽然用于英文,但本身还是一个法文字。[①]

2003 年,法国《快讯》新闻周刊特别用一份长达十四页的增刊探讨臀部这个主题,封面标题是《Fesses:上升的曲线》。内容引述 BVA 民调机构的一项调查结果,显示只有 38% 的法国男性认为女人的胸部最能引起他们的好奇,50% 的男性则将臀部及腿列在兴趣排行榜

① derrière 原意为"后面",引申为"臀部"的委婉用语。

第一位。《快讯》指出："第三千禧年为我们揭示了丰美臀部的大举回归，它再度成为诱惑力的温度指示计。"

2006 年 *Elle* 杂志刊登的一篇特别报道为读者提供了一份臀部分类指南。臀部可以区分为四种类型：下垂型、挂包型、平板型和肥润型。报道内容还通过时间轴呈现世人对臀部喜好的演变："修长纤细"的臀部在二十世纪九十年代特别受青睐，因为那个年代的美感标准似乎以瘦长型的阴阳合体为最高依归，在这种体型中，臀部必然趋近隐形；进入二十一世纪，较为丰润的臀部重新受到喜爱，臀部必须展现"完美的曲线"。

如此重要的一个身体部位自然非得精心呈现不可，穿上衣装时当然必须如此，即使不穿衣服时也不能忽略。为了庆祝西蒙娜·德·波伏娃一百周年诞辰，法国出版了六本传记、一套 DVD 系列专辑，并举办为期三天的学术研讨会。《新观察家》周刊还以她的照片作为当期封面。这张美国知名摄影家阿尔特·谢（Art Shay）的著名照片呈现了西蒙娜·德·波伏娃的背面全身裸体，她正在芝加哥居处的浴室梳理头发，身上唯一的衣物是一双高跟凉鞋。这个封面引起了相当大的波澜，而且由于波伏娃大腿和臀部上的橘皮组织被喷雾处理掉，更被许多人认为是对自然女体的一种侮辱，各界爆发关于性别歧视、女性主义和报道诚实性的议论。

法国的实况是：臀部在礼貌性的社交场合被视为一个值得尊重的交谈主题。我和我的法籍研究助理莎娜依·勒莫瓦内讨论碧姬·芭杜时，她告诉我最让她祖父心动的是芭杜的性感背影。"我记得祖父曾说他去看碧姬·芭杜的电影是为了欣赏她的臀部，"莎娜依说，"当他想看比较'正统型'的美女，比较不那么风骚或过度性感，他会去看西蒙·西涅莱主演的电影。"的确，在《上帝创造女人》中，一名男子看到芭杜走路摇曳生姿的模样，忍不住赞叹道，"她的屁股真会唱歌呢!"

　　臀部在法国受到非常严肃的讨论，有一位法国人甚至出版过一本专书，叫《臀部简史》(*Brève histoire de fesses*)，从学术观点探讨臀部从古典希腊罗马时代到当代在艺术中的诠释。作者让-吕克·恩尼格(Jean-Luc Hennig)通过论述指出，臀部是偷窥者的天然游猎场。臀部赋予观看者的乐趣不在直接的身体互动，而在一种理想欣赏品所散发的诱惑，这种诱惑通过绘画、诗歌、语言、雕塑和各种性吸引游戏不断释放出来。臀部在某些时代是受禁止的色欲物体，在另外一些时代它又获得灿烂辉煌的强调与颂赞。作者认为，臀部本身就造就了一整套独立于其他身体面向之外的诱惑论述与诱惑实践方式。

　　法国的画家及歌词作家将臀部呈现在包罗万象、引人遐思的场景中。弗朗索瓦·克鲁埃(François Clouet)1565 年的画作《黛安娜的沐浴》(*Le Bain de Diane*)中的臀部显得悠然自得而又万般妩媚，古斯塔夫·库尔贝(Gustave Courbet)则在 1853 年作品《浴女》(*Les Baigneuses*)中，将劳工阶级女子苍白的臀部描绘得栩栩如生。香颂歌手乔治·布哈桑斯(Georges Brassens)在一首《美臀维纳斯》(*Vénus callipyge*)①中表达他对臀部的迷恋，虽然他在歌词中用的是语境比 fesses 粗俗的 cul 一字指称这个人体部位。其中一段歌词是

————————

① 此处所用的 callipyge "美臀" 一字为学术用字，借用自古希腊文的 καλλιπυγο (kallipugos)——"拥有美丽臀部的"。这个形容词是希腊神话中美丽与爱之女神阿芙洛狄特(Aphrodite)——相当于罗马神话中的维纳斯——的属性修饰语。

"当假屁股横行世界/且让我歌颂诚正无欺的真屁股！"①

2009 年底，法德合作的泛欧文化频道 Arte 电视台推出纪录片《臀部不为人知的秘籍》(*La face cachée des fesses*)，探讨这个身体部位用什么方式形塑了文明。伴随这部影片的播映，Arte 特别出版了一本专书，结果大受好评，成为当年最受欢迎的圣诞礼物之一，在书店销售一空。这部影片是 2009 年法国收视率最高的纪录片，观看人数甚至超过一部声称揭秘迈克尔·杰克逊(Michael Jackson)生平真相的纪录片。《臀部》一片的共同导演艾伦·罗斯柴尔德(Allan Rothschild)宣称，法国与臀部之间有一份特殊的情缘；在法国的广告看板、时尚杂志乃至药妆店橱窗中，臀部的意象可谓无处不见，乍看之下令人无法不认为法国人对裸体抱持着远超过其他民族的无所谓态度。

但这种第一印象有某种误导作用。表面上看来，裸体与富丽华贵的订制服装虽然在展现人体美方面是两种极端不同的方式，但在法国，这两者之间却有极其重要的共同点：两者都属于精心展示的范畴。对法国人来说，展现裸露的身体并不代表只把衣服脱光，而是必须找到最佳表现效果。即便是裸露也可以是——而且应该是——风格的一种诠释。

2009 年一个秋天夜里，我在一个别开生面的场合上对这个事实有了深刻的体会。当时我与数以百计的其他观众一起耐心守候在气质优雅的巴黎春天百货外头，隔着金属防护栏等着观赏一场不寻常的橱窗展示。虽然当时的天气是名副其实的秋风秋雨愁煞人，却没

---

① "假屁股"是法文 faux cul 的字面意义，这个词语的引申意为"伪君子"。

有人因此离开。九点钟刚过，一个转角橱窗上的屏幕升起，揭显出五名身穿制服的舞者。从远处看起来，她们的穿着有点像白金汉宫的英国女王卫兵。虽然灯光昏暗，但稍微仔细观察后我发现，她们除了在下巴部位系上的黑色毛毡帽、高跟马靴、黑色衣领、红色肩饰、门手套、黄铜纽扣、吊袜带，以及一些缎带以外，身上几乎没有别的衣物。闪亮的白色流苏在她们腰部前后两侧垂坠，策略性地遮掩住私密部位；她们的胸部及臀部则是完全裸露。

林荫大道上回荡着雄伟的军乐声，一名男性指挥官以粗嘎的嗓音发号施令。舞伶们随着指令敬礼、踏步、行进、转身、甩头，完全没有摇晃酥胸或扭动蛇腰的动作。她们的胸部坚挺紧致、神气昂扬，臀部则结实强健、肌肉发达，没有任何身体部位垂荡抖动。这场由春天百货与疯马夜总会联手打造的表演，是为了"礼赞魅力与诱惑"，为时仅有短短的五分钟。

我有一种受骗的感觉。舞者的表演像军队般整齐划一，对我而言毫无情欲色彩。我不了解精准及控制如何能转化成魅力与诱惑。

观众倒是一片如痴如狂。

站在我旁边的年轻法国女子觉得非常惊艳，直呼"真有纪律！好优雅啊！"另一名女子表示，她觉得"那种不靠任何低俗成分就能传达的性感真令人心荡神驰。她们是裸露的，但裸露的方式却让她们看起来毫不裸露"。还有一名女子认为舞者的服装和化妆都绝对完美，使她们看起来"仿佛是洋娃娃"，令人印象深刻。一名男性电视记者问部分在场人士是否觉得这场演出像是"性感原子弹爆发"。

对这些人而言，这场表演展现的是法国的典雅技艺，裸体其实只是一个无关紧要的细节。我们站在一家最经典的巴黎百货公司前面，身处巴黎市中心最繁忙的林荫大道之一。这时我们距离纽约布鲁明戴尔百货公司（Bloomingdale's）非常遥远，距离拉斯维加斯也非常遥远。

疯马夜总会以近乎全裸的美丽舞蹈秀闻名于世，夜总会总监是金发、长腿的美法混血安德蕾·德森伯格。有一天晚上我在橱窗展示结束后、欣赏完整疯马秀之前访问了她。我从她口中知道，疯马舞伶都修习过古典芭蕾。她们的身高必须在五尺六寸到五尺八寸之间，双乳乳头间的距离不能超过十英寸半，肚脐到阴部的距离不能超过五英寸。她们每周必须量一次体重，身上不能有刺青，也不能做医美手术。她们的身份对大众完全保密：每个人都有舞台化名，日常生活的食衣住行绝不对外公开。虽然她们登台时身上唯一的衣服可能只有一些小小的彩色灯串，但她们永远不会完全裸露，脚上也一定穿着高跟鞋。"高跟鞋可以凸显腿部线条，"德森伯格表示，"穿上它以后，走路会变得不一样，动作也会变得不一样。加了一点人工技巧进去之后，整个诱惑游戏就可以顺利展开。如果是完全裸体的话，观众反而会睡着。"

德森伯格认为这场为时五分钟的"春天橱窗秀"非常能够启迪人心。"舞者达到完美的控制，灯光效果也非常完美，"她表示，"就像剧场舞台上的一幕表演，精美绝伦，非常棒，为许多年轻女性赋了充沛灵感。"

我不会想到要用"启迪人心"或"赋予灵感"这种词语来描述我所见。"什么样的灵感？启发女人的性感吗？"

"启发她们美丽的自我和被欲求的感觉，"她回答道，"女人会希望能好好运用自己的感官美、性感美和女性美。而且不是只有被动地待在接受端，也要在控制端主动采取行动，要能发号施令。"换个方式说就是：疯马夜总会的舞伶是掌控自己命运的女性主义霸主。

德森伯格在拉斯维加斯和巴黎都工作过，因此我想她必然是个理想的情报来源，可以解析这两座城市在性爱和诱惑等方面的差异。她告诉我，拉斯维加斯讲求直接表现，没有细腻性或神秘感。"美国要的是《花花公子》杂志那种胸脯很大的全见女孩。拉斯维加斯的秀场灯光都打得很亮，完全没有留下想象空间，就是一种'全部露给我看'的味道。那不是要让你的大脑产生共鸣；或许一部分人的裤子会产生共鸣，但大脑不会有共鸣。而大脑才是美丽所在的地方。"

德森伯格说，拉斯维加斯的舞伶欠缺疯马夜总会舞者那种力量。"拉斯维加斯典型的舞者几乎可说是牺牲者，"她表示，"我实在不愿意说得这么白，可是她们基本上就是在说'我用硅胶使乳房膨大，穿超短迷你裙用力摆动屁股'。那里面没有诱惑，她们没有把自己的情欲幻想带出来，只是在盲目地满足男人的幻想和要求，因此失去了某种自我。"

相对而言，疯马秀"非常有灵性"，她表示，"一切都与暗示有关，一切都在想象中。那确实是在展示，但你又永远不会真的看到。"舞蹈表现精准而有纪律，灯光充满神秘氛围，"比较像是用水彩装点人体，而不是用灯光打亮。"

那天晚上的疯马秀充满艺术性，灯光奇妙万分，毫无情色之感。我一边啜饮"女沙皇"（Tsarine）香槟，一边欣赏舞台上流泻的典型男性性幻想：握着掸子的法国女仆、女太空人，还有一位女性主管在股市崩盘时取下眼镜，然后一一褪去身上衣物，直到把吊袜带脱下。舞台上经常可看到臀部扭动的情景，但没有甩动胸脯的画面。观众唯一稍稍冷静的时段，是在一对穿戴整齐、头顶微秃的双胞胎男演员串场时，他们表演了一段相当长的搞笑踢踏舞。

把疯马秀形容为以细腻、微妙的方式运用裸体的个中典范，可能显得有点牵强，但无可否认的是，法国人确实喜欢略加操弄裸体元素，而不是直接攻城略地。易普索民调公司最近的一项调查显示，只有3％的法国女性认为自己全裸时最具诱惑力，而且也只有17％的法国男性认为女人全裸时最具诱惑力。

这一切显示，人体被包裹在一层神秘面纱中将更引人入胜，即便只是薄薄一层。看到女人穿着衣服，反而应该更能唤起周遭其他人对看到她裸体的欲望。显现与隐藏不断地交互流动。时尚设计师桑尼亚·里基尔（Sonia Rykiel）许多年前就告诉过我这件事，当时她在推广一个既可开展也可收合的创意服饰系列。设计的重点完全不在裸露，而是一种灵活的流动性。她强调："裸露是不性感的。"

脱衣舞以近乎规范化的程度，将调情与挑逗的元素作为升华裸体表现、延续观赏情趣的手段。法国号称自己是现代脱衣秀的发明者。十九世纪九十年代，巴黎推出一个名为"依芙特的就寝仪式"（*Le coucher d'Yvette*）的表演，演出者是一名年轻女性，她在寻找跳蚤的同时，慢慢地脱去一件件衣物，最后也没找着跳蚤。在接下来数十年中，荷兰籍舞伶玛塔·哈里（Mata Hari，一战期间被控从事间谍工作，在法国遭到处决）及美国黑人舞者兼歌手约瑟芬·贝克（Josephine Baker）等人分别都以自己的风格演绎了这种舞蹈形式。

脱衣舞的基本功就是要掌握遮掩与展示之间的平衡。为了进一步了解这一点，我拜访了维奥莱塔·卡潘提耶（Violetta Carpentier）。她在巴黎第九区一间位于大楼地下室的舞蹈教室中经营迷你脱衣舞学校。

我在一个星期六上午来到这里，看到十多个年龄从二十二到四十五岁不等、穿着大致简单朴素的女子前来上课。她们已经事先接到通知，要穿一些容易脱下的衣物：全排扣罩衫，背部不超过两个勾扣的胸罩，在背后或侧面以拉链开合的裙子，可以用来作为道具的夹克，没有系带或皮带扣的鞋子等。此外，为了维持基本的庄重，学员必须穿上两套内衣。课程结束以前，她们可以学会一套为时三分半的脱衣秀。有一位学员戴了神气的帽子，另一位学员披了一圈黑色鸵鸟羽长围巾。二十六岁的西尔维想在丈夫生日时跳脱衣舞给他看，作为当天的惊喜礼物。三十二岁的劳伦斯来报名上课是因为身边的朋友要她摆脱害羞个性，大胆展露自己的身体。

老师夏洛特穿着白色套头毛衣及牛仔裤，长得高挑迷人，不过不属于火爆性感型。在教授学员各种脱衣舞技巧与注意事项时，她完全没有脱去任何衣物。跳脱衣舞需要注意的地方很多。穿长裤不优雅，穿牛仔裤更是绝对不行。从头上脱下 T 恤或套头毛衣的动作非常不性感。穿太紧的衣服可能造成身体上出现痕迹。钢圈胸罩非常好，因为它在肩带滑落后还会乖乖地罩住胸部。长度到膝盖以上的弹性开口丝袜会突显出大腿的肥肉。脸部妆容如果太浓艳，会与身体其他部分的肤色产生冲突。

长发女士应该把头发往上梳成发髻，但要用马上就能取下的别针甚至铅笔簪起，以便在需要时让秀发瞬间飞扬。短发女士必须用花卉或丝巾等元素进行装饰。表演空间内不要摆放家具，也不要点蜡烛。每位学员使用的实体道具就是一把椅子,这是表演秀的核心元素。

学员准备就绪,开始行动。她们攀扶在椅背,面对镜子,将下半身放低,以数字8的形状旋扭臀部。老师请学员在心中想象出一个英俊的美国男人,当作情欲对象。"我们就把他叫作鲍勃吧。"夏洛特说道。大家似乎都没有兴奋感,"不然,我们换个名字。布拉德如何?我们就叫他布拉德吧!"(显然许多法国女性非常喜欢布拉德·皮特。)

舞蹈动作相当细腻,不像美国的脱衣舞课程中那样汗流浃背地扭腰甩臀。法国的脱衣舞课讲究的是柔和优美的动作,而不是火辣的肉体晃动。

女学员们学习如何边解开夹克纽扣,边妩媚地朝"布拉德"走去。"不要走得一副好像在赶地铁的模样!"夏洛特告诫大家。女学员们拉下夹克的一边,露出香肩,然后又将夹克往上拉回定位。她们偷瞄了一下"布拉德",然后转身离开,并将外套用力往前甩,仿佛这样才能不受布拉德牵制地勇往直前。

老师教她们如何以最有利的方式展现自己的身段,如何移动膝盖,如何拉开裙子拉链、让它落下,再缓慢而慵懒地挪移而出。通过优雅的姿态、对错觉效果的掌握,以及良好的自我控制,可以创造诱人的性感风情。一头红色短发的玛蒂娜的小腹上有一个蓝色与橙色交织而成的鸟类刺青,她一本正经地问老师,"为什么裙子要比上衣先脱?"

"好让臀部的展现时间更长。"夏洛特老师回答。

"可是我不喜欢我的臀部! 如果我不想展现臀部怎么办?"玛蒂

娜问道。我觉得她的臀部看起来挺优美的，实在想不通她为什么对自己的臀部有意见。

"那你恐怕应该放弃脱衣舞。"夏洛特毫不掩饰她的不耐烦，就这么酷酷地说了一声。

"那我走了！"玛蒂娜边说边开始往门口走。

夏洛特按捺住脾气，放缓口气。"如果你真要先脱上衣，我也不管，"她说，"我教你们的是主菜，之后你们要怎么搭配酱汁是你们的事。"

接下来，老师播放贝琳达·卡莱尔（Belinda Carlisle）热情洋溢的二十世纪八十年代金曲《为你疯狂》（Mad About You），学员们在动感旋律中开始学习如何跳好钢管舞，以及如何扭臀、甩发、抖乳。她们学着如何以快速动作一次就将胸罩解开，如何侧坐在没有扶手的椅子上做出踩轮子的动作，并将身体往后仰。接着她们学习如何优雅地褪下内裤，不让它卡在脚踝。

学员的实际表现并不容易预测。有一位气质脱俗的女学员长得如花似玉，匀称的身材凹凸有致，闪亮的金发一路流泻到腰际，乍看令人觉得跳起脱衣舞一定美不胜收，但她就是无法掌握好基本动作，甚至连表情眼神都学不来。她一直显得冰冷且严肃，仿佛正在参加高中毕业会考。还有一位二十八岁的女工程师，当她穿着一丝不苟的灰色套装进到教室时，看起来并不特别迷人，但一旦脱去衣服，却忽然展现出让人无法抗拒的魅力。她穿着有缀带垂饰的粉彩色印花灯笼裤，舞动起来时流露一种顽皮中不失天真无邪的气息。几乎不用老师提示，她似乎就知道什么时候该让身体哪个部位动起来。课堂上她一直快乐地笑着，她的酥胸也随之尽情舞动。

无论是穿戴霓裳华服或展现曼妙胴体,法国人用一套严谨的概念定义出何谓高雅品位;同时,他们也不敢违反这套规则。脱衣舞可以是一种技艺表现,它可以精致微妙,完全获得社会认同。另一方面,一套精心挑选的商务服装却可能被视为难看、缺乏品位。法国人在品位方面的挑剔,从他们对化妆的态度最能清楚看出来。

讲究品位的法国女人并不化妆,或至少假装如此。

美国女人如果要盛装打扮出门,绝对不会轻忽化妆这道程序。她们会打上厚厚的粉底,以眼影、眼线和睫毛膏妆饰眼部,而后涂抹胭脂及唇膏。相较之下,时髦的法国女人习惯雕琢打磨,而不是浓妆艳抹地予以粉饰。我请米歇尔·菲图西为我说明这一点。米歇尔是法国最重要的文学界人士之一,她写小说也写传记,还在 *Elle* 杂志有一个广受好评的专栏。她戴着别致的黑框眼镜,肤质清透亮丽,看起来仿佛没有化妆。

但当我哄米歇尔让我看看她皮包里的东西时,她陆续掏出粉饼、腮红、睫毛膏、灰褐色眼影,以及浅色唇膏。米歇尔告诉我,法国人在化妆上采取极简主义态度。“彩妆会增添女人的岁数,会让女人产生纹路,就像树木的年轮。”她用一个形容词总结那些把自己画成有如彩绘洋娃娃的美国女人:vulgaire(庸俗)。

Vulgaire 这个字看起来跟英文的 vulgar 类似,但意义更加细致;它暗示着一种风格、品位、教养和仪态的缺乏。为了避免自己的打扮被视为 vulgaire,女人一次只能选择一项具有戏剧效果的强烈表现。“如果我决定涂红色口红,我就会全身都穿黑色衣服,”她说,“如果我穿非常高的高跟鞋,就不能搭配太短的迷你裙。如果我戴的是醒目的大型珠宝,我就会配上一套沉稳低调的服装。你要打扮得有点搞怪没关系,但搞怪的东西只能有一种,最多两种。女人的穿着打扮多少总是带着那么点情色性质,但必须用一种掩藏的方式表现。法国人眼中的美是非常内在化的,就像穿着素朴的军式大衣,但里面有华丽的貂毛衬里。"

我向办公室里的法国女同事询问她们对细致低调的妆容有何看法。年轻记者艾莲·富凯(Hélène Fouquet)说明了平衡效果的基本原则。"眼睛和嘴巴必须二选一。"她说。

我说我不懂她的意思,并告诉她美国女人会把脸部五官全部强调出来。艾莲听了表示,"如果眼睛部位化了浓妆,就不要涂唇膏。如果涂了艳丽的唇膏,眼睛部分就不要多做处理。"

女人素颜时,比如在卧室里,可以用别种方式传达美丽的概念。香奈儿公关总监玛丽-露易丝·德·克莱蒙-托内赫(Marie-Louise de Clermont-Tonnerre)告诉我,她如何在自己卧室里把孙子们迷得神魂颠倒。"一个祖母如果要向孙子孙女们施展诱惑,关键在于一些重要细节,"她表示,"她必须设法在小朋友进到她的卧室时穿着非常美丽的家居袍现身。这种形式的诱惑与时尚或彩妆没有关系。那是一种美丽卧室的诱惑,奶奶出现在美丽的室内装潢中,躺卧在优美的刺绣寝具上,散发自然的魅力。奶奶出现在床上时必须展现出一种倾倒众生的姿彩。"

为了更进一步了解,我请教了罗拉·梅西耶(Laura Mercier)。她是一位居住在纽约的法国设计师,亲手打造了一系列美妆及肌肤保养产品。根据她的解释,太艳丽的妆容比较适合阻街女郎,再不然就是让人觉得矫枉过正。

"美国女人把妆化得这么浓实在令我吃惊，"她表示，"一个人如果化妆过度，会释放出一种性爱色彩太浓厚的讯息。"梅西耶认为，相较之下，"法国女人不会把妆化得那么俗艳，她们注重细致微妙的美感，而不是要向全世界宣告，'为了美丽，我花了好几个小时打扮我的脸。'"

不过，浓妆还是有其用途。有一次我问一名丽都夜总会的资深舞伶，像她这样夜以继夜地在近乎全裸的状况下跳舞，有什么特别的感受。她说她必须在暴露在外的肌肤上涂抹厚厚一层化妆品，让肌肤在灯光下看起来质地均匀。她说，这么一来她也不会觉得自己真的裸着身体。但由于化妆是她舞台形象的基本要素，不工作的时候她几乎完全不化妆。

法式风格的某些面向是只能意会不能言传的。而当穿着的艺术与显露的游戏发生重叠时，为了避免自己显得 vulgaire，女人务必要特别小心。

疯马俱乐部总监安德蕾·德森伯格告诉我，她在拉斯维加斯时总觉得自己是个法国女人。"我穿衣服不像她们，走路的样子也不像她们，"她这样把自己与美国女人进行比较，"我身上会有一种法式优雅，甚至更好一点，有种巴黎式的优雅。整体而言是比较节制的，不会太花哨、太抢眼。法国女人也许会把自己的罩衫解开几个扣子，但绝不会让大奶子大刺刺地滚出来，玲珑的小胸当然也是端庄地收放妥当。整个造型就是比较强调低调。"

细节非常重要。"鞋跟高度一定要合适；长裤要适合自己的身材，材质也要正确；罩衫剪裁要精准，透明感也要合宜。整个打扮是很性感的，但你不会直接看到什么部位曝光。你可以尽情发挥想象。

我自己的话绝对不会穿太紧的衣服,如果脚指甲没有涂得美美的,我也绝对不会穿露出脚趾的鞋子。"

我感觉我是听懂了,但接下来她说的话可又把我给搞迷糊了。"有趣的是,你如果在美国参加商务会议,看到邻座那位美国女人穿的是很棒的黑色长裤,衬衫也非常好看,指甲同样修整得很美。但这些东西拼凑起来,整个味道就是不对。"

怎么会呢?我想知道。

"坦白说,"德森伯格告诉我,"我也不知该怎么解释。"

第九章
香气的召唤

*

古人认为豹是唯一会释放香气的动物,它运用这股香气吸引并掳获猎物。

——让·鲍德里亚,《论诱惑》

女人没有香水,就等于没有未来。

——可可·香奈儿

为爱马仕（Hermès）创造馥郁香氛品牌香水的总监让-克洛德·艾列纳（Jean-Claude Ellena）认为，法国文学中有一段文字会让人极为不安。这段文字出自让·季奥诺（Jean Giono）1930年的小说《再生》（Regain）。《再生》描绘的是一个田园故事，歌颂耕耘大地的神奇魔力。它也是一段爱情故事，男主角潘图勒是上普罗旺斯（Haute-Provence）一座破败村庄的最后一位住民，女主角雅苏乐则决定与他定居在那里，盼望能为村庄及荒芜的农田注入新生命。但在这个心愿实现以前，雅苏乐扮演的人生角色是陪着一个流动磨刀匠四处流浪讨生活。

"有一个非常不可思议的段落，"艾列纳表示，"男的是一名磨刀匠，他遇到一位略显迷失的女人，决定将她收留在他的羽翼下。爱情还没开始，倒也逐渐近了。她推着装载磨刀机器的独轮手推车，走在前面，在乡间小路上推着推车，像这样。"

为了强调他的描述，艾列纳做出推动重物的动作，接着继续描述，"季奥诺将这个场景描绘得好极了。男主角位于女主角后方，闻着她的味道。他嗅闻的是她的汗水味儿。这个段落充满情欲色彩。哇……太美妙了！"

艾列纳忽然停顿，仿佛害怕继续说下去，但他无法停下。"那个味道是如假包换的动物气味，是人的味道，但同时也是动物的味道，"他说，"那跟香水毫无关系，而是肌肤，是肉体。我记得……"

他的声音逐渐淡去、停止，随即重新扬起。艾列纳非常清楚他的话语所传达的重要意涵。"这个故事真的让我很不安，"他说，"我觉得它非常……非常……因为我相信……身为香水创造者，我反倒相信最美的香气是人体肌肤的味道。那味道远远超越香水，香水只不

　　　　　　　　　　　　　　　　　　　　法式诱惑

过是衣服而已。仅只于此。它就像彩妆，像一副珠宝。"

艾列纳被认为是全球嗅觉最敏锐的调香师，有能力将他精心创造的香氛幻化为心灵中的隽永诗歌。这个独特天赋让他与众不同。他也是个业余水彩画家，并热爱收藏中国艺术品，还宣称自己的创作灵感源自文学家如波德莱尔、作曲家如德彪西（Debussy）、画家如塞尚（Cézanne）、爵士歌手如史黛西·肯特（Stacey Kent）等。他将灵感化为意象，将意象化为创作，从而激发使用者无限的记忆与想象。

平日的艾列纳冷静而自制，他动作优雅，风格细腻，个性刻画着某种自我膨胀的痕迹。我们见面那天他穿的是他的"制服"：熨烫得完美无瑕的衬衫，布料昂贵、剪裁利落大方的灰色长裤，柔软的白色皮鞋。他知道自己非常英俊，也非常懂得利用他那所向披靡的姿色，以深邃迷人的黑褐色眼眸让谈话对象悸动震慑。但正因为如此，他对香气本质的告白显得更具大胆张力。

即便艾列纳身为一名调香专家，懂得将不同的花卉和香精混合调制出醉人芬芳，他描述的故事却导向一个和那些原料没有太多关系的吊诡结论：在诱惑的领域里，香水只是人体汗水的延伸而已。十八世纪著名的意大利大诱惑家卡萨诺瓦非常了解这点。"谈到女人，我一直觉得我爱上的女人必然都有很好的气味，而且她的汗水越多，我感觉越是香甜。"他在回忆录中写道。但如果未经修饰的汗水能产生全世界最具诱惑力的香气，而人造香水充其量不过是一种表层覆盖物，如同衣物、珠宝或彩妆，那么产值以十亿为计算单位的香水工业就没有存在的必要了。

"在你的专业里，这种看法想必非常危险。"我说。

我这句话把艾列纳震出他混杂的思绪。之前他跳脱了他的专业身份，现在他重新恢复了平衡。他露出微笑，将那无人能挡的迷人魅力撒布在我的周围。

"不过事情也不是那么严重，"他以丝绒般的轻柔细语表示，"我只是说得比较夸张些。"

在人类所有官能中，嗅觉承载的情感强度最大，但也最难以捉摸。嗅觉将讯号直接传到所谓的"边缘系统"中，这个地方是大脑的一个神秘区位，负责激发情绪和感情，而非概念和思想。如同艾列纳的故事所显示，嗅觉与性诱惑之间的关联是与生俱来的自然现象。但在法国，气味的创造与使用被精致化到远远超过汗水这种基本的天然机制。

香水能让嗅觉以一种非常强烈且充满情趣的方式进行沟通。香水的成分本身就散发着无比异国、浪漫的氛围：印度晚香玉、卡拉布里亚（Calabria）①佛手柑、埃及茉莉、印尼广藿香……

气味是一个无法被看到、尝到、感觉到或碰触到的媒介。它的力量是人类想象出来的，它的诱惑是时间操纵的结果。气味制造的感觉在带着气味的人离去之后仍可久久不散。这种将瞬间化为永恒的魔力就是气味对其玩弄对象施展的把戏，让他无法忘怀带着气味的那个人。从这层意义来看，气味可说是回忆与可能性的包装材料，同时包住并美化人对过去的追忆与对未来的憧憬。

艾列纳通过一个简单的示范，说明气味操弄记忆的方式。他打开一个装有人工香草精华的小玻璃罐，浸入一片试闻纸。接着，他打

---

① 意大利半岛最南端的地区。

开一罐甜橙香精,浸入第二片试闻纸。当他把两片试闻纸摆在一起时,整体的味道变得像玛德莲蛋糕。接着他把第三片试闻纸浸入肉桂香精,这就调出了姜饼的气味。他再将第四片纸浸入莱姆,让我闻四种香气组成出的味道,结果,忽然间我竟然觉得闻起来像可口可乐!

"我玩弄了你的记忆,"他说,"我操纵了你。"他说得没错。想必艾列纳这套把戏已经玩过无数次了,但他终究强有力地证明了他的论点。

仰赖化学与科技的现代香水是法国在十九世纪发明的。但在此之前,使用香水的概念在几万年前就已出现在法国这块土地上。当时居住在现今法国南部洞窟中的克罗马农人(Cro-Magnon)已经懂得用薄荷及柠檬擦摩自己的身体。

中古时期的法国女性身上会戴着"香氛珠宝"(bijoux de senteur),也就是以黄金或宝石打造的迷你容器,里面装有香精调制品。十七世纪时,人们会在佩戴的假发上撒上茉莉、玫瑰、风信子、黄水仙、橙花等花卉制成的香粉,有时还会用掺有糖或热琥珀油的麝香带出更浓烈的气味。在接下来数百年中,法国人将香水升华为一门精致艺术,他们创作香氛的专业能力成为法国神秘魅力的一部分。许多香水创作师(人称"香鼻")强调他们调制出来的香氛不是化学产物,而是可以与绘画或诗歌平起平坐的艺术作品。

有些调香师比较务实,他们承认浪漫的故事或词句虽然可以诱引消费者,但跟制作香水的辛劳工作没有任何关系。"香水公司及调香师会告诉你一堆故事——诸如'昙花,一年才开一次花,我碰巧遇上，捕捉花的香气，制成绝妙香氛'之类的夸大之词，"迪奥香水总监弗朗索瓦·德马希表示，"我的看法截然不同。香水是一门科学，一门充满不确定的科学，而我是一位气味实验工匠。"

但就连如此务实的德马希有时也会让自己迷醉在香水专业的幻想魔力中。有一天早晨，他带我到以玫瑰花闻名的巴嘉泰勒（Baga-telle）花园，那里栽种了数十种不同的玫瑰，而且每年举办一次比赛。那是他每年春天都要参加的季节仪式，他在那里可以回忆自己在充满玫瑰的香水之都格拉斯度过的童年，并寻找新的创作灵感。

我们沿着花香四溢的小径前行时，得一路挪移身子，才能躲开明目张胆的孔雀与忙着用相机和平板电脑拍照的大批英国观光客。德马希教我如何将鼻子深深嵌进每一朵玫瑰花中，深深地嗅闻数次。我们闻了一朵色泽略带紫红的大型白玫瑰，这朵玫瑰外观艳丽无比，其实不需要什么香气就足以吸引大群蜜蜂在她身边流连。有一种绿叶油亮的黄色茶玫瑰，叫作"哦，我的太阳"（O Sole Mio），德马希说它的味道闻起来就像绿色。花朵非常小的"疯狂处女"（Vierge folle）完全没有香味。有些品种的玫瑰闻起来像杏仁、荔枝、水蜜桃、胡椒、香草、丁香或麦秆。我了解了许许多多的玫瑰知识，例如玫瑰花在花瓣开始飘落时会微微释放一种宛如蜂蜜的香气，有些玫瑰的香气在气温升高时会消失无踪，年老的植株香气通常比较淡薄等。"我每次到这里，都会发现新的玫瑰，"德马希说，"每一朵玫瑰都有与众不同的香气。"德马希平常是个严肃的人，但在这座玫瑰花园里，他整个人都洋溢着微笑。

多年来，我逐渐体认到香水的气息是法国氛围中不可或缺的一部分。它跟女性内衣与葡萄酒一样，都是法国文化的重要环节，我在巴黎闻到香水的时刻也比在纽约多。

其中一个因素是人与人的接近。由于法国人在日常生活中经常吻颊或握手，他们互相靠近的机会也非常多。法国人使用香水的习惯是不要喷太多，只要别人在准备亲吻的那种近距离闻得到就够了。接近别人的身体因而等同于进入那个人的气味范围。香水成为亲密感的一种形式、情趣分享的一种途径，以及迫使他人记得你的一种手段。

高雅诱人的香水气息能在诱惑行动中扮演核心的角色。一个人在受到香气吸引的同时，也受到那带着香气的人所吸引。由于诱人的感觉无法言喻，理性思考会暂时中断，取而代之的是情感的导引。有一次我跟爱马仕的香水部门公关主任奥利维埃·蒙特叶（Olivier Monteil）进行午餐访谈，结束时我起身道别，他吻了我的双颊，我们的身体靠近到我可以闻到他的香气。我问他他用的是什么香水，结果他忽然显得有点腼腆，不太好意思说。"其实是个实验，"他说，"玫瑰味吧，有点辛辣、胡椒味那种。稍微有距离就闻不到，只有在我亲你脸颊时你才闻得到。"

法国全国平均每人（男女老幼全部计入）每年花在购买香水的费用超过四十美元，比任何其他国家都多。美国人只花十七美元，日本人只花四美元。西班牙人和巴西人的香水用量比法国人多，但花费的金额比较低。

还有一件事更有趣。不仅是香水，嗅觉在法国的重要性也比在许多其他地方高。法国人从小就被训练辨识气味；有一个很受欢迎的棋盘游戏，称为"气味乐透"（Le Loto des Odeurs），玩游戏的人必须辨认三十种气味，包括尤加利、香菇、铃兰、榛果、青草、饼干、茴香、草莓、忍冬、海洋等。

香水被法国女性视为诱惑武器装备中的基本要素，法国男人被香气围绕，对香水兴趣高昂。他们比美国男人更懂得欣赏及辨认女人身上的香氛，对市场上的男用香水认识也多，而且会经常使用香水。

美国人对于个人气味的着重点若不是在清洁卫生（我们立刻可以想到"除臭香皂"这玩意儿），就是在权力的投射（例如三尺以外就闻得到的浓烈香气）；法国人则偏爱表达细腻巧妙和神秘气息。

艾列纳这样说明："美国人对香水的观念聚焦在我所称的'性能'。美国人喜欢谈持久、坚韧度、权力等等。有些香水——例如'天香神水'（Elixir Aromatique）或 Giorgio 香水——会立刻制造一种距离，因为它香得令我禁不住像这样——"他说着就把手臂往前伸，仿佛要把我推开。"这种香水的作用简直就像一块盾牌。"他说。

相反，法国人对香水的概念基础是低调美学。"我比较喜欢香水制造人与人之间的亲近感，而不是制造距离。"艾雷纳继续表示，"通过你的气味，你真实地存在于我面前，但你不会干扰到我。仿佛我是在你的耳畔低语，像是启动一种耳语模式。"

虽然这样的香气表现有如轻盈无形的耳语，但却带有精锐武器般的威力，可在无数场合中有效发挥作用。艾列纳透露了长发女人的一道战斗策略。"她们会把香水喷在这里，"他边说边将食指置于耳朵后方，然后慢慢往下移向颈部，接着在另一边重复相同动作，"她们走路时，风会吹进头发，然后在她们身后洒曳悠扬的香氛。我觉得这非常能够撩拨情欲感受。妖魔般的情欲诱惑力。"他大声笑了起来。

他的说明让我想起香奈儿最常被引用的一句名言："女人出现在任何可能被人亲吻的场合时，一定要穿上香水。"

我对法国男人在香水方面的敏锐度也有一些第一手经验。有一天，我出了点意外，结果来到复健诊所报到。我俯卧在床上，复健师亚历山大边揉捏着我的肩膀，边向我解释急性肌腱炎和肌肉拉伤的差别。我们陷入一阵寂静，接着亚历山大提出另一个话题。

"你今天喷什么香水？"他问我。

"我没喷，"我回答，"可是你为什么会想问我用什么香水？美国男人从来不曾问我用什么香水。"这是事实。连我先生都不曾问我这个问题。

"如果我喜欢某种香水的味道，我就会很有兴趣。"亚历山大说。

他告诉我，曾经有一位客人身上喷了一种超俗绝世的香氛，但他忘了问她那个香水的名字。那股香气让他魂牵梦系。它拥有伟大香水的关键特质：在嗅闻者的记忆中飘荡不去。

他还留有这位客人的号码，但不敢打电话给她。提问这个问题会显得太直接，而且可能会造成误解。他已经无法挽回地错过机会了。他说这件事时的态度如此恳切，我不禁想帮他找到我身上的香气到底源自什么。"一定是我的润发乳。"我说。

他闻了闻我的头发。"没错！"他快活地宣布。他再闻了一下，表示他感觉到芒果味。

有一天，作家兼法学专家苏菲-卡洛琳·德·马尔热里也问了我关于我个人选用什么香水的问题。

"如果你有习惯使用香水的话，我能否冒昧请问你是用什么香水？"她在一封电子邮件里问我。

我没法告诉她我因为皮肤敏感，很少使用香水。这样会显得多么缺乏诱惑魅力啊！

"我不忠于任何特定香水，"我这么回答，"你呢？"

"我是娇兰（Guerlain）的忠实爱好者，夏天我用的是它的 Après l'Ondée（骤雨之后），冬天喷的是 Mitsouko（蝴蝶夫人），"她在回复中说，"还有一种秘密香水，不过我已经把它送给我女儿了：弗雷德里克·马尔（Frédéric Malle）的 Iris Poudre（粉黛鸢尾花）。"

后来见到苏菲-卡洛琳时，我问她为什么想知道我用什么香水。

"因为我想进一步了解你。"她说。

我告诉她我不懂知道某人用什么香水何以能让人进一步了解这个人。

"香水传达出你想要投射的是什么样的形象，"她回答道，"所以呢，如果你的香水气味非常浓烈性感，或者气味像幽谷中的铃兰，又或者你什么都不喷，这些都能让我得到关于你的一些讯息。或许不是什么关于你内心深处的了解，但它呈现了你在你身后想留下的是什么。所以我问了你这个相当私密的问题。"

在我身后想留下什么？这句话仿佛是在问我想留传什么"香水资产"，就像留传一座乡村别墅或一整窖的珍酿给后代那般。我听了其实颇为感动。她假定我有使用香水，而且不止如此，她还假定我具有某种"香水身份"。她想了解我的香水身份，进而与我建立更亲近的联系。

我还是没有向苏菲-卡洛琳坦白一切，只说了一句："我的嗅觉其实不是很敏锐。"

我倒是反问她想用香水传达什么样的形象。"淑女气质，吸引力,细腻,性感。"她回答。她希望朋友如同谈论服装般地谈论香水。忠于使用少数几款香水则可以让关于她个人香气的记忆长存在别人心中。

"我坚持用同样的香水,是因为我希望我的孩子以后会通过我的气味想起我,"她说,"在我走了很久以后,某天他们打开衣柜,会怀念地说,'啊,妈咪……'"

即便是男人也会花费许多心思,确保他们回身之际能飘散美好的香气。一位年轻法国朋友告诉我,有一次她到一位她很喜欢的男性朋友家参加派对,派对结束后他们出门跳舞玩乐。他们互相亲吻。两人道别之前,她忽然想到自己把昂贵的黑色羊绒围巾忘在他家了。他答应下次见面时拿还给她。时间过去,他没有打电话给她,她只好主动拨了他的号码。两人见了面,不过他只是把围巾放在封好的塑胶袋中拿给她。后来她与朋友一起打开塑胶袋,一股丝绒般细致的鸢尾花香气扑鼻而来,那是他用的 Dior Homme 的气味。

"他戴了我的围巾!"她既难以置信又觉得有趣地惊呼。她的朋友们闻了围巾以后表示香气太强烈了,他不可能是拿围巾来戴,而是直接在整条围巾上喷洒迪奥男香,让她回想起他。对于男方这个小动作,她以一封没有署名的简讯做了回应。简讯内容引述德国小说家帕特里克·聚斯金德(Patrick Süskind)的畅销小说《香水》(*Das Parfum*)中的一个句子:"香水的目的是为了塑造一种令人神往陶醉的诱惑效果。"

一星期以后,他传了一个脸书讯息给她,请她跟他一起出去喝一杯。但那时她有兴趣的对象已经是另一个男人了,因此就没回他。但在好几个月以后,她还是喜欢闻围巾上那股迪奥男香。"实在太甜蜜美好了，"她说，"最后味道终于完全消失时，感觉有些落寞。"

在各种文学作品及回忆录中，气味与记忆之间的交互渗透是一个非常常见的主题。在普鲁斯特的短篇小说《另一种记忆》（*Another Memory*）中，叙事者描述在他所处的一间曾经风光辉煌，但现在已是老旧破败的旅馆中，有一个房间飘散出力量慑人的香气。他正走过通道前往自己的房间，忽然闻到这股气味，"那花香如此绝对、丰郁，某个人一定摘光了大片大片原野的鲜花……只为萃取出那几滴香氛。"那股香气召唤出的"感官极乐"令叙事者心荡神驰，他不禁在那房间外徘徊不去。后来一对爱侣离开那个房间，留下一些破碎的香水瓶，他拾起一个瓶子，从里面摄取几滴恋人韵事遗留的芬芳。后来他回忆起这个情景时说道，"衰圮液滴的芳香盈满我的生命，久久挥之不去。"

伟大的香水家让-保罗·娇兰（Jean-Paul Guerlain）有一次接受法国《快讯》周刊记者采访时，提到他最早的嗅觉记忆可以追溯到他四岁时。那是他母亲做的草莓塔的味道。他长大以后，草莓塔的气息对他而言一直是温柔的同义词。"一闻到总是觉得心情激动。"他表示。

西尔维·朱黛（Sylvie Jourder）是一名调香师，也是法国调香师学会的会长。关于香气，她告诉我一个她永远难忘的顿悟时刻。有一天，她在实验室里工作时，闻到一瓶白色女桢花的萃取香精。"从前我们位于诺曼底海岸的老家种了一排排的女桢树，"她回忆道，"那瓶香精的味道把我带回童年的无穷欢乐时光。每个人都会有他自己的'普鲁斯特时刻'，我的普鲁斯特时刻就在那一刻发生了。"

这个小故事饶富深刻动人的意义。我记得母亲去世后，有一天我和女儿们一块儿整理母亲的遗物。我们打开她的丝绒衬里珠宝盒，女儿亚历山德拉立刻说，"闻起来有外婆的味道"。她说得没错。珠宝盒里的丝巾飘散出娇生婴儿爽生粉的香气，那是外婆留传下来的芬芳。

关于香水创造欲望的神奇力量，国际香料香精公司（International Flavors & Fragrances）的专业植物学家及食品工程师伯纳德·图勒蒙德（Bernard Toulemonde）告诉过我一个非常有趣的故事。这家美国跨国集团总部设在纽约，在法国香水之都格拉斯也拥有规模庞大的业务。该公司生产五花八门的口味及气味，用于制造汽车蜡、洗衣精、牙膏、烘焙食品、酸奶等包罗万象的产品。

图勒蒙德在二十世纪八十年代担任雀巢（Nestlé）集团全球口味研究实验室主任时，他和他领导的专家和科学家团队，很喜欢在上午的咖啡休息时间玩气味游戏自娱。

"虽然我们做的是食物口味，我们对香氛也非常感兴趣，因为香氛比较……怎么说呢？比较性感吧。比起以技术为主的食物口味来说，香氛当然比较有吸引力。我们玩得真的非常开心。我们最喜欢的游戏是挑出某个主题，接着试着用一种香精表现它。我们大约有五十到一百种香精可作为素材。某天早上要表现的主题是'你在街上会想追随的女人'。结果发生了不可思议的事：在没有互相讨论的情况下，我们一群十二个人全都选了同一种香精！那是头一次发生这种事！"

"不会吧！"我惊呼，"那是什么？"

他说是梵克雅宝（Van Cleef & Arpels）的初遇（First）香水。

图勒蒙德不是记得很清楚那款香水到底是什么味道，只记得"它为你带来好心情，因为你在追随一个你喜欢的女人，那让你觉得心情愉快。就是很有诱惑感，也不知道什么原因，你就是被诱惑了。"

"可是那跟任何实际状况没有关系？"我问。

"没有任何我能解释的理性因素，"他说，"我完全无法……或许一名毒物学专家会告诉你，'很正常啊，因为有某种分子吸引了你，或在你的大脑中发挥了作用。'"

"初遇"这款香气柔美的淡香水是 1976 年艾列纳年轻时调制出来的。后来我到艾列纳的工作室拜访他时，告诉他图勒蒙德所说的故事，他听了忍不住爆笑。他说当年他创造"初遇"是为了赢得母亲的赞赏。"今天我可以坦白承认，"他说，"我调制'初遇'有一个下意识的原因，就是要向我母亲证明，我知道怎么制造出非常美丽的香水。"不过他补充说道，他不会企图跟随一位使用这种香水的女士，因为当他闻到"初遇"时，母亲的形象就跑出来了。

我造访过好几次格拉斯，为的是找寻法国香水的浪漫往事。格拉斯是一个镶嵌在蔚蓝海岸山峦间的城镇，最初以制革业闻名，十六世纪时凯瑟琳·德·梅第奇（Catherine de Médicis）掀起一股戴香水手套的热潮，香水产业遂在格拉斯奠下基础。后来由于意大利与西班牙皮革的激烈竞争，格拉斯逐渐放弃制革，转而投入香气植物生产及香精制造。

格拉斯是一座封闭感强烈的小城。它的旧市区由迷宫般狭窄而弯曲的街道组成，街道两旁坐落着数百年历史的楼房，里面还有隐秘的内院。这里的居民对外来者的态度并不开放，移民家庭即使在这里已经住了一个世代以上，还是会被当地人称为 estranger（当地南法方言的"外国人"之意）。目前大部分的香水工业已经移往别处，当地剩下一百家左右的公司继续营业，主要是为世界各地的香水公司及调香专家提供天然素材制成的香水原料。在多数情况下，这些素材本身其实也来自其他地方，例如印度、保加利亚、摩洛哥、埃及、意大利、突尼斯等。即便如此，各大香水公司负责人依然对格拉斯感到无比骄傲，努力宣扬身为法国香水之都的格拉斯，它见证了香水工业发展史，而且法国最优秀的调香师都是在那里学会香水调配的艺术。

尽管全球化及世界各地花农的竞争改变了格拉斯的产业生态，但法国人一直拒绝放弃关于过去的浪漫绮想。这里的花农依然以相对非常小的规模栽种花卉。有一个秋天早上。我参观了约瑟夫·缪勒（Joseph Mul）的农场，他栽种的花卉制成香精后全数提供给香奈儿。每年春天的玫瑰采收季和秋天的茉莉收成时，香奈儿都会为记者精心安排华丽缤纷的农场体验之旅，作为品牌宣传。现年七十多岁的缪勒是货真价实的第五代花农，他的儿子和女婿已经成为他的合伙人，并将在他退休后全面接管这个家族事业。

缪勒说法文的腔调充满南法特有的鼻音，他的皮肤则因为长年在炙热的普罗旺斯艳阳下暴晒，显得黝黑且龟裂。我参访农场这天，他穿着牛仔裤，头戴方格图案鸭舌帽，腹部圆凸的上身套了一件鳄鱼牌的马球衫，这个细节透露出他并不是一名普通的农夫。

大约五十名的采花工，大都是女性，散布在茉莉花田中，他们主要来自北非，特别是突尼斯，但也有一些是罗曼人（Roma），即俗称的吉卜赛人。多数人居住在农场的宿舍里。采花工终日顶着残酷的烈日及强风,弯腰采收茉莉花。他们小心翼翼地捏下脆弱、美丽、香气四溢的小白花,置入柳条篮中。多数女工披着彩色丝巾,长裤上还罩了飘逸的长裙。这个远看如诗如画的情景仿佛出自米勒(Millet)的田园画作,但实际状况却并非如此悠致。

缪勒极为宝贝他所栽种的花朵,并声称他和花朵之间有持续不断的互动。他会知道玫瑰花苞何时膨胀到完全饱满,然后用食指轻轻一弹就能诱骗花朵绽放。茉莉花稍微缺水的时候,他也看得出来花朵"备受压力"。花卉栽培的"赌注"非常高,大约七百万朵的茉莉(约六百公斤)只能提炼出一公斤供高级香水调制之用的高浓度精粹。在这里生产的茉莉精粹可以比印度或埃及的茉莉香精贵上二十到三十倍。

采花工人将装满鲜花的柳条篮拿到储存仓库,另一批穿围裙、戴手套的工人在这里将花朵倒入金属篓中。新鲜茉莉的花香弥漫在小小的屋内,香气浓烈得让人感觉所有的氧气几乎全被挤到外头去了。我的头痛了起来,心脏急速跳动。如此馥郁的香甜带有一种熟过头的眩晕。

稍后我们品尝冰凉的橙酒时,缪勒的女婿法布莱斯·毕昂奇(Fabrice Bianchi)聊起他的童年。"小时候我们是在清晨采摘茉莉花,"他回忆道,"从那时起,茉莉的味道就让我想到一大早必须爬起来的情景。由于我们没时间吃早餐,九点钟左右我们会吃一个pan bagnat①——一种夹了番茄、橄榄、水煮蛋、鳀鱼,并淋上橄榄油的三明治。对我而言,茉莉花夹杂 pan bagnat 的味道可以勾起关于

---

① "pan bagnat"在南法方言中原意为"沐浴过的面包、湿面包"。

　　　　　　　　　　　　　　　　法式诱惑

我那无忧无虑的童年的所有回忆。"

接着话题又转到女人的气息,这时缪勒的眼睛带着戏谑地亮了起来。"我喜欢女人的地方在于,即使我不知道她是否在房里,我还是能通过她的香水辨认出她来,"他表示,"这让我很愉快。因为你已经很喜爱她的香水,所以你会知道她人就在那儿。"他继续说道,"完全就像你走进茉莉花田或玫瑰花田那种感觉。啊……明白吗,这就是香气的诗意。"

"所以重点在于一种期待?"我问。

"一种可以预见的等待。"他回答。

法国人打造了全球性的香水事业,借此凸显他们心目中认定或梦想中期盼的自我形象:浪漫、神秘而魅惑。香奈儿用了比花卉栽培更华丽的策略,以保存、发扬并重新演绎品牌香氛的浪漫气息。在香奈儿巴黎旗舰店三楼,香奈儿小姐(可可·香奈儿当年被昵称为 Mademoiselle[小姐])的公寓被维护得宛若一座神庙。以赋予理想女性自由心灵作为自我期许的香奈儿在这里招待宾客,但自己实际上却住在丽兹酒店。公寓里保存了香奈儿当时的装潢布置,包括十七世纪的中国漆木屏风、银质与金质收纳盒、装饰艺术风格家具、成排成排的精美书籍(当初的购置目的是美观,而不在内容)等。我想象自己闻到了香奈儿小姐的香水。后来我才知道,原来公寓中各个房间定期都会喷洒香奈儿五号香水。

香奈儿这个享誉盛名的法国奢华品牌,是由香奈儿小姐凭借自己的创意与努力,以及五号香水的名气慢慢打造起来的。今天香奈儿集团的营运目标当然不仅是保存关于香奈儿小姐的记忆,更要深化、拓宽并有效控制这个品牌。因此香奈儿致力行销恒常不变的品牌质性。它必须不断保持消费者的信心，例如品牌坚持永远用同样的成分制作五号香水；这款香水使用的千叶玫瑰及茉莉花香精都萃取自法国土地上生长的花卉，而非出自土耳其或保加利亚等较为遥远（亦被视为品质较逊色）的花卉产区。

但香奈儿也必须在忠于固有传统与打造创新吸引力之间不断挣扎。香奈儿五号就像是一位值得依靠又容易捉摸的妻子、母亲甚至祖母。可是如果风华犹在，却没有新鲜事物可供发掘，那又有何魅力可言，如何精彩绝伦、高潮迭起？香奈儿行销五号香水的低调奢华版——原初之水（Eau Première）时，重点就在于提供一种惊艳的感受。有一次我在逛巴黎左岸的 Le Bon Marché 百货公司时，看到这款香氛的广告旗帜："仿佛是第一次"。这个广告具有某种双重性，它一方面要召唤出这款香氛"处女般的原初性格"，同时又企图行销经典五号香水的历史风情、可靠性、熟悉感和沉稳干练等特质。

我记得有一位年轻法国友人告诉我，为什么她绝对不会追随时下流行的香水。"人追求的是一种有故事的香水，而且最好是自己的故事，"她说，"香水应该与你的故事产生永久的联系。"

这位朋友每天都喷同一款香氛：卡地亚香水系列（Délices de Cartier）的"欢欣果漾"（Eau Fruité）。它的香气融合了"冰晶樱桃、奔放的佛手柑之类的果香，粉红椒的香料气息，紫罗兰、茉莉、小苍兰等柔美的花卉芬芳，最后还散放出琥珀、麝香、檀香等后调"，丝芙兰（Sephora）网站如此描述，并说明它所传达的风格是"明亮、俏皮、令人愉悦"。总之我朋友的香气真的棒极了。

在我所知的香水故事中，我最喜欢的一个是在格拉斯国际香水博物馆听到的。那天馆长没有来赴约，于是她的一位年轻助理热心陪我四处走看。我在此称她为宝琳。

首先是导览。在一个"展演及嗅闻室"中,我们观赏一部关于海洋的影片,这时海水的咸湿气味通过墙上一个小盒子释放出来。接着我们来到温室,研究香草、广藿香等香气植物。永久性典藏琳琅满目,包括:一只古埃及时代的狗木乃伊(香水被用作防腐剂);一个玛丽·安托瓦内特皇后使用的银质旅行用化妆盒;一本1168年出版的专书,教授如何保持美丽容貌的艺术;数以百计的香水瓶;以及刮舌具、暖床器等稀奇古怪的玩意儿。

我问宝琳香水和诱惑之间的关系何在,但不确定她会给我什么样的答案。坦白说,她似乎也没有努力思索这个问题。她的身体几乎整个被裹在一件长到几乎碰触地板的白黑相间宽松洋装里。她的鼻梁上歪歪地架着大型黑框眼镜;她的刘海遮住一部分眼睛;脸上脂粉未施,没有唇膏或腮红点缀她的五官。她脚上穿的是后跟略显粗笨的方头黑鞋。整个人看起来就像电影《欢乐梅姑》(*Auntie Mame*)里头那位毫无魅力的速记员艾格尼丝·古奇(Agnes Gooch)。

但宝琳和我还是找到了一个联系点,我们的话题也随之转向她自己的生活。"在法国,如果你不懂得诱惑,你就什么都不是,"她说,"我的个性非常害羞,而如果一个人长相平凡又害羞,而且不愿意让自己站出来,他就没法打进社会的圈子。我告诉自己,一直待在角落里是不会有收获的,但如果我愿意微笑,并透露出我要努力争取些什么的讯息,我就会有斩获。这是一种游戏。"

"你有用香水吗?"我问道。

"当然有,"她回答,并咧开嘴唇露出微笑,"我先生知道我一直想要香奈儿五号,所以几年前他就买了一瓶送给我。我打开包装的时候问他，"我得像玛丽莲那样做吗?"

"像玛丽莲? 你是指玛丽莲·梦露?"我问宝琳。

"对，玛丽莲曾经说过，她在床上时，身上唯一的衣物就是香奈儿五号，"她向我说明，"我先生说他喜欢这个点子。于是我告诉自己'放胆些吧!'然后把所有衣服脱掉。"

在这一瞬间，宝琳在我眼前化身为一名性感女神。我想我终于开始了解香水的魔力了。

第十章
美食的高潮

*

着实，香贝丹红酒（Chambertin）和罗克福乳酪（Roquefort）可以作为一道绝妙的珍馐，无论是用来点燃旧爱，或让含苞待放的恋情快速熟成甜蜜果实，都非常适合。

——卡萨诺瓦，《回忆录》（*Mémoires*）

这华丽无比的丝绒色泽，岂不正是肉体丰润曼妙、姿态性感撩人的裸女最令人怦然心跳的外衣吗？……就另一面观之，你难道无法在那其中感觉到一种无形、飘逸的纯净，一种仿佛人性与神性交织而成的宽宏与慷慨？

——加斯顿·胡浦奈（Gaston Roupnel），描述一支勃艮第产区的伏旧园（Clos de Vougeot）酒庄红酒在见到居伊·萨瓦（Guy Savoy）之前，我还未曾经历过美食的高潮。当然，我非常喜欢美食。童年时代在家中地下室的厨房里，祖父教我如何腌制茄子，如何在番茄中煨牛肚，以及用柠檬和迷迭香烧烤羔羊头肉。我五岁时他就让我尝了他的私酿美酒；他每年夏天都会在后院酿酒，把酒贮存在地窖中工具架旁的两个橡木桶中。

我的父亲曾经在尼加拉瓜瀑布区开了一家意大利杂货店，在店里贩售波萝伏洛（provolone）和帕尔马（parmesan）乳酪、烟熏生火腿（prosciutto）和萨拉米腊肠（salami）、自制香肠、手动意大利面制作机等各式意大利食品和用品。在那个年代，美国人还习惯用"macaroni"（通心粉）这个字笼统地称呼pasta（意大利面）。父亲会在店门口用柳条筐摆上一篮篮法国进口的小灰蜗牛，但后来美国政府立法禁止进口这道法式田园珍味。每天晚上，我们家的餐桌上都会有新鲜烘焙的意大利面包。

我们家的膳食是直截了当的那种好吃。长大以后，我阅读诸如米米·谢拉顿（Mimi Sheraton）等顶尖美食评论家笔下描述的那种出神入化的绝世美味，总觉得夸张无比，有点不太真实。但有一天早上，我在巴黎与法国一位米其林三星级大厨见面时，倒已经做好心理准备，要让自己被卷入美食诱惑的漩涡。

我拒绝了居伊·萨瓦的晚餐邀约，因为我们报社禁止员工接受价值高昂的馈赠，而那样一道晚餐索费高达五百美元，这种钱要我自己花，我实在也舍不得。不过我心想，早餐的话应该还在符合规定的安全范围内。

在那次见面以前，我只实际见过萨瓦一次。当时他穿着浆硬笔挺的纯白色双排扣厨师制服，圆凸的腹部使得制服腰间有些紧绷，而这套装扮也让他看起来比当时实际的五十六岁之龄来得老些。这次我们见面的地点是他开设在距离香榭丽舍大道不远处、以他个人名字为店名的餐厅。他穿着黑色套头毛衣和熨烫整齐的灰色休闲裤，这身日常装束让我骤然惊艳，衣服衬托得他的黑色眉毛更显浓黑，并和他的一头白发及渐转灰白的胡须形成优美的对照。他那原本略显圆浑的厨师身材也奇迹般地不见了。他引我进入一间护窗板阖上、室内灯光昏暗的私人餐室，让我坐在铺上桌巾的圆桌旁的扶手椅上。房间不大，我们坐得也相当靠近。距离我们几英寸处摆放了一个非洲原始艺术的裸女雕塑，她的胸部像飞弹般往前凸射而出，为用餐空间带来一种颇为挑逗的气氛。

　　这时是早上九点，但在这个特别的场合中，饮料并不是柳橙汁或咖啡，而是香槟。第一道菜是芦笋和帕尔马熏肉沙拉，吃着它感觉仿佛接受了一阵暖场的爱抚。接下来是一道质地膨松软嫩的水波蛋，盘中还撒了一些松露，但分量显得有点小气。萨瓦于是请人送来一颗棒球般大小的松露，并把它推到我的鼻子底下让我嗅闻。"呼吸。"他命令道。我吸了一口气。"再呼吸，深吸一口！"这颗松露有股麝香味，香气非常浓烈，深深透进我的鼻道与咽喉中。他挥舞着一把刮刀，将这颗布满节瘤的肥大菌菇一片片地刨到鸡蛋上。一开始他的动作很慢，后来越来越快，最后我看得简直目不暇接。他停不下来，松露片飞越餐盘，落在桌布上。

　　"现在，我要让你见识什么叫作真正的食物！"他拿了一条表皮酥硬的长棍面包，切下两片，抹上无盐奶油，然后撒布几片厚厚的松露。他将一块面包递给我，自己保留另外那块。我们同时把面包塞进嘴里，慢慢咀嚼吞咽。我们交换了眼神，两人不发一语。这是一个充满亲密感的时刻,我们都非常清楚自己的感受。

他征服了我的味蕾、我的心。

"我受到诱惑了,"他说,"因为真正的美好滋味的神奇魔力而受诱惑。我们在此经历的是非常具体的东西。你看得到面包上的松露,可以期待它,感觉它,嗅闻它,品尝它,享受它。这味道非常浓郁奔放,但又不会太剧烈呛人。很可惜我们现在生活在一个虚拟的世界里,生活中充斥的是电玩、博客和金融泡沫。美食文化完全不是这回事。"

萨瓦忍不住抱怨一群所谓的"美食艺术家"自以为了不起地用化学方法,将松露油变成假的鱼子酱,或将栉瓜花变成泡沫。"料理是一门创造、转变、取悦的艺术。"他表示,"一个女人为丈夫及孩子精心调理餐食,将好菜端上桌,这个作为毫无疑问就是一种诱惑的行为。"

我问他,他的灵感来自哪里。他谈起孩提时代母亲引他入门,让他看到食材转化为菜肴的美妙情景。那是他大约六岁的时候,母子俩一起烤一种简单的"猫舌饼干"(langue de chat)。母亲在位于法国乡间的住家隔壁经营一间小餐馆,他就是在那里发现了烹调和用膳行为背后的驱动力:"乐趣。"

如要理解何谓"真正的美好滋味",关键首先在于一些"petits plaisirs——小小乐趣"。当然,这天我们是在一个非常优雅华丽的环境中享受这些小小乐趣,其中一种乐趣还是全世界最昂贵的食材之一——松露。但萨瓦试图表达的,是一种比较广义的概念:人生的满足来自一系列简单、日常、小小的情趣。

"你母亲还做菜吗?"我问他。

是的。

"你愿意带我去见她吗？"

当然。

身为一名厨师，萨瓦对食物永远充满惊奇，并向往将食材转化成能诱惑他人的东西。这话听起来有点陈腔滥调，但萨瓦的确懂得让食物变得性感。他监制过一部纪录片，影片中可以看到他在一年内拜访十位为他的餐厅供应食材的人士。萨瓦在影片中不断碰触、品尝、轻舔、嗅闻食材，仿佛食材是个女人，而他是个对她无比痴情的男人。这场美食的感官惊艳之旅不只是表演性质的展示，更传达了一种真正、诚挚的乐趣。萨瓦品尝了白雪；他将手指两次浸入核桃油，让油滴到一片面包上；另一个时候，他将手指浸入熔化的牛奶巧克力，接着又伸进生鲜奶中；他用手指夹起一块热的白乳酪，入口品尝后表示吃起来有花朵的味道；他边剥开大龙虾边舔手指。对萨瓦而言，滴金酒庄（Château d'Yquem）酒色晶透的金黄甜白酒，无论闻起来或尝起来都令人"感动无比"，而肉质丰润的生鲜鸡拥有"丝缎"般的白嫩肌肤，总会让他"惊叹"。

很久以前，法国就已经把食物调理和葡萄酒制作转化为风雅的诱惑艺术。萨瓦无疑是法国精粹美食文化的最佳写照，而且也努力维持它的荣耀与传统；然而，对他而言，未来依然是一个大考验。数十年来，法国美食很明显地走入衰退趋势；法国葡萄酒虽然仍旧以卓越品质享誉国际，但来自其他各大洲的葡萄酒也成了强大的竞争对手。法国经济在世界发展局势中年复一年地竭力挣扎，法国美食和法式料理的全球威信日益式微，让人不禁担忧法国美食艺术的未来。

许多人经常感叹，法国丰富的美食传统——从米其林餐厅中的星级料理,到街坊巷弄咖啡馆里的日常菜色;从社区露天市集中的新鲜蔬果,到全球最大食品批发中心翰吉斯(Rungis)市场里琳琅满目的肉品和海鲜——正遭受打击,而这种论调确实也不无道理。

美国记者迈克尔·斯坦伯格(Michael Steinberger)在其著作《向那一切道别吧》(*Au Revoir to All That*)中凭吊法国美食的死亡。每次有新的悲观统计数字出来,都像一把利剑再次刺进心脏。一个世代以前,在法国享用一顿餐食的平均时间是 88 分钟,现在法国人只花 33 分钟就把一顿饭解决了。量贩超市早已大举淘汰传统店家,目前占了法国食品零售总额的 75%。来自美国的星巴克咖啡 2004 年才在巴黎加尼叶歌剧院(Opéra Garnier)区开设第一家店,到了 2011 年,在首都区的展店规模已超过五十家。1960 年时,法国有二十万家咖啡馆,现在只剩下四万家。从二十世纪六十年代末期到现在,法国的葡萄酒消费量跌落了 50%。法国在 2009 年有超过 1 100 家麦当劳,其中一家甚至就开在卢浮宫内! 更可怕的是——我们忍不住惊叫一声"quelle horreur"①——法国是继美国之后麦当劳的全球第二大市场。类似情况不胜枚举。

然而,这种不断强调衰退、自怜自艾的态度多少迷失了重点所在。法式美食经验重视的是仪式操作,从食材的搜寻、菜色的料理、餐食的品尝与享味,到美食的记忆与回顾,可说缺一不可。餐盘上的食物必须充满诱惑魅力,用膳者则迫不及待地等着接受诱惑洗礼。这一切不是一堂化学课,而是一份深植于土地的爱,一种对传统经典

---

① 法文中的口头禅,意指"太恐怖了"。

　　　　　　　　　　　　　　　　　　　　　法式诱惑

的品鉴,以及一种从最卑微的市井小民到最有权势的商贾贵族都点头同意的共识:在法国,食物的关键在于幸福。

"法国美食文化中最让我深深喜爱之处,就是'迷途'的概念。"曾经当过厨师,具有法、美双重背景的记者巴索·卡茨(Basil Katz)表示,"一道精心料理的好菜会让你忘记酱汁里用了多少奶油,忘记你吃的东西原本是活生生的动物;摆在你眼前的成品是经过巧妙布局的结果,目的在欺蒙、挑逗你的感官。于是,烤得酥脆的马铃薯在你一口咬下时发出滋滋声响;你抓起一根略呈坚挺的温热芦笋,它似乎准备献出自己,但又一副矜持模样。"

法国人会非常骄傲地分享关于"水"的知识——而美国人只会觉得水是一种味道最平淡无奇的东西。多米尼克·艾希亚·杜布赫耶(Dominique Hériard Dubreuil)是人头马君度(Rémy Cointreau)集团总裁,也是我参加的女性俱乐部成员之一。她告诉我,水是学习如何品尝食物的最佳媒介。多米尼克的母亲训练幼年孙子女味蕾的方式,就是让他们喝各种不同的矿泉水,借此教导他们将味觉聚焦在不同的水之间的差异:哪一种有咸味,哪一种有奶味,哪一种有金属味,等等。

即便法国人的烹调和享食模式已然改变,他们依然讲究原汁原味的精神。法式料理最精妙之处,其实不在那充满戏剧效果的陈设摆盘,而在食材的多元性。虽然某些乳酪种类会消失,但市场上还是有一些新的乳酪——货真价实的农场乳酪——会不断被创造出来。有些原本消失的蔬果品种会被复育,重新出现在市场的货架上。法国生产的食材种类之丰富多样,至今依然是世界翘楚。

2010年,法国餐食文化被联合国教科文组织认定为人类非物质文化遗产。法国是在 2008 年萨科齐总统任内展开申请行动的，当时萨科齐宣称法国料理是全球第一名的极致美食，并表示要努力让法国成为第一个美食文化荣获这项殊荣的国家。

联合国教科文组织并没有宣告法国料理是世界上最精致的料理，也没有发出警讯表示法国的蔬菜、水果、禽类或各种招牌名菜濒临绝迹的危险。该机构推崇的，其实是法式餐食传统，包括所有的用膳仪式、餐桌布置、菜色的丰富性，以及佐餐酒与餐食的绝妙搭配。（在同一年，联合国教科文组织也将土耳其涂油摔角、阿塞拜疆地毯及克罗地亚姜饼等列入非物质遗产。）虽然这只是一种象征性的认可，有些美食专家及评论者甚至认为这项荣誉有点可悲，但无论如何，它确实满足了法国举国上下对其美食文化的自豪。

一种以行会为基础建立起来的传统型食品转化产业依然存在于法国。那是一门技艺，甚至可说是一种艺术，目的在于用手工方式将生鲜食材变成令人渴望的物品。在阶级严密的法国餐厅厨房中，美食大军依然忙着将红萝卜雕成美丽的花饰，或将蔬菜切成边长八分之一英寸的完美正方块。这里面是没有捷径可走的。

Citrus Etoile 餐厅老板兼主厨吉尔·艾比耶（Gilles Epié）曾经在洛杉矶经营 L'Orangerie 餐厅三年，返回法国后倒变成一名法国沙文主义者。"在纽约买到的比目鱼跟在布列塔尼找到的就是不一样，"他告诉我，"华盛顿州的牛肝菌跟法国的也完全不同。在美国买不到新鲜的小鸭。我在科罗拉多州一家食品供应店想买小羔羊肉，老板听了以后，那个表情简直就像在说我有恋童癖！幸好他没真的打电话叫警察抓我。

"在洛杉矶，大家都只想吃沙拉。如果你到鱼店买鱼，鱼头都已经被切掉,看起来就没有鱼的鲜活感了。那种感觉就像是去到药妆店。可是我就是要有头的鱼啊!餐盘里的鱼肉如果有刺,美国客人居然还会打电话找律师。"

食物在法国被呈现的方式着重在不断让它成为情趣的来源,味觉享受与爱欲情挑如此紧密相贴,两者间的界线很容易就会变得模糊。

在这个国家,我一早打开电视收看晨间新闻时,会忽然置身某个学术讨论中,专业人士津津乐道地分析芝麻叶激发性欲的效果,或分享蜗牛黏液作为脸部保湿成分的最新实验结果;朝鲜蓟被视为对身心都具有良好疗效。几乎每一位法国美食作家都会赞赏松露促进色欲的功能。我还学到牛肚是一种"性爱食物",能带来"令人难耐"的效果;其他的性爱食物还包括某些菌菇、贝类,以及一些气味强烈刺鼻、接近人体汗水味的乳酪。

2010年,南锡(Nancy)大学的植物学家弗朗西斯·马丹(Francis Martin)和研究团队发表论文指出,法国西南部佩里戈尔(Périgord)地区的黑松露拥有性生活。他们破解这种珍贵菌菇的基因组,发现黑松露并非无性生殖,而是分为雌雄两性。马丹建议松露养殖者通过注射富含雄性及雌性松露孢子的橡树根(即松露的栖地)材料,促进松露的性交行为。

法国的文学和电影不断反映出这种将爱欲与食物进行联结的全民习惯。在莫泊桑的小说《漂亮朋友》(*Bel-Ami*)的一个晚餐场景中,每一道菜都被赋予了性征:"奥斯坦德(Ostende)①生蚝被端上桌,

———————————

① 比利时的一个沿海城市。

这些生蚝娇小圆润，仿佛包覆在硬壳中的小耳朵，在舌头与味蕾间溶化时则有一种盐味软糖的感觉。接着在喝完浓汤以后送上来的是一道鳟鱼，它的粉红色泽宛如少女脸颊，这时宾客们也开始愉快地谈天。"

现在，当高级食品中心馥颂新推出一系列外带盒装午餐时，它的广告画面中呈现了一个典型的餐位摆设：两把叉子，两把刀具，两个杯子。但展现其间的并不是一个高雅餐盘，而是一个女人微开的嘴，她丰润的双唇涂上冰晶感的粉色唇膏，在光线照射下闪动着性感诱人的光芒。

在法国，一个外地人会被以懂得欣赏美食的程度或对葡萄酒的认识作为评断标准。以英国小说中的著名探员詹姆斯·邦德（James Bond）为例，他会说法文，用的是法国制的打火机，穿衬衫会别上袖扣，品尝的是伯兰爵（Bolinger）香槟，点伏特加马丁尼时会请调酒师洒入些许利莱（Lillet）开胃酒。但他的生活本领（savoir faire）①——也就是他的诱惑能力——显然上了餐桌就露馅了。

2007年在巴黎的一场学术研讨会中，法国学者克莱尔·迪克梭（Claire Dixsaut）狠狠修理了"007"一顿，要是他在电影中的敌手看到那场面绝对拍手叫好。迪克梭对邦德的餐饮品位嗤之以鼻："他永远不懂得点精致的美食套餐。他喜欢的是炭烤羊排、法式嫩煎比目鱼、生牛柳片、新鲜蔬菜。他在餐桌上跟在办案时一样，追求的只是'真实'。"换句话说，他不会追求更细致的东西，不懂得美食诱惑能带来

---

① 这个法文字也通用于英文，原意是"知道如何做、懂得门道"，引申为才干、本领之意。

的狂喜。还有更惨的事。迪克梭以法官下判决的庄严口吻向听众宣布："'007'对葡萄酒的了解程度只有悲哀一词可以形容。"

法国人对葡萄酒与对餐食一样严肃。葡萄酒不只是一种制造出来消费的产品，更是一个关于法国的概念：某一种做事的方式，一种对共同历史的表彰，一种分享的乐趣，一种对保存乡土（terroir）神话般的奇妙魔力的执着。法文中的 terroir 一字，本意是指"可供耕作的土地"，但与其说它的含意是大地中的土壤，不如说是土地中的灵魂，因为这个字的语境统括了一块土地的地质特性、历史文化、家族传统、气候条件与耕作方式。几乎所有我见过的法国人，除了坚贞的穆斯林信徒以外，对于谈论、购买、贮存及饮用葡萄酒都有浓厚的兴趣。

罗兰·巴特在 1957 年的一篇文章《葡萄酒与牛奶》（*Le vin et le lait*）中，精确捕捉到法国人与葡萄酒之间那种占有性的沙文主义关系。他写道："在法兰西民族的感觉中，葡萄酒是他们自己的所有品，就像法国的三百六十种乳酪和法国的文化一样。它是一种图腾性的饮料，相当于荷兰人的牛奶和英国皇室以仪典态度饮用的茶。"巴特的说明可以解释，在美洲及澳洲这些遥远的新大陆地区将葡萄酒制造业以符合经济运作原则的方式大规模扩展及工业化的同时，法国葡萄酒何以依然受到高度喜爱与赞扬。

罗兰·巴特认为，葡萄酒是足以定义法兰西性格、极其重要的因素，就连法国元首也有义务认同它。第四共和国总统勒内·科蒂（René Coty）在任职之初让人到他家中帮他拍照时，桌上摆了一瓶啤酒。照片刊出后，"整个法国仓皇失措，"巴特写道，"那就像国王没有王后那般令人难以接受。由此可见，葡萄酒可说是立国基础的一部分。"几十年后，希拉克总统虽然爱喝墨西哥啤酒，但由于他也大量饮用法国葡萄酒，法国民众只好原谅了他。我个人深深相信，萨科齐之所以不是那么受到法国人民爱戴，其中一个原因是他滴酒不沾，就连与他国元首举杯共饮香槟，或在国宴时喝一杯波尔多红酒都不愿意。保存法国的葡萄酒传统是一种义务；以法国参议院主席的酒窖为例，其中典藏的酒款必须能够整体反映法国各地区的生产状况。

根据罗兰·巴特的说法，葡萄酒有一种举世皆然的实用社会功能：它可以让劳工轻松地工作，让知识分子拥有劳工般的工作效率。这个道理当然可以套用在法国人身上，但不仅如此："在其他国家，喝酒可以是为了喝醉，大家也接受这个状况；在法国，喝醉是结果，但从来不是意图。"饮酒予人的感受是"欢愉的盘转""悠闲的享受"。巴特将"懂得如何喝酒"视为法兰西的民族特征，足以反映法国人的能力、表现、自制力和社交性格。

我两个女儿在法国成长，因此十多岁时依法就可以喝酒。她们在高中毕业舞会中尽情啜饮香槟。同时她们也非常健康地学到一种对饮酒节制的尊重。她们回到美国就读大学时面临的文化冲击中，最严重的恐怕就是美国年轻人的豪饮习惯。

法国人年纪很小时就开始学习将葡萄酒融入日常生活。小学生上音乐课时唱的歌包括《芳尚曲》(Fanchon)之类的饮酒之歌；这首歌男女童军也唱，运动队伍也唱，部队也唱，全法国所有社会阶层都在唱。

部分歌词如下：

> 朋友们，我们应该放下工作。
>
> 我似乎看到一个软木塞的影子。
>
> 且让我们向可爱的芳尚举杯，

且让我们为她歌唱。

啊,她的陪伴是何等甜美,

蕴含何等的功绩与荣耀!

她热爱欢笑,热爱饮酒,

她热爱歌唱,就像我们一样。

　　许多高中生会把握暑假尾声,前往葡萄园做 vendanges——年度葡萄采收的工作。他们在一种类似野营的氛围中手工采摘葡萄,葡萄农庄会提供膳宿,支付微薄的薪水,并让他们免费饮用大量的当地葡萄酒。在美国,有些新婚夫妻习惯切一块结婚蛋糕冷冻一年作为纪念;法国的新婚夫妻则比较可能收藏一两箱结婚派对上供宾客喝的酒。婴儿出生时,法国的父母有时会洒钱购买那个年份的顶级好酒,盼望美酒能越陈越香,小孩长大也能成器成材。

　　法文用来描述葡萄酒的文字具有浓厚的性别特质。就色泽、质地、外观而言,葡萄酒是一个女人——这几个字在法文中刚巧也都是阴性。"葡萄酒有裙子、有腿部、有大腿、有眼泪、有曲线。①"波尔多

---

①　这里的裙子(robe)就是所谓"酒裙",亦即葡萄酒予人的第一印象——色泽外观,有如酒所穿的外衣。腿部(jambe)或大腿(cuisse)是指葡萄酒因其所含糖分及酒精度等因素而形成的质地特性,因此法文俗语将质地浓烈强劲的葡萄酒形容为 avoir de la cuisse/jambe——有大腿。眼泪(larme)的概念与前者类似,形容品鉴葡萄酒时摇晃酒杯,使酒液升至杯缘后往下滴流的状况;每款酒因质地特性的不同,也会有不同的"眼泪"。曲线(courbe)则是指葡萄酒的生命曲线,可以是葡萄酒在橡木桶中的生长曲线,或装瓶后的演变曲线。

高柏丽酒庄（Château Haut-Bailly）经理维若妮克·桑德斯（Véronique Sanders）告诉我。我说这些字眼听起来有点性别歧视的味道。"这些东西都是从前由男人定义的，"她回答道，"所以现在听起来未免有些大男人主义。"

当谈论的话题是葡萄酒本身时，用词可能会趋向阳刚，也可能倾向阴柔。单宁含量高的酒款会被用精力充沛、结实、强健等充满男性气息的字眼形容。单宁含量较低、口感较柔和的酒款则会被描述得像是女性，因此"葡萄酒可以耍脾气，可以丰盈柔美，可以充满挑逗；可以甜蜜迷人，也可以温柔体贴。"桑德斯表示。如果酒款来自波尔多或勃艮第，性别议题可能就会变得比较复杂。"如果用个譬喻的说法，"法国食物及酒类历史学家让-罗伯尔·皮特（Jean-Robert Pitte）撰文表示，这些产区的葡萄酒就像是"雌雄同体"。他还提到，"无论品酒行家或诗人，都将这两个产区的酒定性为阴阳特质兼备。"

葡萄酒甚至可以"交配"，这是葡萄酒专家恩里科·贝纳多（Enrico Bernardo）告诉我的。2004年，经过九年的严格训练，贝纳多牢记一万种酒款的味道，参加一项为期五天的严酷竞赛，内容包括蒙眼试酒以及测试应考者对食物、酒类和雪茄等与用餐时刻有关的各种细节的敏感度。最后贝纳多脱颖而出，赢得"全球最佳侍酒师"的头衔。贝纳多来自意大利，但在法国从事高级葡萄酒的推广、教育及经销工作。贝纳多有一个非常特殊的观点，他认为，一套餐食的出发点应该是葡萄酒，而不是菜肴。这种独特见解无疑与法国的美食文化敏感性非常契合，因此贝纳多在法国可谓如鱼得水。在他于巴黎开设的餐厅 Il Vino 中，客人是先从琳琅满目的酒单中挑选想喝的葡萄酒，再由厨师依据酒款特性，调理出惊奇菜肴，与葡萄酒进行完美搭配。

对贝纳多而言，每个人都是一支酒。他自己是一款巴罗洛
(Barolo)①：浓醇、复杂、强劲，略带异国情调，而且当然非常意大利。
后来他交了一位来自法国阿尔萨斯地区的女朋友，并逐渐发现她是
一款雷司令(Riesling)，于是他确定他将可以与她长相厮守。

"雷司令的'衣裳'非常淡雅，看起来仿佛水晶般晶莹剔透，也有
清水那种不可思议的透明度，"贝纳多表示，"它的'鼻息'非常娇羞、
矜持，有一种融合花卉和柑橘的清新，入口之后的感觉非常直率，仿
佛一道长长的骨干②伸入门中，非常流畅、坦诚而纯真。我爱上的这
位女子起初接触时很腼腆，后来我发现她的个性其实非常纯真坦率。
她经过很长时间才慢慢对我展现出自己。我爱上的女人不是一款体
态丰美、非常肉感的霞多丽(Chardonnay)或玛珊(Marsanne)，这些酒
款比较活泼奔放，比较拉丁性格。我爱上的是一支雷司令。"贝纳多
还补充了一点：由于她个性中坚毅和可靠的特质，随着时间过去，她
甚至还可能演化为特级年份(grand millésime)雷斯令。

如同香水，葡萄酒也会与记忆交流激荡，但方式有所不同，因为
它不仅撩起嗅觉，还会拨弄味觉。记者让-保罗·考夫曼(Jean-Paul
Kauffmann)在二十世纪八十年代曾经在黎巴嫩被俘虏为人质；在长
达三年的囚禁期间，他通过摄取记忆的营养存活下来。为了让自己
的心灵保持健全，他每天背诵 1855 年非常有名的波尔多名酒分类。

---

① 巴罗洛葡萄酒产自意大利西北部阿尔卑斯山脚的皮耶蒙特(Piemonte)地区，素
有"意大利葡萄酒之王"的美誉。
② "骨干"或"脊柱"(colonne vertébrale)为品酒术语，意指白酒或粉红酒的酸度，或
红酒的单宁含量。

当他被用铁链绑住，甚至有时连眼睛都被蒙住，困在狭窄而黑暗的牢房中，他努力想象各款酒品的香气和味道。"我从未忘记葡萄酒的味道，"他在苦难结束后写道，"有时在那座黑暗的现实深井中，会忽然出现奇迹：我想起了赤霞珠葡萄（Cabernet Sauvignon）的雪松和黑醋栗香味，或梅洛葡萄（Merlot）那种蜜李的气息。"尽管身系缧绁，考夫曼一旦浸浮在过去的记忆中，就成为自由的人，因为"葡萄酒是自由的同义词"，他说。

我知道自己永远都不可能成为品酒大师，能鉴别出伯恩丘（Côte de Beaune）和努依丘（Côte de Nuits）这两个产区不同酒款的差别，或在品尝一款名酒时，领受到野草莓的口感与新鲜土壤的气息，加上极其细致的尤加利芳香和皮革般的余韵。但我非常清楚葡萄酒的诱惑力量，我知道它能通过慵懒、从容不迫的方式，在长长的时间轴上逐渐绽放自我，从而深深诱引住一个人。《国际先锋论坛报》（*International Herald Tribune*）前执行编辑沃尔特·威尔斯（Walter Wells）在居留法国的半甲子期间，成为法国葡萄酒的忠实追随者。他告诉我，葡萄酒在最初邂逅之际并不容易了解。

"如果你完全不懂葡萄酒就走进一家酒类专卖店内问东问西，你走出来的时候恐怕会比进去时更加糊涂。"他说，"葡萄酒不是逻辑理论，不是一种可以被完全知识化的东西。你必须亲自品尝，体验，年复一年地这么做。你会发现从一个村镇到下一个村镇，葡萄酒的变化会有多大。你可能在对圣埃美隆（Saint-Émilion）有了非常深的认识之后，对圣朱利安（Saint-Julien）依然一无所知。关键就在于喝得够不够多。"

沃尔特的习酒途径对我来说并不适用。我的酒量很小，永远不可能靠着大量品尝各式各样的酒款，让葡萄酒变成我的朋友，就算只是点头之交也不太可能。不过，我倒是发现，即使是一个全然的异邦人，还是有办法学到一些基础概念。有一次我和一个美国朋友及四个来自布列塔尼的法国人一起参加教皇新堡（Châteauneuf-du-Pape）和吉恭达斯（Gigondas）的游览行程。[①] 我们的导游名叫弗朗索瓦，那天他身穿印有公司标志的外套，头上随意戴着棒球帽，开了一辆九人座来接我们。他用英文跟我们说，"希望今天会是一个无法忘怀的日子"，然后按下仪表板上的一个按钮，美国爵士歌王纳京高（Nat King Cole）的歌曲 *Unforgettable* 随即流泻而出。参观行程非常流畅，而且充满仪式性质：我们每抵达一座酒庄，铸铁大门就会打开，一位接待人员笑盈盈地迎接我们，旁边还会出现一只大狗，当然我们完全不需要怕它。

随后弗朗索瓦教我们如何品酒。我们举起酒杯，通过光线检视葡萄酒的"衣裳"——它的外观密度、清澈度和色泽。我们旋转酒杯，让酒液释放香气，然后观赏酒液的"腿"慢慢沿着杯身内侧往下滑流。接下来我们嗅闻两次，第一次是快速、急促地闻，为的是进行初步认识；第二次则以深呼吸方式缓缓地闻，借以得到进一步了解。完成这些程序后，我们才开始品尝这款葡萄酒。我们将酒杯置于嘴边数秒，让酒展现它的奥妙，并让品酒的乐趣悄悄蔓延。美酒入口后，我们用舌头让酒在口中转动，接着才以最慢的速度咽下。这时品酒动作尚未结束，我们还必须咀嚼口中残余的酒液片刻，感受它的余韵无穷。

---

① 这两个产酒小镇位于南隆河谷地，分别是法国第一和第二个原产地管制命名（AOC）产区。

美酒喝尽了以后，我们将酒杯上下摆动，再度旋转、摇晃它，带着无法满足的渴望最后一次嗅着幸福的气息。

这样的感觉完全不同于一口饮尽一小杯烈酒那种立即性的快感。品尝葡萄酒是一个仪式，它的整个设计都是为了让美好时刻缓缓延续，创造一种情趣分享的亲密体验。桑德斯曾告诉我，"品酒最好的方式，就是在和谐中享受它。"现在我真的懂得她的意思了：品酒时要与自己达到和谐，也与周遭的人达到和谐。

在一个晴朗炎热的六月天里，我拜访了居伊·萨瓦的母亲。朴素自然，没有过度修饰，不做刻意安排，玛丽·萨瓦（Marie Savoy）原汁原味地体现了法国料理何等根深蒂固而且生机盎然的一面。她已经年过八十，灰白的头发剪得相当短，一辈子的辛勤在她脸上刻画出深深的岁月痕迹，但同时也让她身子非常硬朗。她穿着蓝色花卉图案印花长衫，还围上一条围裙。

当我问她为什么决定从事料理工作，她没说是为了抚养家庭或成就个人事业，而是用了一个跟她儿子所提的一模一样的字眼："乐趣"。她的乐趣来自每天与用餐客人分享她的料理，并欣赏他们满足的模样。

这次拜访萨瓦老家的行程在距离里昂不远的一座火车站正式展开。居伊·萨瓦亲自来接我，带领我坐进他的白色 Saab 敞篷车。他穿着灰色麻质衬衫、褪色的蓝色休闲裤和网球鞋，一身轻便打扮让他没有在车站引起旁人特别的注意。

车子开在蜿蜒的乡间公路上，萨瓦让我欣赏了形塑出他今日模样的道地法国风情。来到小镇惠依（Ruy），他带我到一间位于山丘上的小餐馆，四周遍布已有两百年历史的法国梧桐，一片郁郁葱葱，但空气中隐约流露出一股苍凉的气息。从外面可以看到餐厅内部摆设着富美家（Formica）防火胶板餐桌和塑胶餐椅，但餐厅已经停止营业了。他告诉我这个地方曾经是他母亲经营的 buvette——小吃店加餐厅——连着萨瓦家朴素的老房子。萨瓦出身瑞士的父亲名叫路易（Louis），是小镇的园艺师，当年他就在自家庭园里栽种蔬果，当作最新鲜的餐厅食材。那时他眼力好得可以在几百尺外看到泥土中冒出来的羊肚菌。

"当年这里有一个很大的露台，摆设了很多桌椅，四处都是争奇斗艳的花朵，"萨瓦说，"我父母需要什么都是自己种的。每年羊肚菌开始露脸的时候，樱桃、番茄开始成熟的时候，在这里都是天大的事。我第一次煎蛋包、第一次做鳟鱼、第一次烤田螺，都是在这里。"

接着话题转到期待的心情：我们期待的是在萨瓦父母家午餐要吃的"昂杜耶"（andouille）熏肠。"你喜欢吃吗，昂杜耶？ 搭配庭园现挖马铃薯？"他问我。

昂杜耶？ 是那种里面塞满烟熏猪肚和猪肠的肥大"香"肠，味道闻起来像是你完全不会想碰的某些身体部位？ 小时候我倒是吃过一些用奇怪的动物部位做成的菜肴。好吧，我试试看。

"Bien sûr（当然）！"我说，"我特爱吃！"

我们开车经过缓缓起伏的山丘，上面种满了葡萄和玉米。萨瓦热情地要我欣赏、体会、嗅闻周遭的一切：刚割下的青草散发的清新香气，冰川切割磨润而成的建筑物砌石，安宁幽静的湖泊，远处层峦叠翠的高山。

他的父母已经退休多年，现在住在小镇雷札布赫（Les Abrets）一栋不起眼的房子里。房子有个不错的庭园，不过称不上大。爸爸路易·萨瓦带我参观他的"私人庄园"，园子里种了一畦畦的莴苣、红萝卜、豌豆、四季豆、芜菁、马铃薯、洋葱、红葱，每一床蔬菜周边还漂漂亮亮地种了大理花和万寿菊。

老式厨房空间狭小，光线也不明亮，里面有一具四个炉火的电炉，一个小型烤箱，未搭配成套的餐盘，以及少数几把刀具和木勺。这里没有神通广大的微波炉或食物调理机，但这个空间显然是玛丽·萨瓦专属。"我不知道妈妈你是怎么办到的，在这个炉火上做菜真得要有点天分才行。"居伊·萨瓦一边奋力地用奶油在炒锅里炒绿豌豆，一边向母亲发牢骚，声音里满是无奈。他在这里是个客人，所以无权像对待餐厅员工那样指使自己的母亲。但毕竟这个时候是他在掌厨，他又不得不在不熟悉的艰困环境中坚持到底。

"也没那么糟吧！"他母亲抗议道。

所有食材都必须调理到正确的熟度，并以正确的温度上菜，因此萨瓦和他父母在一片手忙脚乱但轻松愉悦的气氛中不断讨论各种细节。萨瓦告诉妈妈马铃薯好了，妈妈说，"那就切吧！"他说不行，因为会凉掉。他找到一块小小的木质砧板准备切红葱，但找不到合适的刀子。"要好切的才行！"他大声嚷嚷，也不是在特别问谁，仿佛他期望一把好刀会奇迹般地出现在他眼前。结果愿望居然实现了！他拿起一瓶母亲自制的榛果油，旋开瓶盖，命令我用力闻，就像那天早餐时要我闻松露那样。瓶中淡黄色的食用油散发出核果浓缩液、糖和脂肪的混合香气。

我们转移阵地，来到庭院中遮阳伞下的圆桌边。"香槟！"萨瓦下令，"酒杯！杯子在哪？"

他首先献上一道以当天早晨采摘的莴苣制作的简单沙拉，饱满而细嫩的蔬菜叶片很容易就能以叉子卷成优美形状送入口中。莴苣沙拉引起一阵兴奋。"哇，我爱死这莴苣了，"他说，"这莴苣是真正的好滋味，它的叶片多么鲜嫩欲滴！"

"今天早上十点的时候，"他母亲插嘴进来，"这莴苣都还在园子里呢！"

接着昂杜耶熏肠出炉了。"真正好吃的熏肠，"萨瓦说，"来自本地的哟！最道地的昂杜耶！"

真的是一道最道地不过的昂杜耶。萨瓦切开熏肠，剥开肠衣，里面的汤汁马上流到烤盘上，散发出浓郁的肉味。厚厚的熏肠圆块摆进餐盘里依然紧实有致，褐色、红色和米色材料共同谱出马赛克拼贴般的巧妙质地。

马铃薯切成小椭圆片，饱满的肉身拉撑着被煎成棕色的外皮，在阳光下闪烁油亮的光泽。"马铃薯！"萨瓦叫道，"这是乡村美食的经典。又简单，又纯粹！"他手里握着一瓶 1998 年的巴塔－蒙哈榭（Bâtard-Montrachet），向母亲问道，"妈，你知道开瓶器在哪儿吗？"

我们开始吃昂杜耶，比起它那呛鼻的味道，它的口感其实还蛮温和的，加上马铃薯的香甜，整个吃起来非常柔润爽口。萨瓦一边要我们多吃点昂杜耶，一边自己就切了第二块来吃，不久后又再切了一块。"大家还要再吃一些吗？伊莱恩，再来一小块如何？"他忙着招呼。我知道后面还有很多道菜，但又有谁能拒绝真正道地的昂杜耶的诱惑？

吃着吃着，话题聊到萨瓦妈妈从前在惠依开的小吃店。萨瓦大肆夸耀妈妈一个人就能经营一家餐厅，而他自己得要有二十五人的庞大团队帮忙才行。妈妈谦虚地回道,"那有什么",然后开始谈起她的小吃店。小吃店开幕时是一个小小的饮料店,只有一打杯子和两个大瓶子,她一瓶装啤酒,另一瓶装柠檬水。后来她开始做菜,提供腊肠、火腿、蛋卷、白乳酪等简便餐食。她的菜色逐渐丰富起来,在地方上也慢慢建立起名声,大家都喜欢来吃她那简单实在又新鲜美味的料理。她在屋子旁的水泥池子里饲养鳟鱼,精心熬煮红酒炖鸡,烤炉里时时端出田螺和焗烤菜肴。平日她从清晨四点开始忙到深夜,星期天她会制作各式各样的水果塔、冰淇淋、雪酪、巧克力慕斯和雪花蛋奶(oeuf à la neige)。她的饮食店没有店名,熟客都管它叫"妈妈家"。有一次两位老主顾送给她一件漂亮的晨袍,表达对她的由衷谢意。

居伊·萨瓦早年开始学烹饪是出自必要,因为他母亲在厨房里需要帮手。她每天忙东忙西,总是工作到筋疲力尽,儿女们看了不忍心,在她六十多岁时强迫她退休。"她对料理的热情把她整个人都给吞噬了。"萨瓦表示。

这时,一大块牛肋排端上桌,大伙欣赏一阵后才切片准备大快朵颐。肋排摆盘时佐以奶油拌炒的羊肚菌和红葱,与肉汁交融出绝佳风味。接着端上桌的是一碗绿豌豆,看起来宛如光润晶莹的翠玉小圆珠。搭配主餐的酒款是一瓶 1998 年的乐夫波菲庄园(Château Léoville Poyferré)圣朱利安红酒。豌豆表皮柔嫩,自家制的榛果油让这道菜的外观亮滑悦目,送入口中后迸发出蜂蜜糖果般的甜美滋味。至于牛排则是无比软嫩多汁,餐刀切下去时还会娇嗔地颤动。

"小豌豆,小豌豆……"萨瓦温柔地重复念着,仿佛在诵经。质地紧密而气味呛鼻的羊肚菌更是让他兴奋难耐。"采菇人发现羊肚菌,就好比打猎人捕获乌鸫。"他说，"当我走在森林中，看到可供食用的蕈菇时，那是一种深具情感的经验。即使已经活到这把年纪，每次只要发现美丽的蕈菇，我的心跳就会加快。"

美食分享带来无上的喜悦，当我问起绿豌豆是否也来自自家庭园时，母子两人异口同声地回答，"当然！"母亲说，"红萝卜、菠菜，还有……"

儿子接口道，"还有红葱、莴苣、番茄。"

甜点时刻来到，大盒大盒的自制覆盆子冰淇淋和香草冰淇淋在餐桌上轮转，大家忙着挖起来大口享用，随后是附近一家小农场女主人自己做的白乳酪。萨瓦将鲜醇的乳酪舀进深碗中，让人看了垂涎欲滴，但这还不打紧，他在上面又淋上厚厚的法式鲜奶油，最后再洒上白砂糖。萨瓦的母亲拿出一个生了锈又有凹痕的马口铁罐，那是她在儿子小时候教他做饼干时用来储存饼干的容器，已经有五十年历史了。这天里面装的是蛋白糖霜脆饼（meringue），脆饼的外壳虽然坚硬，却是入口即化；还有酥脆的榛果饼干，浸入香浓的黑咖啡后拿出来吃，那口感真是出神入化。

午餐结束后，大伙儿悠闲地闲聊，在回味无穷的心情中让欢聚的乐趣继续蔓延。玛丽·萨瓦和我谈起婚姻、小孩和岁月的增长。她的儿子躲进客厅，脱了鞋伸展在沙发上午睡，还发出惊天动地的打呼声。路易·萨瓦后来也抬了一把躺椅摆在庭园中的荫凉角落，慵懒地打起盹来。两个男人醒来后，大家又津津有味地谈着中午那顿完美无瑕的午餐，而后才依依不舍地道别。

萨瓦和我一起搭火车回巴黎时，午餐的点点滴滴还荡漾在他心头。"小豌豆，小豌豆。"他喃喃自语。他告诉我为什么他会愿意把一个陌生人带到他父母家。"今天我们吃的是乡村的家常膳食，"他说，"最棒的东西，其实就是最简单的东西，没有比这更好的。我现住做的不过是设法让自己做出跟妈妈做的一样美味的料理。我要让你知道的就是，我并没有发明什么新的东西。"

他告诉我他还未曾带外人回家拜访他母亲。这次她一开始也非常恐慌，怕自己没办法给客人好印象，他必须花很大力气安抚她。

"那你为什么坚持带我去呢？"

"我这么做不是为了你，"他说，"也不是为了我自己。我这么做是为了法国。"

他这话也真够豪夸的了。不过居伊·萨瓦本来就是个爱现的男人。

身为食物的艺术家，大厨让自己满足还不够，他们更渴望在美学上得到赞赏，而就务实观点而言，餐厅经营者还必须有效诱惑顾客。居伊·萨瓦谈到有一天他料理了一道海鲈鱼给一位朋友的十二岁女儿吃，那鱼的肉质非常新鲜软嫩，但小女孩只是一直抱怨鱼肉里有骨头。"不想快乐的人就会一直抱怨鱼肉有刺，"他说，"他们不会谈论吃鱼有多么愉快，对什么都抱着负面态度。这样实在太愚蠢了。我举个很好的例子——弗朗索瓦·西蒙（François Simon）。"

弗朗索瓦·西蒙是法国料理的头号"反诱惑家"，他长相平凡，但相当讲究个人造型，头上留着半长不短的发型，脸侧蓄有鬓角，喜欢样式大胆的斜纹呢外套、花色招摇的领带和丝绒面料的背心。他经常宣称法国已经失去它的"美食霸权"，而且为了证明这个论点，他以最猛烈的方式践踏法国餐厅的名声。他的文字刻薄不饶人，笔尖比屠夫的刀锋还要锐利,可能是法国美食领域最令人害怕,但读者倒也最多的作者。二十多年来,他担任《费加罗报》的食评家,通过无情的文字将评论对象剥皮、切块、炭烤、炙烧,完全不顾自己的文章会对别人造成多大冲击。

有一天,我跟西蒙约吃午餐,地点在巴黎一家过度昂贵的旅馆附设的过度高价的餐厅。当伺酒师没先问他就开始准备帮他重新倒酒,他的手以迅雷不及掩耳的速度啪地伸过去挡住酒瓶。"我喝酒时喜欢完全掌控酒的温度,"他向我郑重宣告,"我在餐厅里最怕的就是必须让别人来管。我要的是他们纵容我。"他这样告诉我。有一次他在文中论及伺酒师时写道:"也许我们应该把他们通通淹死,这样我们才能爱怎么喝就怎么喝。"

西蒙发挥影响力的管道五花八门,他经常出书,每星期在有线电视网主持一个不露脸的节目,还经营了一个博客,上面会公开他在一些法国顶级餐厅及不是那么有名的餐厅里偷拍的录影画面。西蒙不是光批评别人的料理就满足,他还声称自己是个卓越的大厨。在他的博客上,他夸称自己可以用两百种方式烹调鸡肉。有一次他还把自己关进巴黎一间小小酒馆 Le Cochon à l'Oreille① 的厨房,连续五天为食客烹调餐食。有一天,晚上客人的评论是:南瓜浓汤有颗粒感,煮得不够熟透,而且浓得几乎像固体,堆成一座小塔大概没问题;香料鸡分量很够,但配菜太过小气;萨芭雍(sabayon)② 则稍嫌稀薄,缺乏浓郁口感。西蒙非常想要诱惑,可惜失败了。不过至少他努力

---

① 意为"长耳朵的猪"。

② 蛋黄加糖、酒、香料制成的淋酱,源自意大利,通常用于制作甜点。

过,而这倒也为他增添了某种吸引力。

相较于弗朗索瓦·西蒙猛摆高姿态批判法国美食文化,弗朗索瓦·迪朗(François Durand)对于严谨的食品制程则是抱着无比谦卑的爱。如果有哪个人来跟我说法国料理已经阵亡了,它诱惑美食家的魔力已经衰竭了,且让我把你介绍给他。他本身是个乳酪制作师傅,但他也是美食战场上的勇敢斗士,每天都在奋力维护法式美食的精粹。在他眼里,如果要制作完美无瑕的卡芒贝尔(Camemberr)乳酪诱惑一桌美食家的挑剔味蕾,没有任何节省人力的现代化捷径。

迪朗十九岁时就接管了位于诺曼底小镇卡芒贝尔附近 200 英亩的家族农场,将近三十年来努力不倦地经营着。他在农场上养了六十头牛,声称自己是诺曼底地区最后一个亲手以长柄勺舀取未经巴氏消毒的生鲜牛乳,进行商业化卡芒贝尔乳酪制作的酪农。他个性低调,沉默寡言,想诱引他多说几句话是非常伤脑筋的事;尽管如此,他却有一种让人愉悦的底蕴。看他将牛奶转变成卡芒贝尔乳酪的过程,则又是另外一回事;这时他会忽然变得像是表演台上的精湛舞者。首先,他的身子站得笔直,左手臂稳固地定在背后,接着弯下腰,用右手拿勺伸进一个大缸,快速地将缸中温热凝结的生鲜牛乳舀出正确分量,盛入数以百计的白色圆筒形塑胶容器中。

有访客到来时,他会拿出熟成得非常完美的卡芒贝尔乳酪,搭配小块的脆皮面包招待客人。乳酪的白色外皮略呈皱缩,并带有一抹橙色,淡黄色的内蕊既不会太干硬也不会太软湿。这个乳酪的丰富内涵同时表现在它的气味——它满载农场、青草、牛只的气息,而且没有任何工业生产品那股阿摩尼亚味——以及它的丰润口感,配上一杯农场自制苹果淡酒,任谁都要感觉飘飘欲仙。迪朗无法想象这个世界上没有道地的生乳卡芒贝尔时该怎么办。"那将是天大的损失,"他说,"等于是我们自己的一部分也消失了。"

在政治和外交领域上,法国料理的超凡地位可以溯源至十七世纪的凡尔赛宫,当时的路易十四就将料理提升为一种艺术形式,与文雅的语言、艺术、建筑相媲美。

料理成为法国在外交上的重要工具,是谈判策略中的有效武器。查尔斯·寇根(Charles Cogan)在其著作《法式协商行为》(*French Negotiating Behavior*)中将这个现象称为"美食政治"。"对法国人而言,"他写道,"餐宴是协商行动的一部分,就像是一个工具或配备。如果是由法国主持谈判,餐宴能提供法国一个绝佳的机会,向外国展现他们高度重视的华丽厨艺。"

还不仅止于此。外交及政治上的餐宴活动也是一种诱惑工具,能塑造充满情趣的氛围,让对方告白、泄密、敞开心胸,或软化敌方的顽固坚持。如果想深入了解法国如何掌握及运用外交武器,现今最好的参考书籍之一,依然是十七世纪出版的《与君王协商之道》(*De la manière de négocier avec les souverains*,英译版书名为 *The Art of Diplomacy*),作者为路易十四时代的特使、作家及法兰西学院院士弗朗索瓦·德·卡里耶赫(François de Callières)。

卡里耶赫写道,一名大使的餐桌"应该要以清爽、丰盛、饶富品位的方式提供餐食。大使应该经常举办各种宴会,邀请宫廷重要人士,甚至国王本人参加。美好的餐桌是让他获取各种所需讯息最有效且简便的方法。一顿酒足饭饱的餐宴自然而然会促进友谊发酵与培养亲近感,凡人在酒酣耳热之际经常容易吐露重要机密"。

在卡里耶赫之后一个世纪，维也纳会议在 1815 年举行时，法国为了收拾自己在战场上失利的后果，企图以其文化力量作为弥补。当时的法国外长夏尔·莫里斯·德塔列朗-佩里戈尔（Charles Maurice de Talleyrand-Périgord）是法国历史上最具手腕的外交官之一，他在给路易十八世的信中如此写道："陛下，此刻我最需要的，是厨用锅具而非书面指示。"德塔列朗-佩里戈尔对美国的观点也蕴含对食物的指涉，他曾说美国"这个国家有三十二种宗教信仰，但只有一种酱汁"。

拒绝外交餐宴邀约是非常失礼的事。2003 年法国外长多米尼克·德·维尔潘（Dominique de Villepin）访问阿富汗，我是获选陪同报道的一小群记者之一。两天的长途跋涉令人疲劳不堪，我们搭乘外交部专机从法国出发，机舱内的奶油色座椅非常柔软舒适，可惜只能飞到塔吉克。我们在塔吉克下机，换上飞行夹克，戴上头盔及消音耳罩，换乘一架又冷又不舒服的军用运输机。抵达喀布尔以后，某个时候，我和几位同僚跟全程受护卫的法国代表团失散，结果大部分时间都流浪在炎热的喀布尔街头，搞得一身灰头土脸。返回巴黎的途中，我们又得在塔吉克换机，着实筋疲力竭，于是我吞了一颗安眠药想好好睡一下。哪知外交部发言人不久后就把我摇醒。

"我有好消息告诉您，"他说，"您已经获指定与部长用餐。"

于是三位同僚和我一起被引进头等舱。安眠药药效正在强力发作，我每次眨眼都觉得整个机舱都在摇动。我努力数着铺了白色桌巾的餐桌上摆了多少叉子。四支，所以是四道菜，还有四个杯子，两个是餐酒杯，一个是水杯，一个是香槟杯。我无所遁形，只能用指甲扎手掌心，让自己在痛楚中设法维持清醒。

我记得晚餐的内容:淋上鱼子酱的鹌鹑蛋佐粉嫩小虾仁、香煎小牛排佐羊肚菌、乳酪、沙拉、甜点。德·维尔潘在席间谈笑风生,设法魅惑我们这群记者,但他的诱惑力此时完全无法对我产生作用。在场的法国同僚后来告诉我,佐餐酒真是有如天堂珍露。

如果法国政府要颁奖给拥护法国料理最不遗余力的英雄,得奖人非《世界报》美食评论家让-克洛德·希波(Jean-Claude Ribaut)莫属。希波仿佛是食评界的诗人,多年来以其华丽文采颂赞法式美食充满诱惑力的动人光辉。我能想象现年六十岁左右的让-克洛德年轻时应该是个美男子;他早先在巴黎美术学院(École des Beaux-Arts)修读建筑,后来遇到一位大厨,大厨传授他品尝美食及料理的奥妙。让-克洛德因而得以进入当时世界最大的食品批发市场——巴黎雷阿勒中央市场(Les Halles)——一窥堂奥。他在那里见到许多食品商及餐厅业者,全盘了解了他们的工作方式与行为仪节。他钻研从高卢时代到现代的法国料理历史,并逐步打造出关于法国美食文化最丰富的私人图书典藏之一。

有一天,我和让-克洛德在巴黎十六区的 Jamin 餐厅与一名他的退休教授朋友和一位二十三岁的美丽酒商弗勒共进晚餐。时间已经接近午夜,我们才刚吃完甜点。啜饮餐后咖啡时,我问让-克洛德,如果他要通过美食进行一场"诱惑",他会准备什么样的料理。我说诱惑对象不见得是女人,也可以是家人或朋友。

让-克洛德开始在心中勾画梦幻美食的蓝图,他的字句也随之一一流转而出。"我会准备一道碳烤羊后腿(gigot d'agneau),出自很稚嫩的小羊那种,"他说,"调味很重要,我会塞一些鳀鱼提味,这样羊肉会有一种层次极为复杂细致、难以言喻的香气。我会用烤箱进行碳烤，然后把肉汁直接拿来运用，加进一点澄清奶油，拌入捣碎的鳀鱼，就成了最棒的酱汁。摆盘时旁边再佐以焗烤茄子。这道菜非常受欢迎，每次大家都赞不绝口！"

弗勒听得意乱情迷。"光是听你的描述，我就想跟你回家吃大餐了。"她说。

大家骤然就把刚吃完的极致美食给忘了，这时我们只想尝尝那道羊腿排佐茄子。

我请让-克洛德帮我们想一道前菜。

"我打算用扇贝创作一道精美前点，"他说，"刚打开的新鲜扇贝略加氽烫，淋上白酒熬煮的简单酱汁就是人间美味。如果比较讲究的话，还可以做第二种比较复杂的酱汁。把班纽斯（Banyuls）或里韦萨特（Rivesaltes）这类味道比较甜美细致的白酒熬成浓稠状后，加入一小匙法式鲜奶油，但不要加太多。这样就可以把不同的风味和质地完美融合起来。不过不能加任何面粉。扇贝煮好以后撒上一点切细的新鲜柠檬皮，这样一来，简单的白酒酱汁、香甜的班纽斯浓润白酒酱、柠檬皮与扇贝肉会形成一种万分巧妙的对比，简直就像变魔术！"

他进一步描述可以用哪些食材搭配扇贝：小片比目鱼排、海螯虾、煮得软嫩的韭葱，佐以用浓烈高级红酒、砂糖、红葱熬制的酱汁。

"C'est magnifique（太美妙了）！"弗勒惊叹道。

晚餐开始时，让-克洛德提过自己有点担心找不到好的主题来为他的美食专栏撰写情人节专文。我告诉他，干脆就把他这顿梦幻晚餐写下来好了，并且可以采取"浓润关系"（Les liaisons onctueuses）这个标题——这个令人与著名小说与电影《危险关系》产生联想的标题，是他方才用来描述风味和质地如何调合时所用的字词。

"那甜点吃什么?"弗勒问道。

"我必须承认我不懂得怎么做糕点,"让-克洛德说,"不过有一道甜品非常神奇,真的很神奇,我一年到头都做这一道。"

他的神奇甜点就是万无一失的红酒渍水果。"把玫瑰桃、桃子、杏桃这些有硬核的水果用红酒煨个十分钟,用苏玳(Sauternes)、巴萨克(Barsac)之类的酒就不错,浓润的甜点酒也可以,"他说,"酒是一种出神入化的东西,非常厉害! 我会加一点糖,因为酒熬浓之后会变得比较酸,所以要给它来一点甜蜜的滋润。我还会把橙皮丢进些许熔化的糖里让它焦一焦,然后放进红酒汁里。基本上要把握均衡的原则。接着把煨好的酒渍水果放置冰箱一整晚。要吃的时候还可以做一些玛德琳蛋糕搭配享用。如果你天分够的话,那么直接……直接就……"

让-克洛德没把话说完。他也没必要把话说完,一切已在不言中。

对法国人而言,再卑微的食物都能发挥诱惑作用。在某个机缘下,我又跟居伊·萨瓦共进早餐,这次我们聊到最普通的食材能有什么样的感官诱惑力。当我听到一位知名食评家跟萨瓦说他的红萝卜"天下无敌"。我坦白地让他们知道我不太相信这话。

"红萝卜就是红萝卜嘛。"我不以为然地表示。

萨瓦招来一位副厨师长,请他取一些红萝卜过来。几分钟后,两盘红萝卜送来了,每盘都装了两条削皮调理过的萝卜,萝卜头上还带有两三厘米长的梗。萝卜是用奶油慢火煎熟的,置放在摆盘精致的一层墨绿色菠菜和杏鲍菇上。

一瓶普里尼-蒙哈榭（Puligny-Montrachet）白酒送了上来，我们边喝边听萨瓦讲述品尝红萝卜的道理。萨瓦说，红萝卜尾端的味道非常细致，而且比较甜，越往头部味道就变得越强劲有力。

"你这一定是瞎说。"我试着压抑住嘲笑的口气。可是萨瓦看来一本正经，我只好修正立场，"其实我不太了解。"

"要从尾端开始吃，"他这么说明，"小口小口吃。"我们切了一小片红萝卜，接着切第二片，就这样一路吃到红萝卜头。"吃到顶端的时候，要这么做。你们等着瞧，这味道是很不可思议的。"

慢慢地，我对红萝卜的立场开始有了转变。

我告诉萨瓦，红萝卜叶不能吃，他说我错了。他切了一块连梗的萝卜放入口中，咀嚼吞咽以后继续讲述他的"红萝卜经"。"品尝看看上面这个部分，会有点硬。"

我把红萝卜顶端连带绿色茎叶部分放进嘴里，开始咀嚼。我明白自己真是错了。红萝卜梗和叶子很有咬劲，味道有点像炒过的欧芹，不过还更猛些。

"好吃到爆！"萨瓦叫了一声，"没错吧？我个人非常爱。这就是我所谓的具体！"

我不知道究竟是因为盘子里的食物，还是因为萨瓦声音里的兴奋，总之那次红萝卜经验让我难以忘怀。而且那件事也让我更深刻地体认到为什么法国人不喜欢一个人用餐：法式美食经验实在太美妙，不与他人分享的话真的太可惜了。

辑四　诱惑与公共领域

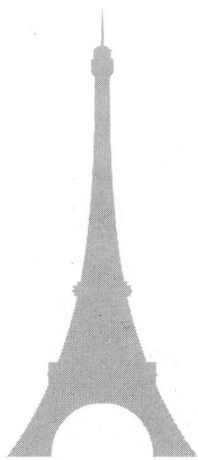

第十一章
藏身在光天化日之下

*

隐藏必须被看到才行：我要你知道我在对你隐藏某事……我要你知道我不愿显露出我的情感。

——罗兰·巴特，《恋人絮语》

如要过得快乐，且躲起来过活。

——十八世纪诗人，让-皮埃尔·克拉利斯·德·弗洛里安
（Jean-Pierre Claris de Florian）

二十世纪八十年代末期，我以外交新闻特派员身份迁居到华府，不久即获邀至巴基斯坦大使官邸参加晚宴。我心里知道那绝对不会只是一顿精致晚餐及一场单纯的闲聊，但新闻部编辑对我的期待依然让我非常惊讶。"你要设法从中获得三件新闻。"他这么告诉我。

那时我才刚进入华府新闻圈，花了一段时间才逐渐体会这个城市里的晚宴其实可说是白日工作的延续，让政府部门、外交界、工商界及媒体圈的重要人士有机会以显而不见的低调方式传递重要资讯。晚宴参与者审慎地透露内线情报，所有人都心知肚明，杯觥交错之际流露的话语字字句句都经过缜密斟酌。如果消息来源是有头有脸的人士，他的言谈内容就会被视为具可信度，值得进一步追踪查证，因此他也不敢轻易说谎。餐宴中披露的讯息也可能成为重要决策的依据，或借由这种非正式管道流向公领域，或被当成提升地位或打击名誉的手段。我必须很快学会如何利用这些场合，为我自己及我所服务的媒体创造新闻优势。

但这一整套运作机制却几乎完全不适用于法国。

法国人也会举办各种晚宴，让一些具有影响力的人士聚在一起。参与者当然也会在这些场合进行大量的言语交流，但为的是共谱一阵欢乐的唇枪舌剑，而非如美国那般以非正式情报交换为目的。在这种优雅世故的法式社交比武场合，最容易被牺牲掉的言谈要素就是正确性。当会话的目的是聪明灵巧的言论表现，说话内容的真实性就变为次要，"透明性"反而可能使说话者显得粗鲁或无趣，甚至两者皆是。绣花般的字词修饰及逗趣的娱乐效果总是凌驾于事实之上，一切均须以众人的欢乐为依归。

"L'art de la conversation（交谈艺术）是一种全国性的艺术，"作

家兼财经顾问阿兰·曼克有一天这么告诉我,"如果是在美国,主菜吃完以后某人会说,'现在我们开始谈正事',接着大家好像就有义务正经八百地讨论公事。但在法国不是这样。在法国的晚宴场合如果有人忽然说'我们现在开始进行讨论',那真是再失礼不过了。"

曼克继续解释道,"如果你真的要谈严肃的话题,那就必须用轻松的方式提出一些假造的传言,或是创意十足的秘密之类的。这是一种游戏。这样一来,晚宴结束时大家都已经忘记自己先前暂时假装相信的东西。"

"等等,大家都忘记原本以为是真实的东西?"我问,"这跟美国的情况太不一样了!"

"没错,"曼克表示,"在美国,大家都用严肃的心态看待一切。在我们这里,大家都不要用严肃的心态看待一切,就算事情很严肃也不例外。这就是古老国家与新兴国家之间的区别!"

"可是如果晚宴时真的有严肃的事要谈怎么办?"我问。

"晚宴时绝对不会有严肃的事。绝对没有。"

法国人与所谓真实性之间的关系果真完全不符合美国这种清教徒国家的基本逻辑:"人皆不可说谎。"在比较深刻的道德层面上,法国人可能会急切地辩驳说,真正具有强大杀伤力的谎言在法国出现的频率毕竟不会比在任何其他地方高。这并不是说真实性不具价值,而是真实性有其应守的"本分"。而这个本分在很大程度上是依据诱惑的要求来决定的。

法国人当然喜欢出卖秘密。权势阶级和政治人物的八卦非常容易挑逗他们的好奇心。传播谣言的习惯早在王权时代就在宫廷中流行,掌握资讯就等于掌握权力,而资讯必须非常谨慎地处理。色膻腥的故事无论是否有事实依据,总是非常好的娱乐素材。

保持秘密和掩藏事实可以塑造出干净无瑕的外观,获得比较合乎社会共识的表象。巴黎市立历史图书馆在 2008 年举办了一项展览,结果因为展览内容过度跨入真实性的领域,反而成为众矢之的。该展览通过两百多幅彩色照片,呈现 1940 年到 1944 年巴黎街头在纳粹德国占领时期的生活情景。这些照片由一名与纳粹政府合作的法国摄影师所拍摄,显示巴黎市民在纳粹统治下正常过日子的情景;更糟糕的是,观者甚至可以从某些照片中看到巴黎人过得非常欢乐。最引起争议的照片之一就是展览宣传海报所用的照片,当时这幅宣传海报出现在巴黎市区各个角落。照片中一群看似富裕高雅、神情愉快的巴黎人出现在地铁站入口,旁边站了一名德国军人,这样的景象暗示法国人非常适应德国占领下的生活。有些政府官员因而要求提前结束展览,市长虽然拒绝这项要求,但还是答应撤除所有宣传海报。

关于什么东西可以揭露、什么东西应该隐藏,有一套非常复杂、随着情境不断改变的运行规则,但其中的基本原则早已根深蒂固。谣言可以塑造遐想,因而能用来操纵人们对政治人物及其他公众人物的观感。谣言是否合乎事实并不那么重要,重要的是,它必须有趣而诱人。相较之下,秘密比较具有私密性质,因此也更具价值。秘密能操弄真实性,不断在公开多少、掩饰多少之间拿捏。秘密能拉近与他人的距离,因为大家都想借由秘密的披露,偷偷知道别人无法获取的讯息。

“秘密”这个字对法国人充满诱惑力。有一天,我在巴黎里昂车站(Gare de Lyon)最大的书报亭浏览那里出售的书籍,结果证实了秘密这个概念深受欢迎的程度:《法国小姐选美的秘密故事》《银行的秘密面纱》《员工没有告诉你的秘密》《幸福的秘密》……这些标题一下就映入眼帘。在没有太多重要新闻事件发生的时期,媒体如果以共济会作为法国国家运作机制背后的秘密权力中心为观点,撰写长篇大论的分析或制播一系列专题报道,必然能引起许多阅听者的关注。

但秘密在法国的政治和公众生活中不只是一场游戏,也是国家生存策略的一部分。哪些资讯应该掩藏、哪些资讯应该公布,考量这种选择的出发点与如何为国家和人民维持某种形象有密切的关系。为了形塑某种悦人的外在样貌,让所有人事物可以顺利运作,丑陋的事实很容易就会被掩盖起来。而当美学因素与伦理道德发生冲突,后者也经常被摆在其次。

不过,话虽如此,权贵阶级的秘密通常还是得以维持其神秘面纱,置身在主流媒体和政治人物公开言论的关注范围之外。身为一名在巴黎工作的美国记者,我必须努力学会在一个非常不一样的环境中悠游自在地运作。在法国,秘密非常受重视,而一旦有秘密存在,不可能避免的制衡力量——将秘密透露给少数关系人士——则是一个具有高度选择性的东西;记者必须谨守一套没有明确定义的不成文仪式和规则,而这完全不符合美国媒体的传统。法国媒体大多数时候显然乐在其中,那已经变成一种生存技巧。我们不难想象,重视维持秘密的社会传统很容易孕育造谣的习惯。能够获知秘密的人,必然拥有权力,就像圣经中邪恶之蛇因为握有禁忌的知识,得以借此诱惑夏娃。

谣言之所以总是在权贵阶级的私人小圈子里流传,而鲜少被摆在公众讲坛上讨论,有三个主要原因:

首先，由于法国人相信享乐的权利，他们对于其他人的私人行为，特别是性行为，具有高度的包容力。法国人认为私人生活不可以受到外人侵入。

　　其次，由于法国人重视具有乐趣的生活，他们不喜欢丑陋的事实被公诸于世，因为这样会扰乱和谐的表象，威胁到社会的运作脉络。基于这个原因，美国式的调查报道在法国非常少见。（另一个原因是法国媒体害怕遭受权势阶级的报复。）

　　最后，诽谤法为私生活提供了严密保护，广电或平面媒体如有些许逾越，即可能面临诉讼及高额罚款。

　　在法国的晚宴场合中，一旦谈话出现尴尬的空档，任何一位客人只要提起多米尼克·斯特劳斯-卡恩（Dominique Strauss-Kahn）①的名字，就一定能打破沉默僵局。斯特劳斯-卡恩是前国际货币基金组织总裁及法国前财政部部长，据说对于竞选法国总统也有相当野心。想提出这个话题的人可以若无其事地问其他宾客，关于他不断追逐女色的传言是否属实。这样的话题总能在现场引燃热烈的讨论。

　　谣言有时可以无比残酷，并且牵涉尖锐的人身攻击，即使没有任何证据显示谣言的真实性。比如某位前部长有同性恋恋童癖；某位党魁可能有严重的酗酒毛病；某位前任部长的小孩的爸爸是欧洲某国前任总理；另一位前任部长的夫人在摩洛哥某间豪华旅馆套房中当场逮到老公在跟情人私通；某某思想家或某某作家的死因其实是自杀，等等。这些事都没有确凿的证据，没有任何可以追溯的公开证词足以说明它的真实性。

----

① 2011 年 5 月，斯特劳斯-卡恩在纽约一家旅馆涉及性侵案，随后辞职。

身为美国人，我总希望获得真正的证据，因此每当有人告诉我某个听起来特别离奇的谣传，我总会问这位谣言使者，"你是怎么知道的？"

我得到的答案也总是一句"总之大家都知道"。

巴黎就像一座小镇，政治、文学、学术、新闻、法律、工商界人士似乎不是互相认识，就是有某种程度的关联。法国在许多领域上显得高度"首都集中化"，仿佛只有巴黎发生的一切才是重要的。因而几乎所有巴黎人都以散播谣言为己任：政治人物向理容师爆料，警察向复健师爆料，司机向同行交换传言……

有一次，我参与了农业部长布鲁诺·勒梅尔（Bruno Le Maire）前往法国东部杜省（Doubs）地区的视察活动，行程中由一名政府安排的司机载我四处行动。我在和他的谈话中得知他先前曾在爱丽舍宫服务多年，于是我们开始聊起历任法国总统。我因此知道了哪位总统个性内敛，但无懈可击地彬彬有礼，哪位总统特别爱摆高姿态，哪位总统喜欢坐前座，在仪表板上摸摸弄弄、转换电台，车子一停下来等红灯他就跳出车门与来往民众握手……"太多有趣的事了。"这位司机表示。可是他就是没爆出什么辛辣的料。他曾多次陪同法国元首进行非正式参访或度假活动，但没向我说出任何特别有趣的内幕。他只是让我知道：他知道一些内幕。

在我派驻法国前后这么多年来，我观察到随着时代的进展，法国人的行为规则开始有所崩解，处理秘密的方式也有了变化。法国人也开始染上"pipolization——名人八卦"这种病毒，对以公众人物为对象的耸动题材产生严重饥渴。此外，新科技的发展也让原有的游戏规则变得暧昧模糊。科技的演变使得现代人很轻易可利用手机摄录私人会晤情景，带来一种前所未见的资讯透明度。

有一天，我请一位消息灵通的朋友共进午餐，我们聊到萨科齐总统与妻子卡拉·布吕尼分别各有婚外情的传言。据说萨科齐的外遇恋人是内阁中一位已婚年轻部长，身为歌手的第一夫人则是跟另一位流行音乐歌手互通款曲。

谣言的开端是推特上一篇语焉不详的帖文，这个资讯被转载在《星期日周报》(*Le Journal du Dimanche*)网站上的一个博客上，但没有刊登在该报的印刷版中。很快，这个故事就在英国及意大利媒体上爆发开来。爱丽舍宫的官员们纷纷对此表达看法，无论是严词否认其真实性，或批评传言缺乏事实依据，总之都让这个话题继续延烧，而且引燃更多的传言。

起初法国主流媒体完全不报道这件事。少数较小的媒体发表声明表示他们不会追踪报道关于总统及第一夫人私生活的传言，但并没有明说这些传言的内容是什么。

我跟那位朋友吃饭时就聊了这些。第二天她传给我一封电子邮件：

> 昨晚我获得证实，卡拉的确有外遇。我觉得很伤心，因为我一直以为她是个有原则的人。
> 官方上她还是会与萨科齐在一起。可怜的萨科齐！

我想知道她如何能确定她得到的消息是正确的，但我不放心通过电子邮件或电话向她提这个问题。我在年轻时代派驻巴黎时，曾经撰文探讨 1979 到 1980 年期间德黑兰的美国大使馆人质事件过程中如何释放人质的秘密交涉。当时一名情报单位官员告诉我，他从我电话发出的咔嗒声响及释放静电的情形可以知道我已经遭到窃听。我也知道法国仍然有一个积极运作的情报监测系统，它除了被指责进行非法窃听之外，还采取实际行动跟踪记者，并有办法取得他们的电话录音记录，以便全面掌握他们的情报来源。

关于萨科齐及卡拉·布吕尼的传言是否属实似乎并不是那么重要。事件曝光之前的某天，一位法国编辑告诉我他们报社里一名记者目睹总统在与一名不是他妻子的女人接吻。我问这位编辑为什么这件事没有被报道出来。"因为没有证据，"编辑这么回答，"我的同僚们对他们采访的一些政治人物的性爱故事是有某些程度的了解，有时候他们还会目睹一些场面。"

"这次当然有证据，"我说，"已经有一个目击证人了，你刚刚才说你们的记者亲眼看到这件事。"

"就算有证据，我们也不会刊出这则消息，"编辑表示，"读者对这种新闻不会有兴趣。事实上，他们反而会难过。"

如果是在美国的话，这件事会被争先恐后地搬上公共议坛讨论。美国民众将因此得知关于元首夫妇出轨的真相，各种政治攻讦也将接踵而至。法国的情形却不是这样。这次法国第一夫妻的相关传言虽然出人意料地成为国家级事件，但事情的发展却有如出自法国剧作家乔治·费多（Georges Feydeau）笔下的一出闹剧。大家对身为总统前妻友人的某位造型华丽的前任女性部长指指点点；警政单位与国内情报机构煞有其事地展开正式调查；总统身边的顾问纷纷受到冷冻；许多人猜测，这是英美金融体系所策划的阴谋，目的在于摧毁法国经济；第一夫人在政府支持的电台中宣称相关传言"无足轻重"

……如同历来法国出现的各式各样谣传，这次事件无法长期吸引民众注意，不久后就被淡忘了。

官方秘密也可以通过其他方式造成负面效应。记者有权——甚至有义务——发问，目的不是为了撩拨好奇，而是要获取真相。他们的角色是拨乱反正，通常这也符合众人利益。如果事情没有获得翔实记录，缺乏透明性，就容易滋生谣言，而谣言广泛流传的结果，可能到最后会让人信以为真。2003 年 9 月，我就面临这种情形。法国联合电台在一次晨间新闻综合快报中投下一颗大炸弹：主播举出报道资料，说明"有可靠消息指出，希拉克在日本有一名私生子"。关于希拉克在日本有爱情结晶的传言在法国早已私下流传多年，但这次是首度变成白纸黑字——左倾政治学家、作家及记者居伊·毕亨波姆（Guy Birenbaum）在《我们的内线交易》（*Nos délits d'initiés*）一书中以长达二十页的篇幅论述此事，借以证明具有日本文化专家背景并经常出访东洋的希拉克在二十年前于日本与情人生有一子，这名私生子已经长大成人，据信居住在瑞士。

作者没有提供直接证明，但举出非常丰富的间接证据：希拉克在 1995 年当选法国总统之前的二十年间，曾经前往日本进行过四十次官方拜会及私人访问；法国外务情报局长在 2002 年遭到撤换，因为他被指针对希拉克与日本间的关联进行调查；一项对希拉克财务状况所做的调查显示，他和夫人伯纳黛特在 1994 年的一次赴日行程是以夫人原有姓氏的一部分——秀德宏（Chodron）进行账目登记。

法国主流媒体没有追踪报道这则"希拉克在日爱情结晶"的消息。立场左倾的《解放报》刊登了一篇简短的报道，但也是在英国媒体爆料之后隔天的事。

这则新闻出现时，我拨了电话给克洛德·安哲立（Claude Angeli）。他是讽刺周刊《鸭鸣报》的执行编辑，之前也长年担任该刊物的调查记者。令我非常惊讶的是，安哲立说这个爱情结晶的故事没有意思。"我唯一在意的事是希拉克是否滥用公款抚养这个小孩。"他说。

随后我又问希拉克的媒体发言人凯瑟琳·科罗纳（Catherine Colonna）她对此事有何看法。"不予置评！"她这样回答。接着她反问我，"你怎么敢问这种问题？"科罗纳曾经在华府待过许多年，我很确定她知道我为什么提出这个问题。美法两国的行事规则不同，美国人对政治领袖的个人生活具有高度兴趣。不过科罗纳终究没有否认这个传言；要是她否认的话，恐怕代表她认为这种讨论还是有其价值。

对哲学家兼电台主持人拉斐尔·昂托芬而言，谣言是法国文化中无可避免的部分，它的存在是不容置疑的。尤有甚者，谣言可以形塑一种表象，某种可以提供防护层的人造形象。昂托芬外形高大英俊，肤色健康黝黑，而且带有一股神秘气质，为任何香水品牌摆姿拍广告应该都很合适。我第一次见到他时，他正朗诵并解析哲学家加缪的一篇文章，内容是探讨爱情的智慧，以及追求幸福是如何比逃避幸福要困难。昂托芬刚好也是卡拉·布吕尼的前男友之一，还跟她生了一个儿子。布吕尼几年前创作并演唱了一首歌曲，歌词述及一位名叫拉斐尔的男子，他的声音低沉性感，"眼神宛若丝缎"。他"气质有如天使，在爱情中却像恶魔"，布吕尼这么唱着。我跟昂托芬约了喝咖啡，向他请教诱惑在法国历史中扮演什么角色。我也随身带了一些关于他与布吕尼之间关系的报道资料。他边读这些报道，边拿了我的笔圈圈点点，并不时嚷着"这个写错了！""这个也不对！"

于是我问他，如果这些都是谎言，为什么他不公开说出事实？"因为你无法改变这一切，没办法的，"他说，"你无法矫正一个既成的形象。否认并无法消除谣言。人们情愿相信，禁忌的讯息才是事情的真相。"不过昂托芬表示，一个人如果有了不符事实的公众形象，其实可以带来某种倒错的优势：他可以隐身在这个形象后面。"有时候，大众对你的想法反而为你提供了掩护，"他说，"他们说的是一种幻想，是某种形象。我的意思是说，他们谈的不是我，而是一个看起来像我的人。"

法国文化暨传播部长、前总统密特朗的侄子弗雷德里克·密特朗的情形又是另一回事了。他选择透露自己的秘密，而这个决定差点把他搞垮。

弗雷德里克·密特朗如果是在美国，绝对不可能有机会成为内阁机要秘书。他在 2005 年出版一本小说体的回忆录《坏人生》(*La mauvaise vie*)，在评论家几乎口径一致地称之为"美丽散文"的辞藻中，密特朗揭露了许多令人不安的秘密。这种吊诡的因素组合使得他的间接告白成了一场精彩的诱惑行动，以某种策略性（可能也具疗愈性）的举动，拉近了他与民众的距离。他触发了读者的同理心，而他也因此在法国受到更高度的欣赏。

密特朗在这本回忆录里描述他的性爱熟成经过，揭露一些关于他个人性行为的秘密，其中最重要的，是身为一名中年法国同志的他，如何渴望与"男孩们"发生美好的性关系，特别是在花钱买春的时刻。他承认这些男孩是因为贫困而被迫卖淫，但他非常高兴且确定他与他们之间的行为纯属商业交易,而他获得相应的回报也是应该的。

"知道这里有那么多充满吸引力而且愿意付出的男孩,这让我置身在一种欲望状态下,我无须抑制或掩藏这种欲望,"密特朗写道,"金钱与性——我置身这套制度的核心;这个制度运作得非常完善,我知道我不会遭到拒绝。"随着叙事的发展,密特朗的文字变得愈来愈露骨;坦白说,鲜明的性爱描绘也令我非常不自在。在泰国,某位年龄不明的男孩特别令密特朗欲火焚身。当他亲吻这名男孩时,他感觉"他双唇沁凉,灵动的舌头深邃流转,青春男体流泻的微咸口液没有受到任何香烟或酒精的污染。他的皮肤细柔得无以复加,Q弹的躯体在我抚触挤压时会震颤扭动,让我强烈感受到无论我碰触他身体哪个角落,他都会体验到无与伦比的快感。"他描述当自己与这男孩做爱时,"我从未经历过如此的幸福与狂喜"。他还写道,这种行为在他远离法国时比较容易发生。"在法国,想让应召男孩亢奋起来得耗费一番天大的功夫,但现在我们不在法国,我们只要用毛巾、香皂、淋浴器就能自在地互相探索、取悦。"他进一步描述。

摩洛哥是另一个密特朗寻找性爱欢乐的天堂,他还强调年轻阿拉伯男妓在他们从事的行业中是受益者而非受害者。他们利用像他这种恩客,作为"某种替代性的妻子,同时也是一个储蓄账户",他写道。此外,"这些美丽的男孩做这件事的心态跟去打球或跑步差不多,但又能借此赚钱,准备以后和母亲指定的表妹结婚时购买家电。"这类露骨的秘密被包覆在优雅华丽的文藻中,作者以充满模糊暧昧的用字遣词为情爱细节注入浓厚的神秘气息。法国文学界精英们将这本书视为勇敢、感人、文字优美的撰述,不愿对其进行道德判断。

即使在他获派担任文化部部长以后,中间偏右的《费加罗报》依然对他大加褒扬:"在这个诱惑当道的时代,他无疑是个杰出诱惑家……他在告白回忆录《坏人生》一书中衣装尽褪地与读者坦诚相见,勇敢描述了自己的同志生活。"

我个人觉得这本书令人深感困扰,甚至让人有点不寒而栗。我认为它的内容毋庸置疑是色情,而且不仅如此,它还透露出一种自我纵容的表现狂乃至暴露狂。我无法理解弗雷德里克·密特朗何以能在法国这个有数百万阿拉伯裔公民的国家公开他剥削阿拉伯男孩的行径,同时还指望法国的阿拉伯裔同胞能信服他。我认为自己非常了解美国联邦最高法院历史上最著名的判决词之一:在 1964 年一项有关性猥亵的案件中,大法官波特·斯图尔特(Potter Stewart)在定义何谓色情时表示,"我看到时就会知道。"

因此我深深感觉,我读到时也知道了。

当我向法国的学者及朋友们征询对于密特朗这本书的意见时,少有人表现出苦恼的模样。有些人告诉我,我的反应方式太美国了。"那是一本写得非常美的书,内容充满人性尊严。"社会学家弗雷德里克·马特尔(Frédéric Martel)表示。他曾经担任法国驻波士顿文化参事,并写过一些书,探讨法国的同性恋状况(他本身是一名同志)及美国的文化。

"弗雷德里克·密特朗没有刻意掩饰,"马特尔说,"他谈论同志买春时没有戴上任何面具。他是个经常上电视的名人,他的人气为他提供了保护。如果你是个艺术家,你说什么都可以。"但马特尔有预感未来可能会出现麻烦,"以他现在的部长身份他确实享有非常高的人气,但一名政治人物到底有没有权利无话不说,这点还有待观察。"

麻烦果然在 2009 年出现了：密特朗发声支持波兰裔法国导演罗曼·波兰斯基（Roman Polanski），而且可能捍卫得过于热切。在一名美国加州检察官的要求下，波兰斯基在瑞士参加一项影展时遭到警方逮捕。这位曾经得过奥斯卡奖的国际名导 1977 年在美国承认犯下与十三岁少女发生性行为的罪行，但在法院宣判前逃离美国，后来辗转定居巴黎。他在美国司法当局眼中是一名逃犯，在经过三十年后面临被引渡回美国受审的局面。

密特朗认为波兰斯基是一个"不可多得的人物"，并表示"如果文化界不支持罗曼·波兰斯基，将代表法国已经没有文化。"

这个新闻议题正好可以让法国极右派大做文章。极右派民族阵线创始人让-马里·勒庞（Jean-Marie Le Pen）的女儿玛丽娜·勒庞（Marine Le Pen）——后来她获前者指定为接班人——在黄金时段电视节目中朗诵密特朗书中的部分段落，将他贴上恋童癖的标签，并呼吁他辞职。法国的政治结构因为一套不成文的沉默法则，不时会陷入某种程度的瘫痪，但玛丽娜·勒庞摒弃了这个政治传统，将这个事件断然投入公共视野中。忽然间，密特朗的著作及他的个人行为成了公众议论的问题。

密特朗测试了政治圈的耐受力。他在此之前接受任命担任能见度极高的文化部部长，并假定他白纸黑字的告白不会成为大众审判的对象。看来他的做法不够谨慎。波兰斯基事件爆发后，他现身黄金时段电视节目中声援波兰斯基，这时他文字优美的告白被剥去神奇的外衣，赤裸裸的事实则被揪出来审视。

他向观众承认自己在国外花钱买春。"没错，我是跟一些男孩发生过性关系，"他说，"但同性恋和恋童癖是不可以混为一谈的。"他称自己的行为是一个"错误"，但不是一个"罪行"。当他被问到他怎么能确定买春对象不是未成年少年，他回答他有足够的能力分辨未成年少年和"四十岁拳击手"。他还声明不会因此辞职。

密特朗在这场电视论战中最后侥幸胜出，但并非因为他的论证言词具有绝对的说服力，而是因为主持人罗伦斯·法拉利（Laurence Ferrari）功课做得不够。她在质问密特朗的过程中承认自己完全没有读过他的书。

萨科齐总统表态支持文化部部长，因为无论是将密特朗解职或接受他的辞职，都将代表他承认自己当初任命他当部长的决定是错的。随着时间过去，密特朗-波兰斯基事件引发的波潮退去，密特朗继续忙着执行他的部长工作，马不停蹄地前往法国各地为文化展演揭幕、主持论坛、发表演说、颁发奖章给艺术家及工艺师。有一回他到法国西南端的圣让-德-吕兹（Saint-Jean-de-Luz）参加一个青年电影导演节，受到全场起立鼓掌的热情致意。

人们对保护隐私的坚持盖过了要求司法处分的声音。根据BVA 民调公司进行的一项调查显示，67％的法国民众认为弗雷德里克·密特朗不应该辞去文化部部长一职。

《解放报》编辑罗伦·乔夫翰（Laurent Joffrin）表态捍卫法国注重个人隐私的传统。他在一篇社论中表示，质疑弗雷德里克·密特朗所说的话，甚至设法证明他在说谎，是不对的。"执意这么做将会导致我们所有人都必须深思的后果。"乔夫翰写道。他引述作家出身的法国第一任文化部部长安德烈·马尔罗（André Malraux）说过的一句话——人类不过是"很可悲的一小堆秘密"，借以向社会提出这样的疑问："我们真要揭露那些秘密吗？我们要的真的是一个绝对透明，也就是说，一个严刑逼供的社会吗？"

答案当然是否定的。法国人不可能赞成这种做法。法国的社会运作法则或许不免出现龟裂，但历经数百年培养出来的保密传统足以提供强力的胶着剂，使它不致倾颓。

第十二章
"烟斗"与"雪茄"

*

为王者应该要喜爱给予乐趣。

——路易十四

是的,那是事实。但又如何？这件事与公众无关。

——前总统弗朗索瓦·密特朗

被问到是否真的育有私生女时如此表示

法国前总统瓦勒里·季斯卡·德斯坦在他的政治生涯中,非常确定自己发明了赢得选举的魔术方程式。那既不是通过精密操纵的民意调查,也不是仰赖大规模组织的草根动员;既不必借助一大群天赋异禀的讲稿撰写人,也无须劳动法国一流学府出身的政策精英。

　　季斯卡的最佳解决方案要简单得多:他努力争取妇女选票。而他争取这些选票的方式既非承诺男女薪资均等,也不是描绘更美好的儿童抚育蓝图,而是通过 le regard——眼神,也就是两人四目交接之际释放出来的电力,某种紧密的联系孕育而生。

　　季斯卡在 1974 年到 1981 年间担任法国总统。如同法国政界人物的惯常做法,他也将自己的总统生涯撰写成书——厚厚三册、书名宏伟轩昂的政治回忆录《权力与生命》(*Le pouvoir et la vie*)。他在书中夸称自己非常努力打造自己的眼神,使它能散发诱人魅力,成为极具效力的竞选武器。"在我的七年任期中,我与一千七百万的法国女人谈恋爱……"他写道,"在所有的集会游行与政治会议中,我会强迫自己凝视出现在我身前的每一位女性和男性。这种行为方式是否含有某种策略,是否带有某种影响、诱惑他人的技巧?想必是的。"

　　季斯卡这样的诚实表白既让人心动,也令人心惊。他甚至提到这套眼神机制如何使他亢奋,"在这么做的时候,我会接收到从一个人传递到另一个人那种特殊的能量放射,这种感受让我感觉非常舒服,也让我更加大胆。我如此凝视法国女性的结果,就是我真的看到了她们,我也爱上了她们。"

　　季斯卡承认英语读者一定会认为这种思考方式"非常法兰西!"但他似乎不以为意。更重要的是,他似乎真心希望读者了解他用视觉脱去女人衣装的能力是何等高超。"我确实能在人群中直接感受到法国女人的存在，我可以揣测到她们的身影，我会花稍微多一些时间将眼神放在她们身上流转，就这么短短半秒钟的时间，忽然那个人体的赤裸剪影就在我眼中迸发。"他这么描述。虽然季斯卡足迹踏遍全球，也喜爱世界各地的群众，但他对法国女性情有独钟，总是迫不及待地想快点回到她们身边。法国女人挺直优雅的姿态让她们显得更加高挑迷人，展现难以抵挡的魅力。季斯卡对她们泰然自若的走路方式赞不绝口："步履精准，没有任何僵硬之处，也不会过度刻意想吸引他人注意。"尤有甚者，他深深喜爱她们"甜美可人的微笑"，因为在那份微笑中同时洋溢着母性的光辉和浪漫之爱的神采。他回忆自己一生总是"期待着这份情趣，一种我无法精确描述的情怀，我只能将其比拟为一个人恋爱时的美好感觉。"

季斯卡不只做出这类概述性的说明，他的回忆录中也充满了关于吸引过他的特定女子的描述。有一次，他到科西嘉参加政治活动时，幻想一位同阵营女性成员爱丽丝·索尼耶–瑟伊泰（Alice Saunier-Seïté）翻云覆雨的情景。当索尼耶–瑟伊泰将他介绍给与会人士时，他注意到她的身体"肌肉结实"，她的动作"如猫般灵巧"，双腿看起来晒得黝黑健康。"我心中忽然冒出一个奇异的想法，"他写道，"当她做爱时，她一定也会展现同样的肉体爆发力。"季斯卡当选总统后，便任命这位女性政治人物为大学事务国务秘书。

季斯卡以丰沛文笔毫不知羞地描述他对女性的热爱，这与法国政治的一个基本规则有关：优秀的政治人物懂得爱人，也为人所爱。他们的爱情烙印必须合乎法兰西共和国的非正式立国基础之一：诱惑。在任何一个民主国家，政治人物当然都得讨好民众，但在法国民众的期待中，政治人物似乎不只应该要具备个人魅力及领袖气质而已，还应该能在床笫间当个英雄好汉。光是拥有重要的政治职位是不够的。

法国向来是一个阴性的国家，我也深信法国的男性政治人物与法国这个女人之间有某种奇妙的牵系。而法国的女性形象是非常特定的：它不是"俄罗斯母亲"那种母性角色，而是波峰秀丽、姿态诱人的玛丽安。

阳刚气魄与旺盛的性欲不仅是一项优势，更是一种必须。政治人物如果披露自己在性能力方面的豪情万丈，代表他健康强壮、活力充沛；他能借此让选民知道他完全有能力也有精力治理国家。"如果要获取权力，你必须要能诱惑；如果要维持权力，你必须证明自己精力无限。"雅克·乔杰尔（Jacques Georgel）在其著作《性与政治》（*Sexe et politque*）中写道。

政治人物如果在性方面出现不检点的行为，他不会被迫下台，甚至民众经常乐于让他们的行为在官方层面上保守秘密。但由于诱惑无论在公共领域或私人生活中，都像是一股无所不在的暗流，谈论政治人物的个人生活自然而然成了全国论述的一部分。法国社会对性生活不检点的包容只有一个例外：性别。人们依然期待女性政治人物能够忠于同一位伴侣。

有一天早上，我来到季斯卡位于巴黎十六区、摆满古董的住宅拜访他。他穿了一套稳重的深蓝色西装，并系上领带，在书房接见我。我们坐在一张铺了绿色台面呢的桌子旁谈话。他事先答应与我讨论法国的全球地位，以及法国在今日世界中发挥软实力的潜能。

我逐渐将对话内容转向让他和法国女性间产生特殊联系的"眼

神"。他点头表示同意,嘴唇还噘出一个若隐若现的微笑。他毫不顾忌地表示法国政治界确实具有某种性爱色彩。"对,这是千真万确的,"他说,"我完完全全这么想……还有人体的碰触,肉体接触。那是一种能量的传导! 当我看到一个温暖、悦人的微笑脸庞,我会想去碰触它,而且不只是那张脸,我还会想碰触手臂、手指,借此获得充沛的能量。"

当我听到一位法国前总统说出这样的话语,我更尖锐地感受到自己的美国本质。在美国,性欲被认为会让人从治理国家社会的辛苦任务中分神。政治人物有义务洁身自爱,或至少竭力这么做。美国人一而再再而三地向世人证明,他们认为政治人物在婚姻中不忠实就等于欺骗了选民、背叛了国家。就连轻松逗趣的打情骂俏也可能造成不堪想象的后果。在法国,男性和女性民众都认为,拥有诱惑爱人、在性爱游戏场上大显身手的能力——无论是在婚姻关系中或在婚外情的情况下——是男性必须具备的基本特质之一,而男性政治人物绝对不愿意被人认为缺乏这种能力。

1992年10月,深受民众欢迎的《当前》(Actuel)杂志问了法国政界人士三个问题:你是否服过兵役? 你是否抽过大麻? 你是否曾经背着妻子出轨? 隔着大西洋,当时美国媒体正以同样的问题锁定正在竞选总统的克林顿,对他造成莫大困扰;而在法国,问这种问题却可能有侵犯隐私之嫌。

左派政治人物毫不犹豫地回答第三个问题。有些答案非常有喜感,而所有答案都非常暧昧。

前部长克洛德·艾凡(Claude Évin)的回答是:"背着妻子出轨? 没有。有过各式各样的关系? 是的。"

来自里昂郊区的一名议员让-雅克·凯哈纳（Jean-Jacques Queyranne）表示，"有哪个法国政治人物，哪个永远愿为少年的男人，能维持充分的纯洁？这就是我的答案。"

前商务部部长让-马里·波克尔（Jean-Marie Bockel）的回答妙得很，"如果我太太现在出现在我面前，如果我必须面对她讨论这个问题，那么我的答案将是：我不会口口声声强调自己完美无缺。"

参议员雅克·洛卡·瑟拉（Jacques Rocca Serra）表示，"我想跟你们说谎也不可能。在马赛，一切都为人所知。我不喝酒，不抽烟，从不赌博。但我有一种热情，我重复一次，我有一种热情：我爱女人。我向来是个非常热情的风流男子。这件事让我恶名昭彰，尽管我一直努力把它和我的政治及专业活动区隔得清清楚楚。不过，在我与我前妻结婚那四年期间，我不愿意背着她在外面玩。"

极左派党魁让-弗朗索瓦·奥利（Jean-François Hory）有点像在承认什么："我的回答会跟克林顿一样：我跟我太太已经把问题解决了。现在已经没有问题了。"

右派政治人物虽然天主教色彩较为浓厚，也比较容易满口仁义道德，但他们的回答同样充满创意。

来自巴黎郊区的议员帕特里克·德维江（Partick Devedjian）说，"如果我太太现在人在这里的话，她也许能回答这个问题。答案在她那边。"

格勒诺布尔（Grenoble）市长阿兰·卡利侬（Alain Carignon）表示，"不曾。不过我最近才刚结婚……我还有时间……因为没有诱惑的人生无异于死亡！"

美国发生莫尼卡·莱温斯基性丑闻案期间，法国方面连积极支持天主教各项主张的保守派右翼政治人物，都倾向赞扬克林顿总统的性爱活力，而不是责备他在人格上有缺失。"这个男人非常爱女人！"法国右翼宗教保守分子代表人物之一的国会议员玛丽-克里斯蒂娜·布坦（Marie-Christine Boutin）这么告诉一位法国记者。布坦在法国政治圈是一个独特的人物，因为她坚持将宗教信念带入国会殿堂。她强烈反对堕胎，在法国进行同居伴侣关系立法期间还曾经抱着圣经流泪，控诉这种法律不合乎伦常，并宣称这种立法无异是在鼓励同性恋行为。但克林顿的婚外性行为则是另外一回事。"这代表他很健康！"她表示。

法国人一直无法理解，为什么克林顿与白宫年轻实习生莫尼卡之间的性爱关系会在美国引起这么大的波澜。"美国人是当年乘坐五月花号到美洲的清教徒后代。"德维江这样告诉 2006 年出版的《性爱政治》（*Sexus politicus*）一书作者群。他这句话其实反映了一个法国民间非常普遍的想法。"我们的国家组织体系是在古罗马衰颓后逐渐演变形成的。法兰西是一个古老民族。从路易十四到拿破仑三世，君王的情妇……是法国国家历史的一部分。事实上，大西洋另一边被视为惊世骇俗的东西在我们这边是深受喜爱的传统之一。"

独立检察官肯尼斯·史塔尔（Kenneth Starr）在针对莱温斯基案的一份报告中，记载克林顿总统以饶富创意的方式使用雪茄，[①]这件事在法国的媒体和政界引起相当大的回响。其中来自巴黎郊区的中间偏右政治人物安德烈·桑提尼（André Santini）说了一句令人捧腹

---

① 史塔尔的报告依据莱温斯基的证言指出，克林顿将雪茄导入莱温斯基私处，取出后还置入口中吸吮。

大笑的话:"克林顿成功地让'烟斗'与雪茄达成和解。"烟斗(pipe)一字在法文中有一个俚语用法,是指"吹箫"。桑提尼本身是一个非常喜欢抽雪茄的人,他对自己这句双关妙语非常得意,在许多不同场合都拿出来说。另一方面,法国政界人士对克林顿经历的苦难非常能感同身受;有一次希拉克总统还特别打电话给克林顿,向他表示"在这场个人试炼中",他对克林顿的尊敬及友谊不会改变。

性罪恶和宽恕的概念对法国政治界而言几乎可说毫无意义,而像美国南卡罗来纳州长马克·桑福德(Mark Sanford)那种以圣经之名抨击别人的人,在法国也不存在。桑福德在 1998 年担任众议员时,呼吁罢黜克林顿。当时桑德福表示,"他在另一项誓言下撒了谎,也就是他在对妻子的誓言下撒了谎"。十一年后,桑德福在担任州长期间,自己却在婚外情问题上撒了谎。桑福德与他口中所谓"灵魂伴侣"玛莉亚·贝兰·查普尔(María Belén Chapur)的性爱关系曝光后,法国的政治精英对美国媒体的揭秘行径相当错愕。《纽约时报》的一篇报道开头文句如下:"马克·桑福德州长于周二表示,他前往阿根廷拜访情妇的次数超过他原先所承认的次数,他也承认与其他数名女性有过不应当的调情行为。"像这样的文字在法国媒体中是不可能出现的。

桑福德的"罪行"是"值勤时失踪"——他私自前往布宜诺斯艾利斯与情人相会,期间家人和部属都联络不上他。法国的政治人物如果出现类似行为,根本不会被认为有什么不寻常;"值勤时失踪"甚至可说是法国政治圈一种经过验证确实有效可行的行为模式。据传季斯卡担任总统时,曾经在某次幽会结束开车返回爱丽舍宫的途中撞上运送牛奶的货车。他对这件事既未证实也不否认。希拉克的司机让-克洛德·罗蒙(Jean-Claude Laumond)则在他的回忆录中指出,第一夫人伯纳黛特·希拉克经常要问他,"罗蒙先生呀,我老公今晚到底在哪儿呀?"

就桑福德的婚外情事件而言,真正令法国人忍不住窃笑的,是桑福德需要不断表述自己的感觉。桑福德承认自己与情妇查普尔跨越"性爱界线"时,泪水禁不住地在眼眶中打转;他承认自己犯了罪,于是发表道歉声明,并请求宽恕。这些事让法国的媒体评论员哈哈大笑。我们完全不可能想象希拉克、萨科齐或法国任何其他政治人物有朝一日会上演这种剧码。

相较于桑福德事件在美国引起的轩然大波,媒体处理多米尼克·斯特劳斯-卡恩性爱故事的方式就显得圆滑流畅、非常法国,仿佛丝绸般细腻光滑。斯特劳斯-卡恩是法国前财政部部长及社会党内呼声极高的可能总统候选人,各界传言他对自己妻子以外的女人向来有极为浓厚的兴趣。当他被任命为国际货币基金组织总裁时,法国政府高层相当惊讶。萨科齐大力促成了这项任命;斯特劳斯-卡恩担任法国财长期间的建树可说有目共睹,他也是一位非常杰出的经济学者。还有一个秘密因素是,派他到海外任职,萨科奇将能让国内减少一位极为强势的社会党竞争对手。

关于斯特劳斯-卡恩私生活的各种影射多年来一直是许多人茶余饭后的话题。在一种法国式的沙龙游戏中,记者和作家纷纷相互引述,借此避免为自己所写的文字负责,顺便让自己远离可能的诉讼风险。不过,媒体所刊载的文章包含够多的细节和含沙射影的暗示,任何读者只要运用最基本的想象力,就能拼凑出整个故事。

法国人认为,如果有那么多消息来源提供那么多的故事,其中必然有一些会符合事实。但无论是真是假,这些故事也让斯特劳斯-卡恩成了活生生的传奇人物。有些人私底下对于位阶如此之高的当红政治人物还能找出时间过着这么多彩多姿的交际生活,甚至怀有钦慕之意。而且依据专栏作家丹尼尔·施耐德曼(Daniel Schneider-mann)告诉我的说法,"没有人正式提告,没有司法程序在跑,没有可供印成白纸黑字的直接证据。"斯特劳斯-卡恩的妻子安娜·辛克莱尔(Anne Sinclair)是法国最具名望的新闻主播之一,2006年有回她接受访问时,记者问她是否会因为丈夫是个出名的花花公子、大诱惑家而感到煎熬。她回答道,"不会,甚至我还觉得蛮骄傲的!政治人物有能力诱惑是非常重要的。只要我也能诱惑他,他也能诱惑我,那就足够了。"

2003年,《新观察家》周刊有一期的封面故事是集体性爱及交换伴侣俱乐部,其中有一则花絮的标题是"部长也在场",内容描述某位有野心参选总统的不具名部长参加一场"私人狂欢晚会"的情景。"他们的神态平静得有点诡异,几乎是一种紧绷……"报道写道,"女人穿着制服:很短的连衣裙,性感内着,皮裙。"部长看起来比在电视上高大些,"颇有候选人架势",报道继续描述。集体性爱的细节被模糊带过,不过读者能看到"可怜的部长有一秒钟似乎不知所措,但很快就得以掌控大局"。其中一位参与者还说了一句,"你真的认为他会当总统吗?"

这位部长虽然没有被指名道姓点出,但名人八卦圈子里立刻就揣测唯一符合文章描述的人物就是斯特劳斯-卡恩。我针对这篇报道向《新观察家》负责人让·丹尼耶尔请教,但他只是告诉我,就他个人立场而言,这篇文章不应该被刊登出来。

斯特劳斯-卡恩在 2007 年获指派担任国际货币基金组织总裁时，法国媒体没有针对关于他的种种传言进行调查报道。唯一坚持将聚光灯投射于此事的人是《解放报》驻布鲁塞尔的特派记者让·卡特梅尔（Jean Quatremer）。他在他的博客中写道，斯特劳斯-卡恩"唯一真正的问题"，是他与女人之间的"暧昧关系"。"他常要霸王硬上弓，结果几乎演变成性骚扰，"卡特梅尔表示，"媒体都知道他这个弱点，但没有人提及。（毕竟我们是在法国。）但国际货币基金组织是一个国际机构，它的运作是依据英美式的道德规范。一个举动不对，一个指涉太过明确，媒体马上就会一片喧哗。"

　　卡特梅尔的帖文仿佛打开一道小小的闸门，其他记者开始轻描淡写地撰文讨论是否应该把关于斯特劳斯-卡恩私生活的各种传闻拿出来公开谈论。这个议题在一年后爆发开来。2008 年秋天，国际货币基金组织对斯特劳斯-卡恩展开调查，因为根据指证，他滥用职权，迫使该机构的经济学者琵洛丝卡·纳吉（Piroska Nagy）与他发生性关系。法国精英阶级不分左派右派全部挺身护卫斯特劳斯-卡恩，他们坚决表示他的个人行为属于私生活范畴，外界不应干涉。他自己则聘请一家公关公司善后，并发表声明承认出轨。他把这个事件称为"私人生活中的一个意外"，承诺为此负责，并表达"懊悔之意"，而后就对这件事保持缄默。

　　他的妻子抱持的立场是，这只算是个小联盟等级的失误。"这种事在任何夫妻间都会发生，"她在个人博客中写道，"这个一夜情事件已经是过去式……我们两人依然如相识第一天那般深深相爱。"不忠的丈夫就这样被洗刷了劈腿的罪名。

　　在日益讲求透明化与政治正确的今日世界，这种古老的法式行为规范是否还站得住脚？丑闻爆发后，法国联合电台晨间节目搞笑演员斯特凡·纪雍（Stéphane Guillon）在斯特劳斯-卡恩抵达电台位于巴黎的录播室接受访问前，把丑闻主角大肆嘲弄了一番。他在广播中说，"为了避免性兽亢奋，本部业已采取各项特别措施。"预防措施包括：女性员工被要求穿着"抗性爱"服装；全面禁止穿高跟鞋、皮革服饰及性感内衣；公关总监迎接斯特劳斯-卡恩时，将穿着从头包到脚的阿富汗布嘎，让他连她的眼睛都看不到；警铃声一响，"所有女性员工都必须逃往安全地区避难"。纪雍甚至还把斯特劳斯-卡恩的阴茎比喻为"国际货币基金组织最负盛名的内部机关"。[①] 斯特劳斯-卡恩显然不觉得这一切很好笑。他在受访时表示，"当幽默变得下流，它就不再是幽默。"

整体而言，丑闻危机消解后，法国政界大大松了一口气。法国知识界也普遍倾向原谅他，甚至对他最荒唐的越轨行径都睁一只眼闭一只眼。当我问历史学者莫娜·奥祖夫，斯特劳斯-卡恩是否符合"政治人物淫荡好色"的传统印象，她巧笑倩兮地表示，"当然啊，他精力过人呢。"

缺乏性爱光环反而可能减损政治人物的人气。2002 年，社会党总统候选人利昂内尔·若斯潘（Lionel Jospin）因为无法展现性感魅力，使得他在选民间一直缺乏吸引力。

选举前数星期，《解放报》询问重要媒体的女性编辑她们对女性票源的看法。当时女性卫星电视频道 Téva 总经理克莱尔·达布洛夫斯基（Claire Dabrowski）表示，若斯潘虽然有其细腻巧妙、幽默逗趣

---

① "机关"及"器官"在英文及法文中可用同一字表达：organ（英），organe（法）。

之处，但这还不够。"如果女性选民不欣赏若斯潘，毫无疑问是因为他不太性感，"她说，"而且他的眼睛好大好圆，你会觉得他随时可能要瞪你或骂你。总之，我们就是无法想象跟他彻夜疯狂做爱。"少女杂志《年轻貌美》(*Jeune & Jolie*)总编弗朗索瓦丝·勒科内克(Françoise Le Cornec)的感觉也大致雷同。"若斯潘完全没有诱惑力，"她说，"他缺乏领袖气质，看起来笨拙呆板。他完全与性感背道而驰。希拉克就比较有吸引人的特质，而且他向来有花花公子的名声，这让她在女性选民之间享有一种迷人的光环。"

这些女性媒体人关心政治领袖是否性感的程度，跟季斯卡关心女性选民身材是否玲珑有致简直如出一辙。看到这个情形让我相当不自在，不过话说回来，我确实能体会她们对若斯潘的观感。我只见过若斯潘一次，那是在法国西南部外海的度假天堂赫岛(Île de Ré)。我们在相邻的网球场上打球，我利用休息时间向他自我介绍。"能遇到您真是非常荣幸。"我接着说。可能我的发音不够标准，若斯潘把我说的"荣幸"(honneur)听成"恐怖"(horreur)，于是他把我训了一顿。"恐怖！遇到我居然是恐怖！"他惊呼道，还瞪大眼睛怒视我。我简直被他吓坏了。我不断低声下气地道歉，并嘲笑我自己的法文，直说都是我不好，没把法文学好。

当时如果对方是希拉克，我可以确定他一定会把头往后一仰，爆笑一声，然后跟我开起玩笑。

一个官运亨通、平步青云的人在性爱游戏中自然比较占优势，但美国人一旦位高权重，反而得穿起贞节的大衣，以免被人抓到把柄。法国人就不同了，他们会允许政治人物享受高阶官位带来的艳色机缘。这个现况可说是数世纪以来一脉相承的传统。法国历代君王不断将性诱惑游戏发展到前所未见的高峰，他们生命中出现的女人会被分类在有条不紊的阶层秩序中，妻子、重要恋人（法文称之为 favorite，"宠妃"）和短暂待在宫廷中、提供情欲之乐的交际花等；这些女人各有其所，各司其职。今天，为了确保现代法国子民不会忘记法国的皇家艳情史，主流新闻周刊经常以国王后妃的情爱秘辛作为封面故事，将宫廷中的浪漫传奇娓娓道来。

2010 年，为了纪念亨利四世（Henri IV）逝世四百周年，法国出现各种展览、著作、杂志报道及导览活动，供民众以不同方式探索亨利四世的生涯。他的坐骑是否真是一匹白马？（没有人知道确实答案，民间数百年来流传着各种版本；最后，十九世纪浪漫派画家决定将他的坐骑画成白色。）他是否承诺让所有法国百姓每星期天都能"在锅里炖一只鸡"？（是没错，不过推广这道他的家乡名菜只是一种政治手段，而非为了发扬美食文化。）他是否真如传闻所言，身体发出恶臭？（对。他的情妇之一——凯瑟琳·亨丽埃特·德·巴尔扎克·当特哈格［Catherine Henriette de Balzac d'Entragues］曾经对他说，幸好他身为国王，否则她根本不可能忍受他的味道。）《费加罗报》刊登大幅彩色广告，宣传即将出版的亨利四世特辑："冒险者、诱惑家、伟大国王。亨利四世万岁！"

亨利四世结过两次婚，也是一位在爱欲战场上从不懈怠的情人。他有四个重要宠妃，数不清的一夜情人，以及十多个子女。他写给宠妃的情书展现出他对她们的情爱之深刻热烈。"当然世上没有任何女人能与你相比……我珍爱你，崇仰你，因为有你而感到奇迹般的荣耀。"他这样写给被视为他最重要情妇的加布里埃勒·黛斯泰

（Gabrielle d'Estrée）。他写给巴尔扎克·当特哈格的文字就比较直截了当："晚安了，吾爱。我亲吻你的酥胸一百万次。"

亨利四世之子——路易十三被视为情欲冷感，一生之中只发生过几次不足为道的情事。路易十四则又是一番气象，他建造凡尔赛宫的目的之一就是为他的性爱追求提供最完美的冒险乐园。路易十五年少时期非常害羞，成年以后却仿佛一头色欲猛兽，与所有年龄层、各个社会阶级的女子沉浸于鱼水之欢，其中包括四名亲姊妹。有一段时间，他甚至在凡尔赛宫一隅的小庄园里供养一群女子，随时满足他的激情渴望。相较之下，路易十六显得非常逊色，他迎娶玛丽·安托瓦内特以后花了七年时间才成功与她圆房，也因此在政治上遭受不良后果。"全欧洲都知道玛丽·安托瓦内特的哥哥教他怎么'做人'的事，"奥祖夫指出，"他成了欧洲的笑柄。"

情欲诱惑的传统在法国一直到现代都维持得非常兴旺。采用笔名撰写犯罪小说的法兰西学院院士兼政治家埃德加·富尔（Edgar Faure）很喜欢说他不怕没时间达成他的诱惑行动目标。他在二十世纪五十年代成为国务委员会主席，实质上也就是总理时，非常有效率地运用了这个职位带来的各种特权。根据《性爱政治》一书的说法，富尔曾经跟友人说，"我当部长时，有些女人还会拒绝我。当上主席以后，就再也没有人拒绝我了。"

埃德加·富尔与菲利克斯·富尔（Félix Faure）是两个完全没有关系的人，后者是十九世纪九十年代的法国总统。他身材高大健壮，有着迷人的蓝色眼眸，喜爱奢华与年轻女人，因此被冠上"太阳总统"与"帅哥菲利克斯"等称号。富尔总统让玛格丽特·史坦海尔（Marguerite Steinheil），他的众多情人之一，从一道秘门进出爱丽舍宫。

该扇门系由路易·拿破仑（Louis Napoléon）①在十九世纪中期特别请人建造，目的是方便情妇出入。

1899 年二月的某天晚间，富尔总统喝了一杯用金鸡纳树制成的春药，然后一如往常地与情妇玛格丽特在爱丽舍宫的蓝金沙龙相会。不久以后，总统府首席幕僚听到玛格丽特的尖叫声。他冲进沙龙一看，总统已经死亡，身上只穿着一件开襟羊毛外套。玛格丽特匆匆离开爱丽舍宫，连紧身马甲都忘了穿走。纵使丈夫已经往生，第一夫人还是请来神父进行临死前的圣事。神父走进沙龙时问道，"总统先生是否还有 connaissance（知觉）？"Connaissance 这个法文字的意思既可以指"知觉"，也可以指"熟人"。一名传令听到神父的问题后回道，"Connaissance（熟人）已经从后门离开了。"这段精彩问答直到今日仍被视为法国政治史上以"二级话语"表现的幽默感中最经典的范例之一。法国媒体对总统猝死的内情虽然着墨甚少，自由派报纸《人民日报》（*Journal du Peuple*）倒是幽了他一默："我们可以确定他不是被毒死的，而是因为他为爱神维纳斯做出了太大的牺牲。"

法国人不仅不会因为这类故事觉得难为情，甚至根本就是乐在其中。2009 年秋天的一个周六晚上，法国电视台在黄金时段播出一部关于富尔总统爱欲情事的九十分钟剧情纪录片。影片中可以看到总统与情妇玛格丽特经过一个眼波交会就坠入情网，接着在好几个场景中两人只做一件事：相互凝视。"美国人不会有耐心看这样的片子。"安迪和我一起收看这个节目时这样告诉我。

---

① 法兰西第二共和国总统，1848 年就职，但三年后发动政变成功，隔年以拿破仑三世的尊号称帝。

随后是一个解密权力与诱惑之间关系的节目，内容包括与一些退休政治家、名嘴、名人的访谈。意大利女星克劳迪娅·卡汀娜（Claudia Cardinale）被问到是否曾与希拉克总统有过恋情时，表示那些都是"荒谬"的谣言。节目将现年八十多岁的极右派领导人让-马里·勒庞描绘成具有某种程度的"诱惑风范"，因为他是一名国标舞高手。

就连最稳重低调的政治家也会设法投射自己的男性雄风。长期担任外交部长多米尼克·德·维尔潘首席幕僚的布鲁诺·勒梅尔在2004年出版了一本书，内容是回顾德·维尔潘的政治作为，并非常直截了当地维护他服务多年的长官。在这么严肃的叙事之中，勒梅尔穿插了一段关于感官情欲的个人告白。勒梅尔与妻子宝琳在2003年同赴威尼斯度假，他描写其中有一天是以多么美妙的方式展开的。他躺在浴缸中享受静谧的晨光。"我让自己陶醉在温暖的浴缸里，"书中写道，"威尼斯潟湖的光影荡漾在浴室门的镜子上，绿茶皂的清香扑鼻而来，宝琳的巧手则在我的双腿之间性感撩拨。"

我们可以假定这对夫妻确实沐浴在美满的爱情中。不过勒梅尔在这本谈论德·维尔潘外交建树的书里如此坦白地描述一段这么私密的情节，还是让我读得有点触目惊心。或许毛病是出在我这双太过美国的眼睛。

对勒梅尔和季斯卡，甚至对他们的读者而言，让追求政治权力与投射情欲形象之间产生关联并没有任何不自然之处。勒梅尔后来当上农业部长，有一天我跟他一起前往法国乡间拜访农民。我在车上问他，为什么他会在一本讨论法国外交政策的书里描述那个性爱情景。"法国没有美国那种清教徒的观念！"他用自我防卫的态度告诉我。他的话或许是对的,不过那时他的脸倒是涨得通红。

"即使连最严肃的政治人物也一样吗?"我继续问。

"就我而言当然没错啦!"他回道,随后笑了起来。"我之所以喜欢人生,是因为我能全心投入我所做的事,"他说,"无论我的私人生活或工作皆然。"

法国历史走入现代以后,诱惑型的政治家发现了一个更加辽阔的新场地,可供其进行精彩的诱惑演出:那就是法国总统的权力舞台。二十世纪上半叶,法国宪法制定的国家机器系以议会制度为运作基础。鉴于第二共和国时期的总统路易·拿破仑权力过大,得以推翻民主政体,重新建立君权,第三共和国将国会权力扩大,让总统职权受到制约。1958 年实施的第五共和国宪法则又赋予总统极大的权力,在某些方面甚至具有君主政体的特征。

法国第五共和国的第一任总统戴高乐并非法国王权传统中的典型诱惑家,他治理国家的工具是严峻的道德权威,而非温柔的爱欲眼神。他坚持精实素简的作风,完全不臣服于自我纵容凌驾道德原则的法国悠久治国传统。但戴高乐有其独树一格的个人领袖特质,一股强势领导人自然流露的诱惑力量。除此之外,他还为整个法兰西民族造就出一种几乎可说毫无异议和性爱同样伟大的诱惑力量。他创造了一个既能吸引法国民众又可使世界各国信服的历史版本:尽管法国在二战期间曾屈服于德国,但它绝不是一个愿与纳粹勾结的国家:法国人民虽然曾被国内少数邪恶势力迫害、污辱、损伤、牺牲、背叛,但法兰西民族的纯善本质从未改变。

1944 年 8 月 25 日,巴黎获得联军解放当天,戴高乐在一场著名的即席演说中用这样的视野为二战历史建构了新的论述。他描绘巴黎虽然受到严重摧残，但在法国的拯救力量之下重获自由，而这股力量源自"整个法国，整个奋战不懈的法国，独一无二的法国，真正实在的法国，永恒不变的法国！"

这番话仿佛一个不可思议的绝技，顷刻间赋予了法国历史一个崭新面貌。在此之前四年间，法国确实与纳粹勾结合作，但戴高乐成功地为法国打造出一个较为高贵的形象。在他眼里，法国一直是一名贞洁的少女，就像"童话中的公主或教堂壁画中的圣母玛利亚"。

如果法国人民愿意追随他，那是因为他们从不愿沦于懦弱，永不可能背叛同胞，充满丰沛的情感与忠贞的道德操守。他们对戴高乐口中那个"关于法国的一种概念"坚信不疑，勇于创造骁勇善战的英雄形象，以无上勇气突破艰困处境，秉持道德正义度过危难时局。他们绝对有能力再造那个"永恒不变的法国"——一个具有悠久体制的古老国度，一个坚实建立在传统精神与安全理念的基础之上，而非通过破坏固有与盲目创新勉强组立起来的国家。

戴高乐展现出政治诱惑力的一个原初要素：打造出一个民族神话的能力。在法国人民亟须重建自信心与自我尊严的时刻，他热烈拥抱了他们，赋予他们安全感。法国在二战结束的混乱局势中惊醒，耻于在镜中看到的自己。戴高乐在她的耳畔低吟，温柔诉说着她盼望听到的一切。

身为二战英雄，戴高乐不是花花公子，他也不需要这种形象；他的男子气概早已是无须证明的事实。在一个法国人津津乐道的故事中，一名女子参加一场特别热烈的集会之后，冲出会场奔向戴高乐，带着欣喜若狂的眼神告诉他，"哦，我的将军！您无法知道我有多么爱您。"戴高乐吃了一惊,接着面带微笑地回答,"这位女士,非常感谢您,但请您帮我保守这个秘密。"

有一位美国女性曾经试图在智识层面上诱惑戴高乐,她就是杰奎琳·肯尼迪。根据约翰·肯尼迪(John F. Kennedy)总统的助理西奥多·索伦森(Theodore Sorensen)的描述,肯尼迪总统在1961年赴巴黎进行官方访问期间,戴高乐表现出来的态度一直是"烦躁易怒、不愿让步、令人无法忍受地高傲、反复无常、完全无法取悦"。戴高乐对肯尼迪保卫欧洲的承诺充满怀疑,并誓言将持续发展法国自己的核武计划。后来在爱丽舍宫的午宴场合,杰奎琳·肯尼迪用她那"低沉而缓慢"的优雅法文与戴高乐聊天,把原本硬邦邦的戴高乐迷得神魂颠倒。戴高乐告诉肯尼迪,他的妻子"比绝大多数法国女性更了解法国历史"。访问行程结束以前,戴高乐对肯尼迪夫妇的态度已经明显软化,自此他对待美国总统的方式也变得较为友善。

1969年,戴高乐在一次公投中失利,于是决定辞职。这时的他仿佛是一个被他此生至爱所抛弃的男人。隔年,戴高乐过世,他的继任者乔治·蓬皮杜(Georges Pompidou)在广播及电视中宣布这个消息时说,"戴高乐将军已经与世长辞。法国现在是一位寡妇。"

戴高乐去世多年后,法国国家广播电台总裁让-吕克·艾斯访问了戴高乐的心腹之交阿兰·佩雷菲特(Alain Peyrefitte)。佩雷菲特曾经担任部长,并写过好几本关于戴高乐的书。访谈结束后,艾斯问佩雷菲特一个非常敏感的问题。

"我问他,'他有情人吗?'"艾斯回忆道,"他说,'戴高乐?你是在开玩笑?'"然后佩雷菲特稍微松了口,"可能在华沙有吧,还有可能在贝鲁特,但那是在大战之前,之后就没有了。是曾经有一些相关传闻。"艾斯问佩雷菲特他所说的话是否认真。

"1940 年 6 月 18 日以后就没有了，"佩雷菲特回答，"在此之后，他这个人就完全属于历史，因此是不可能与任何女性发生风流韵事的。"

可是这时候佩雷菲特已经非常有兴致谈这个话题，于是他忍不住透露了一个讯息。"或许有一个例外吧，"他说，"是在庆祝比尔-哈凯姆（Bir-Hakeim）战役胜利的场合。"比尔-哈凯姆位于利比亚的沙漠中，1942 年自由法国军在这里击溃德国及意大利部队，成功阻止敌军推进。佩雷菲特虽然一再强调那只是一个传言，但他终究对那件事保有鲜明的记忆，忍不住让它继续流传。

国王的宿命经常是死后比生前获得更多的爱戴。2006 年 1 月就出现这种状况，为了纪念密特朗逝世十周年——他在 1995 年卸下总统职务后不到一年就与世长辞，全法国沉浸在一股怀念的思绪中。除了为数众多的书籍及报章杂志特别增刊，各电视台至少播映了六部电视、电影和纪录片，以及数十甚至数百小时有关密特朗一生的相关节目。密特朗虽然身为左派社会党员，行事风格在法国历任总统中却也最像个皇帝，许多人对此大肆抨击，许多人见怪不怪，也有一些人反而对他更加崇拜。他的某些作为让人觉得卑鄙、残忍、搞神秘、不老实，甚至显现出虐待狂及惩罚报复的心态，但他却也不可思议地成为最能代表现代法国领袖风范的黄金准则。当他在 1981 年当选总统时，仿佛像是在法国成就了一场革命，因为在此之前连续二十三年，法国在戴高乐、蓬皮杜及季斯卡的领导下，一直处在偏右的保守状态。

法国的总统任期在那个年代是七年，而非现在的五年，而密特朗完整地当了两届总统，是法国大革命以来继 1852 年至 1870 年统治法国的拿破仑三世之后在位最久的法国元首。密特朗身为拥抱左派理想的知识精英，在总统任内废除了死刑，强化地方政府权力，并承诺建立新的经济形态，有效保障一般民众的权益。他能精准掌握法文的细腻特质及修辞丰富性，以高尚的辞藻、激昂的语调及宗教般的情感向法国人民传达社会主义的必要性。他大胆断言当他卸除总统职务时，法国必然已经被他造就出一番新气象。他甚至夸称："我是史上最后一位全能无上的总统。"

　　密特朗欠缺经济学概念；他认为金钱是低贱的东西，而法国人非常欣赏这种想法。他的各种政策让全体法国人得以在六十岁退休，工时减少，公共服务大幅扩大，公务人员暴增。这些改变虽然提高了法国人的享受指数，但却也使得法国经济走上衰退之路，影响之深远直到今天都还明显可见。他用一个美丽的迷思眩惑人民，告诉他们人不需要为了劳动、金钱与牺牲奉献而弄脏双手，同样可以过着舒适美好的生活。

　　密特朗的个人光环与神秘感，以及他成功打破传统惯例的事实，使他无论在生前或死后都受到无上的景仰。"我只知道一件事：活出不凡，将生命的强度发挥到极限。"他在 1942 年给一位友人的信中写道。

　　密特朗对魅惑女性很有一套，因为他真心喜爱她们，而她们也感受到这股热情。《影响》（*Influences*）杂志曾在 1988 年以一整期的内容报道他，其中就清楚阐述了这一点。女星玛塔·梅卡迪耶（Marthe Mercadier）称他为"伟大的女性欣赏者"。曾经担任过女性事务部长的依芙特·卢迪（Yvette Roudy）表示，"诱惑一词……完全不足以形容"他的光环，并指出"他会愿意为你付出时间"。摇滚歌手凯瑟琳·拉哈（Catherine Lara）则将密特朗比喻成魔术师。"他的一切都诱惑着我，"她说，"……而且，我觉得他随着年岁增长，益加散发魅力，就像一瓶好酒、一瓶顶级波尔多那般，越陈越香醇。"

我最喜欢的评语来自一位妓女——弗朗索瓦丝·V。"我服务恩客时如果缺乏灵感，就会幻想一些到现在还会让我兴奋的男人，其中包括密特朗，"她说，"我觉得他不可思议地温柔、优雅且性感。"我完全无法想象在二十世纪八十年代末期有任何美国妓女会在"上工"时对老布什总统（George H.W.Bush）产生这样的绮想。

1994 年秋，密特朗的任期接近尾声，这时《巴黎竞赛》画报忽然刊出耸动的长镜头照片，为一个多年来许多人心照不宣的秘密提供直接证据：密特朗确实与情妇安妮·潘若（Anne Pingeot）育有一女。安妮·潘若精研十九世纪雕塑，在巴黎奥赛美术馆担任研究员，密特朗与她维持了超过二十年的婚外情。两人的私生女玛札琳（Mazarine）十岁时，密特朗在法律上承认了这个父亲身份，但附带条件是必须保密到他过世为止。玛札琳在她的回忆录中提到自己在学校填资料时，如果看到"父亲职业"一栏，她都会把它直接划掉。

玛札琳与母亲一起住在埃菲尔铁塔附近一栋政府所有的公寓，相关费用均由国家负担。法国的纳税人完全不知道总统花了许多时间照顾另一个家庭，包括偶尔带母女两人到一座政府所属的城堡度周末。密特朗过世前最后一次圣诞节是与情妇和私生女度过的，而非与自己的夫人和两个儿子。

若干年后，前总理若斯潘在他的回忆录中透露了一段他在《巴黎竞赛》刊出照片后与密特朗进行的私人谈话。"他告诉我，'基本上有两种处理方式。'"若斯潘写道。密特朗说，第一个办法就是若斯潘自己所采取的方式——换妻。要不然的话，"你可以同时保有两个你爱过的，你依然爱着的，而且你也都尊敬的女人。"玛札琳在说明父亲为什么选择过双重人生时表示，"我父亲在忠贞这个概念上态度非常坚决。一个人绝不可以背叛自己的朋友；同样，他也绝不可以背叛已经签立的约定。他看到有人离婚时，总是非常错愕。"

然而，就像过去历代法国国王一样，对密特朗而言，有一位夫人和一名宠妃还是不够的。他显然做了一些别的安排，包括与瑞典记者克莉丝汀娜·佛丝内（Christina Forsne）维持多年的恋情。佛丝内在她的回忆录《弗朗索瓦》（François）中描述，两人的关系起初是一种性爱激情，后来逐渐演变成亲密的陪伴。她经常到爱丽舍宫陪密特朗午餐或晚餐，也会陪他外出旅行。虽然这本回忆录中有不少细节上的错误，但没有人否认其中大致的叙事情节。

还有一些关于其他恋情的臆测，部分原因正是因为密特朗喜欢美丽女人的陪伴。有一次到韩国进行官方访问时，他挑选当时芳龄二十初、青春艳丽的苏菲·玛索（Sophie Marceau）陪同前往，由她代表法国的美丽风范。密特朗往生后，他的夫人达尼埃尔（Danielle）在一次电视访谈中吐露真言。"是的，我嫁给了一位诱惑者，"她说，"我必须设法面对这个事实。"在密特朗葬礼上一个令人难以忘怀的画面中，身穿黑色大衣、头戴黑色小圆帽的安妮·潘若低头闭上双眼，姣好的脸庞掩映在饰有圆点的绢网面纱后方，双十年华的玛札琳则随伺在侧。法国上流社交圈直到现在还会热烈讨论当初让这位情妇参加葬礼到底是否合适。不过让法国民众难过的，并不是密特朗养育另一个家庭的事实,而是因为他后来被爆出挪用公帑扶持安妮·潘若和玛札琳母女,甚至为她们提供严密的警力戒护。

2010年,法国社会出现一则新闻,一名法国女子改信伊斯兰教,穿起从头包到脚的布嘎,而且她的阿尔及利亚裔丈夫据说有好几个妻子。当这件事在法国引发政治风暴时,我不禁想起密特朗和他的女人们。2010年,这位女子开车时戴着面纱,结果被警察开罚单,警方的说法是这种行为造成公共危险。女子的丈夫则遭政府指控有四名妻子,但她们却分别以单亲妈妈身份向社会局领取补助金,养育他的十二名子女。他因此面临失去法国国籍的威胁。

这位先生决定采取法律行动与政府对抗,他聘请律师,声称自己只有一名妻子,并强调其他女人只是他的情妇。"如果一个人可以因为有情妇而被剥夺法国国籍,那么法国许多人都会失去法国国籍。"他这样向媒体表示。

不过,密特朗不像这位移民丈夫,他对法国民众而言具有无可抗拒的魅力。《世界报》将他莫测高深的微笑描述为"半个吸血鬼,半个诱惑家"。《解放报》编辑暨创社成员之一赛吉·居立(Serge July)曾经说密特朗是一位"人际关系的顶级珠宝工匠"。

在密特朗笔下,法国仿佛是一个他熟知的女人,他对这个美丽女人的"地理和有机形体,则有着一种热情"。《新观察家》的让·丹尼耶尔表示,密特朗对法国每一寸土地的热爱让他得到全体法国人民的爱戴。"我多次跟他一起出访,看到他对最偏僻的地方也是如此熟悉,"丹尼耶尔回忆道,"他好像认识城里的每一个人。他身上有一股可以蛊惑民心的力量,一种颠覆性的诱惑力。我经常听到他说'那家肉铺的老板呢?他的小宝贝出生了吗?'之类的话。"

吊诡的是，密特朗也非常懂得保持距离，巧妙地玩弄若即若离的游戏。这种暧昧性也是他吸引力的一部分。

　　年轻时代的希拉克相当潇洒活跃，以过人精力参与政治事务，热爱投入人群。到地方上活动时，他身上随时备有一沓钞票，到酒吧里会请在场所有酒客喝一轮啤酒，看到漂亮的女人会买一束鲜花给她。有时候，他在街头还会用自己的签名交换美女的亲吻。碧姬·芭杜曾在二十世纪九十年代时表示希拉克是"唯一能让我融化的政治人物"。

　　曾经当过希拉克司机的让-克洛德·罗蒙在 2001 年出了一本真心大告白的书，里面揭载了许多希拉克的风流韵事。根据罗蒙的说法，二十世纪八十年代希拉克的办公室里女人川流不息，到后来女性职员常开一个玩笑："希拉克喔？三分钟就可以解决一个，还包括冲澡呢。"

　　罗蒙倒是很有诚意地修正了这个资讯。他说，其实比三分钟要多一些。"几乎到了令人看不下去的程度。希拉克跟许多党内活跃人士或秘书都有故事，他们每次相处或许只有短短五分钟，但可忙得很呢。"他写道。

　　希拉克不认为需要掩饰自己风流的习惯，而当他担任总统期间，媒体或民众也不会拿这种事找他麻烦。在与记者皮埃尔·佩昂（Pierre Péan）进行的一系列访谈中，希拉克曾经告白自己一生中爱过许多女人，但"总是尽可能地低调"。他在 2009 年出版的超级畅销自传中仿佛为了强调这一点，又重说了这句话。

　　许多人不禁好奇，这些风流政治家的夫人们到底是如何忍受丈夫对其他女人的无敌诱惑力？伯纳黛特·希拉克提供了一个精辟的说明。她在 2001 年出版《会话》(*Conversation*)一书,内容是她与一名记者的问答对话。"有时候我会嫉妒,非常嫉妒!"伯纳黛特在书中提到丈夫的婚外情时表示。"怎么可能不嫉妒呢？他那么英俊,又那么懂得甜言蜜语……外面那些女生根本就是在他门口排队。"

为了孩子及一些其他家庭因素,她决定不要走上离婚一途。"传统要求一个人戴上面具继续过活,"她说,并称自己是"家庭传统的囚犯"。希拉克自己其实也是骑虎难下。"我警告过他许多次:'当年拿破仑抛弃约瑟芬时,他也失去了一切。'"

希拉克在担任总统的十二年期间,从来不曾像密特朗那般神秘、威权、摆出知识分子的姿态。他的魅力源自他的草根性。他喜欢摸摸农场动物,最爱喝的饮料是科罗娜(Corona)啤酒,最喜欢吃的都是一些乡村菜色:炖小牛头、咸猪肉、火腿、腊肠等。

希拉克是首位承认法国政府在二战期间协助纳粹灭绝犹太人的法国元首。他推动医疗及退休制度改革,并废除义务兵役。他也热爱艺术收藏,特别是亚洲及非洲艺术品。他曾告诉一名周刊记者,诗文是"一种日常生活必需品"。但他在 1997 年解散国会,导致执政党必须与在野的社会党合作,使得法国进入一段不易驾驭、难以有效运作的左右共治(cohabitation)①时期。虽然他后来让政府重回右派怀抱,但一直无法达成振兴法国疲软经济的承诺。

希拉克在执政末期曾发生过一次轻微中风,之后看起来英雄豪气有所减损,甚至开始真的显出老人模样。但无法否认的是,他长年

① 法文原意为"同居"。

努力维持健康形象，皮肤总是晒成古铜色泽，据说还将花白的头发染黑。有一年夏天，他神隐到加拿大度假，当时法国幽默讽刺节目《新闻人偶》制播了一个短剧，嘲笑他是到加拿大做脸部拉皮去了。

希拉克卸任之际，他执掌的政府已因一连串贪污案而蒙上阴影，许多原先的竞选承诺也没有兑现，但不久之后，他却又重新得到人民的爱戴。绝大多数法国民众拥护他的外交作为，尤其欣赏他在美国对伊拉克发动军事攻击时所代表的欧洲反战力量。法国民众在萨科齐担任总统期间，非常怀念希拉克不摆架子的作风，怀念他对乡村美食的喜爱和强力推销法国的热情，更怀念他风度翩翩的绅士典范。2002 年的一项民意调查结果在许多年后似乎依然符合事实：如果请法国女性挑出一名政治人物共进晚餐，希拉克会是首选。

为了竞选连任，季斯卡也展开过大规模的个人诱惑行动，可惜并不足以让他在 1981 年再度胜出，重新当上当时任期长达七年的总统。在法国第五共和国中，季斯卡是年纪最轻的总统，卸任后也成了年纪最轻的前总统。他在任职前几年期间投射出一股浓厚的青春形象。季斯卡是一名中产阶级出身的技术官僚，当上总统后以改革者和现代化推手的身份自居，大力移除法国行政体系中高层职务的繁文缛节，大量通过电视推动他的政策，并经常在巴黎街道上走路前往官方活动地点。他三不五时就会安排与一般民众会面，形式通常是在乡村小餐馆举行简单的餐宴。他身材高瘦，喜欢穿质料柔软的 V 领羊绒毛衣和灯芯绒长裤。

季斯卡活跃的性生活众所周知，我甚至认识一些女性，她们宣称曾经必须努力摆脱他的纠缠。据说他与软性色情电影《艾曼纽夫人》

（*Emmanuelle*）女主角西尔维亚·克里斯特（Sylvia Kristel）发生过关系。1981年季斯卡竞选连任虽然落败，但他转而积极向法国民众证明他不只是可爱，更是无可救药地性感，借此告诉他们没让他当选是一个错误。为了进一步提升自己的性感形象，他还写了一本情感丰富、高潮迭起的情色小说。这本1994年出版的《过客》（*Le passage*）描述一个寻觅爱情的故事，男主角夏勒是一名孤独消沉的中年男子，有一天在路上碰到二十岁金发女子娜塔莉要搭便车，自此对她魂牵梦系。

夏勒初遇娜塔莉时虽然就已经一见钟情，但他没把车子停下来。第二次看到她时，她坐在路边，他让她上车，并把她载回自己家。娜塔莉在他家留了几个星期，有一天忽然决定离开。故事到此戛然而止。

这是一个经典的性幻想：男人在路边停车，让年轻貌美的女子搭便车，然后色诱她。但书里还包含第二个比较复杂的幻想：较年长的男子诱惑了一名较年轻的女子，然后又被她抛弃。《世界报》评论指出这本小说"只有一个独到之处，那就是完全缺乏独创性"。数年后，《世界报》再度嘲讽这本书，说它是一部"无心插柳而成的闹剧"。

季斯卡虽然现年已经八十多岁，但仍执意打造性功能强盛的阳刚男人形象。2009年，他出版了第二本小说《王妃与总统》（*La princesse et le président*），叙述一名法国元首与一位名叫派翠西亚的英国皇室成员之间"猛烈的激情"。书中情节与字句撩拨读者无尽想象，似乎在暗示他与英国王妃黛安娜有过一段爱恋情缘。

故事里的总统名叫雅克-亨利·朗伯提（Jacques-Henri Lambertye），他是个性欲旺盛的鳏夫，在白金汉宫的一场宴会中遇见王妃。

正如黛安娜,小说里的派翠西亚被困在一个不快乐的婚姻中,面对王储劈腿的残酷事实。为了寻求解脱,她一方面致力于慈善工作,一方面也开始追寻自己的情爱欢愉。

两人间的激情因为眼神交会而点燃。"我站了起来,将座椅往后拉,让加的夫王子妃坐下,"书中的总统回忆道,"她用眼角投射的灿烂光芒向我表达谢意,令我骤然为她销魂。"随后是一个吻手礼。"我亲吻了她的手,她抛给我一个犹疑的目光,头部往前倾时岩灰色眼眸张大了起来。"总统继续描述。不久后公主开始对他吐露心事,"结婚前十天,我的准丈夫告诉我他在外面有情妇,而且打算继续与她维持关系。"

现实生活中,众人确实知道季斯卡一直深受年轻貌美的黛妃吸引,但他们是在他卸除总统职务多年之后才真正碰上面。1995 年,他与她在凡尔赛宫共同参加一项晚宴活动后,他向一个法国女性杂志表示"真实生活中的黛妃更加美丽……我发现她也是一只猫咪,一只猫科动物。她莲步轻移,不会发出任何声响。"

在一次纪念诺曼底登陆的仪式之后,朗伯提总统与王妃搭乘同一班火车返回巴黎,这时总统决定对她采取诱惑行动。他们第一次做爱的地点是巴黎近郊的朗布依埃(Rambouillet)城堡。在现实生活中,季斯卡担任总统期间经常喜欢到朗布依埃森林打猎。

小说中的叙事者,也就是法国总统,并没有露骨地描述他与王妃的做爱细节。他以诗意的语言轻描淡写地说,"我不知道该怎么描述。只记得一种肌肤相亲的温存,一种被温柔的潮水淹没的狂喜,我感觉潮汐在日暮之际涨了起来,很快就将周遭变成汪洋。"

总统在后来的故事发展中遇刺,但逃过死劫,他与治疗她的美丽女医师发生一夜情。这时的叙事方式就变得比较大胆:"她张开双唇,我在我们交融的体液中感受到欲望之网正紧紧地围住我们……那天夜里,我感觉自己是和爱神维纳斯沉浸在爱欲烈火中,我在她坚实的双肩和美艳的大腿间激情颤抖。"

媒体纷纷思索季斯卡是否在逻辑上真有可能曾与黛安娜共度春宵,或者这一切只是出自一个年迈男子的脱缰想象。《费加罗报》写道,"全然虚构,作家迷梦,真实人生?只有作者本人握有揭开谜底的钥匙。"英国《泰晤士报》(*The Times*)则表示,"这本书或许会畅销,但它不会得到任何文学奖,除非出现一个'品位低俗奖'。"

在法国的欧洲一号电台(Europe 1)节目中,喜剧演员尼古拉·康特鲁(Nicolas Canteloup)模仿季斯卡高傲冷酷的声音说,"从前我的绰号叫'巨炮'……在此郑重宣布:我确实得到过她。"

"您真的跟黛妃有过那个?"假记者问。

"老实说她不是唯一一个,我只是不想把她们全部列出来。"但自认威风凛凛的总统大人终究忍不住泄了一点底:"我跟卢森堡王妃、约克公爵夫人、俄罗斯的玛丽亚公主都玩过。我现在手边没有全部名单。"

季斯卡不理会纷至沓来的批评声音,只强调小说属于虚构性质。"就是一本小说嘛!"我和芳龄二十多岁的法籍助理研究员来到他住处书房中与他会晤那天,他这样叫道。"请你们自己发挥想象力!那个法国总统不是我,他不是扮演我的角色。至于英国王子妃——我不想把黛安娜王妃整个故事说出来。我只是要告诉读者一个人遇见她时的感觉。总之就是小说!"

小说结束时,总统与王妃在意大利托斯卡纳过着幸福美满的生活。季斯卡说，他本来想让总统最后跟科西嘉女医师在一起，但是"我想了想，因为黛安娜的关系，我没把结尾那样写。"他说他觉得"如果让总统与女医师过着幸福美满的生活，这对黛妃在天之灵会是一种不敬。这本书当然完全是编出来的故事，但黛安娜曾经告诉过我——我是认识她的，虽然认识得并不深，只是聊过——她告诉我，'你真的应该写写如果两个世界上的重要领袖发生恋情，结果会发生什么事。'"

我眼前这个年过八十，双手和脸颊都起了皱纹，头发秃得很厉害的男人，居然就这样陶醉在与年轻貌美的王妃发生恋情的幻想中。看到季斯卡如此紧守着关于绅士淑女间理想之爱的梦想，我感到一股莫名的震撼。

我们互相道别时，季斯卡的手似乎在我年轻助理的腰臀一隅停留了一秒钟。他的动作没有任何侵犯性，或许只是不小心碰到。也或许根本没碰到。接着，他似乎又重复了一次。

第十三章

"加油哦，小卷心菜！"

*

他的体形、他的魅力、他的聪明都深深诱惑了我。他拥有五到六颗滋养异常丰富的大脑。

> ——卡拉·布吕尼描述尼古拉·萨科齐，引自《卡拉与尼古拉：他们的真实故事》（*Carla et Nicolas：La véritable histoire*），瓦莱丽·贝拿因（Valérie Benaïm）及伊夫·阿泽鲁尔（Yves Azéroual）著

很少有人讲话我会听……我不需要别人告诉我何时该微笑，何时又该设法让别人安心。但愿你们知道我多么不需要这些。我痛恨——这个字眼还算很柔和——我痛恨别人告诉我这些东西。

> ——尼古拉·萨科齐，引自《黎明日暮或黑夜》（*L'aube le soir ou la nuit*），雅丝米娜·赫札著

季斯卡不是唯一一位曾与王妃发生纠葛的法国总统。萨科齐也有他的王妃故事，那是一段与《克利夫王妃》(*La princesse de Clève*)女主角之间短暂、痛苦的交会。《克利夫王妃》是一本十七世纪的法国小说，女主角跟黛安娜王妃一样受困于不幸福的婚姻，在皇室繁文缛节的典章制度下被压得喘不过气来。不过相较于季斯卡对他的公主一片痴情，萨科齐对可怜的克利夫王妃却嗤之以鼻。

　　《克利夫王妃》的作者拉法叶夫人(Madame de Lafayette)是一名与路易十四宫廷关系相当亲近的伯爵夫人。这部著作被视为第一本真正的法文小说，也是法国中学教师最喜欢列入必读书单的作品之一。

　　故事内容在那个时代相当大胆。一名由母亲以最严格的道德规范抚养长大的十六岁少女被送入宫廷寻找如意郎君，经过一些波折后，一位亲王爱上了她，并向她求婚，她于是恭顺地与亲王结为连理。接下来的情节急转直下，某天在一场宫廷晚宴中，王妃与风流倜傥的内穆尔公爵(Duc de Nemours)眼神交会，一时宛如天雷勾动地火，两人旋即坠入热恋。

　　王妃很快明白公爵是一个"太有诱惑力"的典型"负心汉"，一旦她开始与他亲密交往，他就会将她抛弃，转而追逐别的目标。宫廷仪式的运作使得他们天天都会见面，但由于他们必须隐藏情感，两人之间的激情张力因而更加澎湃。为爱所苦的王妃终于忍不住向丈夫告白自己爱上了别的男人，并要求可以不出席宫廷活动，希望借此维持对丈夫的忠贞。亲王深信妻子已经背叛他，后来在妒火与哀愁中抑郁而终。

　　故事发展到最后，王妃至高的责任感战胜了爱情。她不仅没有与公爵比翼双飞，更毅然舍弃这份她认为已经变质的爱，前往修道院度过余生。

萨科齐无法忍受《克利夫王妃》的故事。他在希拉克政府中担任内政部长时曾经说，会想到将关于《克利夫王妃》的考题出在公职考试中的官员"不是虐待狂就是智障——随便你怎么说"。他还义愤填膺地表示，让准备当火车站售票员这种低阶公务员的考生针对那么困难的文学作品进行申论，简直是个"奇观"。萨科齐当选总统以后，再度无法自制地攻击克利夫王妃；这次他语出惊人的台词是"我在她身上真是受苦受难"。

但在一个极度珍视诱惑、浪漫爱情与知识辩证等人生仪式的国家，像萨科齐这样拿王妃开刀是非常不智的政治举动。《克利夫王妃》被公认是法国文学史上文字最优美、情节最动人、心理描绘最细腻的小说之一，萨科齐攻击这部作品的结果只是落得被人烙上文学白痴的标签。

关于这件事，我倒有一个理论。我认为萨科齐这种缺乏想象力、个性急躁，又结过三次婚的男人，最无法忍受的是故事的结尾。不像一般的法国人，他不认同似乎不会有结果的前戏。如果无法得到满足，而且不是立刻得到满足，那么就不值得付出努力。

精英辈出的巴黎政治学院（Institut d'études politiques de Paris, 通称 Sciences Po）校长理查·戴匡（Richard Descoings）赞成这个论点。"其中既没有行动，也没有结果，"他这么向我解释萨科齐总统对王妃反感的原因，"它跟侦探小说完全不一样，侦探小说结束时我们至少还知道被害者到底是谁杀的。"

在许多学术圈和文学界人士眼里，萨科齐过于自由主义的政治立场以及他公然藐视艺术追求的举动，早已让他成为笑柄，于是阅读这本小说便成为一种向萨科齐造反的具体行动。《克利夫王妃》销售量暴增，巴黎书展某年推出一种上面写了"我在读《克利夫王妃》"字样的蓝白徽章，结果被抢购一空。

到 2009 年时，这本小说已经成为法国大学教授抗议萨科齐经济改革提案的反抗象征。在芝加哥大学巴黎分校举办的一场非正式研讨会中，为王妃高举正义旗帜的索邦大学教授苏菲·哈博（Sophie Rabau）将萨科齐所谓"在王妃身上受苦受难"诠释为一种"具体而淫秽"的性指涉。"他是马夫，而她是他骑的马。"哈博以此作为比喻。"一个男人在女人身上汗流浃背，这种意象跟王妃那种飘逸脱俗的文学境界是完全背道而驰的。"

事实非常明显，尼古拉·保罗·斯特凡·萨科齐·德·纳吉-波撒（Nicolas Paul Stéphane Sarkozy de Nagy-Bocsa）在法国的正统运作模式中是一位蹩脚的诱惑者。他过于直截了当，不懂曲折婉转的艺术；他只会赤裸裸地奉承或谩骂，而不会温柔地释放电力；他不断处于忙乱移动的状态，不知放缓脚步享受 le plaisir——情趣。对于法国精巧微妙的礼仪规则，他不是引以为荣，而是不屑一顾。密特朗精于用言语抚爱、魅惑民众，萨科齐却总是咄咄逼人，甚至不时出口成脏。美食美酒是法国的重要认同标志，但他喜欢吞食零食小吃更胜过品尝精致法式料理。

萨科齐远远脱离了法国历史上国家领袖以诱惑治国的传统。尤甚于此，他根本就是"反诱惑"的绝佳案例。

他之所以排拒法式高尚文化，一部分原因在于他一生经常处在"劣势者更好斗"的状态。他的父亲是一位移民法国的匈牙利小贵族,在他年幼时就抛家弃子,与别的女人另组家庭。他的外祖父则是一个改信天主教的塞法迪(Sephardic)犹太人①。萨科齐毕业自法国的普通公立大学(université),而非真正顶尖的"大学院"(grande école)。② 这样的背景使他一直承受身为"外来者"的痛苦,这种痛苦是他挥之不去的心灵负担,但也同时成为某种激励他出人头地的荣誉徽章。

萨科齐对自己矮小的身材非常自卑(爱丽舍宫对他的身高完全保密,但我认为他不会超过一百七十厘米),因此设法用各种方式让自己显得高一点。许多人都知道他发表演说时会在脚底下摆一张板凳。(这个增高方式使得一些讽刺漫画家干脆把萨科齐画成站在一张真正的座椅上,甚至还将他描绘成侏儒。)另外一个技巧是踮脚尖,这种做法经常使他看起来像有点失去平衡地在跳跃前进。2009年,英国八卦媒体《每日邮报》(*Daily Mail*)刊登了一张在法国东部斯特拉斯堡(Strasbourg)拍摄的照片,萨科齐在奥巴马旁边努力地垫起脚尖,但奥巴马还是比他高了一大截。为了怕读者没看到这个细节,该报还特别将萨科齐的脚用红色粗线圈了起来。

---

① 塞法迪犹太人系指祖籍伊比利亚半岛的犹太人支系,由于伊比利亚半岛过去长期被阿拉伯人统治,塞法迪犹太人受到相当程度的伊斯兰化,因此与其他支系的犹太人在文化上有较大的差异。

② 法国的大学院一称高等专业学院,是有别于一般大学体系的高等教育学院。大学只要获得高中文凭者均有申请入学的资格,大学院则需通过严格的甄选考试才能入学。通常高中毕业生在参加大学院会考前还必须上一两年的预备班密集补习课程,为想要报考的大学院会考做准备。法国许多杰出人物都出自大学院,如前总统密特朗毕业于巴黎政治学院、前总统希拉克毕业于高等行政学院等。萨科齐自南特尔大学毕业后虽然曾经考进巴黎政治学院,但未能顺利取得学位,据说是因为英文没有过关。

萨科齐虽然描述自己是"混血的法国小市民"，不过他还是把原来长长一串名字改短，让名字显得不会那么异国。他的父亲曾经告诉他，他的姓氏听起来终究是个外国名字，因此他不可能当上法国总统。"那种事要在美国才有可能。"他父亲这么说。

　　但萨科齐还是全心全意地将整个政治生涯奉献给中间偏右的人民运动联盟（UMP），而这个党团也没有亏待他。2007年，他乖乖收起自己的火暴脾气，以近乎美国的方式中规中矩地投入总统竞选。

　　这次法国总统选举正逢英国和美国经济欣欣向荣的阶段，法国人非常担心在世界经济竞赛中遭到淘汰。经济停滞的阴影遮蔽了其他重要议题，萨科齐这个法国政界头号"反诱惑者"正好乘虚而入。他的政见透露出重能力不重格调的讯息，并誓言打破过去的枷锁。他赢得选举不是因为他懂得朗诵诗歌、颂赞美丽，而是因为他祭出各种承诺，能够迎合不同年龄、不同阶层、不同观念取向的选民。较为年长且倾向保守的民众认定他能强化法治，年轻选民则认为他有办法让他们在世界经济战场上更具竞争力，劳工阶级则相信他能让他们的口袋装满银两。

　　萨科齐相信全球化、勤奋工作、单纯赤裸的野心以及市井小民的生活价值。他的作风有时丝毫不像法国人，反倒更像美国人。"法国的特色在微妙，如同美国的特色在活力。"《费加罗报》风尚专栏作家贝特朗·德·圣文桑（Bertrand de Saint Vincent）指出，"我们没那么胖，我们也没那么壮，但我们用微妙的特质来弥补。法国的特点在于一种足以诱惑人心的轻盈与优雅，而这正是萨科齐不搞诱惑的原因。他追求的是力量，这点跟美国比较契合。美国人擅长用重装武器轰炸，法国人喜欢轻盈地翱翔。"

萨科齐在谈论法国的未来时,他的观点越过大西洋,向美国取经。"法国父母的梦想是把小孩送到美国大学读书,"2004年十月,他以法国财政部部长身份到纽约哥伦比亚大学演讲时如此表示,"我们上电影院看的是美国电影,打开收音机听的是美国音乐。我们热爱美国!"身为法国内阁成员,萨科齐会说出这样的言论令人非常讶异,而他当上总统后依然保持类似的论调。

2006年,萨科齐担任内政部长时再度前往美国,为了显示他能融入美国社会,他积极以英文表达。在一个向纽约消防队员致敬的仪式中,我听到他试着跟纽约市消防局长尼古拉斯·思科培塔(Nicholas Scoppetta)聊天:"我跑步。今天早晨。在中央公园。跟穿T恤的救火员一起。"

"好棒喔! 好厉害喔!"思科培塔回答道,仿佛萨科齐是个需要积极鼓励的幼稚园学童。思科培塔接着以萨科齐听不到的音量低声告诉我,"他的英文? 恐怕他自己是第一个觉得不好意思的人呢。"

萨科齐奋力模仿美国的做法起初似乎奏效,但长期下来却难免让法国民众反感,因为法国人的民族性格中有一种根深蒂固的优越感。2008年经济泡沫爆裂,引发全球金融危机,美英两国首当其冲,这时萨科齐的亲美态度忽然显得非常愚蠢。

还有一个更大的问题是,法国人虽然选他当总统,但结果并没有爱上他。他们甚至连喜欢他都谈不上。萨科齐就职后,接踵而至的经济问题、法国人对改变的恐惧、法国经济体系的僵化以及他个人的专横作风,都不利于他树立形象。由于他缺乏诱惑光环的保护,因此在逆境中显得特别脆弱。萨科齐竞选时以务实主义的姿态信誓旦旦地表示,将以无上决心让法国真正现代化,当选后却逐渐变成犬儒主义者,观点不断异动,男性至上的本性则益发凸显。他像失了方寸似的不断推出缺乏规划的改革政策,仿佛是在恶水中做无谓的挣扎。这些政策最后大都无疾而终。

由于萨科齐一直无法成功地与法兰西这位大美女谈一场经典的恋爱,法国民众开始背弃他。他在上任短短一年后,就在民调中被评为第五共和国最差劲的总统。2012 年的法国总统大选来临之前,他的支持率依然处在历史性的低点。尽管如此,挑战与冲突无疑正是萨科齐最大的动机来源。"他们越是攻击我,我就会变得越雄壮。"有一次他这么表示。

我从不觉得萨科齐会是有诱惑力的访谈对象,就算猜想他可能是个粗鄙之人也不至于太过分。2007 年六月,在八大工业国高峰会举行前夕,我终于目睹了这个事实。那时就任才两个多星期的他,邀请法国以外其他七国各一名记者到爱丽舍宫,那是他首次以总统身份接见外国媒体。

他很努力地想表现得轻松自然。但我们这些记者向来习惯在高雅而庄严的气氛中采访国家元首,萨科齐此时的做法反而让我们不自在。他迟到了三十分钟,到的时候身上只穿着衬衫。在展开一小时的交谈以前,他命令我们关掉他口中所谓"这些玩意儿",也就是我们摆放在又宽又长的会议桌上的录音器材。因此这次法国新任总统与外国记者首度访谈不会有文字稿,不会有任何正式记录。换言之,会后他可以对谈话内容矢口否认。

不过我们其实无须担心,因为我们很快发现,这次访谈就内容而言不具任何启发性。比较让我们大开眼界的是萨科齐的个人举止。

我们眼前所见并不是一个轻松自在的人，他的身体不断扭动，仿佛他坐的那把镀金锦缎座椅无法让他觉得安稳。有时他会往后靠，跷起二郎腿，这个举动在那么正式的场合中显得非常不妥当。某个时候，他拿出一颗直径不下两厘米的白色锭片，没喝一口水就整个吞下去。

更令人惊讶的是他的礼仪修养。他前方的桌面上摆了四个小瓷盘，里面放了各种看起来非常美味的法国肉片和乳酪。他从其中两个盘子抓起东西来吃，但没有邀请我们一起享用，也没有主动把餐盘传递给在场的其他人取用。由于会议桌非常大，我们也不好意思探身过去取食。结果我们就这样呆坐着看他忙着一边咀嚼食物一边说话，看起来连吸口气都不必。

三个月后，我第二次采访他时的情况更加诡异。那是他以总统身份前往纽约联合国大会演说的前一天。《国际先锋论坛报》执行编辑艾莉森·史梅尔（Alison Smale）和我抵达爱丽舍宫时，萨科齐僵硬地跟我们握手，并草率地说了声 Bonjour。他走路垂头丧气，脸上没有一丝笑容，我几乎忍不住想问他是不是有什么心事。

在一小时的访谈过程中，萨科齐不断在座椅中前后摇晃，仿佛等不及我们离开。他紧紧抓着左右两边座椅的椅背，我还注意到他的下颚肌肉不时抽动。他两次说"多边主义"（multilateralism）一字时舌头都打结，第二次时还像小学生般不好意思地笑，结果是他的国家安全顾问让-大卫·莱维特（Jean-David Levitte）帮他把这个字说完。

萨科齐会打断我们的话，甚至侮辱我们。某个时候，我质询他关于法国和北约关系的事，他答道，"我非得向你的顽固敬个礼不可，而且你居然有办法用那么平淡的方式问出那么火爆的问题。"我塞了一张纸条给艾莉森说，"一定有什么事不对。"后来我们才知道，那个星期他与妻子塞西莉亚的婚姻正在全面破碎中。

访谈结束时,我们去到隔壁的总统私人办公室合照,这时萨科齐的冷淡态度和紧张的身体动作暂时消失,换成另外一种怪里怪气的行为。他把我们的距离拉近,双臂搭在我们肩膀上,让我们不得不贴在他身边。"嗯,今天我的工作很有意思。"他喃喃低语。萨科齐似乎需要让我们清楚知道他是掌有主控权的男人,而我们是必须顺从的女人。

这种伎俩他在竞选期间也经常发挥。参观巴黎郊区巨大的翰吉斯批发市场时,他在内脏区的一处咖啡厅亲吻一位女服务生双颊。后来他又把臂膀搭在随行媒体团中的两名女性记者肩上,并得意地宣布,"我对女生最有一套了。"

后来萨科齐到一座位于在阿尔卑斯山区的乳酪制造厂拜票时,他又将双臂搭在一名穿着围裙的女性员工肩上,而且亲吻她的双颊。"我在亲你耶,"他说,"看看我们有多抢眼!我的心现在跳得好快啊!"

剧作家雅丝米娜·赫札在总统竞选期间跟随了萨科齐一年,并将经历撰写成书。书中有一段是描述萨科齐如何努力向她证明他有诱惑力。那时他们在南法尼斯(Nice)的一场餐宴上同桌,萨科齐微笑着向赫札转述他和坐在另一边那名金发美女之间的对话。"她跟我说,'我每天晚上都梦到你呢!'"萨科齐说,"这不是很感人吗?"

他将手搭在那名女子裸露的香肩上,继续说道,"这女孩真迷人。你有没有看到她的打扮有多华丽?她身上没有一件东西是便宜货。"他吸了一口气又换了话题,"你尝了白巧克力慕斯吗?"

赫札回答道,"尼古拉,检点些,别忘了你还想当总统。"

但萨科齐的基因组合中并没有自我约束力的存在。法国的部会体制拥有清楚的分工方式：总理肩负的是国家日常治理的实务性工作，总统则具有较为超然、象征性较强的权力，为外交及国防事务负责。萨科齐觉得自己两边的事都要做；在他任内，政策制定的工作从政府部会被移入爱丽舍宫。就某种意义而言，法国因此失去了宪法定义的共和国总统，因为总统现在试图自行治理国家；法国也失去了总理，因为他在总统压制下失去了原有的地位。

萨科齐连最小的决策都要干预，结果此举却让他的脾气更加急躁。他极度缺乏耐心，为了催促助理帮忙，他甚至还会吹口哨。他也曾经表示外交部"毫无用处"，应该予以废除。有一次他上美国的电视台接受访问时，在气头上不惜将自己的媒体发言人骂成"脑残"，随后当场走出录影棚。

关于萨科齐的行事风格，维基解密（Wiki Leaks）在2010年秋天揭露的一系列美国机密外交电文中，可以看到极为精彩的详细评论。电文将萨科齐描述为一位"多动""反复无常""威权""脸皮薄"的国家领导人，对部长及下属横行霸道。美国驻法大使查尔斯·瑞夫金（Charles Rivkin）在一篇电文中表示萨科齐的运作方式像是"一名完全不受约束的帝王"，他身边的顾问因为太怕他，经常不敢给他诚恳的意见；而为了配合他的急性子，他们也没时间有效进行政策规划或与其他国家咨询，结果推出一堆最后大都无疾而终的"冲动性提案"。瑞夫金还指出，2009年土耳其总理到法国进行正式访问时，埃菲尔铁塔特别点亮成土耳其国旗的颜色，结果据说萨科齐的助理因为太怕老板生气，决定将原定飞过巴黎的总统座机改变航道，以免让他看到铁塔。（萨科齐对土耳其加入欧盟一事向来抱持敌对态度。）在另一份电文中，某位美国外交官表示，萨科齐有一次访问沙特阿拉伯时"非常失态"，因为他拒绝品尝传统阿拉伯料理，在电视转播的仪队欢迎礼中还显出一副不耐烦的模样。

"我实在不该说的，因为这话不太政治正确，"有一次一名外交部官员这样告诉我，"萨科齐是个非常不法国的人。他不像从前那些教养良好的法国人那样彬彬有礼，比如在一些美国电影中可以看到法国仆役很有礼貌地说'好的，先生'（Oui, monsieur）。萨科齐完全不懂这种礼节。"

他对法式的微妙特质也是完全陌生。前英国首相戈登·布朗（Gordon Brown）的私人秘书汤姆·弗莱彻（Tom Fletcher）透露，萨科齐有一次告诉戈登·布朗，"你知道吗，戈登，我应该不喜欢你才对，因为你是苏格兰人，我们没有任何共同点，而且你还是个经济学家。可是很奇怪喔，戈登，我就是爱你。"萨科齐还觉得有必要为他对戈登的爱定调，于是补充道，"不过是没有性意味的那种爱。"

萨科齐与沙特阿拉伯的阿卜杜拉（Abdullah）国王会晤前，他的助理必须战战兢兢地告诉他绝不可以碰触国王的身体。当他为了表示友好亲昵，试图拥抱德国总理安格拉·默克尔时，默克尔的助理清楚让他知道她非常需要个人空间。默克尔无法忍受萨科齐一直碰触她，不过到最后她学会忍耐萨科齐的拥抱举动，有时甚至还能礼貌性地拥抱回去。

话说回来，萨科齐有时还是可以有效发挥他的"个人软实力"。2008年，他担任欧盟轮值主席时就通过这种软性外交武器化解了一场俄罗斯与格鲁吉亚之间的危机。他采取具体行动主动出击，分赴

　　　　　　　　　　　　　　　　　　　　　法式诱惑

两国首都莫斯科及第比利斯(Tbilisi),成功说服俄罗斯将部队撤出格鲁吉亚的关键据点。另外,他也让法国重返四十年前退出的北约军事一体化组织。他还积极推动成立二十大工业化国家集团(G20),并在金融危机波及法国时采取一些决定性措施,协助法国渡过难关。

有时候萨科齐过度急于采取行动,反而导致对自己不利的冲动表现,既无助于现实政治的考量,也违反传统上通过"诱惑行动"精心策划的法式外交风格。冲动的本性使他有一次在莫斯科与俄罗斯总统普京(Vladimir Putin)会晤后,快速跳上好几段阶梯,冲进一个记者会场。这时他面对的是来自全球各地的媒体,所有摄影机及录音装置都对着他进行影音录制,但他一下子重心不稳、上气不接下气,连话都没法说清楚。有些网络上流传的相关影片指出他当时喝醉了,不过这倒不是事实,因为他本人向来是滴酒不沾。

虽然萨科齐经常试图表现出绅士风度,但有时会弄巧成拙。有一次时任美国国务卿的希拉里·克林顿(Hilary Clinton)访问法国,她抵达爱丽舍宫,走上大门阶梯后,萨科齐举起她的右手准备行吻手礼。但他这个动作做得太快,上身反而来不及适度往前倾,结果吻手落空,使场面显得相当尴尬。接下来他握了希拉里的手,又拍了她的背。这一连串动作让希拉里招架不住,失去平衡,右脚的鞋子居然在一阵忙乱中掉落了。

如果要理解萨科齐在诱惑及政治上所采取的做法,有一个方法是检视他与三位高挑褐发美女之间的关系。这三位女性在他的生命中都非常重要。第一位是他在 2007 年总统选举时的竞争对手塞格琳·罗雅尔(Ségolène Royal),第二位是抛弃他、奔向另一个男人怀抱的塞西莉亚·萨科齐,第三位是不久后随即走入他的人生,成为法国第一夫人的卡拉·布吕尼。

《克利夫王妃》事件在总统竞选期间开始爆发时,知名小说家、传记作家及记者皮埃尔·阿苏林在他设于《世界报》网站的博客中表示,萨科齐那么不喜欢克利夫王妃的可能原因之一在于她让他联想到塞格琳·罗雅尔。阿苏林认为,由于罗雅尔有时会被媒体称为"白衣女子""歌唱的修女""白雪公主""社会党的无邪圣母"或"圣女贞德",萨科齐很可能在王妃身上看到一种"无法忍受的譬喻"。

"塞格"从一开始就让"萨科"抓狂。她华丽优雅的言行举止、出身精英的教育背景及一飞冲天的民调支持率,一再显示出她拥有萨科齐望尘莫及的诱惑天赋。她在政见中传递法国是享乐国度的讯息;她的竞选组织及竞选网站采用的口号标题是"对未来的欲望",希望通过这样的诱惑想望与法国民众展开对话。前两次民调都显示她在假想投票中获得的票数超过萨科齐。

可惜的是,罗雅尔代表社会党出选,而当时肆无忌惮的市场型资本主义正在全球大行其道。身为词锋锐利的政治角力选手,罗雅尔并非到处受宠,连在党内也不乏反对者。而由于她是法国选举史上第一位女性主要政党候选人,她也等于是在向传统挑战。社会党籍前总理洛朗·法比尤斯(Laurent Fabius)嘲弄地表示,"他们家小孩谁照顾?"另一位社会党大老雅克·朗格(Jacques Lange)也语出惊人:"总统选举不是选美。"

塞格琳努力玩着性感诱惑的游戏,有时大肆放电,有时又要犹抱琵琶半遮面,持续不断的形象操弄一时增加了她在选战中的神秘感和吸引力。她甚至跑去矫正一颗上齿,这个举动被《解放报》批评为非常不法国："法国人最喜欢的社会党员现在居然有了美国人般的笑容。"

大选前一年夏天，一家名人八卦杂志刊出一系列塞格琳穿着蓝色比基尼泳装从海中冒出来的情景。她的酥胸丰满紧致，大腿没有任何赘肉，腹部平坦结实，完全看不出生过四个小孩。后来法国喜剧演员贾梅尔·杜布兹（Jamel Debbouze）说，如果罗雅尔顺利当选总统，他希望她的比基尼照片会成为她的官方肖像，挂在法国所有的警察局中。

塞格琳经常穿着妩媚动人的荷叶绳边连衣裙摇曳生姿，让许多男性评论家忍不住拿她跟奥黛丽·赫本比较。不过随着选战逐渐白热化，她也开始展现比较严肃的形象。在选前不久举行的一场与萨科齐的辩论中，她穿上一身订制套装，摆出一副庄重神态，内心非常清楚这是她证明自己的最佳时机。

罗雅尔从辩论开始就采取攻击姿态。她会用"让我把话说完！"这句话打断萨科齐，并在怒气升起时激烈地自我维护。

"冷静下来。"某个时候萨科齐告诉她。

"不要，我不会冷静下来！"她回答，"我不会冷静下来！我不会冷静下来！"

"如果要当总统，您就必须冷静。"他用施恩的语气向她提出建议。这个场面让观众想到一对夫妻在餐桌上吵架的情景，先生懒得遮掩自己的优越感，老婆则不断攻击他不听她说话。结果对电视机前的观众而言，罗雅尔就在这样的言语交锋中失去了她的性感魅力。萨科齐平日脾气暴躁，这时却有效地克制了自己。他成功消弭了她先前的吸引力，在辩论结束之后实施的民调中，他的支持率大幅超越了罗雅尔。

萨科齐赢得大选时，他带在身边的第一夫人是塞西莉亚。他认识塞西莉亚是在二十三年前，那时他以塞纳河畔讷伊市（Neuilly sur-Seine）①市长的身份为她主持婚礼，而她那时嫁的是另外一个男人。当年二十多岁的塞西莉亚已经怀有好几个月身孕，她的先生是一名法国电视界知名人物及歌手，年纪几乎是塞西莉亚的两倍。她和先生开始与萨科齐及他的第一任妻子来往，两对夫妻关系日益紧密，而后塞西莉亚与尼古拉擦出爱欲的火花，并决定一起生活。

尼古拉和塞西莉亚入主爱丽舍宫之初，他们的仰慕者称呼他们是"法国的肯尼迪家庭"：总统活泼外向、热爱运动，第一夫人美丽又大方，一身设计师华服，一群儿子则各个笑容满面、非常上镜头。*Elle*杂志以四页篇幅报道塞西莉亚这个曾经被夏帕瑞丽（Schiaparelli）及香奈儿钦点为御用模特儿的时尚贵妇，并大胆提出这个问题："难掩杰基气质？"报道刊出这两位第一夫人并列的照片，并点出塞西莉亚与杰奎琳·肯尼迪一样，都"非常懂得运用极简风格"，浑身散发"首席歌剧女伶的风范"，热情拥抱运动为"一种生活方式"，并且"总是显得怡然自得"。

《费加罗报》在头版刊出一份网络调查报告，标题是《萨科齐风格引诱了法国人》。批评者倒是认为萨科齐一家根本不像肯尼迪家族，而比较接近意大利总理西尔维欧·贝卢斯科尼（Silvio Berlusconi）和他那一伙人：炫富、庸俗、敛财，只有暴发户的粗鄙，没有上流世族的

---

① 位于巴黎西郊，是法国最富裕的城市，人均年收入达四万五千欧元。

贵气。

萨科齐赢得总统大选那天晚上所做的第一件事，就是与塞西莉亚、他的其他家庭成员以及亲朋好友在香榭丽舍大道上拥有百年历史、不久前才被一个高级旅馆集团收编的奢华餐厅"富凯"举行金光闪闪的晚宴。他在选后的庆功之旅带着塞西莉亚及儿子路易，搭乘富商好友借给他的豪华游艇前往地中海的马耳他岛度假，并任由媒体大肆报道，结果招致无情的批评声浪。"一个人不能口口声声说自己传承戴高乐精神，同时又表现出贝卢斯科尼的行径。"哲学家阿兰·芬凯克罗在《世界报》撰文指出。

很快，塞西莉亚的身影淡出总统的活动圈子，媒体上的萨科齐开始显得形单影只。许多传言纷纷透露令人不安的讯息：她已经离他而去。萨科齐访问美国时，美方有一天在新英格兰安排了一个与小布什总统及第一夫人罗拉共享野餐的午宴活动，结果塞西莉亚没有出现。

塞西莉亚在 2005 年已经离开过萨科齐一次，在那年夏天与大型活动策划人理查·马提亚斯（Richard Mattias）比翼双飞。但几个月后她又回到巴黎，夫妻两人再度形影不离。"即使到了今天，谈起她离开我到美国的那段日子，我还是非常痛苦。"萨科齐在 2006 年的竞选著作《证言》（*Témoignages*）中写道。

"我从来无法想象自己竟会如此伤心欲绝。"他还表示两人自此将永远不再分离。"我们无法分开。不是我们没有尝试过，但就是做不到。"他当时做了这样的陈述。

但这次塞西莉亚显然永远离开他了。她嫁给马提亚斯，正式移居美国。"法国选出来的是一个人，不是一对夫妻，"她在接受地区报纸《共和国东方报》（*L'Est Républicain*）采访时表示，"发生在我身上的事也发生在数以百万计的世人身上：就是有一天你在两人之间不再有容身之地。"

法国民众冷静地接受了离婚的消息，甚至表现出一种集体性的无所谓态度。在新闻曝出后所做的一项民调显示，79％的受访者认为这起离婚事件对法国的政治生活而言"没有或几乎没有重要性"。可是身边缺了女人的萨科齐觉得受到奇耻大辱，他的单身身份甚至成为笑料。在法国的欧洲一号电台上，喜剧演员尼古拉·康特鲁模仿萨科齐，并要求主持人协助他刊登征友广告。他说，"广告内容要写：'年轻男子，爱好运动，经常慢跑，最近离婚，社会地位良好，收入丰厚，寻找诚恳女士交往。'"

这时有听众热线打进来，是一名自称塞格琳·罗雅尔的女性。这时真实生活中的塞格琳已经和相处多年的亲密伴侣弗朗索瓦·奥朗德分手。"不是罗雅尔太太，是罗雅尔小姐。"同样由康特鲁扮演的这位热线民众特别强调。"她"还补充说，有一段时间她其实蛮想当法国第一夫人的，不过她发现萨科齐不是"她的菜"。

萨科齐的现实生活舞台现在已经净空，等待卡拉·布吕尼翩然登场。

轻柔一声 Bonjour，有如绵绵软语，一半低吟一半歌。发出第二个音节时，她双唇微微往前伸展，滚出一个 O 字形，圆润性感的嘴形短暂驻留在她姣好的脸颊上，让她的气息荡漾其间。在一架十三人座的法国军机上，她反复说着这个字——向两位飞官说，向三名戒护军官说，向通讯技师说，向摄影师说，向两名随行记者说。她双唇移动的模样让我意乱神迷，我的目光凝结在她的嘴部，等着下一个字语从那里流转而出。

卡拉·布吕尼正准备动身前往布基纳法索，这是她首度以第一夫人身份单独进行官方访问，正式名义是为总部设于日内瓦的全球对抗艾滋病、肺结核及疟疾基金会担任大使。她邀请我和《费加罗女士》杂志编辑安-弗洛伦斯·施密特（Anne-Florence Schmitt）一起参加这趟两天一夜的行程，也借由这个机会实验自己如何琢磨出最美好的形象，将法国的软实力有效投射出去。

飞行过程中她不是在背诵演说要点或牢记非洲的艾滋病统计资料，而是津津有味地读着《奥尔拉》（Le Horla），莫泊桑写的一本探讨焦虑和疯狂的中短篇小说。她每读完一页，就会用指尖捏着页角，以慢动作翻到下一页。一名飞行员以银盘送来一条热毛巾，她将毛巾展开后轻轻压在两手之间，闭上双眼仿佛在祈祷，手掌张开着在温暖的毛巾上摩搓。

我近距离接触到的卡拉·布吕尼虽是一位顶尖现代女性，却有着十八世纪宫廷社交花那种典雅仪态，精于展现优美的肢体动作及无懈可击的谈话礼节。若说萨科齐是"反诱惑"的极致表现，卡拉·布吕尼则为他带来最完美的弥补与平衡。她吸引、诱惑他人的能力令人难以望其项背，并自然而然转化成无与伦比的政治资产。

远观之下卡拉非常美丽。她身高一七八厘米、四肢修长、身形窈窕，天生就是当模特儿的料，而她那颧骨高耸、有如雕塑而成的花容月貌则会让所有摄影机都感觉受到甜蜜的亲吻。但近看卡拉会发现她的外貌并非如童话故事中蜜糖般的公主那样完美。在这趟出访行程中，她的长发单薄地落在肩上，没有特别加以修饰。她的下颚两侧开始显出赘肉，眼睑则略呈肿胀。她曾透露自己的脸孔已经做过激光射美容。她的鼻子整形过两次；据她一名密友指出，第一次是在她少女时代因为受伤而需要修复。卡拉身上那种融合着泰然自若与娇柔脆弱的气质深深吸引住我。

我和她聊天后逐渐了解她真正力量之所在，以及为什么那么多男人——从埃里克·克莱普顿（Eric Clapton）到米克·贾格尔（Mick Jagger）等举世闻名的歌手——都会因为她而春心荡漾。她的魔力来自她的声音。她拥有一个具有高度危险性的声音，有如远古传说中最著名的女诱惑者——美人鱼以动人歌声召唤多情水手。她的声音低沉、流畅、抒情而异国，不疾不徐，仿佛温柔爱抚般轻盈地流泻在空气中。卡拉出生于意大利，但大部分岁月都在法国度过。在她完美无瑕的法文以及近乎完美、略微夹带俚语的英文中，有一股若有似无的意大利风情。

在我跟她共处的两天中，她的声音从来不曾变得高亢或咄咄逼人，即便在我提出关于她个人生活的敏感问题时也是如此。她的表达方式一直慵懒缓慢，仿佛她才刚从床上起身，眼前还有无穷的时间让她随意挥洒。某个时候我们聊起情报机关窃听电话的做法是多么恼人，比如它会让人不敢放胆进行电话性爱等等。她从头到尾没有明白说电话性爱是什么意思，但后来我发现我可能有所误解。对美国人而言，电话性爱是指通过电话交谈刺激性行为的发生，但对卡拉而言，所谓电话性爱可能只是用正常声音在电话中打情骂俏一番。

乍看之下，卡拉·布吕尼似乎并不具备成为法国第一夫人的正确背景。她是一个意大利轮胎制造业大亨的财产继承人，孩提时代即随着家人移居法国，在巴黎攻读艺术，毕业后成为名模，后来又转行为歌手。她的政治立场倾左,而萨科齐属于右派。某些媒体将她丑化为性饥渴的外国女人,她多年前拍摄的性感裸照在网络上流传,而她自己也不讳言过去的风流艳史。她描述自己是个"男人驯服者",并曾表示一对一的男女关系"无聊透顶"。她曾声称自己非常忠实——但只是对自己忠实。布吕尼显然给了茱丝汀·莱维(Justine Lévy)的小说《毫无所谓》(*Rien de grave*)中一个非常可鄙的角色无尽灵感。茱丝汀·莱维是知名哲学家兼作家伯纳德-亨利·莱维的女儿,也是哲学家兼电台主持人拉斐尔·昂托芬的前妻。昂多芬与她分手后,不久就开始与布吕尼交往,这时他才二十四岁,布吕尼则是三十二岁。

茱丝汀·莱维在小说中将这名很像布吕尼,也同样做过整形手术的人物描绘为"吸血鬼般的魔女",有着"终结者的微笑"及"男人杀手般的外形"。书中与昂托芬神似的角色与这名女子邂逅以后立刻无法自拔地着了魔。现实中的昂托芬与布吕尼强调他们是在昂托芬离开莱维之后三个月才开始交往;但令人极为困扰的是,昂托芬的父亲、法国最重要出版商之一的让-保罗当时也在追求布吕尼。布吕尼与拉斐尔·昂托芬并没有结婚,但两人生了一个儿子。2007年春天,在共同生活将近七年后,昂托芬决定与布吕尼分手。

萨科齐与布吕尼初遇的那天晚上,两人的生活就此发生重大的改变。他们是在2007年11月一场由法国广告业巨擘雅克·塞盖拉举行的小型晚宴中被介绍认识的,塞盖拉是他们的共同朋友。2009年,塞盖拉出版了一本回忆录,书中对两人一见钟情的细节有一些颇为撩人的描述。萨科齐告诉布吕尼他非常高兴遇到一位既会抽烟也能喝酒的大美女。对于布吕尼充满艳色的过去,萨科齐表示不以为意,还告诉她,"我的名声也不会比你好。"他预言他们两人很快就会宣布结婚,而且他们比起玛丽莲·梦露和约翰·肯尼迪将更像是天作之合。

"我才管不着结婚这种事呢!"她回道,"从现在开始,我只跟想跟与我生小孩的男人来往。"他开车送她回家。她邀他进门喝杯咖啡,他婉拒了。"第一次约会绝不可以。"他说。

从布基纳法索首府瓦加杜古飞回巴黎途中,我向布吕尼念了这本小说的一些段落,她露出觉得好笑的表情。我感觉她内心应该有所挣扎:她该否认一切吗?是否该强调那些描述太夸张?

"雅克的书我只随便翻了一下,不过那天晚上他确实在场。"她淡淡地说。

塞盖拉引述卡拉对萨科齐说过的话指出,她认为萨科齐在与名人媒体应对方面是个"半吊子"。依据塞盖拉书中的内容,她曾说,"我与米克·贾格尔的关系秘密维持了八年——我非常懂得伪装自己。"

我问她对此有何看法时,她否认自己跟塞盖拉聊过贾格尔。"我从来不提贾格尔的事啊!我一直保持这个习惯。只是每次我听到别人引述我自己从没说过的话,我还是觉得非常讶异。"

几个月以后,我跟塞盖拉喝咖啡时向他提起那场"改变法国历史的晚宴"。塞盖拉说他是在晚宴之后几天与太太一起回忆并重建那天晚上的谈话内容,然后还请萨科齐及布吕尼进行最后核对。他说他们俩并没有要求他做修正。"卡拉和尼古拉跟我说,'我们希望一切如实叙述,而你用不加修饰的方式把实际发生的事写下来了。'"塞盖拉告诉我。

谈到晚宴过程时,塞盖拉描述的卡拉跟大家已经具有的认知一致,但他对萨科齐的描述则包括罕有人知的私人面向。"那像是一场两头野兽间出人意料的诱惑游戏,"他表示,"他们俩都是一流的诱惑家。"塞盖拉说那天晚上他为了制造融洽的气氛,要求大家好好打出自己的"诱惑牌",尽情地谈天说笑。在场宾客于是开始使出浑身解数,仿佛在玩一个"你有三分钟时间诱惑我"的社交沙龙游戏。

"有点像是快速约会?"我问。

"倒没那么正式。"他说,"然后,忽然间,大概十五二十分钟后吧,虚构就变成了现实,演戏变成了真实人生。用一个法文惯用语说就是'Ils se sont pris au jeu——他们入戏了',也就是说他们真的进入状态了。"

"所以书里说的一切都是真的,包括萨科齐说米克·贾格尔'小腿长得很荒谬'?"

"当然喽,"塞盖拉说,"而且贾格尔还打了电话给卡拉,并温柔地指责她,'真是的,好歹你也帮我的小腿辩护辩护!'"

起初"卡拉效应"对总统并不利。法国在一片物价高腾、购买力下降的气氛中准备迎接 2008 年的到来,萨科齐却在岁末假期中与卡拉·布吕尼以奢华规格前往埃及游览金字塔,并让狗仔队尽情追踪所有细节。读者群距离华丽花都非常遥远的《共和国东方报》以一篇社论为民间舆论定调:"他忘了他谈恋爱的对象应该是法国,而不是他自己和他的情人。"

法国人批评他们以《时人》(People)杂志那种富豪派头结婚,而且是在两人初识之后短短十一个半星期、萨科齐与塞西莉亚离婚后仅仅三个半月就举行婚礼。在一场与以色列前总统西蒙·佩雷斯（Shimon Peres）在爱丽舍宫的正式晚宴中，法国前内阁阁员，也是奥斯维辛集中营的幸存者，西蒙娜·韦伊拒绝与卡拉握手。

但卡拉很快就学会如何在维持歌手生涯的同时，游刃有余地扮演第一夫人的角色。她将这个角色从传统上长期在总统背后任劳任怨的有力支柱，变成一个能够完全独立自主的职业妇女象征。她打开爱丽舍宫的大门，让《巴黎竞赛》《名利场》（Vanity Fair）等杂志的摄影记者进入总统府内的私人空间。她的装扮贤淑了起来，她会穿上迪奥的灰色过膝连身裙式大衣，戴起圆筒药盒帽（pillbox hat），与英国女王会晤时也会做出无懈可击的屈膝礼。为了避免自己显得比身材较矮的丈夫高太多，她换穿芭蕾平底鞋及低跟鞋。年轻时代当过名模的历练使她能够八面玲珑，面对紧迫盯人的媒体摄影师总是谦逊地将眼神放低，而不是高傲地昂首睥睨。

不久之后，卡拉的人气就冲到萨科齐的两倍以上。

卡拉由衷相信心理分析，她自己做心理分析诊疗早已超过十年，有一次还在记者访谈中表示她的梦想是学习成为心理分析师。当上第一夫人以后，她便将改变萨科齐当成自己的使命。卡拉告诉我，她要求萨科齐节食，他因此得以成功减重。为了解决尼古拉偏头痛的毛病，她说服他不要摄食精制糖，并让他戒掉巧克力瘾，结果真的对改善头痛有效。在她的个人健身教练协助下，尼古拉的背痛明显消解。她试着遏制他乱发脾气的毛病，虽然不是时时奏效，至少使他收敛许多。很快，萨科齐的助理开始习惯在每次总统出访前都要问她是否同行。萨科齐担任总统前两年间明目张胆地排斥艺术，后来却奇迹似的被拍到腋下夹着普鲁斯特名著《追忆似水年华》。他在个人脸书页面上还会神气地向粉丝宣告他正在读莫泊桑的《皮埃尔与让》（*Pierre et Jean*）及克洛德·朗兹曼（Claude Lanzmann）的《巴塔哥尼亚的野兔》（*Le lièvre de Patagonie*）。

"你居然在读书?"有一天萨科齐一位朋友吃惊地问他。

萨科齐回答道，"你试了二十年都没成功，卡拉二十天就办到了。"

有时候卡拉·布吕尼似乎居于主使地位，萨科齐则乖乖地听从她的领导。在猫咪一般娇柔的外表下，她能像男子汉一般强悍。她握手时的力道有如角力选手，灵巧狡猾的身段则像是掠食动物。她可以不分男女自在地调情，态度不见得带有任何性意涵，但必然能让她欲求的目标神魂颠倒。

她似乎毫不在意别人对她的看法。据报她曾经告诉米歇尔·奥巴马，有一次她和萨科齐会晤一名外国元首时迟到，原因是他们之前正在做爱。这段小插曲还被记者乔纳森·奥特（Jonathan Alter）写入他的著作《承诺》（*The Promise*）中。"布吕尼想知道米歇尔和她老公奥巴马是不是也会像她和萨科齐一样，为了这个原因而让别人等候，"奥特写道，"米歇尔紧张不安地笑着说不会。"

布吕尼虽然非常尊重自己扮演的第一夫人角色，但她在创作新歌时并不会因此而把性高潮的主题排除在外。更令人傻眼的是，她还可以在歌曲中描绘她像吸大麻般地吸食她的恋人。有一首歌的部分歌词如下："我是个孩子/纵然我已年过四十/纵然情人有过三十，仍是个孩子。"（她说自己从来不曾计算过历任情人数目，选择三十这个数字只是为了措辞的美感。）

我们到非洲拜访那次，卡拉跟我随意闲聊。她说肖恩·康纳利（Sean Connery）是把邦德诠释得最棒的演员，又告诉我女人年过二十五就应该停止化妆。她还向我做了一些私密告白：她痛恨政治及正式晚宴；她很想与萨科齐生个小孩，不过觉得自己年纪太大，恐怕很难实现这个梦想。如果此时是一位美国第一夫人，不管交谈气氛如何，在这种场合话题一定限定在公事。

我问布吕尼她是否是别人口中所说的掠食动物。这时她把拳头紧紧握住，用意大利式的卷舌音怒气冲冲地叫了一长声"Grrrrrrrrrrrrrrrrrr""不，我不觉得自己像一头狮子或老虎。"她说。"我哪有那么野蛮！"她笑道。

我问她什么样的媒体报道最让她难过。"我唯一无法忍受的报道就是当他们说尼古拉和我结婚是出自'野心'；什么我有野心要攀上高位，或他有野心要得到一个来自完全不同世界的女人，"她说，"我真不知道说这种话的人自己以为自己是什么。"

有一天，布吕尼在爱丽舍宫的私人休憩厅中接受《当代女性》（Femme Actuelle）杂志专访，与一群女性记者及读者闲话家常。访问快结束时，萨科齐忽然毫无预警地闯了进来。

"哇，你们看，只要一有女人出现，只要一有女人出现……"布吕尼在他走进休憩厅时咕哝道。

两人亲昵地吻了嘴。萨科齐随意地坐在布吕尼隔壁沙发的扶手上，她则轻轻地抚摸他的大腿和手。

"喔啦啦，第一夫人看起来气色好得很呢！"萨科齐说，接着他提到自己那天稍早才跟伊拉克总理开过会。

"好酷喔!"布吕尼回答道。

萨科齐接着说他刚去做了运动,冲完澡换上衣服就进来了。他把手摆在布吕尼肩上轻轻揉搓,继续与访客闲聊几句后,他起身道别。

"加油哦,小卷心菜!"萨科齐离去时她唤道。"小卷心菜"(chouchou)的意思跟"甜心""亲爱的"差不多。

不管萨科齐这次"突袭访问"是不是经过事先安排,这段影片被传上网络后引起全球网民疯狂点阅。《当代女性》将访谈内容剪辑上传至该杂志网站。萨科齐显然非常喜爱这段视频,因为他把视频链接摆在个人脸书首页。

不过,从萨科齐脸书页面一些其他资讯看来,布吕尼教给他关于外表修饰和自我呈现的方式可能太过细致微妙,萨科奇一时没办法全部学得来。他在脸书档案照中看起来皮肤晒得黝黑,咧嘴露出过度灿烂的笑容,白衬衫最上面三个纽扣也没扣上。

而他在职业栏填写的是:"国家元首"。

第十四章
传播文明的火把

*

我的情感面向倾向于将法国想象成有如童话中的公主,或是教堂壁画中的圣母玛利亚一般,生来就要奉献给一个崇高非凡的命运。……法国若没有了伟大,她便不是法国。

——夏尔·戴高乐,《战争回忆录》(*Mémoires de guerre*)

如果缺了法国,世界将非常孤单。

——维克多·雨果(Victor Hugo)

贝尔纳·库什内(Bernard Kouchner)或许是法国的顶尖外交官，但我总觉得他的举止有时并不合乎外交礼节。

　　他是得过诺贝尔和平奖的国际救助组织"无国界医生"(Doctors Without Borders)创始人之一，他挑战权威、摧毁传统、辱骂反对者，一路走来不断立定他的规则。二十世纪九十年代初期，媒体拍到他在索马里背着一袋袋法国学童捐献给非洲饥民的米涉水上岸，结果他遭批进行媒体操作。法国电视的知名幽默讽刺政治秀《人偶新闻》将库什内表现成一个肩膀上永远扛着一袋米的人偶。

　　库什内衣着高雅，举止利落，年过七十还是有着电影明星般的潇洒外表。多年来他一直是法国左派最受欢迎的政治人物，2007年又加入中间偏右的萨科齐政府内阁，担任外交部部长一职。库什内甚至做过总统梦。有一次我问他是否有人能在总统大选中打败萨科齐。"就是我啊！"他叫道，"我还没有骄傲到硬要你把我这话当真，不过我的人气确实比他高。"

　　"你想当总统吗？"我直接问。

　　"当然！"他回道，"想必很好玩，而且也不是那么难。"

　　从来没有人能指责库什内怀疑自己、缺乏自信。

　　2010年1月在美国大使官邸举行的一场酒会上，我和奥巴马的阿富汗暨巴基斯坦事务特别代理查德·霍尔布鲁克(Richard Holbrooke)正在深入讨论某个话题，这时库什内过来加入我们。由于霍尔布鲁克和我坐的沙发挤不下三个人，库什内干脆就屈膝蹲跪在地上。

　　我认识这两个人都已经超过二十五年，虽然他们也是相当亲密的老朋友，两人的作风却非常不同。霍尔布鲁克有时风度翩翩，有时口不留情，但总是资讯充分、策略清楚。库什内则总是风采迷人，但缺乏组织到令人火冒三丈，对自己的职务细节也经常抱着无所谓的态度。无论对男人或女人，他都喜欢以"亲爱的"称呼。

跟库什内在一起时，原本正式的关系有时会以令人迷惑不安的速度转变为亲密。"我跟你相处……不够。"他用法国式的破英文告诉我。

霍尔布鲁克打断我们。他要库什内正经点，向我们叙述他的"科索沃诱惑故事"。于是他们两人开始回忆 1999 年库什内获派为联合国科索沃总行政官时发生的事。当时联合国秘书长科菲·安南(Kofi Annan)和霍尔布鲁克热烈支持库什内，可是美国国务卿玛德琳·奥尔布赖特(Madeleine Albright)反对他的任命。她从没见过库什内，但曾经耳闻他不好相处。更重要的是，库什内是法国人，而在华府的闲言闲语中，法国一向被视为不可靠的盟友。奥尔布赖特因而告诉安南该项任命是一个"错误"。

库什内得知奥尔布赖特在奥地利的因斯布鲁克(Innsbruck)度假，于是他特地从巴黎飞到那里拜访她。两人会面之前，库什内跑到田野中摘了一束雪绒花(edelweiss)准备送给她。

"就是电影《音乐之声》(*The Sound of Music*)里面的小白花。"霍尔布鲁克说。

库什内以唯美浪漫的方式提起奥尔布赖特出身中欧山区的生活背景(虽然他明明知道她出生在布拉格这座大城市)。

"我告诉她，她来自美丽的山区，从一片美丽的野花中走来，而我要献给她更多的花。"库什内说，"这样就搞定了！"

库什内把奥尔布赖特迷得晕头转向。

"这个故事是真的。"霍尔布鲁克说。

"当然是真的啊！很明显是真的，"库什内说。"从那时开始，奥尔布赖特和我就变成了朋友。"

"这个故事太美妙了！"霍尔布鲁克大叫，"这就是举世无双的贝尔纳，光靠他的诱惑力就能解决一个国际争端！"

确实，在奥尔布赖特的回忆录中，她提到库什内与她初次会面时送给她一束雪绒花。她坦承自己觉得库什内具有无法抗拒的魅力。"我们一坐下来，他就说，'听说您不喜欢我。'"奥尔布赖特写道，"我试着不理会他，可是他在短短几分钟内就对我一一诉说他对科索沃的希望与期待。他深刻的信念、他的人性关怀、他的学识和奉献精神都让我印象深刻。"

或许还有他的个人魅力。库什内虽然有许多缺点，但如同奥尔布赖特所发现，他是个让人难以抗拒的男人。当他蹲在霍尔布鲁克和我旁边时，为了保持身体平衡，他把右手稳稳放在我的左膝上。这不是一个具有性暗示的挑逗动作，只是一个本能的举动。他可能根本没有自觉他正抓着一名美国女记者的膝盖，也管不着这样的动作在照片里好不好看。

不过至少我那天穿的是长裤。

过了几个月，库什内在一部新的法国电影放映会结束后举行了一场宴会，这次他还是老样子，双手忙个不停。他从一名侍应生那里拿了一瓶酒，亲切地帮客人斟酒，随后又忙着端一盘巧克力蛋糕请大家吃。"看看这样的服务！"他说，"这就是法国情调！"

我离开时库什内吻了我——他发出惊天动地的声响在我两边脸颊上各吻了一次。"千万别忘记我爱上你了！"他说。

我不知道自己到底该觉得受宠若惊，还是好笑，或者觉得受侮辱。我知道他跟所有女生一定都说这句话——恐怕连跟男生也这样说。

外交岂不就是一场永无止境的诱惑？在外交战场上，你必须集结所有最好的论点，把它们美美地包装起来，借以和另一方建立关系。如果你够聪明，策略够好，而且带着具有吸引力的诱因来到谈判桌，你就有可能旗开得胜。如果另一方也坚决而强势，你就会做出妥协。诱惑可能发生在两名国家元首短短的一通电话中，或延展在长达数十年、让双方专家团队脑筋几乎麻木的马拉松谈判里。施展诱惑的办法包罗万象，可以是通过取消一笔债务，运送一批高科技武器，提出一个有创意的论点，或献上一束野地采摘的小白花。

当然，法国拥有言语文字之外的武器。法国具有核子武力，也是联合国安全理事会中享有否决权的五个成员国之一。法国军队配备精良、人员素质高，并有能力派兵部署在阿富汗、象牙海岸等战乱地区。法国拥有一群知识渊博的外交政策精英。它也是个科技大国，对外输出品包括飞机、高铁、核反应炉等先进设备。身为一个实力如此雄厚的国家，法国在全球舞台上自然受到高度重视，而且它投射出的象征力量更超越其国土面积、人口数与经济规模所能造就的实质国力。

但法国以武力制服他国的能力在很久以前就已经消失了。它只在相对短的时间中曾是世界上的主要强国，也就是从路易十四在十七世纪取得了一连串胜利，到十九世纪初期拿破仑战败为止。自此以后，法国真正能仰仗的不再是武力，而是外交说服力。第二次世界大战结束后，法国必须调整心态，习惯自己变成一个相对次要强国的

　　　　　　　　　　　　　　　　　　　　法式诱惑

事实，并好好学习在什么时候、用什么方式拉拢世界其他国家。法国的经济力及军事力虽然不足以与美国抗衡，但却强得足以反抗美国领导，尤其一股传统上的强盛意志及优越感更使得它不愿意接受美国发号施令。此外，它还必须与两组强权竞争：一是美国、中国、俄罗斯等地位巩固的大国，二是巴西、印度等新兴强国，而后者在许多方面的实体力量与未来潜力都超过法国。一个像法国这样高度掌握诱惑艺术的国家很自然地会被视为能在竞争中胜出，但事实却不见得如此。有一个对法国人自尊心而言永远的伤痛是，法国已经失去它最重要的武器之一——法语的优势地位。法文在许多年前已不再是国际外交的主要语言。

法国的殖民思维建立在"文明使命"的概念上，它所造成的影响对今天的法国而言既是一种恩典，也是一道诅咒。十九世纪末及二十世纪初法国殖民统治的治理原则就是所谓"文明使命"。就实践角度而言，法国的殖民主义采取的手段是剥削、威吓，而且经常非常粗暴。但身为一个世界强国，法国认为自己有义务——甚至在欧洲国家中扮演领导的独特角色——要通过对当地人民的文明教化，将光明带进非洲与亚洲的黑暗角落。这种信念的建构基础是一种对法国文化的优越感，以及认为人类可以接受教化的信心。

英国、荷兰、德国等其他殖民列强征服世界是为了累积财富与提升国力。他们将殖民地人民视为"他者"，因此允许他们保有自己的风俗和传统。法国殖民海外的动机当然也包括财富与国力，但法国以"文明"的外衣包装帝国的任务，并企图同化它所征服的民族。法国人告诉被殖民者，如果他们采纳法国的文化、价值观和语言，他们也能成为模范的法兰西子民，在某些地方甚至可以成为公民。

这种做法使得法国在"软实力"的艺术上累积出丰富经验,因为法国人促使他人奉命行事是通过诱引而非威迫。无论在谈判桌上或在实际生活场域,法国人不断试图取悦、劝诱、说服,锲而不舍地在诱惑技巧上进行微调,使其更臻完美。"如果我们探究世界上那些努力发挥软实力及公共外交文化的国家,我们就会发现法国在这些领域中是先驱。"发明"soft power——软实力"一词的哈佛大学学者约瑟夫·奈表示。

但通过吸引力(也就是法文中的"诱惑")影响他人的艺术在现实世界中经常不见得能有效彰显。法国人假设世界其他所有人都想要穿得像法国人、生活得像法国人、说话像法国人,乃至成为真正的法国人。这个概念本身非常美丽,但在现实中却有瑕疵。它在法国各殖民地中显然失败了,特别是在阿尔及利亚。

阿尔及利亚血腥暴力的反殖民主义人民革命使得法国第四共和国倒台,法国并在 1962 年全面撤出阿国。阿尔及利亚象征着受殖民者对法国文明使命的排拒。这种失败夹带着无比的羞辱、怨愤和罪恶感,直到今天依然困扰着法国的集体意识。

法国外交官所受的教育训练根源可追溯到十八世纪法国黄金时代的外交传统,当时法国无论知识影响力或军事力都可谓达到巅峰。十八世纪的普鲁士君王腓特烈大帝偏爱说法文,而不喜欢说自己的母语德文,并在柏林近郊建造了一座法国洛可可风格的宫殿——忘忧宫(Sanssouci)①。俄罗斯的叶卡捷琳娜大帝在国防外交上痛恨法

---

① Sanssouci 这个名字本身就是法文。

国,但却热爱法国文化,并让法文成为宫廷中的通用语言。她与伏尔泰进行书信往返,并招待狄德罗至圣彼得堡拜访。直到二十世纪七十年代为止,伊朗的西化精英都会说法文,他们吃法国料理,看法国电影,还聘请法国家庭教师教导小孩。伊朗沙王穆罕默德·礼萨·巴列维(Mohammad Reza Pahlavi)的回忆录是用法文撰写的。1979年我在伊朗革命期间首度造访伊朗时,非常惊讶地发现波斯语中充斥着法文词汇,甚至连"谢谢"都常用法文的 merci 表达。

然而,在目前外交讲求实效及法国文化衰退的大环境下,建构优雅论证的能力可能反而显得不着边际。如果要在谈判场合制胜,现代人重视的是务实与弹性。这是因为成功的外交必须同时掌握交谈的艺术与说服他人的艺术;华美的言词或许能在社交沙龙中闪闪发光,或在法国仍被视为欧洲第一强权的年代在外交战场上亮丽出击,但到了二十一世纪的谈判桌上,却不见得派得上用场。

"法式诱惑游戏的本质在于你必须拥有极高的自信,并努力投入游戏之中,将整个程序延展开来。"法国资深外交官热拉尔·阿罗德向我说明道,"但当你面对的是一个拒绝玩这场游戏的人,诱惑就失败了。这时你就必须有 B 方案,但在法国的运作模式中,如果你有了 B 方案,就代表你预设失败会发生。这是我们现在面临的问题之一。我们懂得用言词来诱惑,但不见得能够成为务实的诱惑者。"

即使法国人设法发挥弹性,促使对方妥协,文化性的误解却可能加深这个过程的困难度。阿罗德告诉我,他在 1999 年与美国谈判人员对北约组织新的策略规范进行交涉时所面临的艰难险阻。当时阿罗德的立场是,策略规范的文字内容必须明白表示,任何军事介入行动均须遵守联合国宪章,但美方外交官反对这项条件。

"如果你打算采取军事行动，但俄罗斯动用否决权，那怎么办？"美方外交官问道。

"我会采取军事行动。"阿罗德回答。

"我不明白，"美方代表表示，"你刚才说要我们遵守联合国宪章，但现在又要违反联合国宪章？"

"等等，让我打个比方，"阿罗德说，"你在结婚时告诉妻子你对她的忠贞将此生永不渝，但结婚以后，真实生活又是另一回事。"

美方代表以无比惊恐嫌恶的表情看着他。

"我们之间显然出现了文化误解，"阿罗德后来回忆道，"我当时的意思是说，一个人在生命中确实需要一些原则，你也要尽力遵守这些原则，但有时候还是难免无法遵守。总之，这时双方之间出现文化冲突，没有转圜余地。我只好告诉他，'好吧，忘掉这件事，这个例子不好！'"

所幸后来故事有了美好的结局。"最后这件事让希拉克和克林顿两位总统解决了，"阿罗德说，"这两个人对所谓'婚姻忠实'各有极其高深的见解。"

尽管如此，法国模式反而经常显得比较僵硬。曾经担任萨科齐总统国家安全顾问的让-大卫·莱维特承认，法国的知识传统对此有所影响。"我们的问题在于笛卡尔，"他说，"英国人的方法很务实，强调实证经验。他们来到谈判桌时，心中所想的都是英国利益，他们会设法了解法国的利益所在，并寻找往前推进的办法。我们的教育方式是要我们学会做出条理清晰、精彩万分的报告，A 加 B，分成两个部分，再往下分成两个子部分。进行外交陈述时，我们一方面要百分之百符合法国利益，一方面也要符合我们学会的正式报告形式。这样一来，我们给对方的是一个无懈可击、百分之百正确的笛卡尔论证，但对方完全无法据以回应，于是会气急败坏。照理说，他们面对如此完美的逻辑和理性时应该要说，'太厉害了！我认输。'"

莱维特表示，这里面唯一的问题在于现实世界并不是按照这个方式运作。他称法国人的实践方式为"maudite dissertation——受诅咒的论述"。

莱维特以非常痛苦的方式学到这个教训。他在担任法国驻美大使期间，法美两国经历了近半个世纪以来最严重的外交危机，因为希拉克总统在 2003 年反对布什政府对伊拉克宣战的决定。由于这个事件，法国人在美国民意中的认同度从将近 80％跌落到 30％左右，甚至低于沙特阿拉伯及利比亚。法国产品遭到抵制，法国葡萄酒被民众倒进厨房洗碗槽，赴法旅游的行程纷纷被取消，美国国会餐厅中的薯条（French fries，"法式炸马铃薯"）被改名为"自由薯条"（freedom fries）。美国人过去长期将法国男人想象成风流倜傥的女性终结者，一个眼神就能把女人的衣服剥光，一句温柔话语就能让女人心猿意马，但美国人心目中对法国人的这种意象此时忽然完全消失，取而代之的是一种丑陋法国人的刻板印象。法国人一下子变成狗眼看人低，只会从鼻子哼声，既势利又软弱的无赖。希拉克被描绘成一只虫，圣女贞德则成为不男不女的人妖。

无论法国人用多甜美的方式向战争说不，我当时非常确定伊拉克问题必然会使美法关系出现危机。但法国的谈判风格让事情变得比我料想的更糟。从总统希拉克、外交部部长德·维尔潘到绝大多数法国精英阶层，法国方面对出兵伊拉克的可能性都是通过两种棱镜看待：历史及笛卡尔式逻辑。他们没有想到要把自己反对动武的立场包装在一个"诱惑行动"的架构中。

在 2003 年的一次采访中,希拉克向本报编辑罗杰·科恩和我表示,他年轻时曾以中尉身份参加阿尔及利亚独立战争,结果受了伤,这个经验形塑了他对伊拉克战争的思维。"我们在阿尔及利亚动用庞大的军队和资源,而当地的独立战士起初为数不多,"他说,"但他们却赢了。事实就是如此。"阿尔及利亚独立的历史向他证明了一件事,那就是,只要有一小批意志坚决的敌手确信他们拥有治理自己国家的权力,那么再强盛的外来军队终究会被打败。"经验告诉我们,长久以来人类已经无法再将外来法则强加于任何民族身上。"希拉克表示。

希拉克也向我们提出一个逻辑论点:没有任何直接有力的证据显示伊拉克与 2001 年 9 月 11 日的恐怖袭击有关,或它正在发展大规模的杀伤性武器。几天后,希拉克到纽约联合国总部时私下向布什表达这样的观点,布什的回答是,"雅克,我完全不同意。"

法国反战还有另一个没有明说的理由:法国国内为数众多的穆斯林及阿拉伯裔族群几乎都强烈反对出兵伊拉克。

美国方面的反应方式非常情绪性:一定要有人为"9·11"事件负责,而任何不与美国站同一边的盟邦都不再被视为朋友。

许多法国政府官员及外交人士都了解,诱惑要能成功的一个关键,在于为对方,特别是敌对方,挽回面子。"如果想要征服敌人,最好是用诱惑而非打仗,"前法国驻联合国大使克洛德·德·克姆拉里亚(Claude de Kemoularia)表示。"不是立刻就得展现你的力量,而要创造一种气氛,在对方不会觉得自己被打败的状况下取得胜利。这样才是最厉害的诱惑。"

　　克姆拉里亚在二十世纪八十年代于联合国任职时，也发动过一场"诱惑行动"，借以强化法国在联合国的影响力。他成功安排了一趟品酒之旅，招待自己和其他十四名驻安理会的大使搭乘协和号客机前往法国，到勃艮第地区最知名酒庄之一——伏旧园参加年度葡萄收获祭。他以私人募款方式筹得所有费用，没花法国政府半毛钱。

　　然而，在外交及战争领域，法国人大胆追求浪漫冒险的倾向有时会胜过他们对诱惑的要求。正如查尔斯·寇根在其著作《法式协商行为》中所言，"Toujours de l'audace——永远保持大胆精神""Impossible n'est pas français——法文字典中没有不可能一词"之类的口号让法国人对采取大胆行动有一种超乎常理的热情。他们在面对某种失败状态时，反而会倾向于表现出义无反顾的威风、华丽派头。一个很好的例子发生在 2003 年 2 月法国外长德·维尔潘到联合国安理会发表历史性演说时。德·维尔潘身材高大，相貌堂皇，举止高雅而且才智过人。我的许多女性友人都认为他是个超级大帅哥。但在那场关键性演说中，他的诱惑分数却完全不及格；他没有试图寻找共同立场，而是树立了更多障碍。

　　他利用这个论坛猛烈抨击美国，告诉在场听众——以及全球阅听民众——对伊拉克采取军事行动没有任何正当理由。基本上他是在告诉美国，法国是对的，美国是错的。在某个层面上，德·维尔潘呈现的是刻板印象中最糟糕的一种法国外交官：目中无人，自以为是，既自恋又怯懦。当他说"今天这个讯息是从一个古老（潜台词：有智慧的）国家——法国传来给现场诸位"时，他的语气仿佛是在轻蔑地教训美国。他赢得与会代表热烈鼓掌，却严重羞辱了美国这个世界唯一超级强国。作家及萨科齐的私人政治顾问阿兰·曼克表示，"那是一个精彩绝伦的举措，但却愚蠢无比。"

世人在几年后回顾当时状况，普遍承认德·维尔潘的见解是正确的。当初热烈排队支持出兵伊拉克的美国外交界重量级人士如今纷纷跳出来告解自己当年的不对。德·维尔潘是美国入侵伊拉克以前少数能够清楚激昂地陈述反战理念的高层人士之一。"德·维尔潘的演说是我在外交生涯中经历过最感人也最震撼的时刻之一，"热拉尔·阿罗德告诉我，"那时的美国完全失去了道德依归，而在全世界没人敢站出来说话时，德·维尔潘明确地指出真理正义之所在。当然，他是用他自己的风格，通过一种不见得实际的华丽姿态（beau geste）传达这个讯息，但他所说的一切都是对的，这点才最重要。"然而，德·维尔潘的华丽风格显然无助于改变事态发展，而法美两国关系在此之后的数年间则是跌落谷底。坚持合乎原则的立场是否值得这种牺牲？这样的道德思辨是整个外交界无法避免的核心课题。

很讽刺的是，美法两国之间的外交龃龉居然发生在希拉克担任总统期间。虽然戴高乐和密特朗对美国深感不信任，希拉克却相当亲美。他也非常知晓如何通过寻找共同立足点，达到诱惑伙伴或对手的目的。他是个人民之子——任何人民之子；无论他置身何处，当他融入人群、尽情品尝各式各样的当地美食饮品，他就会朝气蓬勃，魅力四射。

伊拉克战争之前好几年，有一次我与希拉克在一场暴风雪中从华府飞到芝加哥。当雪势逐渐增强，华府安德鲁空军基地随时可能关闭时，希拉克原定隔天上午的飞航行程面临被取消的风险。由于希拉克急切地想要到芝加哥，他决定在前一天午夜就起飞。我们搭乘的法国军机在风雪交加的天空中惊险地飞抵目的地，天亮时我们终于进住芝加哥的酒店。希拉克演说时，用他那穿插着美式俚语的英文向美国推销他自己和他所代表的国家。媒体称赞他年轻时代获得的一项殊荣：豪生酒店连锁（Howard Johnson's）颁发的"香蕉船圣代制作工艺"证书。（1953 年希拉克在哈佛大学就读暑期学校时，曾在豪生的连锁餐厅当柜台服务员赚取生活费。）希拉克还有一个他非常自豪的才华。他说豪生"也卖一种非常好吃的火鸡肉三明治，而我非常会做这道美食。"在场听众热烈鼓掌。他具有一种脚踏实地的草根性，虽然身为法国总统，却浑身散发美国中西部的豪迈况味。

希拉克一次又一次地向美国听众诉说相同的故事：他曾在圣路易斯的安海斯-布希（Anheuser-Busch）啤酒厂当装卸车操作员，也写过文章刊在新奥尔良《时代琐闻报》（*Times-Picayune*）头版；他用搭便车的方式横越整个美国；他爱上了美国南方美女弗洛伦斯·赫莉西（Florence Herlihy），还跟她订过婚，她开的车是白色凯迪拉克敞篷跑车，并昵称他为"蜜糖小孩"。希拉克在回忆录中说他返回巴黎后便不曾与她联络，因为他要让两人短暂的罗曼史在时光的淬炼中成为永远的"香甜记忆"。

我也曾目睹希拉克以非常有效的方式亲近因为历史因素而可能抱持敌对态度的群众。2003 年，他在访问阿尔及利亚时，得到人民欣喜若狂的欢迎。那是 1962 年阿尔及利亚从法国手中独立后首次有法国总统莅临访问。数十万热情民众出现在街头，在一片彩纸与鲜花中为他献上英雄式的欢呼。民众被围堵在道路两旁的铁栅栏后方，希拉克本来应该只是在礼车内向他们挥手，但他决定下车投入民众怀抱，兴奋地在大街上穿梭，与大家亲切握手。穿戴白手套与白鞋套的警察完全无法阻止他这临时起意的举动。虽然民众高喊的是"签证！签证！签证！"而不是"希拉克万岁！"但这已经不重要。在这个意义非凡的日子里，法国"文明使命"在阿尔及利亚的失败，以及两国之间经历过的暴力和背叛都被抛在脑后。阿尔及利亚民众似乎在向他说，"我要得到签证前往法国，我要有机会能像你一样。"对希拉克而言，这样就足够了。

法国和美国在伊拉克问题上的冲突逐渐演变成国家认同的问题。对双方而言，这个事件凸显了两国间的差异。德·维尔潘陆续被美国的专栏作家讽刺为"油嘴滑舌"及"灌水外交官"。但这类批评不但没有使他畏怯，反而让他更加意气风发。在我们之间的一次交谈中，他告诉我，"一个人因为批评而成长，因为赞美而衰微。"

先后担任外交部部长及总理的德·维尔潘将自己视为现代版拿破仑，一个具有强烈自我期许的政治斗士。他对法国的伟大深信不疑，而且非常确定他掌握了事情的真相。由于他这种义无反顾的姿态，连某些他最亲近的助理都认为他有点疯狂，还把他冠上"蒙面侠佐罗"（Zorro）①的绰号。几年前，有一次他搭军机从阿富汗连夜飞回法国，午夜过后才结束香槟满盈的晚餐，接着他忽然把所有助理叫起来开会。"我喜欢一天把他们干掉一个！"他开玩笑地说。他告诉自

---

① 蒙面侠佐罗是美国作家约翰斯顿·麦考利（Johnston McCulley）于1919年创造的人物，是十九世纪加州被西班牙殖民统治时期的一位当地贵族，以蒙面方式反抗暴政，为老百姓申冤。

己，言语可以取代策略。

我从德·维尔潘的黑色古驰皮革公事包里发现一些关于他的思维与性情的线索。2003年美法外交破裂情况最严重时，有一次我跟他谈话，说着说着他打开他的公事包。我首先看到的是一个用细缎带束紧的米色厚文件夹，打开后里面是他尚待出版的四册拿破仑传记的第二部分手稿。接下来是一个塑胶文件夹，里面放了一些他写的诗，他正在进行编辑，以及朋友新书的手稿，他将为其写序。还有另一个蓝色文件夹，里面是与绘画有关的文件。最后才是他的官方文件。"你看，我喜欢同时做许多事，"他说，"这是保持清醒的唯一办法。早晨三点钟时做的事要跟两点钟时不同，否则一定会打瞌睡。"

德·维尔潘说前一天他才写了一首诗，标题叫"火"。他用法文朗读给我听，内容是在召唤生者与死者相互交融，共同保存记忆，并要高举诗歌的旗帜，打开锁链，不可焚毁典藏目录等等。我对诗并不在行，因此可以说是左耳进右耳出，不过我还是大加称赞了一番。德·维尔潘后来成为一本讽刺漫画的灵感来源，这本漫画描述他那个年代法国外交部的故事。漫画中身材高大、头发银白、一身贵族气派的部长亚历山大·塔亚尔·德·沃姆（Alexandre Taillard de Vorms）总是处于行动状态，同时又思索着希腊哲学、法国诗歌和Stabilo签字笔。"外交的艺术就是不可以呆坐在你的椅子上，"这位部长告诉他的年轻助理，"你不应该害怕火焰。我跳进火焰。我成了一团火焰。"

德·维尔潘曾经考虑过在2007年竞选总统，但他的机会并不大。他从来不曾担任过民选职位，没有保守派人民运动联盟的政治机器在背后支持。而且坦白说，他似乎不喜欢与一般法国民众混在一起。但他不愿意放弃政坛；他后来自行成立政党，成为右派之中批判萨科齐最有力的声音之一,并发起草根行动,前往最遥远的乡村与最混乱的郊区采访民情。他努力听取民众的心声,并誓言帮助他们改善现状。他开始学习如何诱惑。

伊拉克战争问题使法美关系破裂,但即使在局势最艰难的时期,法国驻美大使让-大卫·莱维特还是锲而不舍地设法修复法国原来享有的正面形象。

莱维特将大使馆变成公关作战中心。他前往美国各地发表无数演讲,并积极参加夜间电视谈话秀及有电话互动的电台节目,通过各种管道说明法国反对美国向萨达姆·侯赛因(Saddam Hussein)宣战的理由。他要求大使馆用心回应如潮水般涌来的数十万封抗议信件及电子邮件。面对恶毒的指责与辱骂,他唯一的防御武器是礼貌的外交辞令和严谨的笛卡尔式逻辑。他还曾邀请他的邻居——美国国防部长唐纳德·拉姆斯菲尔德(Donald Rumsfeld)进行餐叙,不过被拒绝了。

尽管他四处奔波,他的努力却大都徒劳无功。对法国最残酷的抨击来自福克斯新闻(Fox News),这个新闻频道每天晚上不断重复播报美国在二战期间是如何将法国从纳粹极权暴政中解救出来,而法国又是何等忘恩负义,背叛美国,支持恐怖主义。某个时候,前国务卿亨利·基辛格(Henry Kissinger)试图改善双方关系,于是邀请莱维特和福克斯频道所有人鲁伯特·默多克(Rupert Murdoch)到他家共进晚餐。"我请默多克停止炮轰法国,"莱维特说,"他冷冷地看着我说,'只要收视率高我就会继续这么做。'接下来的时间,我就只顾着对他可爱的老婆温蒂放电。"

莱维特采取的策略是必要的作为，但顶多只能算是自我防卫。即使出兵攻击并占领伊拉克的行动到后来演变成难以收拾的局面，而且美国本身也开始质疑这场战争的意义，但美国依然一直拒绝承认法国可能真的有道理。

　　因此莱维特决定发动一场不寻常的"诱惑行动"，希望借此"重新征服美国人的心"。他说，他在走访美国各地之后，"逐渐能够全盘了解美国人对我们最大的责难是什么：他们认为我们是一个不知感恩的民族。"美国人传达的讯息简单说就是这么一句话：我们让法国重获自由，现在我们遭受攻击要出兵，法国人怎么可以不支持我们？

　　如果莱维特想要赢得美国人的心，他就得为这个质疑找到好的解决方案。因此他必须思考，什么东西会让美国人高兴，什么东西会让他们觉得他们过去为别人所做的牺牲得到了感激与敬仰。最后他挑选出两个意义非凡的象征：法国荣誉军团勋章以及 2004 年诺曼底登陆六十周年庆祝活动。

　　莱维特想到的点子是利用六十周年庆的时机，颁发荣誉军团勋章给一百名曾经参与诺曼底登陆的美国退伍军人。每个州可以遴选两名退伍军人，他们的健康状况必须能应付长途旅行，而他们可以带家属同行。

　　一次颁发一百只荣誉军团勋章是破纪录的创举，莱维特为此特地写了一封信给希拉克总统。他提出的一个有力论点是，美国人在法国的荣誉军团勋章名册中所占比例明显偏低；根据驻美大使馆的统计，人口只有美国十分之一的摩洛哥获得这项殊荣的人数居然与美国相当。

　　希拉克对这个计划表示首肯，但当莱维特将超过一百万欧元的计划预算呈报给外交部时,外交部随即表示反对。"忘了这回事。"外交部告诉他。希拉克可以在法国颁发一只勋章,其余九十九只勋章只能在美国颁授。"我回答外交部说,'你们忘了你们的决定吧,'"莱维特告诉我,"非得让一百个人全部来不可,我会负责一切。我会自己去找资金。"

莱维特已经派驻美国好几年,首先是担任驻联合国大使,然后奉派到华府担任驻美大使。在这段时间里,他已经学会美国人勇往直前的精神。他召集一些法国大企业负责人。"我告诉他们,'失去一个重要市场的后果是非常严重的。现在我们有一个很好的广告行动,花费不会很高,可是对形象很有帮助。'"结果所有负责人都同意捐钱赞助莱维特的"登陆纪念日计划"。

接着他说服法国航空提供一架喷射客机,载送退伍军人及其家属往返。他也说服法国国家铁路公司(SNCF)提供一辆开往诺曼底的特别列车,并请巴黎享誉盛名的 Le Meurice、Le Bristol 等四星级旅馆①提供免费豪华客房、餐饮及巴黎市区的交通运送服务。

美国退伍军人抵达巴黎时,机场高规格地布置了长达 300 英尺的红地毯,仿佛迎接元首般隆重,受宠若惊的退伍军人在接待人员的鼓励之下才敢迈步走过这条地毯。迎宾晚宴中播放着轻松的美国摇摆音乐。"伍基布基! 摇摆吧! 好酷啊!"莱维特兴奋地描述当时的情形。可能他说得太激动了,结果还把"布基伍基"(boogie-woogie,一种摇摆舞)倒过来说成"伍基布基"(woogie-boogie)。

---

① 法国的旅馆星级制度与其他国家有所不同,四星为最高等级,相当于一般的五星。

退伍军人们在巴黎荣军院(Invalides)获颁勋章,典礼过程中由法国军乐队庄严隆重地进行伴奏。在诺曼底阿罗芒什(Arromanches)海滩举行的登陆纪念活动中,巨型荧幕上播放出二战的历史影片,其中一个画面可以看到法国获联军解放后民众拉起的一个布条,上面写着"感谢你们带来解脱"。在奥马哈(Omaha)海滩,数千法国民众手牵手形成人链,拼写出这样的字句:"法国永志难忘,感谢美国。"

每一座美军坟墓上都装饰了玫瑰花,美军第六舰队乐团演奏艾灵顿公爵(Duke Ellington)经典爵士名曲 Take the "A" Train,五十架军机从上空飞过,一艘法国卡萨德(Cassard)级军舰发射二十一响礼炮。希拉克总统在演说中表示,诺曼底登陆是"希望诞生的日子"。退伍军人以缓慢庄严的步伐通过观礼台时,英国女王戏剧化地打破正规仪式,跟着其他各国元首一起起立鼓掌,令全场大吃一惊。那天在场所有人——包括白宫媒体团中最铁石心肠的一批人——都忍不住热泪盈眶。"那是一个历史性的时刻,"莱维特表示,"是我搞出来的,美国退伍军人到法国参加庆典是我搞出来的。"

当了四十年外交官的莱维特早就学会隐藏自己的情感,也因此被人取了"人面狮身像"的绰号,表示他永远无动于衷。但他在那次诺曼底登陆纪念仪式获得的外交胜利无疑是他外交生涯中的一大高潮。当他回顾这个故事时,他话语断续、不断用鼻子抽气,失去了平日的冷静。显然他在强忍住自己的泪水。"我现在有时想起来还是会掉眼泪。"他说。

莱维特明白,无论在外交场合或其他生活领域,诱惑的关键在于寻求共同点及共享的价值,并据以构筑友好的相互关系。即使你确定自己绝对正确,也应该避免对立及指责。绝不可让对方失去面子。

相反，应该设法让对方认为他是赢家。莱维特在伊拉克危机期间所做的一件重要事情，就是挖掘法国历史中的美好，并赞扬人类心灵中最珍贵的部分：慷慨、勇气、为自由牺牲的决心。这时真正需要的不是华丽的逻辑，而是通过用心倾听，达到知识及情感上的诱惑。

"最重要的是，要本着同理心和宽容悲悯去爱你所在国家的人民。"莱维特表示，"进行协商谈判时，必须设法建立一种气氛，让你的对话者愿意与你交谈，就算他本来是敌人。我在美国的整个工作其实归纳起来就是要说简单几句话：'我们爱你们，我们了解你们，我们与你们同在。'"

2004年的诺曼底登陆纪念典礼并没有立刻修复法美两国之间的关系，但它清楚地提醒了一件事：即使美国有一些人声称法国是敌人，但历史证明美国和法国过去是盟友，未来也将继续是盟友。

虽然从法国的运作模式来看，萨科齐是一个失败的诱惑者，但他却成功地诱惑了美国。他懂得向美国人说他们想听的话。希拉克和德维尔潘表现出高傲态度，让美国失去颜面，萨科齐则以邻家叔叔的姿态现身，并诚挚地表达出他的爱。这其中有许多东西是莱维特教的。

萨科齐在2003年一次电台访问中，就已明显表露出他的"我爱美国"作风。奥地利出身的好莱坞影星阿诺·施瓦辛格（Arnold Schwarzenegger）当选加州州长时，一些政治人物和评论家纷纷表示他的胜选反映出美国一种危险的民粹趋势，但当时担任法国内政部长的萨科齐却对此大加赞扬。"一个原来是外国人的美国人，名字又这么难念"，居然能当选美国第一大州州长，"这是一件天大的事！"他在节目中惊呼。

关于伊拉克战争，萨科齐的立场与法国官方观点相同：美国攻打伊拉克是一个错误，法国不参与则是正确的决定。但由于他过度亲美，骄傲地宣称自己非常赞佩美国人的工作伦理和力争上游的精神，因此在总统选举时遭到许多批评。他被取了"美利坚萨科齐"的绰号，但他不但没把这当作一种侮辱，反而引以为荣。

萨科齐在2007年首度以元首身份访问华府时，他被美国舆论视为忠实的友人。他担任总统期间的一大盛事，就是在这趟行程中对美国国会联合会议发表演说——对外国来访元首而言，这是一项难得的殊荣。我是随同萨科齐行动的媒体成员之一，当时在众议院现场听取演说。我的《纽约时报》同僚卡尔·哈尔斯（Carl Hulse）抽空从参议院跑过来协助我。我们心想这场演讲大概没什么大不了的，应该跟平常一样，出席的议员不会很多，最后承办人员只好把一堆国会员工抓来充场面。1996年我在报道希拉克的美国国会演说时就发生了这样的状况。（那年在希拉克访问美国之前不久，法国才刚在南太平洋重新展开核武试验，因此大半国会议员决定抵制他的演说。）

结果这次的情形完全不同。萨科齐开始演说前几分钟，大批参众议员忽然涌入。卡尔冲回来告诉我这真是一个不可思议的场面。

美国国会准备好要给萨科齐一个热情的拥抱。当他走上讲台时，全体议员起立鼓掌欢呼了三分钟。这次国会在他身上看到的，是一个喜欢美国的可爱法国人，而不是以前到美国颐指气使的恶质法国人。法国国家广播电台华府特派员贝特朗·范尼耶问我这是怎么一回事。"贝特朗，他说什么并不重要，美国就是决定要爱他。"我告诉他。

有一件事我们当时都不知道：萨科齐的讲稿在最后一刻被改写了，借以投合美国人的情感。萨科齐的首席讲稿撰写人亨利·盖诺（Henri Guaino）原本写了一篇充满说教与批评的讲词，要让美国人知道他们发动伊拉克战争是错的，关塔那摩（Guantánamo）监狱应该关闭，诸如此类。

但盖诺错过飞往华府的班机，结果总统讲词落到莱维特手中。莱维特看了以后火冒三丈，迅速着手进行改写，加入一些关于美法两国交谊的文字，并将充满批判口吻的后半部删除。

"我们到美国又不是为了教训人！"莱维特回忆时说道。

于是萨科齐发表了这篇"情意版"演说。他谈到他热爱美国梦，而且非常喜欢二十世纪的美国重要文化象征，例如猫王、作家海明威（Ernest Hemmingway）等。他表达自己对美国价值及人权斗士马丁·路德·金博士（Dr. Martin Luther King Jr.）的激赏，也感谢美国在两次世界大战时解救法国，并通过马歇尔计划（Marshall Plan）重建欧洲，并在冷战时期致力对抗共产主义。

效果最强烈的恐怕是萨科齐事先被教导的一个动作：将手置于左胸表达诚挚心意。他热烈地实践了这个动作，演说前十分钟就做了两次。演说结束后在场议员起立鼓掌时，他露出满足的微笑，并再度将手置于左胸口，让它在那里停留了整整五秒钟。

这个"攻心策略"极为有效。萨科齐没有派出任何一名法国大兵前往伊拉克，却让布什总统在当天稍晚称他为"我喜欢来往的家伙"。共和党领导人、肯塔基州参议员米奇·麦康奈尔（Mitch McConnell）这样评论萨科齐的演说表现："我们刚听到一场里根（Ronald

Reagan)总统的精彩演讲——不过是从法国总统口中说出来的。对所有人而言这都像是一个灵魂出窍般的美妙经验。"

米其林三星大厨居伊·萨瓦也受邀为那次法国总统访美代表团一员,他在事后告诉我,"我觉得无比骄傲,差点就忍不住唱起国歌《马赛曲》(*La Marseillaise*)呢!"

辑五　告别诱惑情缘？

第十五章
不诱惑毋宁死

*

某些国家之所以杰出,是因为它们拥有殊异的力量或魅力,或某种在美学、智慧或专长上的过人天赋,让它们能够成就不朽,永远名列人类领导者之林。法国是这样一个国家。倘若法国沉沦,那将是全世界的损失。

> ——美国总统西奥多·罗斯福(Theodore Roosevelt)
> 引自 1910 年 4 月 23 日于巴黎索邦大学的演讲

我真的很爱法国。
如果你不喜欢海洋
如果你不喜欢山峦
如果你不喜欢城市
那你去死吧!

> ——让-保罗·贝尔蒙多(Jean-Paul Belmondo)出自电影《断了气》(À bout de souffle),导演:让-吕克·戈达尔(Jean-Luc Godard),1960 年

法式诱惑

一天早晨,从英吉利海峡扑过来的海风把天空吹得灰涩且阴冷,加莱(Calais)却不惧严寒地亮出了美腿。这座法国北端的滨海城市历经十六年的规划,斥资 2 800 万欧元,兴建了一座博物馆,呈献给加莱城远近驰名的古老艺术专长——蕾丝。建筑新颖现代的博物馆开幕这天,法国文化部长来了,市长、地方官员及民众来了,建筑师团队也来了,还有数十位的记者搭乘特别安排的火车,从巴黎远道而来。

蕾丝是遮蔽身体的服装元素中最具诱惑性的品项。它展现了内涵,但不揭露实体,隐约透出女性细腻柔美的特质。十九世纪初期,蕾丝工业建立起加莱的名气。全新成立的"加莱国际蕾丝暨时尚城"展品包括手工及机器制造的古董蕾丝,大小可比卡车的蕾丝制作机,以及用轻盈如蝉翼的蕾丝制成的华丽晚宴礼服。永久馆藏包括10 000件蕾丝创作以及 3 200 件服装和相关物品。馆方特别制作红、白、蓝三色蕾丝缎带,在开幕仪式上由官员以银质剪刀剪彩。宣传人员说明蕾丝是法国文化资产的一部分,有必要加以维护、保存及推广;他们骄傲地表示,参观这座博物馆将是一场"精神、感官、性情之旅"。法国女用内衣之后、蕾丝博物馆"教母"尚塔尔·托马斯在现场为她出版的女用内衣专书签名,手上戴着薄纱镶饰无指手套。现场还举行了十一位服装设计师的联合时装秀,由模特儿在伸展台上展示巧夺天工的蕾丝创作。

但在隆重的庆祝活动背后,却掩藏着一个令人伤心的事实:近一世纪以来,法国蕾丝工业一直在缓慢、痛苦地消逝,原因在于廉价的外国产业竞争、时尚品位的变化,以及商业运作模式和制造技术的落后。大部分的蕾丝制造业已经转移到亚洲,加莱在 1909 年时有35 000名蕾丝工人,到了 2009 年只剩下 2 000 人。

2009 年开幕的博物馆虽然为加莱带来一些观光客，但还是没有让加莱变成必游景点。这座城市在二战时大部分遭到毁坏，这里如今出名的不是明信片般的美景，而是日益严重的高失业率。加莱还有一个更为晦暗的面向：许多从阿富汗、伊拉克等战乱地区远道而来的移民以及庇护寻求者会先往加莱汇聚，满怀希望能从这里跨过英吉利海峡，前往他们心目中的淘金宝地——英国。法国有关当局在 2003 年关闭加莱附近一座难民收容所，2009 年又从一处被称为"丛林"的林间营地强制驱除数百名非法居住者，结果反而使移民流连在加莱市区街道，引颈期盼一个可能永远不会到来的美好未来。

蕾丝博物馆是现代人怀旧心态的具体呈现，企图保存一个已然逝去的辉煌传统。就某种意义而言，为收留"蕾丝传奇"的"永恒记忆"而特别打造一座专属空间，这种做法本身就已是承认失败之举。

今天的法国被夹在两个选项中间，但这两个选项都有缺陷。第一是拥抱全球化世界的信条，遵循科技进步、物质流动、心灵畅达的原则。但这些却可能与传统文化背道而驰。第二是奖励推广过去曾经为法国发挥神效的各种迷人、具诱惑力的工具。但这些工具随着时间流转已经逐渐发霉生锈，运转不再灵活，就像那些需要不断润滑、维修的巨型蕾丝制造机。

数十年来，某种关于法国衰退的知觉已经深深嵌入法国的国家意识中。法国人在歌颂历史、礼赞过去辉煌的同时，却对未来感到恐惧，因而决心竭力维持现状。与"衰退主义"并存的，是各式各样勇往直前、不惜一切的尝试，竭力保存法国身为美感与享乐之地的名声。诱惑是法国所能提供的最佳礼物。一旦诱惑开始运作，魔术般的魅力便应运而生。那是一种隐于无形的神秘魔力，将人导入一种辉宏光灿、宛若结晶宝石般的理想意象。但在炫人魔力的背后，却也不免存在缺乏效率、脆弱、矛盾等缺点，华丽的运作程序可能在任何一刻狼狈告终。当精彩万分的游戏碰撞坚硬无比的现实之墙，当冷酷无情的事件本质彻底曝光，诱惑就失去了它的神效。

这时，诱惑可能退化为诱惑的反命题，也就是我所谓的"反诱惑"，一种情感世界中的反物质，会消弭想要迷炫吸引或正面影响的意图，制造出完全相反的效果。色情就是一种反诱惑。闪亮亮的炫示也是反诱惑。谈论金钱是反诱惑。在欢声笑语中断然宣布舞会结束，这是反诱惑。无缘无故说不也是一种反诱惑。

当诱惑失去效力，法国也将无法运转。"诱惑是不具理性的；它夹带某种欺骗性质，"法国国家图书馆馆长布鲁诺·拉辛表示，"诱惑者可能在一瞬间变得可鄙。当诱惑者的可怕面向显露出来，他的蛊惑能力就会消失无踪。这是因为诱惑只是一种征服工具，而征服工具不可能长久维持。如果要能维持它的功能，需要有其他强项才行。"

我深深相信，许多法国人对于这个国家不再如过去那般重要，甚至不及它在五十年前的地位，都感到心酸与无奈。他们在许多层面上对改变充满恐惧。他们害怕失去原有的认同，害怕自己居住的只是一个拥有很多优美建筑的中型民主国家，害怕法国变成只是某种美食版的德国，或某个放大版的瑞士或比利时。

历史学者、法兰西公学院院士马可·富玛罗利感叹法语正以无法挽回的速度不断流失。他认为诱惑的关键要素之一——交谈——逐渐变成一种失落的艺术。

这代表法国已经走上穷途末路了吗？我问。

完全不是。他回答。

"没有必要夸大其辞，"他继续说明道，"这些现象当然很可怕，可是无可否认的是，所有人还是想来住在法国。我们毕竟累积了十个世纪的灿烂历史。我们虽然拆过东西、毁过东西，但至少还留下可观的遗迹。这是一种快乐的泉源！法国某些地区有无数的英国人和荷兰人定居。如果法国成为一座博物馆，那没什么不好！法国一定要是个博物馆！只有变成一座丰富美丽的博物馆，法国才有生存的机会，才会被由衷地喜爱。"

但光靠来自国外的喜爱还是不够。法国人知道他们必须在追求现代和保持传统之间取得平衡，这样才能同时避免经济衰退与文化消弭。如同许多为经济紧缩和全球化发展所苦的国家和民族，法国人也经常难以找出真正的威胁所在。跟美国人一样，法国人有时也会把自己局限在小格局中，忙着思考有什么东西威胁到他们的认同，并将注意力聚焦在移民与对外来者的恐惧等问题上。

"认同"成为关键性的议题，萨科齐政府于是在 2009 年展开一项为期三个月的全国讨论，以决定何谓"法国人"。法国人口有十分之一是阿拉伯裔及非洲裔，其中许多人是穆斯林。他们为法国社会灌注了丰富的历史和文化。但萨科齐发起关于认同的思考时，却声称"我国的文化，或者我该说我国的文明，具有深刻的同一性"。中央政府请全国一百个省级地方政府（préfecture）针对共和国价值进行集会讨论，并发给它们一本包含两百个问题的指南。问卷内容从未正式公布，但却也悄悄地流传开来。

有一个问题问的是，"国家认同有哪些要素？"有些答案选项很容易想到，例如历史、语言、文化、农业、工业等。有些则比较幽微，比如说法国的葡萄酒及料理艺术应该摆在什么地位？乡村的地景或人文是否应该属于国家认同的一部分？问卷将基督教教堂列为认同选项之一，但犹太会堂及清真寺则未被列入。

这项大规模全国讨论的结果是一个天大的失败，很快就变质成一个关于移民及法国境内穆斯林、阿拉伯裔及非洲裔公民权利的丑陋争论。大多数法国人相信这项讨论是执政保守党派的伎俩，目的在拉拢2010年地方选举时的极右派选票。

萨科齐的国家认同讨论规模可谓空前，具体结果却只是一些不具实质意义的措施，例如规定各级学校升起法国国旗、教室要摆放1789年人权宣言、每年让学生至少有一次机会唱《马赛曲》等。"很多法国人对自己的认同产生怀疑，因为他们不再有从前那种明确的参照座标，"社会学家米歇尔·韦维尔卡（Michel Wieviorka）在《解放报》中撰文指出，"法国的国家地位不再像过去那般稳固，它的国际影响力日益式微。因此，认同问题成为所有恐惧的出口。"韦维尔卡批评认同讨论是掌权者试图"将各种不同的历史象征及意涵混为一谈"。

当诱惑工具失灵时，即使看起来非常单纯的国家形象推广活动也会出现意想不到的负面效应。2008年，法国政府在一项名为"与法国有约"的旅游行销企划中，推出一个新的法兰西共和国象征——玛丽安标志，希望借此吸引更多游客到法国参观。旅游和公关领域的专家找出三个塑造法国魅力的价值：自由性格（独立、创造力）、原汁原味（历史、文化）、感官诱惑（情趣、享乐、精致生活、浪漫、热情、女性之美）。

形象标志以红、蓝线条画出一个极简的微笑女性剪影,她的头部微微上扬,仿佛在前瞻未来,胸部曲线间则呈现"France"字样。财政部长克里斯蒂娜·拉加德正式公开这个标志时赞美它透露着浪漫讯息。"相当不错",她表示,并引述二十世纪作家保罗·莫朗(Paul Morand)的一句话:"在爱情世界中,如果你是法国人的话,你就已经成功一半了。"

仔细观察图形中的"France"一字就会发现这个标志有多妙。F构成玛丽安的右肩,N描绘出她的左手臂,但R和A就惹争议了,因为这两个字母明显勾勒出女体胸部曲线。市场测试结果发现这种对女性胸部的暗示在某些国家可能会引人不悦。一个法国商业网站指出,裸女形象在法国的广告中虽然稀松平常,但在北美、亚洲及中东地区可能不易被接受。最后"法国"一字被略加改造,原来的性感意象也消失无踪。

我们能从法国的农场上轻易地发现,法国人的恐惧心理如何在社会变迁及时代更迭的现象中得到滋养。在最近半个世纪中,法国四分之三的农场已经消失;1960年时大约有三分之一的法国人务农维生,目前则剩下不到百分之五。美国当然也曾经历农业被取代的过程,但它发生的时间要早得多,也没有引发非常严重的警觉。在法国,去农业化的趋势却一直造成普遍的不安,也使得法国人深感扼腕。

法国的乡村景象基本上依然美不胜收,丰饶富庶的农田中点缀着雅致迷人的村庄。但美丽的背后也不乏阴影。在农场中成长的作家弗雷德里克·马特尔提议带我见识这个部分。于是在一个周末,我们来到普罗旺斯的沙托勒纳尔（Châteaurenard）拜访他的父母。沙托勒纳尔曾是一个非常典型的农业小镇，但原先道路两旁整齐排列的苹果树及葡萄树在许久之前就消失了，取而代之的是预铸式仓库建物、汽车零件公司、清真鸡肉加工厂以及杂草丛生的田野。这完全不是作家彼得·梅尔（Peter Mayle）笔下描绘的那种充满古朴村庄、优美景致及欢乐农民的浪漫普罗旺斯。

如同其他许多曾经构筑法国乡村骨干的农业村镇，沙托勒纳尔已经失去了它的灵魂。像弗雷德里克父亲克雷蒙·马特尔（Clément Martel）这样的农民不断将自己的土地一块块卖掉，逐渐抛弃不再能为他们带来利益的农田。沙托勒纳尔地区目前有 150 座运作中的农场，而在 1960 年时却有八百多座。地方官员及农民预估到 2020 年时，这里将只剩下 50 座农场。"我们的农场逐渐成为死人的纪念碑，我们的小镇变成没有自我的'宿舍城'，它的存在仿佛只是为了替别的地方提供服务，"镇长贝尔纳·黑内斯（Bernard Reynès）表示，"我们对未来失去信心，不觉得以后的生活会更好，我们也失去了我们的根和我们的乡村特性。"

虽然法国最重要的观光热点——阿维尼翁（Avignon）就坐落在附近，沙托勒纳尔本身却没有太多明星特质。一半的居民通勤到别处上班，中世纪古堡损毁倾颓，镇上的教堂经常关闭，也没有夜间照明，所谓博物馆则只是一个展示旧农具的房间。这里的街道在入夜后成为年轻人的天堂，他们大多是摩洛哥后裔，父母在几十年前移民法国当雇农。这里没有新的工业，而年轻人又强烈排斥农场上的工作。

"我父亲带着孩子来到这里寻找成功的机会。"穆罕默德·斯吉乌里（Mohamed Sghiouri）表示。他是一位高中生，日后想成为电工。"他在农场上当了三十年的雇农，现在因为行动不便赋闲在家，他的背有点毛病。我从小他就一直告诉我要好好读书，这样才能过得比他更好，不必在农场上做苦工。"

镇上的不同族群之间不太有交集。阿拉伯裔喜欢上某一家咖啡馆，白种法国人则光顾另一家。在炎热的午后，阿拉伯裔居民会聚集在中央广场的树荫下，本地居民则待在屋里。镇长走在街上时会跟"老法"握手寒暄，但不会特意走近阿拉伯裔。每年 7 月 14 的国庆日，镇里会举行庆祝活动，展示百年前的日常生活技艺和记忆：退休药剂师用古老的杵钵研磨传统药材，面包师傅在社区的公用烤炉中制作比锅子还大的面包，身穿古早服饰的居民唱着老式法国乡村歌谣，小朋友骑着可爱小马游乐。这时反倒是阿拉伯裔居民待在家里。

一股族群间的不自在气氛蔓延在镇上，连到郊外的农产批发市场里都能感受得到。当农获季节一到，这里每星期有六天早上会聚集数以百计的农民及经销商，从六点到七点进行一场疯狂的交易仪式。他们抱怨莴苣生菜的批发价跟干道公路边大卖场里的零售价没有差别，还说停泊在马赛港的货船上装满了智利进口的廉价梨子。

更别说番茄了。番茄是这个地区的最大输家，先是因为西班牙番茄大举入侵，而后是摩洛哥番茄接踵而至。但本地普罗旺斯番茄遭受的致命一击发生在数年前，那时来自中国的工业化番茄生产商新疆中基实业公司买下镇上的罐装工厂，并将大量的中国番茄糊从中国运来此地装罐，这样就可以贴上"法国制造"的标签行销世界各地。本地番茄自此失去商业价值。

与法国农业的衰退趋势相呼应的,是在一个完全不同的诱惑场域发生的事。在国际文化的世界中,法国也正失去优势。英文中的"grandeur——宏伟"一词源自法文,但身为法国伟大文化的具体表征的巴黎,却已不再是世界的文化首都。

弗雷德里克·马特尔在一本探讨文化全球化现象的话题著作《主流》(*Mainstream*)中指出,美国、印度、中国、巴西、南韩等国才是世界文化的动力火车头。作者在 2010 年该书出版后举办的热烈讨论会上告诉听众,法国在这场文化竞赛中已经落后。他表示,法国大多数精英阶级都排斥法国人为了在世界中生存,必须好好学习说英文的观念。他通过详尽的分析,回顾了数十年前一直延续到今天的一个趋势,也就是法国社会拒绝使用英文字词的现象。某某社会党领袖因为提出政策时使用英文 care(照护)一字而饱受批评;某某代理部长呼吁将"buzz"(话题)、"chat"(网络聊天)、"newsletter"(新闻通讯)等英文字赶出法文;某某前总理建议在某些国际组织中限制英文的使用量;某某语言委员会希望用法文自创的 ordiphone、encre en poudre 等词汇替代直接借用自英文的 smartphone(智慧型手机)、toner(墨水匣)等。马特尔批评萨科齐不但不说英文,还把那些"忙着说英文"而不是说法文的法国外交官贬为势利眼。

在美国,法语及法国文化已经不再像从前那么风光。美国一些顶尖私立学校已经以中文课替代掉高级法文课程。法文著作被译成英文的数量比过去显著减少,而法国畅销书排行榜却开始出现菲利普·罗斯(Philip Roth)、保罗·奥斯特(Paul Auster)等美国作家的法文译本。欧盟公民会说英文的比例高达 47%。欧盟机构的官方文件目前只有 25% 以法文印行,远低于三十年前的 50%。美国电影及电视节目在法国播映的频率比二十世纪八十年代大幅提高。如果问法国人有哪些法国明星在美国享有如同乔治·克鲁尼（George Clooney）或布拉德·皮特在法国的光环，他们的答案是：这种人不存在。

我的前同事约翰·卫诺克尔（John Vinocur）曾于1983年在《纽约时报》写过一篇文章，讨论法国的文化退缩现象："今年法国电影表现很弱……没有炙手可热的新戏剧作品，没有炙手可热的年轻画家……在图书外销领域……法国衰退了……艺术市场已经转移到美国。"文章还提到法国电影"无法出口，因为它太啰唆、太幽微难懂，缺乏视觉性，无法翻译"。这篇文章如果在今天刊登出来，依然相当适切。

对哈佛大学政治学教授斯坦利·霍夫曼（Stanley Hoffman）而言，世人批判法国人不愿迁就世界潮流并不是什么新鲜事。他说他在1955年第一次从法国到美国时，"市面上就已经有一大堆书在讨论法国衰退的问题，说法国不断在自毁阵脚，永远不可能脱离传统工艺导向和小农情结。还有什么法国是一个小国，专门搞乱伦等等，再不就说法国缺乏比较概念，法国人对别的地方发生的事没什么兴趣之类的。所有人都知道法国社会确实是有一些障碍，有些已经被消除，有些则继续存在。我早在四十年前就写过东西探讨这些问题了……现在我们看到的其实是跟以前一模一样的老生常谈。"

当代法国社会中另一个反诱惑因素的根源，存在于法国城市的某些"banlieues——郊区"。这些都市边缘地带充满贫穷、失业和犯罪，层出不穷的暴力事件使郊区地带经常登上各大媒体头版。不过我第一次造访巴黎一处"banlieue"并非为了报道无所事事、四处游荡的青少年纵火烧车或投掷石块，而是为了看我那时十二岁的女儿加布里埃拉踢足球。

当初加布里埃拉极力反对我们迁居巴黎。我们住在华府时，她隶属一个顶尖的足球队，经常到各地出赛，为了让她接受离开美国的想法，我答应她搬到法国后她可以继续踢球。我跟她保证她可以参加非常棒的足球队，因为法国在1998年曾荣获世界杯足球冠军，一位法国足球女将刚获选为美国职业女子足球联盟中最有价值的选手，足球对法国的重要性就跟橄榄球在美国一样。

可是，到了法国之后，我愕然发现法国女生——至少那些出身巴黎中产阶级的法国女生——并不踢足球。套上护腿胫在肮脏的球场上把一颗球踢过来踢过去，这种东西是男生在玩的，而且是社会学者眼中"下层阶级"从事的运动。幸好我还是在巴黎找到了女子足球队，并让加布里埃拉报了名。由于多数球队来自社会问题严重的郊区，因此每逢周末安迪和我就会出现在那些地方的球场外围看她踢球。站在我们身边的通常是一些蓝领阶级的爸爸，他们自己小时候也踢足球，刚好后来也生了爱踢足球的女儿。现场倒是很少看到"足球妈妈"。加布里埃拉发现踢足球的少女喜欢抽烟，而且会跟教练顶嘴，她慢慢地也学会骂脏话。

几年下来，通过加布里埃拉的足球活动，我认识了一些在郊区辛苦为家庭打拼的父母。这些郊区经常是一些百般寂寥的都会荒原，林立的水泥住宅大楼大都是在二十世纪五十及六十年代，为了提供给多数来自法国各个前殖民地、大量涌入法国的外来移民居住而草草兴建的廉价社会住宅。目前在这些社会住宅区中，二十五岁以下年轻男性的失业率高达 50％。

　　法国一般民众对这些郊区居民的歧视可说是根深蒂固，即使毫无恶意的人有时也会在不自觉的状况下犯下这个毛病。安迪宣誓成为法国律师当天，我就目睹了一个绝佳的例子。主持仪式的巴黎律师团代表在颁授律师证书时似乎觉得自己有义务发表一些个人评论，当时有位领证人是一个来自巴黎某郊区、名字听起来像阿拉伯裔的女律师，律师团代表祝贺她成就非凡，接着告诉她郊区就需要像她这种优秀律师。这话听在我这个美国人耳里，有点"滚回你的家乡去"那种味道。难道他无法想象这位女律师可能想进入一家国际律师事务所或跨国集团法务部工作，甚至到法国中央政府服务？

　　郊区的生活虽然苦闷，不过居民还是以看起来非常法国的方式追求各种日常乐趣。比如以金属结构和玻璃打造的圣德尼（Saint-Denis）食品市场，这座十九世纪建筑就是一个享受美食文化乐趣的殿堂。圣德尼位于巴黎北方近郊，这里有一座圣德尼大教堂，里面充满再法国不过的法国象征物，而且以它的宏伟程度和历史地位而言，这座建筑无疑是巴黎地区最被忽略的宗教瑰宝。根据一项广为人知的传说，在公元三世纪时发生的一场迫害基督教徒行动中，巴黎第一位主教圣德尼在蒙马特附近被斩首之后，将自己的头颅洗干净，并提着它往北方走大约八公里以后才倒地而亡。于是人们在这个地点盖起一座圣堂，后来再改建成大教堂，并成为克洛维、达戈贝尔一世（Dagobert Ⅰ）到路易十八等法国历代君王的安息之地。凯瑟琳·美第奇、亨利四世、玛丽·安托瓦内特、路易十六等皇室人物也都长眠于此。

　　这个地点自中世纪开始也形成一个重要的市集，来自欧洲各地的商贾在此买卖各种货物。现在这个市集乍看之下似乎大都由北非阿拉伯人及撒哈拉以南的非洲黑人在经营，这是因为在进入食品市场之前，访客必须穿越长排的户外摊位。这里的气氛像是一个喧嚣的阿拉伯市集，摊商们贩售令人眼花缭乱的日常生活商品：平价织品、成堆的衣物、各式各样的廉价珠宝首饰、锅碗瓢盆、运动鞋，甚至连捕鼠器及拉链都有。

仔细观察食品市场就会发现它是一个多种族的世界，仿佛是不同时代法国历史具体而微的缩影。来自布列塔尼的第三代可丽饼（crèpe）师傅为客人现做各种美味可口的可丽饼及烤饼（galette）。身上饰有刺青的道地巴黎男子卖的是猪头和猪脚料理。数十年前移民到法国的葡萄牙人和意大利人后代贩售来自家乡的乳酪、油品、熟肉制品、橄榄和葡萄酒。早已入籍法国，但说话带着浓重口音的阿拉伯裔商人以其折扣惊人的价格向熙来攘往的客人促销香气四溢的鸡胗和自制清真腊肠。蔬果摊上可以看到比哈密瓜还大的非洲根茎蔬菜。

这里的商贩和顾客不分肤色、宗教、年龄、族群、原籍地，大家都在互相玩着诱惑游戏。他们都有共同的目的：除了贩售和购买各种食品以外，还要互相分享对回家烹调菜肴及与家人用餐的美丽期待。购买所需食材的程序包含时间、交谈、推销等元素。左边一句"亲爱的 Madame，来买我的番茄喔，完全成熟才新鲜采摘的呢！"右边一句"这位大嫂，我帮你调制一份最特别的咖喱酱，做鸡肉料理最合用喔！"前面又一句"别忘了要买最好吃的腌柠檬呀！"后面再来一句"下星期二一定再过来喔，到时阿姨最爱的特制橄榄就补货了哟！"如果顾客是个年轻女子，小贩的第一句话可能会是，"哇，小姐今天真是

magnifique(美如天仙)呢!"

如果想要让 banlieue——郊区——的阿拉伯裔及非洲裔法国人心态有所改变,就必须重新定义"法国"这个概念,将法国从一个"共和主义"国家——一个不分宗教、人种、族群、性别,忽略其间差异的国家——调整为一个拥抱多元差异的国家。如此一来,多元性和企图心才能得到鼓励。不断变化的郊区法语所创造的数以千计"反转俚语"(verlan)将被允许收入一般字典,并在学校中正常教授及使用。街头的大众流行文化将受到重视与奖励,各种奖学金、交换计划、补助金将可提供给许多目前难以获得注意及资金挹注的电影、书籍、音乐及艺术创作。

但这种改变需要很大的弹性,而弹性并非法国传统。幽默作家兼电台主持人雅辛·贝拉塔(Yassine Belattar)接受《世界报》访问时表示,美国人的强项"在于他们把所有人放在同样的立足点上。他们不像我们法国人这样有'贴标签心态',他们的心态是一种'行动心态':谁往前移动? 谁提出方案? 谁在创新? 而不是:你的文凭是什么? 你读哪间学校? 你父亲是谁?"

恐惧心理及全国性的浪漫主义习性组合起来也形成一种抑制改变的力量。2010 年秋天,数百万法国民众走上街头,抗议公共退休制度的一项小变革:将最低退休年龄从六十岁延后至六十二岁。学生,其中有些才十三岁,教师、市政府员工、火车驾驶、邮政及电信人员,以及其他公务员联合发动罢工,并强力主张劳工团结。连一些平常喜欢跟警察作对的小混混也混入抗议群众,伺机打劫商家。

CSA 民调机构首席政治分析师杰洛姆·圣马利(Jérôme Sainte-Marie)认为,萨科齐总统犯了一个重大的错误:他断然停止与工会及其他反对新措施人士的讨论。"社会对话忽然中断。"圣马利不以为然地向《纽约时报》表示。政府不是延长沟通程序,而是骤然全面取消。还有一些专家指出,萨科齐这个"反诱惑者"是自作自受,他造成全国民众抗议,结果也让抗议声浪损及自己的地位。

这些罢工行动最后并没有使法国瘫痪,多数法国人还是继续上班。但法国许多地方确实在这段时间失去天然气和柴油供应,空中交通和铁路交通也遭受严重影响。反对退休改革的社会行动对法国造成数十亿欧元的损失。不过萨科齐并未因此而心软,依然坚持按照原定计划实施改革。

有时候,我会觉得"一切都可能"的美式作风可能永远无法在法国立足生根。刚到法国时,我曾因为随时迸发的文化冲击而感到挫折,但居住在此这么多年以后,我认为自己已经学会接受法美两国之间那种诡谲难解的文化差异。当法国人以一种看似完全无厘头且浪费时间、金钱与精力的方式行事(比如三个不同技师来三次以后才把热水器修好),大多数时候我都能泰然处之。我让自己相信,过程是法式生活中非常自然的部分。

我告诉自己,法国毕竟是一个能让关于情趣的憧憬华丽兑现的国家。露天市集买到的哈密瓜可能带着天堂般的滋味。女人可能在街头调情放电。男人可能如骑士般风度翩翩。甚至,通过一点顽皮、一点敬意、一点巧妙的语言操作,以及一点坚持与意志力,我们还可能让法国人脱去高傲的外衣,让他们敞开心胸,真情流露。这样的心理调适赋予我无比的勇气,让我胆敢与法国行政机构中专事刁难的小官僚周旋。

后来发生了戏剧化的厨房事件。那件事让我确信,除非法国改变它对厨房的态度,否则这个国家就永远不可能再度成为伟大的强国。

在法国,公寓出租时厨房可能空空如也,里面只有一个进水口,有时或许还有一个水槽,但没有流理台、橱柜、炉具或电器。新房客必须自掏腰包打造新的厨房。

安迪和我搬进我们在巴黎租来的第一栋公寓时,我们的运气非常好。原先的房客住了不到两年就搬走,而且我们能以非常便宜的价格直接买下他请人设计规划的厨房,高级橱柜和设备一应俱全。虽然算不上在《建筑文摘》(*Architectural Digest*)里看得到那种豪华气派的时尚餐厨空间,但也绝不是来自宜家(IKEA)的大众化产物。几年后,我们准备搬到另外一户公寓时,房东要我们把厨房清空,只能留下水槽。我建议至少把全套橱柜都留下来,因为它看起来仍旧新颖美观。我没有幻想接下来的房客会出钱买下这套橱柜,只觉得把完好无缺的漂亮橱柜毁掉是非常不对的事,新房客还得洒重金,花费大把时间、精神装设一组新橱柜,而且不见得比原来这组好。同时我也不想花一大笔钱请人把原有的橱柜拆除运走。

“不行,这是规定。”当我要求让这组橱柜留下时,公寓管理者这么说,“所有房客在退租时都得净空厨房。”

于是锲而不舍的我开始和房东代理人沟通。我先尝试正式有礼、带点谄媚、带点求情的法式战略。“请问您是否能贴心地考虑让我们把橱柜留给下一任房客使用?”

不可以。“厨房必须净空。”她斩钉截铁地说。

接着我试着采用文化交流政策。“我可以请您找一天到家里来午茶,并请您亲自欣赏这套漂亮的橱柜吗?"

不可以。

接着我搬出道德立场和环保正确。"花那么多时间和精力,把一个好好的厨房打掉,害新房客还得费力建造一个全新的厨房,这种做法有欠妥当,也非常浪费资源吧?"

没什么不妥当的。

我动用美式行销手法。"这么高档的橱柜会是一个很棒的卖点呢!"我热心地建议。

她不为所动。

我改用笛卡尔的逻辑。"照理说,我们退租时应该让公寓恢复原来的状况。我们搬进来时厨房里就有橱柜,所以我们搬走时好像也应该把橱柜留着,"我分析道。

"情况已经改变,"她回答,"我们的租赁流程现在全面标准化了。"

最后我尝试法律手段。"为什么不在新合约里加进一项条款,说房东不对原来装设的橱柜负责?"

"租屋管理单位本来就没必要承担房客日后可能会对旧橱柜有所抱怨的风险。"她回道。

这下我终于懂了。橱柜的例子完美地说明了法国人为什么事情只做到最低限度,不愿意多做任何付出:他们要预先避免任何可能的麻烦。创意思考、省钱、常识、弹性,甚至基本的人情,这些并不在考量范围内。这种死板仿佛将法国卡在一种凝固的时空中,让这个国家无法享受解决问题时带来的通畅与兴奋。就像他们不需要任何良好的理由,硬是要把漂漂亮亮的厨具拆掉。法国人有时会把自己僵化在一些既定的立场中,无论这些东西多么荒谬。

我终于撞上诱惑游戏的终极边界。我问农业部长布鲁诺·勒梅尔,要是"反诱惑"力量获得最后胜利,法国会变成什么样子?他回答我,诱惑这种东西毕竟力量有限,必须不断调整内涵才行。它的基本原则应该在于与他人寻求共同立场,使他人心甘情愿地朝我们走来。这件事是可以做得很好的,而且他强调:表现最好的非法国人莫属。

"我们不再有伟大的军事力量,也没有绝对的经济优势,"他说,"法国唯一拥有的力量是它的聪慧,而这是非常宝贵的。我在世界其他任何地方都看不到这种聪慧。因为这种聪慧,我们得以与任何人对话,并真正理解真实世界的复杂性。"

勒梅尔表示,法国这种聪慧使它在许多年前就不断强调,如果欧元的发行没有相应的欧盟经济架构作为配套,会是一个愚劣的决定。他还说,法国的聪慧使它能立刻了解对伊拉克发动战争一定会在未来许多年间造成灾难。"你可以不断告诉我法国只是一个中等强权,"他补充道,"但我依然确信它是一个伟大的国家。一个创造独特典范的国家。"

"如果法国继续失去它的全球影响力、它的农场以及它那定义出法兰西质性的美丽乡村,如果法国失去它的美食艺术、它的交谈艺术,那它会变成什么?"我问勒梅尔。

"我们不能失去这些东西,"他说,"如果我们失去这些,我们就失去了一切。"

为了阐释他的想法,勒梅尔援引亚历克西斯·雷杰(Alexis Leger)一首诗作中他非常喜欢的一句:"挑一顶帽檐已受诱惑的宽边帽。"亚历克西斯·雷杰是一位法国外交官,并以圣琼·佩斯(Saint-

John Perse)的笔名发表作品，是二十世纪最伟大的法国诗人之一，曾于 1960 年获颁诺贝尔文学奖。我不懂勒梅尔引述的诗句是什么意思，他向我解释："诱惑就是'往自己这边拉过来'。当你'诱惑'一顶帽子的帽檐，这个意思是说，你把帽檐往帽子的中央方向翻。对法国人而言，这就是诱惑的意义，也就是把别人拉向自己，把他往回导引到你这边来。"

他继续表示，诱惑因此需要一种隐而不彰的力量。"这是最微妙之处，"他说，"关键不在将力量强加于他人身上，而是要通过一种行动，将别人诱引过来。如果要能达成这个目的，就必须悉心说明，耐心说服，并在过程中设法让对方开怀大笑。这跟意大利人的魅力是不一样的，意大利人的魅力是毫无所求、完全自然释放的那种。"

他举出已故意大利男星马塞洛·马斯楚安尼（Marcello Mastroianni）的例子。他认为马斯楚安尼的魅力凡人皆无法挡，但那不是诱惑力。"他对那种把别人导引回来的诱惑程序并不擅长，"勒梅尔表示，"就本质上而言，这才是最真实纯粹的法兰西性格。也就是说，就算只是翻开一张地图，我们也会看到法国位于世界中心，全世界都该来此报到。"

尾 声

一场法式晚宴

＊

记得要像法国人那样，用洪亮的声音快速地说话，以坚定的口气陈述
你的立场，这样你就能度过非常愉快的时光！

——茉莉亚·查尔德

对如何在巴黎的晚宴中快乐存活所提供的衷心建议

请教任何一个国家中旅行经历丰富的国民，你最想在世界上哪个国
家生活？答案当然是：自己的国家，因为那里有我们所有的亲朋好
友，以及人生中最早、最甜蜜的感动与记忆。第二个选择呢？法国。

——托马斯·杰斐逊（Thomas Jefferson）

"要不要我帮你安排一场晚宴?"有一天,我到某人家里用午餐,优雅的女主人这样问我,"大家聊聊'诱惑'?"

"那就太荣幸了!"我回答,也许带着太多美国式的热切。

优雅的女主人会说非常优雅的英文,比我说的法文要华丽许多。所以我们通常是以英文交谈。

但这场晚宴的官方语言将会是法文。"你的法文程度如何?"她问我。

这个问题实在有点恼人。我心想,我都已经在法国生活七年了,看起来应该也不像那种从来不学当地语言的美国人吧? 不过也不能怪她,我几乎不曾主动用法文跟这位优雅的女主人聊天。

"用法文采访法国总统大概没什么问题。"我这么回答,同时给了她一个临危不乱、越挫越勇的阳光笑容。

"很好,"她带着比较保留的笑容说,接着告知我,"晚宴将采用法国形式。"

这么一听,我知道她打算进行周详的规划与准备。接下来我们通过电话、电子邮件和餐叙,进行了一连串的讨论。她询问关于我先生的资讯:姓名、教育背景、工作、兴趣等。她要知道我们是否有什么饮食上的限制,还问我希望她怎么向宾客介绍我。

这将是一个不寻常的场合:不是一个轻松的社交聚会,而是一个精心构思策划,邀请十二名各路英雄好汉参加的主题晚宴。

"下次来午餐的时候再进一步向你提供来宾资料,"优雅女主人在一封邮件里写道,"(请容许)我拥抱你。①"然后是签名。

---

① "Je t'embrasse"(我拥抱你)是法文书信结尾问候语,用于较亲近的人之间。

下一回会面时,优雅女主人向我说明各个宾客的专业背景及个人兴趣。客人中有一对夫妻,先生是知名小说家及传记作家,正在同时进行好几本书的写作工作,英国籍的妻子本身也是一个高级知识分子。另一对夫妻档包括"创意思想家"先生,他同时也是个退休银行家,以及他的妻子,他们在南部有一座庄园,生产、经销高级雅玛邑白兰地。还有一对退休集团总裁以及律师妻子的夫妻档。接下来是一位英国驻法特派记者和他从事商务的女性友人。最后就是女主人的先生,一名文艺复兴专家,他收藏艺术品,经营一个智库机构,从事政治改革游说工作,正式工作则是银行家。

女主人说他们对于即将举行的晚宴都感到"既兴奋又好笑"。兴奋我是可以理解,但为什么好笑?我可以接受他们认为"诱惑"这个主题很有意思,但我可不愿意成为餐桌上给人逗趣的笑料。我是很喜欢看伊迪丝·沃顿和亨利·詹姆斯(Henry James)的书,他们当年在巴黎的宴会场合都能以法文进行段数很高的对话,但我自认缺乏他们的社交技巧,无法在现实生活中实现他们的典范。

我决定展开一项双管齐下的"诱惑行动"。首先,我要把自己打扮得优雅迷人,而且显出世故油滑的态度,引诱他们进入我的游戏。第二,我会提出一系列关于诱惑在法式生活中所扮演的角色的问题与想法,并且设法让他们觉得这个话题非常引人入胜,因而愿意津津乐道地分享他们的见解。他们不需要接受我的看法,只要我能诱惑他们打开话匣子就够了。

在任何文化中,正式晚宴都是测试社交仪态的场合。但世故优雅的巴黎人有其特殊之处。他们热爱受到诱惑,期待受到诱惑,而且有一套关于礼节和外表的规则,要求所有人在诱惑力的展现上都要达到基本标准。

如果一个人没办法符合标准，就很难以平等身份运作，特别是在知识分子的圈子里。外国人倒是可以得到些许通融，但毕竟这次我将是整场宴会的引力中心。我不在乎是否获得别人的称赞，但我必须能使他们接纳我。

虽然我在巴黎已经住了好多年，但我发现自己还是无法掌握许多晚宴礼仪的规则。纵使我顶着《纽约时报》驻法特派员的光环，无论从新闻专业角度或美国本土标准来看，我都称得上是一个事业有成的人，但这还是不够的。法国人非常知道如何让一个外地人自觉笨拙而且"mal élevé——缺乏教养"。那么多个世纪以来，这个国家的人优雅地出入上流社会沙龙，觥筹交错间娴熟地跳起小步舞曲，这样的生活让许多法国人早就培养出无懈可击的能力，能够眼睛眨都不眨一下地就让别人自惭形秽。

在安排有外烩服务的正式晚宴上，我的经验非常有限，住在巴黎的这些日子里其实只办过一次。那是 2003 年的事，当时是为了庆祝热拉尔·阿罗德获派前往以色列担任法国大使。我是在二十世纪八十年代末期在华府认识热拉尔的，那时他在法国大使馆掌管政治和军事事务。

热拉尔离法赴以色列就任前夕，我为他办了一场晚宴。我用高级浮刻信纸亲笔写邀请卡寄给宾客，订购美酒佳酿，包括许多香槟。我用白色棉布把平价餐椅包起来，让它们显得高贵些。我聘请了专业厨师烹调完美餐食，还有一名侍应生负责服务客人。

我综合了一些法国朋友提供的意见，归纳出在巴黎成功举行正式晚宴的三个要求标准：

——女主人必须提供赏心悦目的餐食，搭配一流美酒，并聘请专业服务人员，让客人能毫不费力地享用美食。（食物本身的美味程度属于次要，重点是精致美观的摆盘。）

——客人在仪表和个人魅力方面都必须展现充分的诱惑力。

——席间对话必须充满知识趣味，而且所有客人都要加入分享。

我做了进一步的调查。一位法国朋友警告我不必企图在餐桌摆设方面与法国人比美。她说，法国人绝对有办法找到可以挑剔的地方。我想了想，我没有好的水晶器皿。我的银质餐具没有成套。我的全套高级骨瓷餐具摆在美国特拉华州的仓库里。所以我决定不要用鲜花装饰餐桌，改用迷你蔬果和丝绸缎带，以另类手法打造优雅氛围。有一位客人——一名法国外交部资深官员——赞赏我的餐桌摆设非常完美。我猜想他一定是话中带话，搞不好还认为我很穷酸。

有些客人带了鲜花来。有一个人带了有精美垂饰的书签。有一位四星将军带来高贵的迷你瓷瓶以及一群安全武官。

我对当晚的餐食内容没有印象，只记得食物还不错，大家皆表示赞美，还有就是甜点盘中摆了醋栗和杨桃切片作装饰。由于大家聊得兴致盎然，我倒是违反了社交礼仪，没把客人请到客厅喝餐后咖啡，而是让大家继续在餐厅围桌而坐。

我在晚宴之前其实还犯了一个更严重的社交疏失。在邀请函上，我注明晚宴目的是为了帮即将启程前往耶路撒冷担任大使的热拉尔饯行。以色列声称耶路撒冷是以色列首都，但在联合国一直无法就耶路撒冷地位问题达成决议的现况下，世界其他国家并不接受以色列的观点。因此热拉尔的派驻地点应该是特拉维夫——外国驻以色列使馆都设在这座城市。这个小小的"笔误"，让我同时把法国大使馆搬了家，改写了历史，还间接对法国政府造成污辱。

所以这次我非得好好准备不可。我查阅了几年前看某篇文章时所做的笔记，文章是探讨礼仪在法国的重要性。为了进一步研究这个问题，我还参加过一个有关正确餐桌摆设及用餐习惯的私人讲座。我跟一群法国及美国妇女一起在一个旅馆套房中琢磨这个议题，周遭全是真丝锦缎和天鹅绒打造出来的华贵法式沙龙氛围。参加这场"提升晚宴意识"活动的费用大约是每人七十欧元。

根据我所学到的资讯，在一个完美的法式世界中，任何微小的细节都受到规则制约：如何在门口欢迎客人，如何称呼你刚认识的人，参加晚宴时有哪些礼物不能送等等。（带一瓶酒参加晚宴可能被视为一种高傲的行为，因为这会让人觉得你自以为比主人还懂酒。有一次我带了一瓶我亲自在波尔多南方一个私人酒庄购买的 2004 年苏玳甜白酒，价值一百欧元，结果女主人告诉我她和她先生在自家酒窖里摆了六瓶每瓶要价一千欧元的滴金酒庄酒款。）

讲座里学到的功课还包括：参加晚宴一定要迟到十五分钟。女宾客（不是男宾客）要伸出一只手，让主人握手或吻手。女性就座时双手应该一直置放于餐桌上，免得让人以为想在桌下搞鬼。她还应该把一只手叠放在另一只手上，因为这样更能美好地展现手上佩戴的珠宝。

芦笋要用手指捏着吃，雪酪（sorbet）则应该用叉子盛起来入口。准备开始用餐时不要说民间常用的 bon appétit，因为这种词语对身体功能的指涉太过直接。盛入餐盘的食物分量要以自己能吃完为基本原则，因为在餐盘中留下剩菜是不礼貌的。餐后乳酪享用过以后，不要要求吃第二轮，因为这样主人会以为你没吃饱。用餐时间不要离开餐桌到化妆间，如果真的想去，等到晚餐结束以后再低声礼貌地问，"我可以洗个手吗？"

当天的讲师穿着挺直的铅笔裙和非常合身的羊绒毛衣，整个人看起来纤细玲珑，仿佛从来不曾进食。她把学习晚宴礼仪比拟为运动选手培训，无论对宾主而言都是如此。"必须努力训练，"她告诉我们这些学员，"可是一旦练习好了，懂得规则了，一切就会变得像是一种本能。"

她的授课内容中最可怕的一句话是：认识别人的第一分钟就能决定你的输赢。"前二十秒别人会判断你的外表；接下来二十秒他们会判断你的举止；第三个二十秒则是判断你开口说的头一两句话。"讲师说，"一切都有规范。如果一开始没有好好遵守，后来要扳回一城会非常非常困难。"

优雅女主人举办的晚宴还多了一层我们在课堂上没有学到的复杂性：交谈的速度和顽皮地把玩字词的技巧。我知道我将无法掌握许多弦外之音和精彩的唇枪舌剑。

"如果大家忙着玩文字游戏，抢着出风头……"有一天我跟优雅女主人开口提起这个问题。

话还没说完，她就打断我，"会是这样。一定会有很多'二级话语'。"

啊，老奸巨猾的"二级话语"！这种弦外之音、话中有话的表达方式是法国人交谈艺术中最为奥妙诡谲、难以捉摸之处，说出来的话语并不代表真正的意涵，必须设法理解掩映在背后的第二层意义，然后还要带着一丝幽默与机智做出巧妙的回应。我知道我的言语习惯太过"一级"（premier degré）了，太过直接，太过讲求清楚明白。即使我懂得所有的法文词语,有时候还是无法了解旁人说的笑话是什么意思。我忽然意识到,当初跟优雅女主人说我可以用法文采访法国总统,真是大错特错。采访总统是简单的:目的只是引导他说出值得报道的材料,但在这个过程中,总统会设法清楚表达意思。但"二级话语"——打趣式的模棱两可——是无法转译为良好的新闻报道的。

我跟优雅女主人坦白,她的晚宴计划可能不容易顺利进行。我告诉她我不够灵巧,无法掌握"二级话语"。

"我可能只能坐在一边旁观,"我说,"如果到时候我开始担心别人会因为我没有正确使用不完全假设语态而对我进行价值判断,那就那样吧。如果我没法演好伊迪丝·沃顿的角色,请你务必帮我解围哦。"

"他们都是很好的人,都是我的好朋友。"她向我保证。接着她又提了一次:这些人对于即将举行的晚宴都感到"既兴奋又好笑"。

拿到晚宴宾客名单后,我回到办公室上班。我请弗洛伦斯在电子资料库中搜集所有人的背景资讯,因此我得以知道谁读过大学院,谁有贵族血统,谁的祖先曾经参与法国赠送自由女神像给美国的计划,谁创办了一家知名旅游杂志,谁曾经在美国工作,谁隶属上流社会人士参加的竞赛俱乐部(Racing Club),谁笃信宗教,谁的宗教信仰比较淡等等。

我还得思考当天该穿什么衣服。*Elle* 杂志编辑米歇尔·菲图西告诉我,我应该穿一袭高雅且性感的黑色洋装,但以舒适为原则,鞋子则必须是设计师款高跟鞋,而且就算穿起来不舒服也得穿。这两种玩意儿我都没有。我平常参加宴会的"高级服饰"是一件桑丽卡的晚宴西装上衣和一条好几年前买的长裤。

我征询奥尔嘉·布翰米（Olga Boughanmi）的意见，她在我住处附近经营一家委托行。她为我挑出一件意大利黑色丝质 V 领裹身洋装和一双克里斯提·鲁布托（Christian Louboutin）的高跟凉鞋。我一共付了两百欧元。洋装很舒服，高跟鞋很不舒服，所以是绝对完美——按照米歇尔·菲图西的说法。

我买了一位知名作家写的小说，整本书都在描写一场时髦风雅的巴黎晚宴。我仔细阅读文字，还做了许多笔记。我发现作者好几次提到"诱惑"这个字。这场虚构晚宴的其中一个人物正是一位女记者，她也是请助理针对晚宴宾客做了一些背景资料研究。于是我明白自己算不上聪明，只不过做了很容易预期的事而已。小说里的知名作家角色嘲笑女人总是穿黑色服装参加晚宴，让晚餐气氛仿佛一场丧礼。

这位小说家在另一本书里将一场晚宴描述得像是秘密作战演习，本质跟高敏感度的军事情报行动没有两样。有一个角色的餐巾老是掉落地上，这样他就可以趁弯腰捡起餐巾时偷拍客人在桌子底下用脚碰来碰去互相调情的景象。虚构的晚宴主人还在电梯中安装麦克风，以便监听客人离开时的评论。

阿丽尔·朵巴丝勒果然是对的：诱惑是一场战争。

接下来我必须准备开场白。根据优雅女主人向我做的说明，我必须用五分钟介绍我的书的主题，接着她才会让其他宾客开始表达意见。

法国人在从小到大的教育训练中必须不断做口头报告，而且是不带笔记上场，所以他们特别精于此道。口头报告内容必须依循一

　　　　　　　　　　　　　　　　　　法式诱惑

个严谨的大纲，这是一种逻辑性重于正确性的正式结构。我用法文写了一篇讲辞，由安迪帮我编辑。弗洛伦斯修正了文法错误。我大声朗诵演讲内容，直到能够在五分钟内完成为止。

"我可以带着笔记吗?"我问优雅女主人。

"带点小笔记可以，"她说，"谢谢你问我。不过餐桌上不能放录音机。"

我笑着想起多年前派驻德黑兰时，有回采访了哈塔米(Mohammad Khatami)总统的夫人。她端详了一下我们之间桌上的花束，接着惊呼道，"花里头有麦克风! 有人在偷听我们的谈话!"显然我们的谈话正被录音。对我而言，将麦克风藏在花束里的做法如果成功，将会是一个非常大胆且出色的举动，但如果失败了，就会显得极为狼狈且不可原谅。

晚宴举行的那天傍晚，我跟安迪约在优雅女主人住处附近隔了几栋楼的一家房地产中介公司外面。这家公司的门面灯光打得很亮，而我早到了一点儿，于是我打开演讲稿做最后一刻的恶补。我试着专心练习，但忽然觉得左脚跟有一种奇怪的裸露感觉。

我倚靠在大楼外墙上，抬起小腿检查有什么问题，结果发现我的丝袜脱了丝，而且破口还意志坚定地直往上蹿。这真是个不好的兆头，但现在已经太迟，无法补救了。此时街道对面出现一位头发灰白，戴着眼镜的男人，身穿一件高尚的订制大衣。他经过的时候看着我说了一句话，但我没听懂。不过这人看起来相当绅士。

"先生，您说什么?"我问。

"这位夫人，您美极了!"他回道。

我浅浅地微笑了一下。好兆头弭平了坏兆头——我怎么可能没事被人羞辱嘛!

我们接到的通知说晚宴在八点四十五分开始。安迪和我一起在灯光明亮的门厅等到八点五十五分才慢慢上楼,免得准时到达被视为不礼貌,结果我们惊讶地发现有另外两对男女已经到了。难道我们听错了时间?

优雅女主人身穿柔软合身的羊绒连身裙装,脸庞两侧垂着大大的蓝晶耳坠,稍一转头就闪动晶莹剔透的光芒。其他所有女宾客无不穿戴高雅,举止怡人,但还是优雅女主人最令人惊艳。只有律师和我两个人全身穿黑色;知名小说家之妻大胆地穿了一袭深红色的爱马仕服装。

晚宴遵照正统礼仪举行。我们先在客厅喝了将近一个小时的香槟。摆设在窗前的蜡烛点亮了铺上红色绸织布的餐桌。银器是英国制,青花瓷餐具则是法国精品。身为晚宴的荣誉贵宾,我被安排坐在中间,左手边坐的是知名小说家,右手边则是英国特派记者。优雅女主人坐在我对面,向大家宣布这将是一场"工作晚宴",由她担任"餐桌会议主席"。

但这不是一场普通的工作餐宴。工作主题不像"法国的政治领导体系"或"欧洲的未来"这类议题那么具体且容易思考论证结构。这次的讨论主题主观色彩非常浓厚,甚至可能让人困惑。不过所有宾客都乖乖地玩了这场游戏,纵使投入的兴致与提出见解的深度因人而异。

"这本书是要探讨诱惑在法国文化中扮演的角色。"优雅女主人

　　　　　　　　　　　　　　　　　　　　法式诱惑

说。这时侍应生正在上第一道菜——干贝意大利炖饭。

"那我就搞不懂为什么我们会在这里了!"一位男宾客说。

大家都笑了。

"为了诱惑伊莱恩啊!"另一人说。还有一个人大笑起来。好吧,看来他们确实觉得这场子很"好笑",就像优雅女主人事先所说的一样。

"大家听着,你们要怎么思考是你们的事,但诱惑在法国……这是一种试图触及法国的方式。"优雅女主人说。在座嘉宾们是否听出来她话中的微妙之处,也就是说,所谓"触及"本身就能被诠释为一种诱惑的行为?我对她的话充满感激。优雅女主人已经释放出讯息,告诉大家她是我的伙伴、我的保护天使。

"她带了笔记本!"知名小说家叫道。他打量着我为了避免错过某人特别高深的见解而刻意准备的雅致黑色笔记本。我把它摆在我的叉子左边,而不是放在盖住我大腿的餐巾上,免得让人觉得鬼鬼祟祟。

一些其他客人随着长叫了一声"啊～～"。

我事先已经被告知知名小说家将扮演观察者的角色。但他丝毫没有观察者那种随时警觉的神态,反而泰然自若地继续打哈哈,问了一个"非常美式"的问题:"有人会付钱给我们吗?"

大家又笑了出来。

我能怎么回答?我思考着要不要向他们说明,美国记者采访别人是不付钱的,但我说出口前赶紧踩了刹车。记得保持油腔滑调啊,我提醒自己。

"去找我的律师谈吧!"我开玩笑地说,并打了个手势,指向坐在桌子另一端的我先生。

接着我开始发表开场白。我先感谢女主人和在场宾客,接着表示对我而言,诱惑的概念是理解法国的一个关键。我解释说,同样的"seduction"这个字在英文中具有性的指涉,而且经常带有贬义,但在法文中的语义则比较宽广且模糊。我说,在法国人使用"opération séduction——诱惑行动"的场合,英美人士会说"charm offensive——魅力攻势"。

这时英国记者打断我。"可是'魅力攻势'最初是一个法文词语,用于外交场合。"他说。

太好了,这个我原来并不知道。他继续解释说,英文中最具外交色彩的字词都源自法文。我事先精心准备好的演讲词没法全部说完,因为客人们已经纷纷开始讨论英文本身在外交词汇方面是多么贫乏,接着话题又转到 galanterie(男人对女人献殷勤或表示绅士风度)、courtoisie(彬彬有礼的态度)这些字的精确意义。

优雅女主人设法让议席恢复秩序,接着敦促我继续我的开场陈述。我说我有三个问题要请教在场贵宾:"第一,诱惑在法国是否是一种行为的驱动力? 第二,诱惑是否具有某种负面的反衬,是否存在着某种'反诱惑',也就是说诱惑被本末倒置,结果让过程的铺陈变得比达到结果更重要? 最后,如果没有了诱惑,法国是否等于被判了死刑?"

杰出小说家喜欢这个游戏。"大家都知道,当一个法国人明显表现出诱惑者的行为时,会让人无法忍受,"他说,"相反,当他不刻意玩弄这个游戏,他才真的具有诱惑力。如果必须勉强自己做出那个行为,那等于已经失败了。如果能不费吹灰之力,那才是艺术!"

　　　　　　　　　　　　　　　　　　　　　　　法式诱惑

有些客人强调如果诱惑要成功，就必须是一个经过思考、有意识的行为。但大家说话速度太快，我没法清楚记得谁说了什么。

"一个有意志的举动——"一位男宾客说。

"——但不能一下子就有太多意志。"一位女宾客补充道。

"你看不到那背后的运作机制。"另一位男宾客指出。哈，这正是我参加的女性俱乐部里有些会员曾经试着向我解释的事：在法国，一个诱惑者必须让别人看不到他的策略，这样才堪称上道。

创意思想家表示，"诱惑者"这个字终究还是带着那么点贬义，虽然远不如在美国或英国来得严重。

大家都同意前总统季斯卡在他的巅峰时期是一位"一流诱惑家"，诱惑力更胜希拉克一筹。即使他目前已经八十多岁高龄，恐怕还是被视为深具诱惑力。说着说着，有人提到季斯卡写过一本小说，内容描述了他与英国黛安娜王妃的一场虚构的恋情。我提起季斯卡帮我在这本小说中亲笔签名的事。

"他有没有顺道签上电话号码？"一位男宾客开玩笑说。

女律师宣称，"一个非常有诱惑力的女人……不只是在性的意涵上面。有些女人不断地进行诱惑，任何时候都在诱惑，对象不分男女。一个人要能诱惑，就必须有心想要诱惑，比如说脸上随时挂着微笑。"

我直接问她：你用什么方法诱惑？

安迪语带警告地打断我："伊莱恩，别问过头了。"

小说家集中心思在性诱惑这件事上，他表示诱惑的目的不在于让女人觉得"受到诱惑"，而在于让她"困惑"。困惑？困扰？疑惑？我请他进一步说明。"当一个女人对男人说'我感到困惑'，两天后——就进口袋啦。"他是用英文说"in the pocket"这几个字的,那是法文成语"c'est dans la poche"的直译,意思是"大功告成"。

我懂了。我回想起凡尔赛首席园艺师阿兰·巴拉顿有一次告诉我,诱惑的目的在于找到对方的弱点,并尽一切可能避免遭到对方严词拒绝。

随后大家又聊起一段饱受批评的 Youtube 视频。影片里可以看到萨科齐总统颁发荣誉军团勋章给演员丹尼·伯恩(Dany Boon)。萨科齐拿伯恩的阿拉伯血统开玩笑,以为这样会显得很风趣。但他的言辞被民众认为非常无礼。

"他试图表现幽默感,也就是说,他想诱惑民众,"知名小说家说,"但他那次的诱惑表现是零蛋。"

第二道菜烤牛小排佐杏桃和蜜李送上来时,我们开始讨论一个当时正在法国政坛及知识界引发强烈争议的问题:身为法国人具有什么意义?法国政府那时在全国各地召开议会讨论,以决定什么是足以定义法兰西民族的统一价值。

我拿出一份文件,上面列出法国政府发函给地方政府的一系列问题,其目的在于"丰富"各地正在进行的讨论。全桌宾客都同意这场关于"国家认同"的论辩完全是疯狂之举。

"你们看,这里写了'教堂',"我说,"为什么不也写清真寺和犹太会堂?为什么不干脆简单地说'礼拜场所'?"

"因为这样会直接讲到宗教,"一位男宾客表示,"教堂的意象比较有美感。"

"教堂就像美术馆一样。"另一位客人帮腔说道。

大家又谈到密特朗在 1974 年总统选举时的竞选海报,上面印的口号是"寂静的力量"，图案则是教堂钟塔。

"Madame，这里可是法国呢。"一位男性客人告诉我，语气中同时夹带着客气和优越感。

我记得季斯卡告诫过我，身为外地人，我永远无法了解他的国家。我想我可以确定这场仗我永远打不赢。

无可避免地，关于国家认同的讨论又转移到欲望和情趣的重要性。

"法国的国家认同和法国人的身份认同是不同的！"英国记者声称。这可把我搞糊涂了。我把身子退缩到椅背上，希望没有人会要我发表意见，因为我完全不知道他是什么意思，但周围其他人似乎都认为这点很重要，所以忙着郑重地点头。

而后，我明白他是怎么想的了。"你如何让别人有想变成法国人的乐趣？"他问，"只是通过演讲，通过欢迎仪式，通过教育，而完全不是通过一些象征符号，通过一些具体的东西？"

对他而言，身为法国人是一种态度，一个情感状态，一种感觉——满足、安适、归属的感觉。

知名小说家反对这个论点。"对不起，你刚刚说'通过教育'，可是教育中也包括《马赛曲》啊！所以象征符号是无法被抽离的。教育本身就包含公民训练的象征符号。"

前任集团总裁不同意。"对我而言，教育不是象征符号，"他说，"而是读书识字的能力。"

这两个人展开了一段漫长的对谈，那是一种微妙至极的言语较量，对话者从来不会失礼或生气，但对话内容不见得能让听者理解，至少我经常听得一头雾水。这段对话也像是一场经典的交谈艺术练习,是一种我慢慢体会出来的知识分子前戏。他们似乎乐在其中。

英国记者提到国际货币基金组织总裁多米尼克·斯特劳斯-卡恩的事,并且质疑,如果有人找到他的性爱影片,而且上传到Youtube,他是否还可能成为2012年总统大选的社会党候选人。

但一位女士表示,斯特劳斯-卡恩性能力高强的名声会增加——而非减少——他作为一名候选人的魅力。

一位男性宾客指出这应该是统计学的问题。"一个花心政治人物赢得选举这件事在法国不会闹出什么大新闻,"他说,"重点不在性质,而在程度。他有几个情妇? 一个和五个之间没什么差别;五个和一千个之间,差别就大了。"

奸,现在我懂了。总统有五个情妇没关系,有一千个就有关系。

但法国已经改变了,这位男士解释道。"现在重要的是卡拉·布吕尼已经获得民众接受,即使她可能有过数十个男人。"他继续表示。

不是所有人都表示赞同。一位女士还跳出来说她不相信卡拉·布吕尼有过这么多情人。其他宾客试着列出所有名字,例如众所皆知的滚石主唱米克·贾格尔、知名吉他歌手埃里克·克莱普顿、哲学家拉斐尔·昂托芬等;还有那些谣传的、想象出来的人物,包括一位知名纳粹猎手之子、某位总理的儿子,甚至昂托芬的父亲。

"她知道怎么诱惑大众。"一位女士说。

"的确。她会诱惑,她真的会诱惑。"一位男士说。

红浆果蛋白霜夏洛特蛋糕这道甜点送上来时,知名小说家强调这个主题非常重要。"在法国一直都有一个规则,"他说,"如果男人跟许多女人上床,他就是个风流倜傥的唐璜。如果女人跟很多男人上床,她就是个下流无耻的婊子。"

"没错！但卡拉·布吕尼是第一位——"一位女士说。

"——把这个原则倒转过来的人。"她先生接着说。

"而且她知道如何重建自己的形象。"太太又补充。

我只发现一个人犯了失礼之举：一名男宾客把优雅女主人的名字讲错了。当他第二次讲错时，知名小说家纠正了他。男宾客道了歉。当他第三次讲错时，大家当作没听到。我猜想如果让他再度丢面子，恐怕对他太残酷了。坦白说我觉得松了一口气。我推断我必然也有失言之处，而且一定也被其他人注意到了，但大家可能很容易就宽恕了我这个外国人。

餐后大家来到客厅，悠闲地啜饮浓缩咖啡、花草茶和雅玛邑庄园夫妻的雅玛邑酒。晚宴的工作阶段已经结束。但即使宾客们离开了"会议桌"，大家还是这里聚一堆、那里聚一堆，继续讨论餐桌上提出的各项议题。"事实上我们可以说，"安迪后来告诉我，"这几位见过世面的优雅宾客都相当受到探讨'诱惑'这个主题的诱惑，因此非常乐于延伸相关讨论。"

在这样一个风雅高尚、参与者都颇有来头的晚宴场合，大家在身体上表现出的轻松自在有点出人意料。两位女士，包括优雅女主人在内，慵懒地斜坐在地上。宾客们这么放松不只是因为香槟和名贵葡萄酒的关系；这次餐桌交谈的特殊性质也让晚宴最后这个阶段洋溢着不寻常的酣畅。

优异思想家在这段咖啡时光中把我拉到一边，告诉我他非常惊讶有那么多事情未被提及。我请他多做说明，但这时另一位客人走过来讲话。思想家原本即将披露的重大发现就此打住。

虽然这天是个工作日，大家还是流连到午夜过后才依依不舍地离开。晚宴无疑极为成功，但关于诱惑这个主题，我从中撷取到了什么新的见解？

晚宴过程中没有出现笛卡尔式条理分明的辩证，没有在一种高潮式的结论中获得至高无上的启示与超越。但毋庸置疑，我看到大家赋予这个主题的热情拥抱。所有人都同意法式"art de vivre——生活艺术"——大大优于美式生活方式；因为它不只是工作，也广泛涵盖乐趣与对美的观照。但关于晚宴中展现的交谈艺术是否能在劳工阶层郊区中的平民酒吧出现，或是非得需要有这种风雅的氛围加持不可，大伙儿倒是各有看法。

晚宴中没有爆出什么惊人秘密。对话内容是向外开展的，而不是向内；而且毕竟我们不是在美国，因此也没有人提到工作、金钱或房地产。即使有人曾经遭到背叛、自己曾经出轨，或曾在内心与别人私通——就像美国前总统吉米·卡特（Jimmy Carter）那样，也没有人在这些方面做出告白。

但晚宴中充满宾客们提起的美好回忆。优异思想家说，小时候即使他只是出门买个日常用品，他母亲也会要他穿上好衣服，看起来才体面。我听了觉得很感动。他记得母亲教他一句可可·香奈儿关于期待与许诺的名言：男人准备出门的时候，一定要告诉自己这次他可能就会邂逅一生一世的那个女人。

就我个人而言，我离开晚宴时的心情是欢喜与失望交杂。整个过程中我无法控制地表现出美国人的举止。我原本希望自己能像伊迪丝·沃顿在 1907 年的中篇小说《特蕾姆女士》（*Madame de Treymes*）中的角色芬妮·弗里斯比（Fanny Frisbee）那样。芬妮是个纽约人，嫁给一位冷酷严峻的法国侯爵，但思忖着想离婚，以便改嫁给青梅竹马的美籍情人。她在法国定居的过程中,蜕去了许多原有的美国外壳,变得越来越法国。在她的情人眼里,这是好事一桩。

但我没能把自己变成芬妮。法国生活对我的影响还没大到让我变得充满神秘感,说话声音低沉,手势姿态高雅迷人,或把我调节到得以和谐地融入法国人悠长的社交历史所雕琢出的那种光线迷蒙、温馨怡人的氛围里。我是以美国记者的粗鲁与直率提出我的问题,而不是像美人鱼那般慵懒娇嗔得令人招架不住。

安迪和我是最后离开的客人。身为晚宴的荣誉贵宾,我们是否应该第一个离开? 现在说这个太迟了。

我们与优雅女主人和她的先生站在门口话别。这是一个非常特别的时刻。我们开始回顾席间众人所说的话,以及哪些话该说没说到。但因为时候已晚,我们很快结束讨论。我们说下次他们应该到我们家坐坐,就我们四个人。那天的晚餐对我们而言真的是一个恩赐,也是一种传达亲密友谊的举动。我们受到如此热诚亲切的接纳,光靠隔天写个感谢函或打通电话道谢是绝对不足够的。

安迪和我慢慢步下螺旋阶梯,穿过中庭,走进午夜过后巴黎的寒冷空气中。深夜的巴黎属于没有特定目标、只是信步走街的漫游者。巴黎任何时候都有美丽等待我们发掘,所以我们决定步行。此时街上已经没有车辆通行,周遭唯一的声响是我高到不行的高跟鞋敲击人行道的嗒哒声。

安迪跟我提到他在喝餐后咖啡时跟英国记者女伴的对话。"她认为自己算是在座宾客中最不属于正统'知识分子'的局外人,但她所说的却非常完美地捕捉到诱惑在她生活中的重要性。"他告诉我。安迪说她向他描述自己每天早上如何花时间精心打扮,因为法国女人总希望自己能漂漂亮亮的，自己看了高兴，别人看了也赏心悦目。她告诉他，她多么喜欢看法国的电视节目——那些似乎永无休止、最后也不会有结论的谈话马拉松，一般美国人看了是既无法理解，也得不出什么趣味的。

我们经过房地产中介公司，来到圣日耳曼教堂及双叟咖啡馆（Les Deux Magots）。时间还不到凌晨一点，所以巴黎建筑物和桥梁上的景观照明还未熄灯。

我感觉到一种有归属的安适感，当然不是完全的归属，但也已算是一定程度的归属了。我想起从前送给安迪的礼物：一本大卫·赛普瑞斯（David Sipress）的漫画。它最早刊登在《纽约客》杂志中。漫画中有一个矮小严肃、发线退缩的中年男子，身体深陷在一张过大的扶手座椅中。他正在读一本书，封底有一张巴黎铁塔插图。书的标题是《如何实现前往巴黎定居的梦想》。

安迪和我实现了来到巴黎定居的梦想，巴黎也全然诱惑了我们。

"每个人都有两个国家，他的祖国和法国。"十九世纪诗人兼剧作家亨利·德波涅（Henri de Bornier）一出剧中的某个角色这样说。我们生活在巴黎这些年，一直试着把法国变成自己的国家，即使我们明知这件事不可能完全发生。我们永远不可能像法国人那样思考，也永远不可能摆脱我们的美国特质。我们倒也没打算这么做。

法国就像一个难以捉摸、竭力保持神秘感的恋人，永远不可能向我们完全敞开自我。即使到现在，每当我转过一个街角，还是会预期某个令我惊喜的事物将与我巧遇。那将是永不停歇的法式诱惑戏码中的下一个桥段。

鸣　谢

撰写本书的想法肇始于我于 2008 年 5 月在纽约公共图书馆发表的一场演说——"法国式诱惑"。当时萨科齐入主爱丽舍宫刚满一年,民调显示他被视为法国进入第五共和国以来最糟糕的总统。我向听众解释"诱惑"的概念是理解法国及法国人的关键,并说明萨科齐如何因为没有学会掌握诱惑的游戏,造成自己的声望急转直下。

在此之前几年为笔者著作《波斯迷镜》(*Persian Mirrors*)进行编辑的 Times Books 出版社总编保罗·戈洛伯(Paul Golob)在那场演讲结束后告诉我,"伊莱恩,你的下一本书有谱了。"

因此,我第一个要感谢的人就是保罗,他再次成为我的出版编辑。他从我原先以趣味性为主要考量的四十五分钟演讲中看到成书的可能性,并协助我将这个想法具体化为《法式诱惑》一书。他对法国及所有与法国有关事物的深刻理解——他确确实实地知道伯恩丘与努依丘之间的差异，①让本书内容又多了一层文化背景上的复杂性。他锲而不舍的编辑工作使得本书更加丰富可读。

我也必须感谢纽约公共图书馆馆长、知名法国专家保罗·勒克雷克（Paul LeClerc），他的热情邀约，让我有机会进行一场与法国有关的有趣对谈。

我自己的法国奇遇记早在数十年前就已展开。詹姆士·瓦罗内（James Valone）是个亲切、优秀的历史教授，也是我大学时代的指导老师，他唤起我对法国历史的热情，并鼓励我在研究所继续探索这个主题。已故《新闻周刊》主编梅纳尔德·帕克（Maynard Parker）则在我二十多岁时，首次派遣我到巴黎担任外国特派员。

《纽约时报》在2002年给了我一个梦寐以求的工作：驻巴黎办事处主任。七年后，在比尔·凯勒（Bill Keller）及其他编辑的支持下，我得以请假完成本书。吉尔·艾布拉姆森（Jill Abramson）读了部分手稿以后，提供了我许多具策略价值的建言。二十世纪七十年代与我在《新闻周刊》芝加哥办事处共事后熟识迄今的威廉·施密特（William Schmidt）对本书帮助之大，是他本人可能永远无法了解的。

《法式诱惑》的撰写获得伍德罗·威尔逊国际学者中心（Woodrow Wilson International Center for Scholars）提供奖助，该机构聘我为公共政策研究员。李·汉密尔顿（Lee H. Hamilton）、迈克尔·范杜森（Michael Van Dusen）及罗伯·黎特瓦克（Robert S.

---

① 伯恩丘与努依丘均属于勃艮第的重要葡萄酒产区——金丘。伯恩丘位于金丘山脉南半部，以伯恩市（Beaune）为核心，生产白酒与红酒，努依丘则位于金丘北半部，几乎只生产红酒。

Litwak）在我撰写《波斯迷镜》期间即热忱接纳我作为该中心研究员，这次又再度让我成为威尔逊中心家族一员。

普林斯顿大学在2010年秋季聘请我担任"费里斯"（Ferris）新闻学教授，这让我有机会接触到该校的卓越资源。特别要感谢费里斯计划主持人卡罗尔·里葛洛（Carol Rigolot），其夫婿弗朗索瓦·里葛洛（François Rigolot），及玛丽·哈珀（Mary Harper）在法国和法国文学领域对我的指导；以及普大行政人员琳·德蒂塔（Lin De-Titta）、卡斯·加纳（Cass Garner）及苏珊·科布恩（Susan Coburn）的协助。另外还要感谢纽约大学亚瑟·卡特新闻学院（Arthur L.Carter Journalism Institute）院长布鲁克·克鲁格（Brooke Kroeger）提供我成为该院访问教授的机会。

还有手中有如握有魔棒，永远不必睡觉，可在破纪录的时间内回应所有问题的文学经纪人安德鲁·怀利（Andrew Wylie），以及他的副手杰弗里·波斯特纳克（Jeffrey Posternak），这两人再次成为我在出书过程中忠实而体谅的伙伴。

Times Books 及 Henry Holt 出版社里，有好几个重要的幕后推手，包括 Times 的亚历克斯·沃德（Alex Ward），和行销及广告部的团队，特别是史蒂芬·鲁宾（Stephen Rubin）、玛姬·里查兹（Maggie Richards）、玛姬·席翁（Maggie Sivon）等。保罗的助理艾米·伊坎达（Emi Ikkanda）在许多方面贡献良多，包括整理照片、阅读手稿、协调美国及法国间的沟通联系事宜等。

我还要挑出几位朋友表达我的由衷感谢之意。

才华洋溢的《纽约时报》前任编辑芭芭拉·爱尔兰（Barbara Ireland）无论白天、夜晚或周末，费心地阅读手稿的每个字句，帮我在结构、组织和文字上进行调整与润饰，并在我文笔走调时鼓励我找到自己的声音。

三十多年的同僚兼好友贝特朗·范尼耶（Bertrand Vannier）将我的手稿带到西法度假胜地瑞岛的海滩上阅读，他强烈建议我将本书内容缩短并增加幽默指数。文采过人的作家兼记者米歇尔·菲图西（Michèle Fitoussi）分享了种种想法，替我指点迷津，并为我开启许多通往法国新闻、时尚、文化世界的大门。我们之间的情谊弥足珍贵。

优秀的记者、《纽约时报》前任研究助理巴索·卡茨（Basil Katz）教导我关于法国料理的知识。让-克洛德·希波（Jean-Claude Ribaut）继他之后也成为我的法国料理顾问。沃尔特·威尔斯（Walter Wells）让我深入了解法国葡萄酒的奇妙。苏菲-卡洛琳·德·马尔热里（Sophie-Caroline de Margerie）将我引入她的世界，使我更进一步了解何谓风格、美丽、女人与文化。她的夫婿吉尔·德·马尔热里（Gilles de Margerie）则指点我勇闯遍布地雷的法国政治界。

钱德勒·布尔（Chandler Burr）把我带进法国香水的世界，为我揭开香气的奥秘。热拉尔·阿罗德（Gérard Araud）、菲利普·艾雷拉（Philippe Errera）、凯瑟琳·科罗纳（Catherine Colonna）教导我法国外交的个中奥妙。我在驻巴黎办事处的法国文化导师阿兰·莱汀（Alan Riding）建议我在浪漫与性爱等方面多着墨，及时更正了几个相关错误，并不断让我开怀大笑。

跟我前一次投身写作时一样，乔伊丝·赛茨尔（Joyce Seltzer）、伊莎朵·赛茨尔（Isadore Seltzer）、卡罗尔·吉亚科摩（Carol Giaco-mo）、苏珊·弗雷克（Susan Fraker）、法莉德·法尔希（Farideh

Farhi）、琳·魏德曼（Lin Widmann）、婕拉汀·鲍姆（Geraldine Baum）、唐娜·史密斯（Donna Smith）等人都为我提供了坚实的支持。

其他一些朋友及同僚阅读了全部或部分手稿，并提供了许多想法及修正意见。他们包括：皮埃尔·阿苏林（Pierre Assouline）、雅丽安·贝尔纳（Ariane Bernard）、查尔斯·布雷姆纳（Charles Bremner）、马克·夏内（Marc Charney）、玛雅·德拉波姆（Maïa de la Baume）、希比·多里涅（Sybil D'Origny）、莫琳·多德（Maureen Dowd）、艾莲·富凯（Hélène Fouquet）、菲利普·赫兹伯格（Philippe Hertzberg）、茱莉亚·哈森（Julia Husson）、菲利普·拉布罗（Philippe Labro）、弗雷德里克·马特尔（Frédéric Martel）、苏菲·莫尼尔（Sophie Meunier）、乔纳森·兰达尔（Jonathan Randal）、雪赫拉札德·珊撒尔·德·博瓦赛松（Shéhérazade Semar de Boisséson）、玛丽-克里斯蒂娜·范尼耶（Marie-Christine Vannier）等。

目光锐利的摄影师艾德·阿尔寇克（Ed Alcock）为本书拍摄了许多照片，并协助我搜寻并选取其他照片。汤姆·巴德金（Tom Bodkin）、凯莉·窦（Kelly Doe）、欧文·弗兰肯（Owen Franken）、杰弗里·史凯尔斯（Jeffrey Scales）、达芙妮·安葛雷斯（Daphné Anglès）热情分享了他们的艺术观点。隆·史卡曾斯基（Ron Skarzenski）则解决了许多幽微的技术性问题。

杰出的年轻记者弗洛伦斯·库普利（Florence Coupry）在整个写作过程中几乎每天都从旁辅助我。她有能力处理一切，并且真的全力以赴。她搜寻各种细节资讯，翻译采访内容，解决设备及电脑方面的问题，寻找珍贵罕见的照片，拍摄影片，观看法国老电影。她追求卓越的精神与她高度的幽默感同样令人激赏。在一些压力特别大的时刻，她甚至会想到大跳呼拉圈自娱娱人呢。

在美国留学的法国学生兼年轻作家莎娜依·勒莫瓦内（Sanaë Lemoine）将小说家的感受力带入我们的研究工作。莎拉·萨赫尔（Sarah Sahel）及卡米尔·勒寇兹（Camille Le Coz）这两位不畏艰难的法国学生带着欢乐的情绪完成所有不可能的功课。蕾贝卡·鲁基斯特（Rebecca Ruquist）、伊丽莎白·赛罗夫斯基（Elisabeth Zerofsky）、露西·勒寇克（Lucie Lecocq）、萨缪尔·罗培兹-巴兰特（Samuel Lopez-Barrantes）等人都在紧要关头加入了我们的团队。

还有数十位法国男性及女性——包括政治家、外交官、艺术家、作家、厨师、商人、农人、哲学家、记者、学生、服装设计师、香水设计师、美术馆策展人等等——他们都在多年间教我领悟各种法国作风及其蕴含的意义，提供无数宝贵的见解与观点。我特别要感谢我加入的法国女性团体成员们，她们大方地接纳了我这个外国人，并热情拥抱我的出版计划。

最重要的支持力量来自我的家人。我的两个女儿，亚历山德拉及加布里埃拉起初抗拒我们的巴黎冒险之旅，之后却乐在其中。她们学会说法语，参加法国的运动团队，爱上鹅肝酱、香煎鸭胸、牛排佐薯条及香槟。当我开始撰写本书时，亚历山德拉扮演的是啦啦队队长的角色，不断以一些激励的话语帮我加油打气："作风保守就不能成为好作家""你下工以后我带你去喝一杯顺便做指甲"。加布里埃拉经常从她的日常生活中汲取关于"诱惑"的一些发现与心得，带回家与我分享。她通过敏锐的摄影家眼光，在法国各个遥远的角落发掘美丽的事物，甚至提议在本书原版封面秀出自己的美腿。（虽然她的腿确实是瑰丽的风景，封面上的美腿终究出自另一位女士。)

我的婆婆桑德拉·布朗(Sondra Brown)在我多次往来纽约的过程中，给了我舒适的窝、美好的陪伴与温馨的爱。

最后是居功甚伟的安德鲁·普兰普(Andrew Plump)，也就是我昵称的安迪。他特地为了我把工作换到巴黎，加入非常法兰西的Darrois Villey Maillot Brochier律师事务所，成为该机构唯——名美国律师，通过法国律师资格考，成功穿上法国律师的黑色长袍踏进法庭。在本书撰写过程中，他分享了许多自己的所见所闻，协助我整理写作结构，并以律师的精准力道详读所有篇章。从我们相识的一刻起，他一直就是我的最佳编辑、最好的朋友。

参考书目

　　任何读者若想要撰写探讨法国或法国人的书籍，都必须拜读针对这个主题已出版的许多优良英文著作。笔者在此特别挑出其中几本与读者分享，这些书不但对我的研究工作极其有用，对于所有对法国事物有浓厚兴趣的人而言，也可能有所裨益。

　　在概述性论著方面，由过去曾与笔者在《纽约时报》共事的理查德·柏恩斯坦（Richard Bernstein）所撰写的《脆弱的辉煌：法国与法国人的图像》（*Fragile Glory: A Portrait of France and the French*），至今仍是最经典的作品之一。这本书于1990年问世，内容涵盖报道、回忆录与精辟的分析，无疑是一本关于法国的一流权威著作。

　　极擅长说故事的亚当·高普尼克（Adam Gopnik）在2000年出版的《巴黎到月球》（*Paris to the Moon*），可说是作者写给妻子与儿子的一封洋洋洒洒的情书，淋漓尽致地歌颂着他们在巴黎共同度过的人生岁月。他在2004年编辑的文学作品选辑《美国人在巴黎》

(*Americans in Paris*)收录了一些美国作家历年来所撰写的、关于巴黎的绝妙好文,读者在细细品味之际如能轻酌一杯法国佳酿,绝对是陶陶然也。

黛安·约翰逊(Diane Johnson)1997 年的喜剧小说《离婚记》(*Le Divorce*)延续着伊迪斯·沃顿夫人与亨利·詹姆斯的书写传统,妙趣横生地探讨美国人与法国人交会时在社会道德与言行举止上产生的碰撞。这本书我一读再读,而且每次都不禁开怀大笑。

如果美国女人想揭开法国女人的神秘面纱,黛柏拉·奥利维尔(Debra Ollivier)2009 年的《法国女人知道的一切:关于爱与性,以及其他情感与心智的点点滴滴》(*What French Women Know: About Love, Sex, and Other Matters of the Heart and Mind*)是一本很有用的入门书。作者身为法国人妻,定居法国已有十载,以局内人姿态兼具幽默与睿智地处理法国女性的主题。

另一本好书是 1997 年出版的《法式干杯:一个美国人在巴黎如何颂赞法国人令人抓狂的秘密》(*French Toast: An American in Paris Celebrates the Maddening Mysteries of the French*)。该书作者为笔者友人哈丽叶·魏尔缇·洛许佛(Harriet Welty Rochefort),与其夫婿在法国居住已逾三十年。她以相当泼辣的口吻解读法国人的行为,甚至与读者分享法国婆婆的烹饪秘诀。

最后是查尔斯·寇根(Charles Cogan)的《法式协商行为:与"伟大之国"打交道》(*French Negotiating Behavior: Dealing with La Grande Nation*, 2003),这本书对于外国人在外交场合与日常生活中如何与法国人沟通协调,提供了不可或缺的见解。

相关书籍

Ackerman, Diane. *A Natural History of the Senses*. New York: Random House, 1990.

Adams, William Howard. *The Paris Years of Thomas Jefferson*. New Haven: Yale University Press, 1997.

Ah, ces Gaulois! : *La France et les Français*. Paris: Courrier International, 2009.

Ardagh, John. *France in the 1980s*. New York: Penguin Books, 1983.

Assouline, Pierre. *Les Invités*. Paris: Éditions Gallimard, 2009.

Azéroual, Yves, and Valérie Bénaïm. *Carla et Nicolas, la véritable histoire*. Paris: Éditions du Moment, 2008.

Bacqué, Raphaëlle, and Adriane Chemin. *La femme fatale*. Paris: Éditions Albin Michel, 2007.

Bagieu, Pénélope. *Ma vie est tout à fait fascinante*. Paris: Jean-Claude Gawsewitch Éditeur, 2008.

Bajos, Nathalie, and Michel Bozon. *Enquête sur la sexualité en France : Pratiques, genre et santé*. Paris: Éditions La Découverte, 2008.

Balasko, Josiane. *Cliente*. Paris: Librairie Arthème Fayard, 2004.

Balladur, Édoard. *Jeanne d'Arc et la France : Le mythe du sauveur*. Paris: Éditions Fayard, 2003.

Baraton, Alain. *L'amour à Versailles*. Paris: Éditions Grasset &

Fasquelle, 2009.

Bardot, Brigitte. *Initiales B.B.*: *Mémoires*. Paris: Éditions Grasset
& Fasquelle, 1996.

Barry, Joseph. *French Lovers*: *From Heloise & Abelard to Beauvoir
& Satre*. New York: Arbor House, 1987.

Barthes, Roland. *The Eiffel Tower and Other Mythologies*. Transla-
ted by Richard Howard. Berkley: University of California
Press, 1997.

——. *A Lover's Discourse*: *Fragments*. Translated by Richard How-
ard. London: Vintage, 2002.

——. *Mythologies*. Translated by Annette Lavers. New York: Hill
& Wang, 2001.

Baudrillard, Jean. *Seduction*. Translated by Brian Singer. New York:
St. Martin's Press, 1990.

Baverez, Nicholas. *La France qui tombe*. Paris: Éditions
Perrin, 2003.

Beaune, Colette. *Jeanne d'Arc*, *véritiés et légendes*. Paris: Éditions
Perrin, 2008.

Beauvoir, Simone de. *Brigitte Bardot and the Lolita Syndrome*.
Translated by Bernard Fretchman. New York: Reynal & Com-
pany, 1959.

——. *La cérémonie des adieux*, *suivi de "Entretiens avec Jean-Paul
Satre*: *Août-Septembre 1974.* " Paris: Éditions Gallimard,
1987.

Belloc, Hilaire. *Paris*. London: Methuen & Co., 1994.

Berents, Dick Arend, J. van Herwaarden, and Marina Warner. *Joan of Arc: Reality and Myth*. Rotterdam: Uitgeverij Verloren, 1994.

Bernstein, Richard. *Fragile Glory: A Portrait of France and the French*. New York: Alfred A. Knopf, 1990.

Binh. N.T., and Franck Garbarz. *Paris au cinéma: la vie rêvée de la capital de Méliès a Amélie Poulain*. Paris: Éditions Parigramme, 2005.

Birenbaum, Guy. *Nos délits d'initiés. Mes soupçons de citoyen*. Paris: Éditions Stock, 2003.

Birnbaum, Pierre. *The Idea of France*. Translated by M.B. DeBevoise. New York: Hill and Wang, 2001.

Blain, Christophe, and Abel Lanzac. *Quai d'Orsay: Chroniques diplomatiques*. Vol. 1. Paris: Dargaud, 2010.

Blayn, Jean-François, Pierre Bourdon, Guy Haasser, Jean-Claude Delville, Jean-François Latty, Maurice Maurin, Alberto Morillas, Dominique Preyssas, Maurice Roucel, Henri Sebag, and Christian Vuillemin. *Questions de parfumerie: Essais sur l'art et la création en parfumerie*. Paris: Corpman Éditions, 1988.

Brame, Geneviève. *Living and Working in France: 'Chez vous en France.'* Translated by Linda Koike. London: Kogan Page Ltd., 2001.

Braudel, Fernand. *The Identity of France*. Vol. 1, *History and Environment*. Translated by Siân Reynolds. London: HarperCollins, 1990.

Bréon, Emmanuel, and Michèle Lefrançois. *Le Musée des Années 30*. Paris: Somogy Éditions d'Art, 2006.

Broadway Medieval Library. *The Trail of Jeanne d'Arc: A Complete Translation of the Text of the Original Documents with an Introduction by W. P. Barrett*. London: George Routlege & Sons, 1931.

Brownell, W.C. *French Traits: An Essay in Comparative Criticism*. New York: Charles Scribner's Sons, 1918.

Bruckner, Pascal. *Le paradoxe amoureux*. Paris: Éditions Grasset & Fasquelle, 2009.

——and Alain Finkielkraut. *Le nouveau désordre amoureux*. *Paris: Éditions du Seuil*, 1997.

Burr, Chandler. *The Perfect Scent. A Year Inside the Perfume Industry in Paris and New York*. New York: Picador, 2009.

Butzbach, Thierry, and Morgan Railane. *Qui veut tuer la dentelle de Calais?* Lille: Éditions Les Lumières de Lille. 2009.

Callières, François de. *The Art of Diplomacy*. Edited by H. M. A. Keens-Soper and Karl W. Schweizer. New York: Holmes & Meier, 1983.

Caracalla, Laurence. *Le carnet du savoir-recevoir*. Paris: Éditions Flammarion/ Le Figaro, 2009.

Chevalier, Louis. *The Assassination of Paris*. Translated by David. P. Jordan. Chicago: University of Chicago Press, 1994.

———. *Les Parisiens*. Paris: Hachette, 1967.

Child, Julia, and Alex Prud'homme. *My Life in France*. New York: Alfred A. Knopf, 2006.

Chirac, Bernadette, and Patrick de Carolis. *Conversation*. Paris: Plon, 2001.

Chirac, Jacques. *Chaque pas doit être un but : Mémoires*. Paris: NIL Éditions, 2009.

Clarke, Stephen. *Talk to the Snail : Ten Commandments for Understanding the French*. New York: Bloomsbury, 2006.

Clemenceau, Georges. *Les plus forts*. France: Éditions Fasquelle, 1898.

Cobb, Richard. *Paris and its Provinces : 1792 – 1802*. London: Oxford University Press, 1975.

Cogan, Charles. *French Negotiating Behavior : Dealing with La Grande Nation*. Washington, D.C., United States Institute of Peace Press, 2003.

Colin, Pierre-Louis. *Guide des jolie femmes de Paris*. Paris: Éditions Robert Laffont, 2008.

Colombani, Marie-Françoise, and Michèle Fitoussi. *Elle 1945 – 2005 : Une histoire des femmes*. Paris: Éditions Filipacchi, 2005.

Coudurier, Hubert. *Amours, ruptures & trahisons*. Paris: Librairie Arthème Fayard, 2008.

Darmon, Michaël, and Yves Derai. *Ruptures*. Paris: Éditions du Moment, 2008.

Daswani, Kavita. *Salaam, Paris*. New York, Plume, 2006.

Davis, Katharine. *Capturing Paris*. New York: St. Martin's Press, 2006.

Dawesar, Abha. *That Summer in Paris*. New York: Anchor Books, 2007.

DeJean, Joan. *The Essence of Style: How the French Invented High Fashion, Fine Food, Chic Cafés, Style, Sophistication, and Glamour*. New York: Simon & Schuster, 2006.

———. *The Reinvention of Obscenity: Sex, Lies, and Tabloids in Early Modern France*. Chicago: University of Chicago Press, 2002.

Deloire, Christophe, and Christophe Dubois. *Sexus politicus*. Paris: Éditions Albin Michel, 2006.

Descure, Virginie, and Christophe Casazza. *Ciné Paris: 20 balades sur des lieux de tounages mythiques*. Paris: Éditions Hors Collection, 2003.

Dixsaut, Claire, and Vincent Chenille. *Bon appétit, Mr. Bond*. Paris: Agnès Viénot Éditions, 2008.

Downs, Laura Lee, and Stéphane Gerson, eds. *Why France? American Historians Reflect on an Enduring Fascination*. Ithaca, N. Y.: Cornell University Press, 2007.

Dubor, Georges De. *Les favorites royales: De Henri IV à Louis XVI*.

Paris: Nabu Press, 2010.

Dumas, Bertrand. *Trésors des églises parisiennes*. Paris: Éditions Parigramme, 2005.

Ellena, Jean-Claude. *Le parfum*. Paris: Presses Universitaires de France, 2007.

Fenby, Jonathan. *France on the Brink*. New York: Arcade Publishing, 1999.

Ferney, Alice. *The Lovers*. Translated by Helen Stevenson. London: Atlantic Books, 2001.

Flanner, Janet. *Paris Was Yesterday: 1925 – 1939*. New York: Viking Press, 1972.

Fraser, Antonia. *Love and Louis XIV: The Women in the Life of the Sun King*. New York: Nan A. Talese/Doubleday, 2006.

Fulda, Anne. *Une président très entouré*. Paris: Éditions Grasset & Fasquelle, 1997.

Garde, Serge, Valérie Mauro, and Rémi Gardebled. *Guide du Paris des faits divers: Du moyen âge à nos jours*. Paris: Le Cherche Midid, 2004.

Gaulle, Charles de. *The Complete War Memoirs of Charles de Gaulle*. Vol. 1, *The Call to Honor*. Translated by Jonathan Griffin. New York: Simon & Schuster, 1964.

Georgel, Jacques, *Sexe et politique*. Rennes: Èditions Apogée, 1999.

Gershman, Suzy. *C'est la vie: An American Conquers the City of*

Light , Begins a New Life , and Becomes—Zut Alors! — *Almost French*. New York: Viking Press, 2004.

Giesbert, Franz-Olivier. *La tragédie du président: Scènes de la vie politique (1986 – 2006)*. Paris: Éditions Flammrion, 2006.

Giono, Jean. *Regain*. Paris: Librairie Générale Française, 1995.

Giroud, Françoise. *Les Françaises: De la Gauloise à la pilule*. Paris: Éditions Fayard, 1999.

——and Bernard Henri Lévy. *Women and Men: A Philosophical Conversation*. Translated by Richard Miller. Boston: Little, Brown, 1995.

Giscard d'Estaing, Valéry. *Le passage*. Paris: Éditions Robert Laffont, 1994.

——. *Le pouvoir et la vie*. Vol. 1. Paris: Compagnie 12, 1988.

——. *La princesse et le président*. Paris: Éditions de Fallois-XO, 2009.

Gonnet, Paul. *Histoire de Grasse et sa région*. Le Coteau: Éditions Horvath, 1984.

Gopnik, Adam, ed. *Americans in Paris. A Literary Anthology*. New York: The Library of America, 2004.

——. *Paris to the Moon*. New York: Random House, 2000.

Gordon, Philip H. *A Certain Idea of France: French Security Policy and the Gaullist Legacy*. Princeton: Princeton University Press, 1993.

Green, Julian. *Paris*. Translated by J. A. Underwood. London:

Marion Boyars Publishers, 2001.

Greene, Roberet. *The Art of Seduction*. New York: Penguin Books, 2003.

Guéguen, Nicolas. *Psychologie de la séduction: Pour mieux comprendre nos comportements amoureux*. Paris: Dunod, 2009.

Guiliano, Mireille. *French Women Don't Get Fat*. New York: Alfred A. Knopf, 2005.

Habid, Claude. *Galanterie française*. Paris: Édition Gallimard, 2006.

Hennig, Jean-Luc. *Brève histoire des fesses*. Paris: Éditions Zulma, 2003.

Higonnet, Patrice. *Paris: Captital of the World*. Translated by Arthur Goldhammer. Cambridge, Mass.: Havard University Press, 2002.

Hoffmann, Stanley. *L'Amérique vraiment impériale?* Paris: Éditions Louis Audibert, 2003.

Horne, Alistair. *Seven Ages of Paris: Portrait of a City*. New York: Alfred A. Knopf, 2002.

Hussey, Andrew. *Paris: The Secret History*. New York: Viking, 2006.

Jaigu, Charles. *Sarkozy, du Fouguet's à Gaza*. Paris: Éditions Robert Laffont, 2009.

James, Henry. *A Little Tour in France*. New York: Elibron Classics, 2005.

Johnson, Diane. *Le Divorce*. New York: Penguin Books, 1997.

法式诱惑

——. *Into a Paris's Quartier : Reine Margot's Chapel and Other Haunts of St.Germain.* Washington D.C.: National Geographic Society, 2005.

Jones, Colin. *Paris : The Biography of a City.* New York: Penguin Books, 2006.

Jonnes, Jill. *Eiffel's Tower : The Thrilling Story Behind Paris's Beloved Monument and the Extraordinary World's Fair That Introduced It.* New York: Penguin Books, 2009.

Karnow, Stanley. *Paris in the Fifties.* New York: Times Books, 1997.

Kerbrat-Orecchioni, Catherine. *L'implicite.* Paris: Éditions Armand Colin, 1986.

Kessel, Joseph. *Bell de jour.* Paris: Éditions Gallimard, 1928.

Lafayette, Madame de. *The Princess de Clèves.* Translated by Robin Buss. New York: Penguin Books, 2004.

Lamy, Michel. *Jeanne d'Arc : Histoire vraie et genèse d'un mythe.* Paris: Payot, 1987.

Laumond, Jean-Claude. *Vingt-cinq ans avec lui.* Paris: Ramsay, 2001.

Lebouc, Georges. *Dictionnaire érotique de la francophonie.* Bruxelles: Éditions Racine, 2008.

L'Enclos, Ninon de. *Life, Letters, and Epicurean Philosophy of Ninon de L'Enclos.* Translated by Charles Henry Robinson and William Hassell Overton. Charleston, S.C.: BiblioBazaar, 2007.

La Guérer, Annick. *Le parfum : Des origines à nos jours*. Paris:
Odile Jacob, 2005.

Le Marie, Bruno. *Des hommes d'Etat*. Paris: Éditions Grasset &
Fasquelle, 2007.

——. *Le ministre : Récit*. Paris: Éditions Grasset &
Fasquelle, 2004.

Lemoine, Bertrand. *La tour de Monsieur Eiffel*. Paris: Édition Galli-
mard, 1989.

Lévy, Bernard-Henri. *American Vertigo : Traveling America in the
Footsteps of Tocqueville*. Translated by Charlotte Mandell. New
York: Random House, 2006.

Lilla, Mark. *New French Thought : Political Philosophy*.
Princeton: Princeton University Press, 1994.

Lobe, Kirsten. *Paris Hangover*. New York: St. Martin's
Press, 2006.

Margolis, Nadia. *Joan of Arc in History, Literature, and Film : A
Select, Annotated Bibliography*. New York: Garland
Publishers, 1990.

Martel, Frédéric. *Mainstream : Enquête sur cette culture qui plaît à
tout le monde*. Paris: Édtions Flammarion, 2012.

Millau, Christian. *Dictionaire amoureux de la gastronomie*. Paris:
Plom, 2008.

Miller, John J., and Mark Molesky. *Our Oldest Enemy : A History
of America's Disastrous Relationship with France*. New York:

Doubleday, 2004.

Mimoun, Sylvain. *Ce que les femmes préfèrent : Première enquête sur le désir féminin*. Paris : Éditions Albin Michel, 2008.

Minc, Alain. *Une histoire de France*. Paris : Éditions Grasset & Fasquelle, 2008.

Mitterrand, François. *The Wheat and the Chaff*. Translated by Richard S. Woodward, Concilia Hayter, and Helen R. Lane. New York : Seaver Books/Lattès, 1982.

Mitterrand, Frédéric. *La mauvaise vie*. Éditions Pocket, 2009.

Molière, *Don Juan and Other Plays*. Translated by George Graveley and Ian Maclean. New York : Oxford University Press, 2008.

Moors, Candice, Sébastien Daycard-Heid, and Ophélie Neiman. *Transports amoureux : Les petites announces des Libération et autres déclarations nomades*. Toulouse : Éditions Milan, 2009.

Morana, Virginie, and Véronique Morana. *The Parisian Woman's Guide to Style*. New York : University Publishing, 1999.

Nadeau, Jean Benoît, and Julie Barlow. *Sixty Million Frenchmen Can't Be Wrong : Why We Love France, but Not the French*. Naperville, Calif. : Sourcebooks, 2003.

Nay, Catherine. *Le noir et le rouge, ou, l'histoire d'une ambition*. Paris : Éditions Grasset, 1984.

Netchine, Ève. *Jeux de princes, jeux de vilains*. Paris : Bibliothèque Nationale de France/Éditions du Seuil, 2009.

Nye, Joseph S. Jr. *The Paradox of American Power : Why the*

World's Only Superpower Can't Go It Alone. Oxford: Oxford University Press, 2003.

Ollivier, Debra. *Entre Nous: A Woman's Guide to Finding Her Inner French Girl*. New York: St. Martin's Press, 2004.

——. *What French Women Know: About Love, Sex, and Other Matters of the Heart and Mind*. New York: Putnam Adult, 2009.

D'Ormesson, Jean. *Qu'ai-je donc fait?* Paris: Éditions Pocket, 2009.

Ozouf, Mona. *Les mots des femmes*. Paris: Éditions Fayard, 1995.

Pillivuyt, Ghislaine, Doris Jakubec, and Pauline Mercier. *Les flacons de la séduction: L'art du parfum au XVIII ème siècle*. Lausanne: La Bibliothèque des Arts, 1985.

Pingeot, Mazarine. *Bouche cousue*. Paris: Éditions Julliard, 2005.

Pitte, Jean-Robert. *Bordeaux/Burgundy: A Vintage Rivalry*. Translated by M.B. DeBevoise. Berkeley and Los Angeles: University of California Press, 2008.

——. *Le désir du vin à la conquête du monde*. Paris: Éditions Fayard, 2009.

Pivot, Bernard. 100 *expressions à sauver*. Paris: Éditions Albin Michel, 2008.

Platt, Polly. *French or Foe? Getting the Most Out of Visting, Living, and Working in France*. London: Culture Crossings, 2003.

——. *Love à la Française: What Happens When Hervé Meets Sally*. Skokie, Ill.: MEP, 2008.

法式诱惑

Pochon, Caroline, and Allan Rothschild. *La face cachée des fesses*. Paris: Éditions Jean di Sciullo, 2009.

Powell, Helena Frith. *Two Lipsticks and a Lover*. London: Arrow Books, 2007.

Proust, Marcel. *The Complete Short Stories of Marcel Proust*. Translated by Joachim Neugroschel. Lanham, Md.: Cooper Square Publishers, 2003.

———. *In Search of Lost Time: Swann's Way*. Vol. 1. Translated by C.K. Scott Moncrieff. New York: Vintage Classics, 1996.

Revel, Jean-François. *L'obsession anti-américaine: Son fonctionnement, ses causes, ses inconséquences*. Paris: Plon, 2002.

Reza, Yasmina. *Dawn Dusk or Night: A Year with Nicolas Sarkozy*. Translated by Jasmina Reza and Pierre Gugliemina. New York: Vintage Books, 2009.

Rice, Howard C. *Thomas Jefferson's Paris*. Princeton: Princeton University Press, 1976.

Richardson, Joanna. *The Courtesans: The Demi-Monde in 19th-Century France*. Edison, NJ.: Castle Books, 2004.

Robb, Graham. *The Discovery of France: A Historical Geography from the Revolution to the First World War*. New York: W.W. Norton & Company, 2007.

Roche, Loïck, *Cupidon au travail*. Paris: Éditions d'Organisation, 2006.

Rochefort, Harriet Welty. *French Toast: An American in Paris*

Celebrates the Maddening Mysteries of the French. New York:
St. Martin's Press, 1999.

Roger, Philippe. *The American Enemy: The History of French
Anti-Americanism*. Translated by Sharon Bowman, Chicago:
University of Chicago Press, 2005.

Rosenblum, Mort. *Mission to Civilize: The French Way*. New
York: Harcourt Brace Jovanovich, 1986.

Rostand, Edmond. *Cyrano de Bergerac*. Translated by Lowell Blair.
New York: New American Library, 2003.

Rouvillois, Frédéric. *Histoire de la politesse: De 1789 à nos jours*.
Paris: Éditions Flammarion, 2006

——. *Histoire du snobisme*. Paris: Éditions Flammarion, 2008

Rowley, Anthony, and Jean-Claude Ribaut. *Le vin: Une histoire de
goût*. Paris: Éditions Gallimard, 2003.

Saint-Amand, Pierre. *The Libertine's Progress: Seduction in the
Eighteenth-Century French Novel*. Translated by Jennifer
Curtiss Gage. Hanover, N. H.: University Press of New Eng-
land, 1994.

Sarkozy, Nicolas. *Testimony: France in the Twenty-First Century*.
Translated by Philip H. Gordon. New York: Pantheon
Books, 2007.

Séguéla, Jacques. *Autobiographie non autorisée*. Paris: Plon, 2009.

Sempé, Jean-Jacques. *Un peu de Paris*. Paris: Éditions Gallimard,
2001.

Servat, Henry-Jean. *Bardot : La légende*. Paris : Presses de la
Cité, 2009.

Sieburg, Friedrich. *Dieuest-il français?* Paris : Éditions
Grasset, 1930.

Simon, François. *Pique-assiette : La fin d'une gastronomie française*.
Paris : Éditions Grasset & Fasquelle, 2008.

Sisman, Robyn. *Weekend in Paris*. New York : Penguin
Books, 2004.

Stanger, Ted. *Sacrés Français! Un Américain nous regarde*. Paris :
Éditions Michalon, 2003.

Steinberger, Michael. *Au Revoir to All That : Food, Wine, and the
End of France*. New York : Bloomsbury, 2010.

Stendhal. *The Red and the Black : A Chronicle of the Nineteenth
Century*. Translated by Catherine Slater. London : Oxford Uni-
versity Press, 1998.

Stewart, John Hall, ed. *A Documentary Survey of the French Revo-
lution*. New York : Macmillan, 1966.

Suleiman, Ezra. *Schizophrénies françaises*. Paris : Éditions Grasset
& Fasquelle, 2008.

Tessier, Bertrand. *Belmondo l'incorrigible*. Paris : Éditions Flam-
marion, 2009.

Thomas, Dana. *Deluxe : How Luxury Lost Its Luster*. New York :
Penguin Press, 2007.

Thomass, Chantal, and Catherine Örmen. *Histoire de la lingerie*.

Paris: Éditions Perrin, 2009.

Tiersky, Ronald. *François Miterrand : A Very French President*. Lanham, Md.: Rowan & Littlefield, 2003.

Tocqueville, Alexis de. *Democracy in America and Two Essays on America*. Translated by Gerald E. Bevan. New York: Penguin Classics, 2003.

Toscano, Alberto. *Critique amoureuse des français*. Paris: Hachette Litératures, 2009.

Turnbull, Sarah. *Almost French : Love and a New Life in Paris*. New York: Gotham Books, 2003.

Vaillant, Maryse. *Les hommes, l'amour, la fidélité*. Paris: Éditions Albin Michel, 2009.

Valéry, Paul. *Regards sur le monde actuel*. Paris: Éditions Gallimard, 1945.

Vereker, Susie. *Pond Lane and Paris*. Oxford: Transita, 2005.

Villepin, Dominique de. *Les cents-jours ou l'esprit de sacrifice*. Paris: Librairie Académique Perrin, 2001.

——. *La cite des hommes*. Paris: Plon, 2009.

——. *Le cri de la gargouille*. Paris: Éditions Albin Michel, 2002.

——. *Éloge des voleurs de feu*. Paris: Éditions Gallimard, 2003.

——. *Le requin et la mouette*. Paris: Plon/Éditions Albin Michel, 2004.

Wadham, Lucy. *The Secert Life of France*. London: Faber and Faber, 2009.

Weber, Eugen. *My France: Politics, Culture, Myth*. Cambridge, Mass.: Belknap Press of Harvard University Press, 1992.

Weil, Patrick. *How to Be French: Nationality in the Making since 1789*. Translated by Catherine Porter. Durham, N.C.: Duke University Press, 2008.

Wharton, Edith. *French Ways and Their Meaning*. New York: D. Appleton and Company, 1919.

———. *Madame De Treymes and Three Novellas*. New York: Scribner, 1995.

White, Edmund. *The Flâneur: A Stroll Through The Paradoxes of Paris*. New York: Bloomsbury, 2001.

Wylie, Laurence, and Jean-François Brière. *Les français*. Upper Saddle River, N.J.: Prentice Hall, 2001.

Zeldin, Theodore. *The French*. New York: Kodansha America, 1996.

相关文章

Bensaïd, Daniel. "Mai 1429, naissance d'un mythe: Jeanne d'Arc, la revenante." *Alternative Libertaire* 184(May 2009).

Ferguson, Patricia Parkhurst. "Is Paris France?" *The French Review* 73, no.6(May 2000): 1052 – 64.

Gagnon, John, Alain Giami, Stuart Michaels, and Patrick de Colomby. "A Comparative Study of the Couple in the Social Organiztion of Sexuality in France and the United States."

Journal of Sex Research 38 (Feb. 2001):24 – 34.

Galleron Marasescu, Ioana. "Le baiser transport dans la fiction en prose de la première moitié du XVII ème siècle." In *Les baiser des lumières*, edited by Alain Montandon, 31 – 42. Clermont-Ferrand: Presses Universitaires Blaise Pascal, 2004.

Hohenadel, Kristen. "Paris for Real vs. Paris on Film: We'll Always Have the Movies." *New York Times*, Nov. 25, 2001,11,21.

Kaplan, Steven Laurence. "Défense d'afficher..." In *Why France?*, edited by Laura Lee Downs and Stéphane Gerson, 73 – 87. Ithaca, N.Y.: Cornell University Press, 2007.

Vickermann-Ribémont, Gabriele. "Baiser du Coeur ou de l'esprit: Le baisemain au XVIII e siècle français." In *Les baisers des lumières*, edited by Alain Montandon, 55 – 74. Clermont-Ferrand: Presses Universitaires Blaise Pascal, 2004.

图书在版编目（CIP）数据

法式诱惑／（美）伊莱恩·西奥利诺著；徐丽松译.
—南京：南京大学出版社，2018.9(2019.4 重印)
书名原文：La Seduction：How the French Play the Game of Life
ISBN 978-7-305-20364-0

Ⅰ.①法…　Ⅱ.①伊…②徐…　Ⅲ.①文化研究—法
国　Ⅳ.①G156.5

中国版本图书馆 CIP 数据核字(2018)第 132037 号

江苏省版权局著作权合同登记 图字：10-2017-273 号

出版发行　南京大学出版社
社　　址　南京市汉口路 22 号　　　　邮　编 210093
出 版 人　金鑫荣
书　　名　**法式诱惑**
著　　者　(美)伊莱恩·西奥利诺
译　　者　徐丽松
责任编辑　付　裕　芮逸敏
照　　排　南京紫藤制版印务中心
印　　刷　江苏凤凰通达印刷有限公司
开　　本　787×1092　1/32　印张 14.25　字数 318 千
版　　次　2018 年 9 月第 1 版　2019 年 4 月第 2 次印刷
ISBN　978-7-305-20364-0
定　　价　58.00 元

网　　址　http://www.njupco.com
官方微博　http://weibo.com/njupco
官方微信　njupress
销售咨询　025-83594756

La Seduction   Elaine Sciolino

How the French Play the Game of Life

在外交官谈论缜密的政策提案场合，四目交接时眼神中荡漾着令人悸动的亲密感，那是诱惑；与年长邻居在早晨偶然相遇时，他展现出风度翩翩的礼貌，那是诱惑；女性友人参加晚宴时如花蝴蝶般浑身散发蜜糖般的娇嗔媚力，那是诱惑；记者同侪趣味横生、似乎能永无止境进行下去的随意漫谈中，也满载着诱惑。

无论在谈判桌上或在实际生活场域，法国人不断试图取悦、劝诱、说服，锲而不舍地在诱惑技巧上进行微调，使其更臻完美。

在每一个人生战场上，他们誓言抵挡衰退和绝望的进犯。他们坚持追求乐趣，致力于让自己显得灵巧、精致、慧黠而且充满感官魅力，而这些都是历史悠久的诱惑游戏中不可或缺的技巧。但这一切又不只是一个游戏：它是法国维持国家影响力的生存策略中不可或缺的一环。

法国人认为，他们这个跟德州面积大致相当的国家之所以能将国力投射于全世界，不是因为蛮横暴力、军事力量或强大的经济力，而是法国被人想象出来的神秘力量，一种诱使他国向往自己能变得像法国的能力。

上架建议：法国文化
ISBN 978-7-305-20364-0

9 787305 203640 >
定价：58.00元

出 版 人　金鑫荣

出版统筹　沈卫娟

责任编辑　付　裕　芮逸敏

责任监制　郭　欣

封面设计　周伟伟

官方微博　http://weibo.com/njupco

官方微信　njupress